본격
재미
탐구

본격 재미 탐구

재미없는 영국 남자의 재미 고찰

초판 1쇄 펴낸날 | 2018년 8월 1일

지은이 | 마이클 폴리
옮긴이 | 김잔디
펴낸이 | 류수노
펴낸곳 | (사)한국방송통신대학교출판문화원
　　　　03088 서울시 종로구 이화장길 54
　　　　대표전화 1644-1232
　　　　팩스 02-741-4570
　　　　홈페이지 http://press.knou.ac.kr
　　　　출판등록 1982년 6월 7일 제1-491호

출판위원장 | 장종수
기획 | 박혜원
편집 | 김준영 · 양영희
본문 디자인 | 티디디자인
표지 디자인 | 김민정

ⓒ Michael Foley, 2018
ISBN 978-89-20-03067-3 03300

값 17,000원

본격 재미 탐구

재미없는 영국 남자의 재미 고찰

마이클 폴리 지음 | 김잔디 옮김

지식의날개

ISN'T THIS FUN?

미아 선사와 코너 선사에게 바칩니다.

차례

제1부

재미의 정의

1장
재미있지 않아?

＿이거 고문 같은데, 나만 그런가?

• • •

　　수많은 사람이 다닥다닥 붙어 있는 모습은 다들 검정색 수경을 쓰고 수영복을 입었다는 사실만 빼면 꼭 이재민 숙소가 된 학교 강당처럼 보였다. 한여름 뉴잉글랜드 해변은 어찌나 사람들로 북적이는지, 어느 쪽으로 움직이든 작고 미끄러운데다 간격도 넓은 징검다리로 개울을 건너듯 만만치 않았다. 사람들과 붙어 있다 보니 대화를 나누게 되어 가까이 있던 상냥한 노부인과 우리 딸이 친해졌다. 그다음에는 아내, 결국 나까지 친구가 되었다. 노부인은 피아노를 가르치는데 주로 음악에 문외한인 성인이 대상이고 얼마 전에는 은퇴한 치과의사를 훌륭한 부기우기 연주자로 탈바꿈시켰다고 했다.

　　"누구나 재즈 피아노를 연주하게 만들 수 있다고요?" 내가 물었다.

　　"아무렴."

　　"델로니어스 몽크처럼 재즈 피아노를 칠 수 있단 말이에요?"

　　"그렇다니까."

　　그 순간 나는 어두운 클럽에서 건반에 몸을 구부리고 〈라운드 미드

나이트Round Midnight〉의 음울하고 강렬한 연주에 빠져든 내 모습을 상상했다.

"이 근처에 살지 않는 게 정말 안타깝네요."

할머니는 낙심한 내가 불쌍해 보였는지 위로하듯 내 어깨에 손을 얹더니 대신에 아들을 시켜 보트를 태워주겠다고 했다. 〈라운드 미드나이트〉의 광팬이 보트 타기에 관심이 있을 리 없다는 사실을 모르는 모양이었다. 나는 웅얼거리며 거부의사를 밝혔다. 안 될 것 같은데요… 이런저런 문제가 너무 많고… 내가 작은 보트를 얼마나 싫어하는지 잘 아는 아내와 딸도 거들었다. 하지만 할머니는 벌써 몸을 돌렸다. "리치!"

아들 리치는 미국 판 바이킹이었다. 키가 크고 눈부신 금발에 상당한 크기를 자랑하는 물건이 수영복 바지를 두둑이 채운 데다 피부는 무척 자연스럽지만 절대로 유전은 아닌, 골고루 잘 태운 황금빛이었다. 미다스왕이 이 근사한 생명체에 차마 손을 대지 못하고 입김을 불어서 머리카락과 피부만 황금빛으로 물들인 듯했다.

리치의 뱃살만큼은 미국인답다는 사실이 유일한 위안이었다. 이 거대한 양반아, 내 30인치 허리를 한번 감상하시지. 그는 아랑곳하지 않고 내 면바지를 내려다보았다. "수영복이 필요하겠어요, 마이크. 물에 젖겠어요."

"아." 내 면바지가 핑곗거리가 된 것에 속으로 환성을 지르면서 겉으로는 무척 아쉬운 듯 한숨을 쉬었다. "수영복이 없어요."

수영복 바지가 없는 것으로 상황은 끝났어야 했다. 미국인의 '할 수 있다' 정신이 발동해서는 안 됐다.

"시내에서 하나 구해 와요." 리치가 명령하듯 말했다.

근처의 세련된 뉴잉글랜드 시내에는 리조트에서 흔히 볼 수 있는 저렴하고 허접한 상점은 없고 남성복 전문점은 한 곳뿐이었다. 받침대 위에 폴로셔츠 한 장이 조각품처럼 전시되어 있고 목재 바닥은 윤이 났으며 군데군데 의상을 진열한 테이블 몇 개가 보였다. 의류 대부분은 닻과 돌고래로 점잖게 장식되어 있고 매장 벽에는 십자 모양으로 교차된 길쭉하고 광택이 도는 노의 가운데에 오래된 배의 타륜이 매달려 있었다. 메이플라워호를 탔던 청교도의 후손이 틀림없어 보이는 웃음기 없는 중년 여직원이 타륜 아래 서 있었다.

가격표가 없어서 가장 저렴해 보이는 수영복 바지를 가져갔지만 계산대에 가격이 찍히는 순간 어지럼증을 느꼈다. 이번 휴가 비용은 예산을 훌쩍 뛰어넘은 지 오래였다.

이제 수영복을 입고 불치병 환자마냥 창백한 피부와 모기 물린 자국으로 끔찍하게 흉터가 남은 다리를 사람들 앞에 내놓아야 하는 고통이 뒤따랐다. 게다가 아직 이른 시간이어서 모기약을 바르지 않아 적 앞에 무방비로 노출된 것이나 다름없었다. 상류 사회인 뉴잉글랜드 치고 모기가 놀랍고 끔찍할 정도로 많았다. 리치는 내 다리를 힐끔 쳐다보더니 바로 고개를 돌렸다.

세상에 나보다 선원과 안 어울리는 인간이 또 있을까? 하지만 배 타기를 좋아하는 사람들은 다른 이를 끌어들이는 데 무척 열심이다. 나를 납득시켰다고 확신한 리치는 보트에서 이런저런 동작을 가르쳤고 나는 활대 아래에서 이리저리 날뛰어야 했다. 목적지는 조그만 모래톱이었다. 우리는 보트에서 내려 나란히 서서 사람들로 북적이는 해변을 돌아보았다. 그 거리에서 보니 시커먼 곤충 떼처럼 보였다.

"자, 마이크, 재미있지 않아요?"

리치가 한껏 의기양양한 표정으로 소리쳤다.

이런 수사적 질문은 아주 친숙하다. 다양한 사람들이 뭔가가 재미있을 것이라고 장담하면서 동의를 구하고, 끝난 뒤에는 정말 재미있었다고 인정하도록 유도하는 경우를 수없이 겪었기 때문이다. 휴가 장비들 틈에 널브러져서 불편하게 팔꿈치에 몸을 기대고 눈을 찌푸리며 태양을 바라보는 해변이나, 볼랑저만큼 비싸지만 식초 맛이 나는 와인 잔을 들고 간단한 문구를 목이 쉬도록 외치고 가냘픈 고막을 찢는 고통스러운 소음에서 벗어나려 애쓰는 새벽 2시 클럽에서도, 불안하게 들썩이는 관중들 사이에서 애써 균형을 잡으며 이따금 경기장 구석만 볼 수 있을 뿐 중요한 순간에는 아무것도 보이지 않는 축구장 관중석에서도 마찬가지다.

대부분 재미를 느끼는 척했지만 실은 고문처럼 괴로웠던 상황을 이 열정적인 사람들은 정말 즐기는 것인지 궁금했다. 정말 그렇다면 나는 왜 이들과 다를까? 내가 다른 이들과 다른 것이 아니라면, 사람들은 왜 즐기는 척할까? 뭐가 그렇게 재미있으며 왜 수많은 사람이 이를 그토록 중요하게 생각하고 열렬히 좇는 것일까? 하지만 이런 질문을 소리 높여 한 적은 거의 없다. 오늘날 재미는 독보적인 선이자 절실히 필요한 존재이며 어떤 활동이든 보완할 수 있다. 심지어 의무이기도 하다. 근대 이전의 의무는 불멸의 영혼을 구원하는 것이고 현대의 의무는 돈벌이이며, 포스트모던 시대의 의무는 재미 추구이다.

따라서 일은 재미를 열망한다. 교육이나 종교, 정치 시위도 마찬가지다. 심지어 전쟁마저도 재미를 느끼고 싶어 한다. 나는 포클랜드 전쟁 다큐멘터리에서 젊은 영국인 장교가 총에 맞아 자기 머리 일부가 날아가기 직전 "이거 재밌네!"라고 소리쳤을 때, 그리고 한 뉴스 보도에서 영국인 이슬람교도가 아프가니스탄 전투를 치르면서 "사실 꽤 재미있다"고 말했을 때 무척 충격을 받았다. 누군가 전쟁을 재미있어한다는 사실이 기괴하다고 느끼면서도 내가 제대로 들은 것이 맞는지 의아해하는데 석간신문의 헤드라인이 눈에 들어왔다. "전쟁이 재미있다는 끔찍한 진실."[1] 한 종군기자의 인터뷰 타이틀이자 중동과 북아프리카에서 일어난 아랍 혁명과 내전을 보도했던 경험을 쓴 책에서 인용한 문장이었다.[2] 이처럼 재미에 대한 욕망은 무엇이든 재미의 관점에서 해석해야 하고 모든 일이 재미있어야 한다는 주장으로 발전하는 경우가 많다.

재미를 거부하거나 싫어하거나, 재미에 회의적인 사람으로 소문이 나면 어떨까. 오늘날 재미라는 신념을 거부하는 것은 중세에 무신론자라고 공언하는 것과 동일하며, 사회관계망에서 영원히 추방당할 뿐 아니라 화형과 다름없는 호된 처벌을 받을지도 모른다. 재미에 공개적으로 회의를 표현하는 사람은 데이트나 술자리에 초대받지도 못한다. 아내와 딸은 나를 재미 혐오자로 의심하지만 나 스스로는 인정하지 않았다. 나이트클럽과 디스코클럽, 디제잉, 해변, 록 콘서트, 축제, 화려한 옷, 결혼식, 파티, 바비큐, 셔레이드 게임, 모노폴리 게임, 스크래블 게임, 축구 경기, 독실한 종교와 소란스러운 거리 시위 따위를 계속해서 혐오해왔다는 사실을 말이다. 하지만 재미 추구가 유행하면서 이를 다시 생각해보게 되었고 문제는 재미있는 행위 자체가 아니라 나 자신에게 있을지도 모른다는 생각이 들었다. 나는 지적인 허세덩어리라 그런지 재미의 저속하고 경박한 속성에 몸서리를 치고, 목표를 중시하는 금욕주의자여서 그런지 재미에 깃든 쾌락 위주의 무책임한 속성도 싫어한다. 물론 재미는 이 모든 특성을 고루 갖춘 경우가 대부분이지만 생각해볼 부분도 많다.

재미는 과연 무엇이며, 왜 이토록 높이 평가받는가? 재미fun라는 단어는 무척 자주 사용되지만 일반적인 의미로 정의 내리기는 힘들다. 원래 명사였지만 이제 재미있는 행사, 재미있는 사람, 재미있는 것 등 부담스럽지 않게 즐기면서 할 수 있는 모든 일을 묘사하는 형용사가 되었다. 명사로 사용하는 경우에도 의미를 규정하기 어렵다. 또한 재미는 설명할 필요도 깊이 생각할 필요도 없는 간단하고 분명한 현상으로 간주되기 때문에 연구 대상이 되지 않는다. 사람들이 끊임없이 "재미있었다"고 말해도 "그게 정확히 무슨 뜻이냐"고 묻는 사람은 거의 없다. 실제로 그렇게 묻는 사람이 있더라도 질문은 쳇바퀴를 돌기 마련이다. 왜 이런 일을 하지? 재미있으니까. 재미가 무엇인데? 재미있는 일을 하는 것. 이와 같은 질문은 불필요해 보이기 때문에 짜증 나기 마련이다. 하지만 재미는 수많은 형태와 기능을 지니는 개념이며 결코 간단하지 않다.

■

여러 측면에서 재미는 행복과 비슷하다. 모두가 원하지만 아무도 정의 내릴 수 없는 경험으로 의미가 모호하고, 무의식에서 간헐적으로만 느낄 수 있으며 의식적으로 추구하면 사라질 가능성이 높다.

재미는 여가 대신 사용하는 단어가 되었지만 단순히 일과 반대되는 개념인 여가보다는 복잡한 의미를 지닌다. 일이 피곤하다면 여가는 편안함을 제공하고, 일이 긴장된다면 여가는 휴식으로 이를 보상하고, 일이 능동적이라면 여가는 수동적이며, 일이 중요한 반면 여가는 사소한 존재다. 하지만 재미는 일과 반대이거나 일을 대체하는 개념이 아니다. 일이 재미있을 수 있고 재미가 일이 될 수 있다. 일이 재미보다 재미있고, 재미가 일보다 더 많은 일을 할 수 있다.

첫 번째 확실한 사실은 재미가 최근에 나타난 현상이라는 점이다. 지난 몇 세기를 제외하면 20만 년이 넘도록 지구에 사는 호모 사피엔스는 전혀 재미를 느끼지 못했다. 물론 삶이 힘들긴 하지만, 꼭 그래서가 아니라 재미라는 개념이 존재하지 않았기 때문이다. 현대적인 의미의 재미는 18세기에 들어서야 출현했고, 속임수나 거짓말을 의미하는 옛 영어 단어 'Fon'에서 유래했다고 한다. 기가 막히게 들어맞는 설명이다. 어떤 면에서 재미는 인위적이고, 적극적으로 동의를 구하던 리치의 질문 "재미있지 않아요?"에 대한 내 대답처럼 재미에 대한 반응은 거짓인 경우가 많기 때문이다.

이 단어가 등장한 시기는 18세기 유럽에서 현대 사회가 출현한 시점과 연결되어 있다. 이 무렵 출신에 따라 개인의 정체성이 결정되던 봉건 계층 사회가 붕괴되고 인간과 자연, 신이 하나로 통합되었다. 예전에는 자연계의 원칙과 사회질서, 가족 중심의 가치에 이르기까지 모든 것이 정해져 있고 필연적이었으며, 신의 지배 아래에서 의문의 여지가 없을뿐더러 변화는 불가능했다. 하지만 현대 사회의 축복이자 저주인 개인의 자유가 부상하면서 이런 생각에 의문이 제기되고 실제로 모두 바뀌었다.

자유는 예전에도 지금도 아주 신나는 개념이지만 자유에는 꼭 대가가 따른다. 기존에 있던 것을 거부하면 대체물을 직접 만들어야 한다는 문제가 생긴다. 지금까지 당연하게 받아들이고 이름도 짓지 않았던 것들을 처음부터 다시 의식적·인위적으로 만들어야 하고 이름도 붙여야 한다. 그리하여 재미와 권태, 정체성, 진실성, 흥미로움, 숭고함,

아름다움(미학적 의미), 유명 인사와 천재 등의 단어가 언어에 추가되고 기존 단어인 어린 시절, 놀이 등은 새로운 의미를 얻었다.

개인의 자유를 중시하는 풍조가 어디서 비롯되었는지 역사가의 의견은 분분하지만 다음 두 가지 요인이 근대에 새롭게 등장했다. 첫째, 데카르트를 비롯한 계몽주의 사상가들이 개인의 합리적인 판단을 통해 모든 일의 경중을 가릴 수 있고 또 그렇게 해야 한다고 주장하면서 이성의 중요성이 부각되었다. 둘째, 상업이 성장하면서 상인, 부농, 도시 기술자 등 사유재산과 부의 축적을 주장하는 중산층이 등장했다. 이는 오늘날 대학이 꿈꾸는 철학과 상업의 협력이며 봉건 세계를 자본주의 세계로 대체하는 원동력이 되었다. 이러한 사회 변화에 대응하여 재미는 다양한 활동으로 나타났다.

재미가 즐거움을 추구하는 것은 새롭지 않지만 종교적 통제를 거부하는 특성은 개인이 오로지 즐기려고 살아가는 쾌락주의의 가능성을 열었다. 오랜 금기가 무효화된 마당에 최대한 즐겨야 하지 않겠는가? 실제로 계몽주의 사상가들은 쾌락주의 철학을 발전시켰고 많은 사람이 철학의 도움 없이도 마음껏 쾌락을 즐겼다. 하지만 즐기는 것도 쉽지만은 않다. 즐거움의 추구는 행복 추구와 비슷해서 스스로를 망치는 경우가 많기 때문이다. 즐거움에 존재하는 쾌락주의 신념이 재미에도 깃들어 있지만, 사실 재미는 개인적인 즐거움 추구 이상의 의미를 지닌다.

재미는 개인적이기보다 사회적이다. 자유로운 개인은 가족, 사회적 구조와 자연 등 신성시되고 틀에 박혀 있는 낡은 것들을 거부하고 자유를 즐기면서도 인간관계에서 오는 온기와 정해진 역할 및 관습이 주는 안정성을 원한다. 재미는 후자의 상실을 새로운 소속감과 의식儀式

으로 보상한다. 즉 재미는 기존 가치의 대안으로 등장한 집단 의식group ritual이다. 재미는 기본적으로 공동체의 성격을 띠고 있다. 혼자서 즐거울 수는 있지만 재미를 느끼지는 못한다(내가 재미를 혐오하는 이유이기도 하다. 개인주의를 신봉하는 입장에서 본능적으로 모든 단체 행동에 염증을 느끼기 때문이다).

또한 재미는 이성이 삶을 주도한다는 현대적 신념에 대한 대응이다. 이성은 가장 합리적으로 목표를 설정하고 효과적으로 달성한다. 이런 믿음은 자연이 숭배할 대상이 아니라 지배하고 사용할 대상으로 여기게 만들었고 무자비한 개발을 야기했다. 이성 위주의 신념에 대응하여 재미는 행위 자체를 즐기는 놀이라는 개념을 내세웠다.

재미는 종교까지 대체한다. 자연과의 교감이 중단되고 신의 계획에 대한 믿음을 상실하면서 현대인은 세계를 따분하게 돌아가는 태엽장치로 보거나 삶이 무의미할 수도 있다는 생각에 빠지는 등 이른바 현대적인 환멸감을 느끼게 되었고 이는 권태라는 새로운 고통을 가져왔다. 유흥 또는 유흥의 부족이라는 관점에서 '재미'와 '권태'는 18세기 무렵 같은 시기에 언어에 편입되었다. 이들은 동전의 양면이 아닌 '커다란 재미'와 '극도의 권태'라는 경험을 측정하는 자의 양 끝처럼 밀접하게 연결되어 있다.

재미는 세속적인 집단 의식에서 자기 초월을 가능하게 만드는 재주술화(re-enchantment: 상상, 주술, 신화 등 마법적 요소들이 사회, 문화, 예술에 다시 등장하는 현상 - 옮긴이)를 통해 지루함을 해소시켜준다. 따라서 재미는 세상을 밝히는 빛으로서 의미를 갈망하는 이들에게 해답을 주면서 종교와 유사한 기능을 한다. 종교가 신성한 은총을 내리듯 재미는 세속적인 은총을 내린다. 그리고 많은 신자가 종교의식을 치르면서 별다른 혜택 없이도 할렐루야를 외쳐야 한다고 느끼는 점에서 재미와 종교는 비슷하다(리치는 붐비는 해변을 돌아보기 위해 모래톱으로 배를 타고 가는 것이 정말로 굉장히 의미 있고 보람 있다고 생각했을까?). 재미는 종교처럼 우월성의 표시기 때문에 재미있어 보이는 겉모습이 실제로 재미를 느끼는 것보다 더 중요하다. 모두가 재미를 갈망하고 재미를 경험하는 사람은 구원을 받는다. 모든 사람이 남들과 차별화하기 위해 끝없이 투쟁하는 가운데 지위가 낮거나 돈이 없는 사람들에게는 재미를 추구하는 속물이 되는 것이 중요한 전략이다. 재미가 넘치는 재미 부자들은 서로 어깨에 팔을 두르고 머리를 맞댄 채 즐거운 웃음을 띤 단체사진을 소셜 미디어에 올린다. 밝고 기쁨이 넘치는 수많은 사진을 통해 인생을 즐기는 모습을 볼 수 있다. 여기서 경험의 종교적인 성격이 드러난다. 성령이 재미 추종자들에게 임한 것이다.

신앙·사회·가족 간의 연결이 약화되면서 계몽된다는 느낌과 도구적 이성에 굴복하여 뭔가 진정하고 가치 있는 감각을 잃어버렸다는 두려움이 생겨났다. 그리하여 진정성에 대한 상실감을 복원하는 것이 재미의 또 다른 기능이 되었다.

두 번째, 최근 자본주의 문화에서 중시하는 욕구는 소유 중심에서 경험 중심으로 바뀌었다('비워내기'에 대한 책이 서가에 가득 들어찬 서점이 이런 경향을 명확하게 보여준다). 경험이 소유보다 보람차다는 생각은 일종의 진전으로 여겨졌다. 하지만 경험도 상품처럼 생산 및 거래 가능한 재화다. 막대한 돈을 들여 에베레스트산을 등정하는 것은 스포츠카를 사는 데 돈을 쓰는 것만큼 후회스러울 수 있다. 하지만 소유에 붙어 있는 오명이 경험에는 아직 붙지 않았다. 재미는 가장 순수하고 높은 평가를 받는 경험이다.

마지막으로, 사회질서를 어기는 위반의 재미와 가식, 위선, 탐욕, 권력 등을 조롱하는 해학의 재미가 존재한다. 이러한 재미는 권력자를 골탕 먹이고 깎아내리는 수단이며 폭력의 대안으로서 정치적 시위를 동반한다.

이 모든 정의는 잠정적이다. 재미는 소속감을 통한 안정과 초월을 통한 도취, 재주술화의 희열, 진실성이 주는 안도감, 노는 행위의 태평함, 익살과 범죄 등을 통한 반항으로 삶에서 권태를 없애고 즐거움을 주는 집단 의식이다.

재미를 어떻게 정의해도 정적으로 느껴지지만, 시대의 요구에 따라 재미에 대한 정의는 끊임없이 변해야 한다. 지구 생명체의 역사는 최초의 세포가 분열해서 3천만 종이 넘을 때까지 가지치고 변형되어 더욱 다양하고 복잡해진 끝없는 분할의 역사다. 그중에서도 호모 사피엔스는 수많은 문화를 지구에 퍼뜨리고 채웠으며 이는 엄청난 에너지로 증식하는 암세포처럼 계속해서 분할하고 변화해왔다. 재미를 이해하는 것은 문화의 역사 속에서 근원을 찾고 문화의 변화에 따라 적응한 자취를 따라가는 과정이기도 하다. 어렸을 때 나는 위대한 자율적 존재인 내 자유로운 삶에 역사가 영향을 미칠 수 없다고 생각했지만, 나이가 들수록 이른바 자유로운 삶도 문화적으로 결정되어왔다는 사실을 깨달았다. 우리는 모두 바다에서 자기 의지로 수영을 한다고 믿지만 크게 보면 실은 압도적인 문화의 물결이 베푸는 자비에 휩쓸릴 뿐이다.

재미는 복잡할 뿐 아니라 역설적이다. 완전히 현대적인 개념이지만 좀 더 조사해보면 선사시대부터 치러온 의식과 연결되어 있다는 것을 알 수 있다. 재미는 세속적이면서 동시에 종교와 관련이 있다. 재미는 개인이 사회를 초월할 수 있는 방법이지만 사회에 깊이 발을 담그고 있어야 작동한다. 파괴적이면서도 구원을 행하고, 하찮으면서도 중요하고, 소극적일 수도 있지만 급진적인 변화의 매개가 되기도 한다. 재미는 현대 서양 문화의 모든 측면에 퍼져 있고 계속해서 널리 언급되지만 절대로 분석되는 일이 없으며, 분석할 가치가 있다고 생각되지도 않는다. 단 하나 확실한 것은 재미있으려면 많고 어려운 과제를 해야 한다는 점이다. 가끔 재미가 일보다 더 할 일이 많아 보이는 것도 당연하다.

제 2 부

재미의 이해

2장

재미와 의식

__ 의식은 인상을 남긴다

• • •

"난 정말 의식이 싫어." 친구들과 술을 마시다 과장된 몸짓으로 화이트 와인을 넘칠 만큼 따르면서 말한 적이 있다. 친구들은 엄숙하게 고개를 끄덕이며 동의하는 대신 약간 악의적으로 느껴질 만큼 크게 웃음을 터뜨렸다. 내가 만든 의식에 즐겁게 참여하면서 실은 의식을 싫어한다고 설명하려니 친구들을 진정시키는 데 한참 시간이 걸렸다. 이 자리는 술을 마시는 의식으로 성찬식에 가까울 만큼 아주 신성한 행사다. 친구들이 이렇게 지적했다. 이 의식을 위해 다들 한 시간씩 빼야 하고, 은은한 조명 아래 모두 엄숙하게 모이도록 음식 준비는 중단하고, 쓰레기는 나오지 않게 하고 각자 접시에 마카다미아 너츠와 봄베이 믹스, 소금·식초 맛 감자칩이 있어야 한다고 주장한 사람이 누구인가? 모두 진지하게 술을 따라서 근엄하게 건배한 뒤 함께 마셔야 한다고 우긴 건? 이 의식에 'A 타임'이라는 특별한 이름을 붙이고 듀크 엘링턴Duke Ellington의 〈A 열차를 타세요Take the A Train〉를 신성한 주제곡으로 선정한 사람은?

사실 내가 싫어하는 것은 종교의식이고 특히 내 어린 시절을 장악했던 다양한 가톨릭 의식이다. 가톨릭 의식은 항상 낡은 미신 같았고 합리적인 현대에 존재하기에는 터무니없는 유물처럼 느껴졌다. 어머니와 숙모는 자녀들이 시험에 통과하고 괜찮은 직업을 구하기를 빌면서 아일랜드 북부 도니골주의 더그 호수에 있는 섬으로 순례를 떠났다. 3일 동안 맨발로 험난한 바위 위를 걸어 다니고 홍차만 마시면서 신이 자비를 베풀기를 기도하는 순례였다. 3일간 고행을 해놓고도 부족한 마법력을 보충하기 위해 엄마와 숙모는 로사리오의 4신비, 7성사, 성 안토니오의 화요일 아홉 번, 십자가의 길 14처 등의 의식에 참여했다.

　나는 이런 의식들을 대부분 피해갔지만 매년 사순절 기간 동안 과자를 먹지 못하는 고통은 견뎌야 했다(감자칩은 달콤하기보다는 짭짤하기 때문에 먹어도 된다고 주장했지만 어머니는 허락하지 않았다. 언제나 똑똑한 척 궤변을 늘어놓고 오만하게 신을 거부한다며 화를 냈다). 사순절 기간 동안 궁핍함을 견디고 나면 부활절이 있기 전에 7일 동안 이어지는 끔찍한 성주간 의식이 따랐다.

　그 밖에도 1년 내내 치러야 할 의식이며 견뎌야 할 괴상한 것들이 넘쳐났다. 아이들은 얼굴에 성수를 뿌리고 어깨에 성의를 두르고, 기적의 성패를 조끼에 꽂고 주머니에는 묵주까지 넣고 이 영적 갑옷의 보호를 받으며 사악한 속세로 나아간다. 이런 어리석은 짓 때문에 나는 모든 의식을 거부했다. 의식이 골칫거리기는 하지만 실은 즐거울 수도 있다는 사실을 깨닫지 못했기 때문이다. 하지만 의식에서 도망치는 것 자체가 의식이었으며 완전히 새로워 보이는 것들이 사실은 케케묵은 구식이었다.

　내게는 댄스 클럽이 새로운 성당이었고, 빅 톰 앤드 메인라이너스

Big Tom and the Mainliners나 팻 앤드 게이 돈스Pat and the Gay Dons, 패트리샤 앤드 더 크래커웨이즈Patricia and the Crackaways, 더못 앤드 더 필로소퍼스Dermot and the Philosophers, 디어드리 앤드 더 디펜더 스Deirdre and the Defenders, 그리고 테레사 콘론 앤드 더 유콘스Teresa Conlon and the Yukons 같은 아이리시 쇼밴드가 새로운 사제였다. 나는 유쾌한 드럼 연주가 중심이 된 리드미컬한 음악을 처음 라이브로 들었을 때를 여전히 기억한다. 스틱이 닿을 때마다 드럼은 쿵쿵 울리고 흔들렸다. 그 곡은 부치 무어Butch Moore와 캐피털 쇼밴드Capital Showband가 연주한 비틀즈의 〈아이 소 허 스탠딩 데어I Saw Her Standing There〉로, 힘없이 귀를 간질이는 트랜지스터 라디오의 지직거리는 소리와는 전혀 달랐다. 뭔가 예스럽고 원초적인 강한 힘이 지저분한 건물을 완전히 휘어잡았고 킹콩이 앤을 쥐고 흔들 듯이 의기양양하게 건물을 흔들어댔다. 벽과 바닥이 진동하고 밴드가 보내는 메시지가 내 몸을 점령하려는 듯 무대에서 뻗어 나와 다리를 타고 올라왔다. 부치가 소리를 질렀다. "그 여잔 겨우 열일곱이었어. 무슨 말인지 알지?" 그러자 드러머는 정확히 이해한다는 듯 힘차게 심벌즈를 때렸다. 나도 이해할 수 있었다. 예수가 나타나기 한참 전 아주 오랜 옛날에 태어난 디오니소스가 배불뚝이 드러머의 모습을 하고 고대 의식을 소환했다. 나는 15년 동안 끈질기게 주입당했던 믿음을 던져버리고 육체와 영혼을 그에게 바쳤다.

그 댄스 클럽의 모든 것이 교회와 마찬가지로 단단히 의식화되어 있었다. 여자 화장실 밖에 빽빽이 모인 여자들이 하얀 팔과 고개를 쳐들고 있다. 함께 춤추자고 하면 놀랍게도 대부분 고개를 끄덕이는 것은 물론 손을 잡아달라고 내밀고, 자기 허리를 감싸도록 허락하고 옷 속에서 움직이는 따뜻한 몸과 향기로 나를 완전히 취하게 만들 것이다. 춤은 세 종류가 한 세트이고 박자가 같은 세 곡에 맞추어 추게 된다. 보통 빠른 박자지만 운이 좋으면 박자가 느릴 수도 있고, 정말 운이 좋아서 박자가 느릴 뿐 아니라 파트너가 하체를 밀착하게 허락해주면 새로운 세계와 정점이 있는 고대 화합을 경험할 수도 있다.

정신줄을 놓기 전에 요점을 말해야겠다. 의식은 피할 수 없고 종교만큼이나 중요한 단체 활동이다. 나는 어릴 때도 성인이 되어서도 의식을 외면했다고 믿었지만 실은 새롭고 불경한 형태로, 또는 불경해 보일 뿐 실제로는 리듬에 맞춰 춤추는 고대 종교의식의 현대적인 형태로 의식을 받아들여 왔다.

■

의식은 여간해서는 변하지 않는 전통 같지만 사실 변화와 진화를 거듭한다. 또 성장하거나 유행이 지나 교체되고, 새로운 형태로 다시 돌아오는 등 지속적으로 탈바꿈한다. 서양에서 재미가 중요해지면서 크리스마스나 여름휴가 같은 연간 의식, 세례·생일·결혼 같은 생활 의식 등 단체로 재미를 경험할 수 있는 의식이 더욱 번성했고 정교해졌다. 영국에서는 신생아를 위한 비종교적인 명명식이 성행하고 있다. 부모들은 경건하게 식을 치르기 위해 주로 교회를 빌리지만 말이다. 데이비드 베컴과 빅토리아 베컴 부부는 "브루클린이 세례는 받아야겠지만 무슨 종교를 따를지는 아직 모르겠다"[1]며 맛보기 식으로 이런 명명식을 고안했다. 교회 측에서는 이를 공식적으로 인정하지는 않지만 전반적으로 용인하는 것 같다. 베컴 부부는 꿋꿋하게 자기들 입맛대로 천사 조각상 위에 아치형 입구가 있고 양쪽에는 불교 제단을 설치한 교회를 선택했다.

가장 놀랍게 성장한 의식은 결혼 예식이며 그 어느 때보다 정교하고 광범위해졌다. 결혼 축하연은 원래 결혼식 다음에 함께 식사를 하는 자리에 불과했다. 그러다가 식사에 초대받지 않은 사람을 위해 음악과 춤이 있는 저녁 연회가 생겼고 이제는 이를 며칠씩 연장하고 있다. 결혼식 전날 예식 연습 삼아 치르던 리허설 디너는 더 이상 연습을 목적으로 하지 않는다. 리허설 디너 전날에는 또 다른 저녁 행사를 치르고 예식 다음 날에는 바비큐(주로 돼지고기를 먹는다) 파티를 한다. 그리고 이 모든 행사 전에 무척 공들여 준비하는 총각파티와 브라이들 샤워도 있다. 이 행사에서는 동유럽이나 발트해, 운 없게 은행원의 친구라면 마이애미나 라스베이거스, 카리브해 따위로 긴 여행을 떠난다.

시간이 흐르면서 의식은 구성원들이 참여하는 단체 활동보다는 깊은 인상을 남기기 위한 공연과 비슷해지고 있다. 연인들은 프러포즈를 텔레비전 등을 통해 공개석상에서 하고 싶어 한다. 결혼식에는 폭죽이나 물대포를 쏘아 올리는 보트, 플래카드를 끌고 가는 비행기 따위가 동원된다. 열기구나 기중기, 산꼭대기나 해변, 동굴이나 물속(2011년 8월 남부 폴란드에 위치한 물에 잠긴 노천광에서 세계에서 가장 성대한 수중 결혼식이 진행되었다), 꽃차 행렬, 상어 수족관 속 우리, 지하철 역, 스타벅스에서 결혼식을 하거나 〈스타워즈〉 영화표를 끊으려고 줄을 서서 치르기도 한다. 연인들은 스카이다이빙, 번지점프, 시내 사이클링, 숲 산책, 바다 수영, 19킬로미터 코스의 장애물 경기를 하면서 식을 올린다. 결혼식 의상도 무척 다양하다. 옷을 아예 입지 않기도 하고 신랑은 광대 복장을 하거나 동물 머리를 쓰고 신부는 비닐 포장지로 만든 드레스, 실제 젖소의 젖꼭지 3천여 개로 장식한 드레스, 옷자락이

500미터가 넘는 드레스를 입고 3킬로미터 가까이 늘어지는 면사포를 쓴다. 우주 정거장에서 첫 결혼식이 열리는 일도 시간문제다. 부부는 둥둥 떠다니고 손님 중에 샴페인을 과음한 사람이 있다면 반쯤 소화된 카나페 조각도 영원히 떠다니겠지만 말이다.

명명식이나 생일, 결혼식은 점점 사치스러워지고 있지만 옛날 수많은 문화권에서 보편적으로 필수 의례였던 젊은이의 성년식은 서양에서 사라졌다. 재미도 없고 고통스러운 데다(상처내기 의식은 보통 상징적인 수준에 그치지만) 성인으로서 책임을 받아들인다는 의미가 있기 때문이다. 이는 오늘날 몸에 생채기를 내는 것보다 더 고통스러운 일일지도 모른다.

■

핼러윈 행사가 죽음의 이미지를 버리고 서양에서 크리스마스 다음가는 계절 축제로 자리매김한 것처럼 성년식도 인기를 얻으려면 상처나 고통의 이미지를 버리는 편이 나을 것이다. 핼러윈 의식은 끊임없이 변화를 거듭한 모범 의식 사례다. 이교도에서 시작된 이 의식은 기독교를 거쳐 일반 대중으로 중심축을 옮겼다. 핼러윈이 기업이었다면 전 세계 비즈니스 스쿨에서 최고의 연구 대상이 되었을 법하다.

핼러윈의 기원은 고대 켈트족의 축제 삼하인samhain(여름이 끝날 무렵 저무는 태양을 마법으로 되살리기 위해 모닥불을 피우는 행사)이다. 하지만 핼러윈은 이교도 신앙이 끝장났으며 기독교로 대세가 옮겨갔다는 사실을 재빨리 받아들이고, 가톨릭 신자들이 죽은 이들의 영혼을 위해 기도하는 '올 소울즈 데이All Souls' Day' 이전에 치르는 '올 할로 이븐All Hallow Even'으로 명칭을 바꾸었다.[2] 하지만 죽은 자에게 초점을 맞추는 것이 불쾌하다는 것을 깨닫고(현대인은 연중 단 하루라도 죽음과 관련한 얘기를 듣고 싶어 하지 않는다) 명칭을 간단하게 핼러윈으로 바꾸었으며 '올 소울즈 데이'의 전전날 저녁에 집중하여 당일과의 연관성을 약화시켰다. 이날 참여자들은 해골에 초를 올리거나 유령 분장을 하거나, 매달린 사과를 손을 쓰지 않고 먹는 등 우스꽝스러운 놀이를 하며 망자를 조롱한다.

하지만 감동적인 성공 사례가 다 그렇듯이 핼러윈도 살아남을 수 있을지 불확실할 만큼 무시당하고 박해받는 어려운 시기를 겪었다. 영국에서는 종교개혁으로 핼러윈을 근절하려 했고 이는 대체로 성공적이었다. 북미 청교도들도 신세계에서 핼러윈이 뿌리내리지 못하게 하려고 애썼다. 후자가 실패한 이유는 청교도들도 예전 방식을 고집하는 아일랜드 이민자들을 제어할 수 없었기 때문이다. 핼러윈은 미국 동부 해안에 자리 잡아 19세기 후반 도시적이고 젊은 행사로 뿌리내렸고 20세기에 아일랜드 이민자 사회에 퍼지면서 북쪽과 서쪽으로 확대되었다. 그리고 국경을 넘어 남미에서도 멕시코의 '죽은 자들의 날Day of the Dead, El Dia de Los Muertos'과 전략적 제휴를 맺으며 퍼져나갔다.

핼러윈은 20세기 중반까지 미국에서 확실하게 자리매김했지만 중산층 가정 행사라는 이미지가 지루한 느낌을 주었다. 핼러윈 브랜드에 다시 활력을 불어넣을 필요성이 생겼고 1978년 영화 〈핼러윈〉과 잇따른 속편을 통해 핼러윈의 이미지는 마녀 모자를 쓴 부잣집 아이에서 칼을 든 사이코패스 살인마로 깔끔하게 변신했다. 두려움은 항상 관심을 끌어모으는 법이다. 〈핼러윈〉 1편은 장비 없이 손으로 들고 다니며 촬영할 수 있는 핸드헬드 카메라와 보이지 않는 미치광이의 존재를 암시하는 커다란 숨소리를 음향에 삽입하여 큰 효과를 보았다. 〈핼러원 3〉에는 아일랜드 출신 미치광이 주인공 코널 코크런을 통해 핼러윈의 뿌리가 켈트족과 드루이드임을 암시한다. 코널 코크런은 '실버 샴록 장난감 공장'을 운영하면서 어린이를 죽이도록 디자인된 핼러윈 가면을 생산한다. 스톤헨지를 건설하는 데 사용된 블루스톤으로 만든 폭탄이 가면에 붙어 있고 폭탄은 9시가 되면 폭발한다.

하지만 결정적이고 절묘한 한방이 있었다. 변장이라는 새롭고 재미있는 의식을 자본화하고 핼러윈의 브랜드 이미지를 화려하게 변장하는 연례 축제로 쇄신한 것이다. 핼러윈은 세계화되었고 잉글랜드로 재도입되어 '가이 포크스 데이Guy Fawkes' Day'를 위협하고 있다. 19세기 말 프랑스가 포도 병충해에 굴복하고 미국 포도를 재수입한 것과 마찬가지다.

핼러윈은 온 세계를 돌아다니며 성공을 거둔 즐거운 사례이며 이런저런 일을 겪으면서 많이 변하기는 했지만 결국 자신의 뿌리인 아일랜드까지 돌아왔다. 나는 신문 여행 섹션에서 "데리에서 즐기는 핼러윈"이라는 패키지 여행 상품 광고를 보고 깜짝 놀랐다. 데리는 분명 내 고향이고 나는 한때 이곳이 말기 무관심과 무기력에 젖어 있다고 생각했다. 그 데리에서 핼러윈 프랜차이즈를 떡하니 받아들여 유럽에서 가장 큰, '으스스하고 멋진' 핼러윈 축제를 며칠 동안 개최한다고 뽐내다니. 영악하게도 핼러윈 전야제에 앞서 무료 록 콘서트까지 개최한다고 되어 있었다. 변장과 라이브 음악이라는 거부할 수 없는 조합으로 젊은이를 유혹함으로써 이 행사를 사흘간의 '사육제(카니발carnival: 축제 festival보다 훨씬 흥분되는 용어)'로 확장한 것이다.

데리에 사는 친구들에게 물어보았더니 다들 무척 큰 행사라는 데에는 동의했지만 정확히 언제, 어디서, 어떻게, 또는 왜 시작되었는지는 정확히 설명하지 못했다. 1980년대 초반쯤으로 생각할 뿐이었다. 결과적으로 지역의회에서 모닥불을 도입했고 록 콘서트가 더해지기는 했지만, 핼러윈을 맞아 지역 주민들이 변장을 했고 여기에 참여하는 사람이 조금씩 늘어나면서 자연스럽게 행사가 확대된 것 같았다. 하지만 왜 데리일까? 역사적인 문제 때문일까? 예전에 가톨릭교도는 이곳을 데리라고 불렀고 개신교도는 런던데리라고 불렀으며 이제는 불편하게 데리/런던데리라고 부른다. 가톨릭과 개신교는 지역사회를 둘로 분리하고 서로 다른 이름을 붙였다. 사람들은 이런 종교적 정체성이 주는 제약에서 탈출하고 싶었을까?

핼러윈 패키지 여행 상품의 콘셉트도 대단히 강렬해졌다(가장 길게 늘어지는 휴가 기간 한가운데 핼러윈이 있다는 점도 분명 한몫한다). 런던 서쪽에 위치한 테마 공원 소프 파크Thorpe Park는 금요일 밤 새벽 2시까지 갇혀 있다가 '납치·체포되어' 호텔로 끌려와서 그날 밤 남은 시간 동안 '공포에 떠는' 2박 여행 상품을 내놓았다. 핼러윈에 유일하게 부족한 요소는 춤이었지만, 런던 북동쪽 코벤트 가든Covent Garden은 동시에 좀비 춤을 가장 많이 춘 세계기록을 깨기 위한 이벤트를 개최함으로써 이 문제를 해결하고 있다.

이처럼 핼러윈은 정기적으로 혁신하면서 오랜 세월 계속해서 진화했다. 과거 태양이나 죽은 자의 영혼을 위해 기도하던 의식 대신 여행이나 변장, 할리우드 영화와 록 음악, 파티 등을 통해 재미를 어필하고 있다. 죽임을 당했지만 끈질기게 살아나는 〈핼러윈〉 1편의 미치광이처럼 핼러윈은 죽기를 거부하는 의식의 좋은 사례다이 10월 축제를 억압했다고 알려진 종교개혁은 사회생활과 종교에서 의식을 몰아내기 위해 가장 합심하여 꿋꿋하게 오랫동안 노력한 사례일 것이다. 교회에서는 성경의 가르침에 따라 상징과 예식을 줄이고 설교 위주로 예배를 올렸다. 하지만 성경에 집중하다 보니 성경 자체가 궁극적인 상징이자 토템이 되었고 19세기에는 성경에 나오는 이야기가 신화가 아닌 실제 있었던 일이라고 주장하기에 이르렀다. 스코틀랜드와 아일랜드의 개신교 세력은 세속적 조직인 오렌지당을 창설하여 이웃인 가톨릭 못지않게 의식과 상징을 많이, 다양하게, 그리고 난해하게 사용했다.

오렌지당이 올리는 의식은 외부인의 눈에는 의미 없고 기괴하고 우스꽝스럽겠지만 조직원들에게는 대단히 중요하고 꼭 필요한 존재였다. 의식을 위해서라면 싸울 가치가 있을 뿐 아니라 죽음까지 불사할 정도였다. 북아일랜드에서 있었던 일련의 끔찍한 폭력 사태는 오렌지당 당원들이 당을 상징하는 중산모를 쓰고 띠를 두르고, 칼과 현수막을 들고 북을 치며 행진하겠다고 고집을 부린 탓이었다. 그 후 벨파스트 시청에서 영국 연방 국기를 걸지 않겠다고 결정하자 개신교 지역에서 폭동이 일어났다. 설상가상으로 가톨릭교도들은 자기 지역에 아일랜드 공화국 국기를 걸게 해달라고 요구했다. 양측 모두 많은 이들에게 중요한 것은 종교적인 신념이 아니라 의식과 상징이었다. 프랑스와 러시아 혁명은 종교의식뿐 아니라 종교 자체를 억압하기 위해 오랫동안 단호한 노력을 기울였지만 곧 세속적인 다른 의식으로 종교의식을 대신해야 했다.[3] 사람들은 항상 의식을 필요로 한다. 의식이 억제되거나 더 이상 공감되지 못할 때는 이를 수정하거나 대체해온 것으로 보인다. 하지만 새 의식은 기존 의식을 대체하기보다는 국가와 조직, 지식인에게 신비함, 신령스러움, 필연성과 영속성 등의 힘을 실어주기 위해 만들어지는 경우가 많다.

예를 들어 영국 왕실의 의식은 품격 있는 전통을 보존해온 것처럼 보이지만 대부분 19세기에 생겨났다.[4] 스코틀랜드의 가장 높은 가문에서 입는 전통 의상으로 알려진 킬트는 18세기에 공장주인 토머스 롤린슨이 스코틀랜드 인버개리에 있는 철광석 제련 공장 노동자들의 작업복으로 만든 옷이다.[5]

프랑스와 소련을 비롯한 국가 권력자들이 발견했듯 의식은 지침이나 규율보다 더 효과적이다. 머리 대신 육체를 사용하고 상징이나 의식 자체에 몰입함으로써 무의식에 작용하며, 언어나 인식으로 설명 가능하거나 선택 가능한 영역 밖에 있기 때문이다. 사람들이 관습을 관습으로 거의 인식하지 않듯이 의식도 마찬가지다. 정의를 내리거나 정당화할 필요가 없다. 어쩌다 보니 하게 되었고 필요하니까 할 뿐이다.

■

의식이 꼭 필요하다는 생각이 자리 잡으면서 권력자는 의식을 강력한 도구로 이용했고 보통 사람들은 따로 종교적 수행을 하지 않아도 신자 공동체의 일원이라는 소속감을 얻게 되었다. 종교에서 의식을 강조할수록 교리의 중요성은 약해진다. 극단적인 경우 의식은 교리를 쓸모없게 만든다. 이는 우리 이모가 자기 종교 창시자의 메시지에는 관심이 없고 본인의 신념만 내세우는 배경이고, 무신론이 팽배한 시대에 종교가 번성하는 이유이기도 하다. 사람들을 끌어당기는 것은 믿음이 아니라 집단의 정체성과 의식인 경우가 많다.

의식은 불안을 완화하는 데도 효과적이다. 어떤 행위를 반복하면 아이를 안심시킬 수 있는데, 의식은 이런 반복적 행위를 성인에게 적용하고 신성화한다. 반복적 행위가 변하지 않고 계속되면 더욱 거대하고 구체적인 정의가 필요 없는 또 다른 불변성과 연결된다는 느낌이 생긴다. 이를 통해 반복은 더욱 강화된다. 의식은 특별한 시공간을 할애하거나(또는 익숙한 공간을 일시적으로 신성화하거나) 특별한 물건이나 행위를 통해 일상을 중단하고 신비로운 분위기를 구축한다. 의식은 공동체 감각을 통해 고립의 공포를 해소하고 참여를 통해 무력함의 공포를 해소하며, 영속성을 통해 변화와 죽음의 공포를 해소하고 신성한 목적을 통해 삶이 임의적이고 무의미하다는 공포를 해소한다.

하지만 의식의 가장 중요한 역할은 원시 씨족이나 부족이 화합하듯 집단을 통합하고 유지하는 것이다. 물론 편하게 혼자 올리는 의식도 있지만 이와 다르게 집단 의식은 구성원을 참여시키고 통합하며 합의를 도출하고, 결속을 창조하고 유지하며 충성을 강화하는 등 사회적 기능을 수행한다.

이 공동체 정신을 발휘하려면 종교적인 엄숙함, 축제의 활기 등 무엇을 이용하든 일상적인 삶의 방식을 중단하는 것이 중요하다. 몇 달 전, 런던 중심가 서점을 어슬렁거리다 보니 눈에 띄게 활달한 무리가 평소보다 많다는 생각이 들었다. 집에 돌아와서야 새 의식 두 가지를 깜빡했다는 사실을 알아차렸다. 내 옆에 '게이 프라이드 행진Gay Pride March'이 있었고 다른 쪽에는 '세계 누드 자전거 대회World Naked Bike Ride, WNBR'가 진행되고 있었다. 매년 6월 수천 명의 사람들이 전라 또는 반쯤 벗은(최대한 많이 벗는 것이 모토다) 채 시내 거리에서 함께 자전거를 타는 행사였다.

WNBR의 공식 웹 사이트에는 "자전거를 타는 동안 재미있고 몰입하는 분위기를 만들기 위해 창조적인 표현을 권장한다"라고 되어 있다. 창조적인 표현을 위해 보디 페인팅이나 변장, 특이한 자전거, 휴대용 음향 증폭 기기(휴대용 확성기나 대형 카세트 라디오 같은 확성장치) 등이 사용된다. 고대 의식과 마찬가지로 음악과 변장, 보디 페인팅이 주요 요소다. 드럼도 중요하다. 자전거를 타면서 북채를 휘두르는 것이 가능하다면 이것도 권장했을 것이다. 새롭게 등장한 찬사이자 강력한 형용사 '몰입'에 주목해야 한다. 수동적인 방관보다는 적극적인 참여를 장려하기 때문이다. 현재 전 세계 70개 이상의 도시에서 누드 자전거 대회 행사를 하고 참여하는 사람이 점점 늘어나는 것을 보면 WNBR은 확실히 공감대를 형성한 듯하다.

흥미진진하고 재미있는 의식의 현장에 그렇게 가까이 있으면서도 두 가지 모두 관람하지 못해 못내 아쉬웠다. 하지만 다른 면에서는 운이 좋았다. 황혼이 지는 파리에서 아내와 나는 신성한 식전주 의식을 치를 적당한 장소를 찾고 있었는데, 갑자기 멀리서 천둥처럼 울리는 소리에 탐색을 중단해야 했다. 하늘이 아니라 땅에서 들려오는 것 같았다. 소리가 점점 커지면서 다가오자 지나가던 사람들도 깜짝 놀라 멈춰 섰다. 언뜻 알아차리기 어려운 으스스한 느낌이 다가왔다. 출퇴근 무렵의 시내였지만 차량 소리는 아니었다. 천둥소리는 엄청나게 커졌고 저쪽에서 롤러블레이드를 탄 사람들이 우레와 같은 소리를 내며 몰려왔다. 그들은 빠르게 이동 중이었고 어떤 인상을 주려 하거나 웃기려 하거나, 다른 어떤 방식으로든 상호작용하려는 의도가 없다는 점에서 퍼레이드와는 전혀 달랐다. 작정한 듯 말없이 맹렬히 앞을 향해 나아갈 뿐이었다. 관중들 역시 말 한마디 없이 경이로운 눈길로 쳐다

보았고 전혀 말을 걸려 하지 않았다. 다른 세상에서 지구를 방문한 것 같았다. 롤러블레이드 무리가 거의 빠져나갔을 무렵, 한 70대 노인이 길고 하얀 곱슬머리를 휘날리며 다리를 번갈아가며 우아하게 앞으로 나아갔다. 엄숙하면서도 카니발적인, 스케이트를 신은 신 같았다.

3장
재미와 초월

___ 내가 아닌 다른 사람처럼

...

    오랜 옛날 선사시대에 집단 의식은 보편적이었고 어디서나 비슷한 형식으로 치러졌다. 특별한 의상을 입고 모자나 가면을 쓰고, 몸과 얼굴에는 칠을 하거나 문신을 하고 먹고 마신다. 크고 역동적인 음악에 맞춰 춤추고 노래하며 집단 섹스로 마무리한다. 춤을 춘 흔적은 전 대륙에 걸쳐 선사시대 미술에서 발견되었다. 대열을 짓고 둥글게 도는 구성과 머리를 마구 흔들고 머리카락을 휘날리는 개인적인 표현 방식까지 비슷하다. 이를 깨닫자 나는 어린 시절 밤새워 호키코키나 콩가를 추던 파티광이나 헤비메탈 콘서트에서 미친 듯이 머리를 흔드는 사람을 경멸하던 마음이 수그러졌다. 지식의 뼈아픈 전환 효과인 셈이다. 천박해 보였던 춤은 사실 고대의 뿌리와 연결되어 있었고 나는 불감증에 빠진 예외적 존재에 불과했다.

    의식은 있는 그대로 자연스러운 진행과는 거리가 멀다. 신중하게 계획되고 사전에 모자와 의상, 가면을 준비해야 하며 사전에 안무를 짜야 하고 정해진 시간에만 실행된다. 모든 요소가 상당한 시간과 에너지를 필요로 하고 심오한 의미를 지녀야 한다. 광적인 춤은 처음에는 여신에게 올리는 것이었다가[1] 나중에는 다양한 신에 대한 숭배의 표현으로 바뀌었다. 긴 곱슬머리에 여성이 거부할 수 없을 만큼 매력적이고, 신성한 광기로 영감을 받으며 취기와 춤으로 이를 표현하는 디오니소스가 대표적이다.[2]

단순하게 자아를 상실하는 것이 아니라, 자아를 집단에 묻고 무아지경이 되면서 종교적 체험을 한다. 프랑스의 사회학자 에밀 뒤르켐은 이를 '집합적 열광collective effervescence'[3]이라고 불렀다. 개인은 리듬에 맞춰 오랫동안 춤을 추면서 흥분하고 의상과 가면, 보디 페인팅 등을 통해 정체성을 상실하며, 연출된 움직임을 통해 한 가지 생각에 몰입한다. 그러면 하나라는 느낌과 소속감이 보상으로 따라온다. 이는 무척 심오한 만족감으로 사색하는 이에게 꼭 필요하지만 경험하기 힘든 감정이다.

리드미컬한 북소리는 의식에서 핵심적인 역할을 한다. 북은 춤에 앞서고 리듬은 북에 앞선다. 리듬은 생명의 핵심 프로세스다. 심장의 박동 조절 세포가 전기적 리듬을 만드는 덕분에 장기의 맥박이 리듬감 있게 뛴다. 뇌의 발진 세포는 특이한 리듬으로 파동을 만들어서 깨거나 잠들도록 상태를 조절한다. 인간의 몸은 지휘자 없이 완벽하게 공연하는 리듬 오케스트라이자 그 리듬을 24시간 주기에 맞추는 생물학적 주기 오케스트라이기도 하다.

신경과학자들은 인간의 리듬 감각이 아기에게도 있는 보편적인 감각이라는 사실을 발견했다. 음악 관련 신경과학 분야의 권위자인 아니루드 파텔은 다음과 같이 말했다. "모든 문화권에는 어떤 형태로든 규칙적인 박자를 지닌 음악이 존재한다. 주기적인 리듬은 공연자들 간에 순간적 조화를 일으키고 관객에게는 동시적 운동반응을 이끌어낸다."[4] 파텔은 이러한 리듬감이 언제인지 알기 힘들 만큼 초기에 진화했고 언어가 발전하기도 전이라고 확신했다. "박자는 리듬의 한 부분이며 음악의 고유한 특성으로 보인다. … 언어적인 리듬의 부산물이라고 보이지는 않는다." 다른 신경과학자들이 지적하듯이 인간은 박자 감각이 무척 강하다. 시계가 가는 소리를 있는 그대로 '틱, 틱, 틱, 틱'이라고 하지 않고 패턴이 없는 소리에 리듬감 있는 패턴, 즉 박자를 부여하여 '틱, 톡, 틱, 톡'과 같이 해석한다. 실제로 리듬 감각은 모방, 몸짓을 통한 의사소통, 움직임 및 소리를 가능하게 하므로 인간이 언어를 갖기 전부터 강해졌을 것이다("리듬은… 본질적으로 모방 기술이다").[5] 또한 동시에 발생함으로써 사람들을 통합할 수 있었다.

■

리듬과 동시성은 삶의 기본 요소로 보인다. 리듬감이 부족한 것은 미각이나 후각이 부실한 것만큼이나 애석한 일이다. 신은 내가 리듬감이 부족하다는 사실을 못 느끼게 하여 충격을 덜어주었지만, 내 형편없는 미각이나 후각을 개선하는 대신 리듬감을 잃어도 좋다고 생각할 일은 없을 것 같다. 나는 결혼식에 가면 사람들이 춤출 때 가장 힘들다. 리듬감이 떨어지는 남성은 파트너를 찾기가 쉽지 않다. 여자는 리듬에 맞춰 움직일 수 있는 남자를 좋아한다. 아내도 처음에 내가 무당처럼 날뛰며 자유롭게 춤추는 모습을 보고 반했다고 고백했다. 또한 시는 리듬 그 자체이기 때문에 리듬감이 부족하면 시를 즐기기도 어렵다. 덕분에 시가 산문보다 먼저 등장했고 술이나 춤처럼 초기 문명에 널리 퍼질 수 있었으며, 시인만이 시를 제대로 번역할 수 있다(시인은 언어에 존재하는 리듬에 대한 예리한 감각을 지녔다). 또한 현대 시들이 잘게 썰린 산문처럼 보이는 이유이기도 하다(운율은 있을지 몰라도 리듬이 사라졌다).

리듬을 표현하려는 욕구는 성욕처럼 기본적이고 강력하며 실제로 성충동과 연결되어 있다(절정에 거의 가까워질 때까지 여성이 리듬을 좌우하도록 만드는 것이 비결이다). 막대기로 물건을 때리는 것은 몽둥이로 생명체를 때리는 것만큼 오래되었지만 훨씬 안전한 방법이다. 북채는 몽둥이와 비슷한 시기에 등장했거나 더 오래되었다. 뭔가를 때린다는 원시적인 폭력을 유지함으로써 공격성과 공연을 결합하는 것이 드럼의 매력이다. 나는 드럼스틱으로 쓸 수 있는 물건만 보면 두드릴 물체를 찾고 싶어진다. 그래서 동양 음식점에 가면 나오는 젓가락을 무척 좋아한다. 먹는 데 쓰려는 것은 아니고(끝내 익히지 못했다), 물 잔으로 드럼 솔로를 연주하고 테이블 모서리를 두드려 마무리하기 위해서다.

막대기로 쓸 만한 물건도 두드릴 표면도 없을 때는 한쪽 엄지로 다른 손을 리드미컬하게 두드리거나 내 머리에 드럼을 친다. 신경질적이고 미친 사람처럼 보인다고 아내가 말리기에 비로소 그만뒀다. 내 몸을 드럼으로 사용하는 것은 포기했지만, 손과 머리를 두드리는 일이 실제로 치료 효과가 있으며 심지어 국민건강보험에서 불안과 우울증을 치료할 방법으로 채택했다는 사실을 발견하고 깜짝 놀랐다. 뉴에이지 지도자가 아니라 잉글랜드 스태퍼드셔 대학 교수 토니 스튜어트 Tony Stewart가 이끄는 연구팀이 제안한 방법이었다. 물론 '두드리기'는 전혀 폼이 나지 않는 이름이므로 '정서적 자유 기술Emotional Freedom Technique' 또는 EFT라는 명칭이 붙었다.[6]

제대로 된 록 드럼 세트를 치면서 영적인 경험을 한 적도 있다. 부유한 치과 의사의 시골 별장에 저녁 식사 초대를 받은 때였다. 반항적인 그 집 아들의 드럼이 현관 쪽에 놓여 있기에 나는 참지 못하고 키스 문 Keith Moon의 곡을 질펀하게 연주했다. 집주인은 나를 내성적인 지식인으로 생각했고 아내는 세련된 교양미를 갖춘 인상을 주길 바랐는데 둘 다 실망시키고 말았다. 하지만 어떤 칵테일보다 취기를 돋우는 데다 건강에도 이로웠으니 충분히 불만을 견딜 가치가 있었다. 머리를 두드리는 것이 치료 효과가 있다면 드럼을 내리치는 것은 10년 동안 프로이트에게 분석을 받는 것만큼이나 효과적이지 않겠는가.

대단히 학구적인 지식인들도 드럼을 사랑한다. 대성당이 있는 도시에서 가톨릭 복음주의 신앙을 지닌 부모 밑에서 자랐으며 어린 시절 성가대 대원이었고, 허먼 멜빌과 매슈 아널드의 정신적 고통에 대해 심오한 논설을 썼던 박식한 비평가 제임스 우드도 "모든 사람은 비밀리에 드럼을 연주하고 싶어 한다"[7]고 주장했다. 일단 드럼 연주는 춤과 밀접한 연관이 있기 때문이다. 우드는 이렇게 말했다. "음악은 우리 몸이 춤을 춰서 리듬을 느끼게 만든다. 드러머와 지휘자는 춤에 가장 가깝기 때문에 음악가 중에 가장 운이 좋다. 드럼 연주 속에서 춤추는 이와 춤은 얼마나 가까워지는지!" 또 다른 매력은 악기와 연주자가 하나가 된다는 데 있다. "월러스 스티븐스가 '탐탐은 나 자신이고, 내가 곧 탐탐이다'라고 말했듯 드럼을 칠 때 당신은 드럼이 된다." 그리고 원초적인 리듬과 단순함으로 돌아가서 현대가 내린 저주인 자아의 무게에서 해방될 수 있다. "드럼 연주는 육체가 자아를 잊고 끔찍한 자의식을 포기하게 해주어 항상 탈출의 꿈을 표현했다." 마지막으로, 드럼 중에서도 록 드럼은 짜릿한 저항의 감각을 느끼게 해준다. 우드가 가장 좋아하는 드러머는 키스 문이었다. "기술적으로 가장 뛰어났기 때문이 아니라, 팔이 여러 개인 듯 환희에 찬 광기가 고대 드럼 신령에 사로잡힌 것 같기 때문이다."

북을 치는 것은 본질적인 행위이기 때문에 동물도 북을 친다. 캥거루쥐는 발로 땅을 두드리고, 많은 영장류가 가슴을 두드리거나 박수를 친다. 마카크 원숭이는 사회적 지배력을 내보이려고 물체를 두드린다. 이 원숭이의 북치기는 인간이 말하는 것과 동일한 원리로 뇌에서 처리되며 이는 북치기가 초기 의사소통 수단이었다는 이론으로 귀결된다. 그리고 북을 치지 않는 동물에게도 대부분 북치기를 가르칠 수 있다. 신경과학자 아니루드 파텔은 자기 몸뚱이만 한 드럼을 연주하도록 훈련된 코끼리 연주단 '태국 코끼리 오케스트라'의 공연을 녹음하고 분석한 결과 코끼리가 정말로 "아주 안정적인 박자로 타악기를 연주할 수 있다"[8]는 결론을 내렸다. 이 오케스트라가 유명 록 그룹처럼 월드 투어를 다닐 수 있다면 좋겠지만 탈의실을 마련하기가 쉽지 않을 듯하다.

바이오 뮤직은 노스캐롤라이나 대학에서 신설된 연구 분야로 자연의 소리에서 나오는 음악을 연구한다. 바이오 뮤직 교수 퍼트리샤 그레이Patricia Gray는 보노보 원숭이에게 똥오줌을 누고 구르고 씹어도 끄떡없는 대형 보노보 드럼을 만들어 주고 큰 성과를 올렸다. 이 원숭이는 드럼을 치기만 한 것은 아니라 갖고 놀기도 좋아했지만 일단 키스 문 분위기를 타면 분당 280회로 연주할 수 있었다(일반적인 팝 음악의 두 배 속도다).[9]

나무나 가죽으로 만든 북은 거의 남아 있지 않기 때문에 초기 인류의 드럼 연주 흔적을 찾기는 힘들다. 하지만 기원전 5000년경 신석기 시대에 악어가죽으로 만든 북이 중국에서 발견되었고 메소포타미아에서도 기원전 3000년경에 만들어진 북이 발견되었다. 문자가 등장하면서 곧 북에 대한 기록이 등장했다. 북치기는 고기 굽기와 마찬가지로 철저히 남성적인 행위로 느껴지지만 기록에 남아 있는 역사상 첫 드러머는 메소포타미아의 승려 리푸시아우Lipushiau라는 여성이다. 그녀는 기원전 2380년 유프라테스강 하류에 위치한 도시 우르에서 발라그디balag-di라는 박자를 고안하고 '수면에 도움이 되지 않는' 소음을 만들었다.[10] 초기 드러머는 모두 승려라고 하니 이례적인 사례는 아니다. 수메르의 여신 이난나Inanna는 기원전 3000년경 탬버린의 초기 형태인 틀북을 발명했다고 하며,《구약성경》에는 틀북의 일종인 팀브렐로 춤을 리드하는 여성이 언급된다. "그리고 아론과 모세의 누이인 선지자 미리암이 소고를 손에 잡으매 모든 여인도 그를 따라 나오며 소고를 잡고 춤추니".[11]

북소리는 듣는 사람이 박자에 맞춰 움직이게 만들고 댄서는 다른 사람을 끌어들여 함께 춤추게 한다. 이러한 충동은 리듬을 치려는 본능처럼 기본적 욕구로 생각된다. 많은 생명체가 무의식적으로 동기화한다. 귀뚜라미는 합창을 하고 개구리도 함께 운다. 아기와 함께 놀아주는 엄마 뇌의 리듬도 동기화되고 여자들끼리는 생리 주기가 같아진다. 공연을 관람한 청중의 첫 박수는 제각각 빠르고 혼란스럽지만 곧 느리고 리듬감 있는 박수로 조화를 이룬다. 20세기 내내 학자들을 완전히 당황하게 만든 사례는 아시아에서 저녁 무렵 강가에서 벌어지는 불빛 쇼였다. 수 킬로미터에 걸쳐 셀 수 없이 많은 반딧불이 함께 일정한 박자로 리듬감 있게 반짝거린다. 반딧불이 만드는 자연의 디스코 조명은 피조물 모두를 춤추게 만든다.

무생물조차 동기화하려는 경향을 보인다. 네덜란드의 물리학자 크리스티안 호이겐스Christian Huygens는 같은 방에서 움직이는 두 개의 시계추가 시간이 지나면서 보조를 맞추는 모습을 발견했고 이것이 무생물의 동기화에 대한 첫 기록이다. 그는 이 현상을 "기적 같다"고 했다. 얼마 지나지 않아 수많은 천체도 동시에 움직인다는 사실이 밝혀졌다. 달은 지구의 궤도에 맞춰 공전 주기를 조절한다. 또한 20세기에 무수히 많은 원자가 발광을 동기화하여 빛줄기를 만들어낸다는 사실이 밝혀지면서 레이저가 발명되었다. 수학자이자 동기화 전문가 스티븐 스트로가츠는 "아직 이유를 밝혀내지는 못했지만, 동기화하려는 성질은 원자에서 동물, 사람, 행성에 이르기까지 우주에서 가장 보편적인 속성이다"[12]라고 했다.

당연한 말이지만 신체 활동이 동기화되면 집단 의식도 동기화된다. 그동안 지나치게 종교적이라는 이유로 비신자들에게 오랫동안 외면당했던 합창은 이제 종교에서 분리되어 세속적인 활동으로 점점 인기를 얻고 있다. 런던에도 합창단이 곳곳에 생겼다. 옥스퍼드브룩스 대학의 심리학자 닉 스튜어트는 혼자 노래를 부르거나 단체 경기를 하는 사람보다 합창대원의 만족감이 높다는 관찰 결과를 내놓았다. "이러한 연구 결과는 개인이 소속감과 조화를 느낄 때 음악적 경험이 더욱 강렬하게 느껴진다는 사실을 의미한다. 추가 연구를 통해 다른 사람과 동시에 움직이고 호흡하는 것 자체가 행복을 느끼게 해주는지 알아볼 예정이다."[13]

역사학자 윌리엄 맥닐은 완전히 다른 형태로 물리적 동시성을 이루는 군사훈련에서도 비슷한 흥분감이 나타난다고 보고했다. "오랜 시간 함께 움직이면서 자극되는 감정을 언어로는 설명하기 힘들다. 개인적인 행복감을 느꼈던 것으로 기억한다. 더 구체적으로 말하면 나 자신이 확장하는 이상한 감각이 생겼다. 집단 의식에 참여함으로써 뭔가가 부풀어 오르는 듯 실제보다 크게 느껴졌다."[14] 군사훈련은 춤과 정반대로 보이겠지만 안무가로 유명한 버스비 버클리Busby Berkeley는 자신이 성공하는 데 영향을 준 가장 '훌륭한 실습'은 제1차 세계대전 동안 육군 중위로 근무할 때 열병식 훈련을 고안한 것이었다고 밝혔다.[15] 버클리는 1930년대 화려하게 차려입은 여성 댄서 수십 명이 출연하는 뮤지컬(〈여인네들Dames〉, 〈42번가42nd Street〉, 〈풋라이트 퍼레이드Footlight Parade〉 등)에서 정교하게 동기화된 춤동작을 안무한 것으로 유명하다. 그리고 윌리엄 맥닐이 지적했듯 춤과 훈련은 전쟁 무용 의식에서 결합되는 경우가 많았다. 그는 일을 할 때 리드미컬한 동시성이 발생하는 경우가 많다고 지적했다. 미국 플랜테이션에서 노예들은 리더의 괭이질에 따라 노래를 부르면서 시간에 맞춰 괭이질을 했다. 잉글랜드에서 도시 사람들은 나막신을 신고 추는 클로그 댄스를 무시하는 경우가 많다. 농촌을 떠올리는 향수처럼 생각되지만 사실 클로그 댄스는 안전을 위해 나막신을 신었던 여공들이 바닥에서 멋진 드럼 소리가 난다는 사실을 발견하고 실을 짜면서 탭댄스를 춘 데서 비롯된 것이다.

모든 단체 규율, 합창이나 군사훈련 따위를 혐오할 것 같은 반항적인 젊은이들도 콘서트장 스탠딩석에서 다함께 격렬히 춤추는 현대적 의식을 통해 리드미컬한 동시성을 즐긴다. 빠른 박자로 라이브 음악을 연주하는 밴드 공연에서 무대 앞 젊은이들은 빽빽이 모여 디오니소스도 놀랄 만큼 난리를 치며 광란의 춤을 추는 '모시 피트mosh pit(록 콘서트에서 무대 전면 구역으로 록 음악의 광팬을 의미한다. – 옮긴이)'로 변한다. 이 의식은 의식처럼 보이지 않기 때문에 독창적이다. 실제로는 다른 사람들과 최대한 가까이 붙어 있으면서도 각자 순수하게 개인적이고 반사회적·폭력적이며 심지어 공격적으로 움직이는 듯 보인다. 모시 피트는 거칠게 저항하면서도 완전히 집단에 몰입하여 굴복하게 만든다. 심하게 몰입한 이들은 자제력을 잃고 지갑이나 열쇠, 동전의 운명에는 아랑곳하지 않고 무대 앞에서 몸을 던져 사람들의 손에서 손으로 파도를 탄다.

■

옛날부터 시작된 디오니소스적 환락의 형태는 사실상 천년 동안 변하지 않았다. 극단적으로 황홀한 무아지경에 빠진 주술사가 세상을 떠나 여행하는 느낌을 주기 위해 독특하고 기이한 의상을 입고 얼굴에 칠을 하거나 가면을 쓰고, 북을 치며 리드미컬하게 노래를 부르면서 미친 듯이 춤을 춘다. 사실 주술사는 북을 통해 영혼의 영역으로 황홀한 비행을 할 수 있다는 점을 가장 중요하게 내세웠다. 종교학자 미르체아 엘리아데는 북이 '다양한 마법적 기능'을 지녔으며 주술사를 '세상의 중심'에 데려다주거나 하늘로 날아갈 수 있게 해주는 '주술적인 무대를 연출하려면 필수적인' 존재라고 설명했다.[16]

영리한 주술사는 집단 초월을 책임졌을 때 발생하는 이점을 이해했다. 영혼의 세계로 이동하는 마법 능력을 갖고 있으면 인간 세계에서 여러모로 쓸모가 있다. 인류학자 이오안 미르딘 루이스가 지적했듯 대를 이어 주술사가 된 것이 아니라면 대부분의 주술사가 사회적 지위가 낮고 육체적·정신적으로 고통을 겪었으며, 오늘날 코미디언이 자유분방한 상상의 나래를 펴듯이 영적인 비행을 통해 '명성과 행운'을 얻었다.[17] 물론 여성의 침대로 마법처럼 이동하는 것도 뺄 수 없는 행운이다.

1960년대에 카를로스 카스타네다Carlos Castaneda의 저서가 크게 인기를 끌면서 샤머니즘에 대한 관심이 증가했다. 인류학자였던 카스타네다는 산꼭대기에서 산꼭대기로 날아다닐 수 있다는 야키족(서북부 멕시코 인디언) 주술사를 만나 가르침을 받았고 사교 교주가 보통 그렇듯 속세에서 고립되어 여성들과 은거했다. 이 여성들 역시 가족이나 친구들과 의절했다.

이제는 자칭 신주술사neo shaman라는 수많은 사람이 '주술적인 의식 상태'를 만들 수 있는 교육과정과 워크숍, 설명서 등을 내놓고 있다. 하지만 이런 상태를 추구한다면 키스 문의 연주를 듣는 편이 낫다. 키스 문은 광란의 드럼 연주뿐 아니라 복장과 광대 짓에 집착하고 온갖 약물을 엄청나게 소비했기 때문에 충분히 신주술사가 될 자격을 갖췄다. 그는 아돌프 히틀러나 노엘 카워드Noel Coward로 자주 변장했다. 또한 과장스러운 행위를 살펴보면 그가 단순히 아무 생각 없고 파괴적인 록 스타가 아니라(머무르는 호텔 방마다 때려 부수기는 했지만) 심사숙고하여 상상력과 유머를 발휘했음을 알 수 있다. 키스 문은 비행기에 치킨수프 통조림을 갖고 가서 슬쩍 토사물 봉지에 넣고 호들갑스럽게 토하는 척하다가 내용물을 삼키고 만족스러운 듯 한숨을 쉬곤 했다. 그러고는 순수하게 놀란 표정으로 승객들에게 왜 그렇게 거북해하냐고 물었다.

내가 아는 한 유머가 샤머니즘의 요소로 언급된 적은 없고 사실 주술사는 대부분 엄청나게 진지했겠지만, 기회주의자에 연기자였던 일부 주술사들은 행위에 익살을 더하면 효과가 있다는 사실을 알아차렸을 것이다. 네덜란드 역사학자이자 철학자 요한 하위징아는 수많은 초기 의식이 놀이의 성격을 지녔다고 주장했다. 의식은 아주 진지한 면도 있지만 한편으로는 일정한 규칙을 따르는 일종의 놀이이며, 의식에는 "믿음과 불신의 통일성과 불가분성, 신성한 전조와 '환상이나 재미' 간의 뗄 수 없는 관계"[18]가 따른다고 밝혔다. 그리고 주술사는 자주 연기를 했다. "원시공동체에서 '초자연적인 힘'이 있다는 사람들은 '역할에 따라 연기한다'고 보는 것이 가장 정확할 것이다." 확실히 주술사는 공동체에 속하면서도 바깥에 설 수 있는 최초의 존재다. 오늘날 코미디언도 이런 특징을 지닌다.

유머는 다양한 문화권의 설화에 등장하는 장난기 넘치는 사기꾼(트릭스터) 캐릭터의 주요 특성이다. 사기꾼 캐릭터는 주술사처럼 인간은 아니며 그리스 신화의 헤르메스, 남아프리카의 에슈, 인도의 크리슈나, 스칸디나비아의 로키, 북미의 코요테 등이 있다. 주술사보다 나중에 등장한 것으로 보이는 사기꾼은 관심의 대상이 영웅이나 영적 세계의 마법에서 불완전하고 욕망과 착각에 빠져 있으며 언젠가는 죽는 어리석은 인간으로 이동한 것을 의미한다. 인류학자 맥 린스콧 리케츠가 설명했듯 수많은 사기꾼 설화에서 주인공이 새처럼 날려고 하다가 볼품없이 땅으로 떨어지거나, 코요테가 끙끙거리며 똥을 누고는 이를 읽어 예언을 하는 등 주술사에 대한 믿음과 관행을 비웃는다.[19] 사기꾼 캐릭터는 주로 아웃사이더이고 방랑자이며 항상 공동체의 신념과 규칙에 의문을 제기한다. 도덕관념이 없고 재치 있고, 짓궂고 파괴적이며 탐욕스럽고 기회주의적이다. 또한 거짓말쟁이에 도둑이고, 자기 꾀에 넘어가기도 하는 등 일종의 협잡꾼으로 공동체와 스스로를 조롱함으로써 이들로부터 탈출하여 새로운 초월 가능성을 보여준다.[20] 괴상한 뒤틀림과 기이한 핵심 구절이 드러나는 짧은 사기꾼 설화는 코미디의 초기 형태이며 사기꾼 캐릭터는 익살맞은 주요 인물, 즉 코미디언의 조상이다.

웃음은 사기꾼과 주술사를 넘어 호모 사피엔스에서 영장류까지 거슬러 올라간다. 침팬지는 웃기는 하지만 인간처럼 함께 웃지는 않는다. 진화 인류학자 로빈 던바는 타인에게 자극을 받아 유발되는 사회적 웃음이 언어보다 먼저 발생했으며 100만 년 정도 전에 호모 에렉투스에서 진화한 것으로 보인다고 밝혔다. "이는 일종의 단어 없는 합창의 형태였을 것이다. … 내 생각에 과거 침팬지의 웃음에서 발전한 사회적 웃음은 털 골라주기를 보완하는 유대감 형성 방식으로 자리 잡았다."[21]

이는 술, 축제, 의상, 가면, 보디 페인팅, 북치기, 노래, 춤, 섹스 등과 함께 처음부터 웃음이 의식의 일부였다는 사실을 암시한다. 많은 사람이 어떻게 문화권도 기간도 다른 여러 대륙에서 정확히 같은 의식이 발견될 수 있는지 의아해한다. 술이 보편적으로 발견되듯이 각 문화는 시행착오를 거쳐 통합과 유대를 이룰 가장 효과적인 기술을 발견했다고 설명하는 이론도 있다.

술, 연회, 음악, 노래, 춤, 웃음, 섹스는 안도감과 행복, 희열을 창조하는 신경전달물질 엔도르핀을 만들어낸다. 이 요소들을 어떻게 조합하든 효과는 강해질 테고 모두 합하면 환상적인 토요일 밤을 보낼 수 있을 것이다. 즐거움은 누군가와 함께하며 더욱 커진다. 던바는 이렇게 설명한다. "집단의 일원으로서 엔도르핀 증가를 느끼면 더욱 효과가 커지는 것으로 보인다. 이는 특히 집단 구성원에게 무척 긍정적인 느낌을 갖게 만든다. 말 그대로 형제애와 연대감을 창조한다."[22] 즉 의식을 통해 개인의 초월성과 집단의 친목이 결합할 수 있다는 의미다. 집단이 동기화된 신체 활동을 한다면 효과는 배가된다.

던바와 연구 팀은 함께 노를 젓는 조정 팀에 이 이론을 시험해보았다. 조정은 가능한 한 완벽하게 계속 동기화해야 속도와 경쟁우위를 얻을 수 있다. 연구 팀은 먼저 팀원이 혼자 노를 저을 때 발생하는 엔도르핀 수치를 측정한 후 함께 저을 때를 측정했다. 각 경우 물리적인 노력은 동일했지만 동시에 노를 젓는 행위는 엔도르핀을 두 배에 가깝게 활성화시켰다. 던바는 다음과 같이 결론 내렸다. "동시성에는 정말 신기한 면이 있다. 운동으로 발생하는 엔도르핀을 두 배에 가깝게 증가시키는 것으로 보인다."[23]

던바는 이를 수수께끼로 남겨두었지만, 동기화는 뇌의 1차적 기능이며 뇌를 즐겁게 해주기 때문이라고 설명할 수 있다. 감각을 통해 투입된 데이터는 각각 다른 속도로 처리되고(특히 복잡한 시각 데이터는 매우 느리게 계산된다), 현실을 일관성 있게 인식하기 위해 뇌는 수많은 정보 흐름을 계속해서 동기화해야 한다. 몸이 리듬의 기적이듯 뇌는 동기화의 기적이므로 당연히 동기화된 활동을 좋아할 것이다. 애초에 그렇게 생겼기 때문이다.

어떻게 설명하든 단체로 음악을 만들거나 노래하고 춤을 추는 일은 아주 즐겁다. 다양한 형태의 육체적 동기화를 관찰하여 행복한 정도를 비교하는 연구도 흥미로울 듯하다. 다양한 활동 중에서도 춤으로 육체적 표현이 가능하다는 것을 감안하면 춤이 가장 즐거운 행위이거나 적어도 합창만큼은 재미있을 것이다. 그리고 보면 집단 춤은 여러 문화권에서 역사적으로 가장 일반적인 동시 행위였다. 하지만 군사훈련이 가장 재미있는 행위로 밝혀진다면 신은 정말 장난꾸러기다.

복장이나 가면, 보디 페인팅 등과 신경 효과의 관계를 연구한 사례가 있는지는 모르겠지만 이것들도 엔도르핀을 급증하게 만들거나 그와 비슷한 효과를 내는 듯하다. 오늘날 변장 열풍이 불고 있기 때문이다. 나는 결혼식에 참석해서 줄을 선 적이 있다. 조그만 샌드위치와 소시지, 스프링롤 등이 있는 저녁 뷔페 줄이라고 생각했는데 즉석 사진을 찍으려는 줄이었다. 다양하고 재미있는 모자와 가발, 가면, 커다란 안경 따위를 쓰고 색소폰, 기타, 마이크, 아이스크림 등 과장된 장신구를 흔들어대는 결혼식 손님을 찍어주는 사진사가 큰 인기를 끌었다. 이 촬영 부스는 리허설 디너나 이브닝 뷔페, 예식 다음 날 바비큐 파티, 신부 들러리가 그리스 스타일의 오프 숄더 드레스를 입고 황금빛으로 태닝을 하는 것 등과 함께 결혼식에 따르는 또 하나의 의례가 되었다.[24]

나는 왜 사람들이 변장을 좋아하는지 결코 이해할 수 없었고, 항상 거부감이 있었기 때문에 빠르게 줄에서 빠져나왔다. 유일하게 변장을 한 것은 아내가 애원하는 바람에 아내의 회사 파티에 참석했을 때였다. 결국 레너드 코헨Leonard Cohen으로 변장하여 검은 양복을 입겠다는 조건하에 동의했었다.

오늘날 이렇게 많은 사람이 변장하고 싶어 하는 이유는 무엇일까? 내 생각에는 자주 충돌하는 강한 충동을 조금이라도 조정해주기 때문인 듯하다. 보통 화려한 의상은 사회적 의식을 위한 것이기에, 두드러지고 싶은 개인의 욕망과 집단에 소속되고 싶은 욕망을 변장을 통해 결합할 수 있다. 그리고 복장은 개인의 선택이지만 친숙한 특성, 유형 또는 사물을 활용하면 즉시 알아볼 수 있기 때문에 독특한 자아를 표현하려는 욕망과 베네치아 귀족, 좀비, 해적, 닭, 가장 무난하게는 바나나 등 이미 존재하는 자아로 안주하고 싶은 욕망이 통합된다. 또한 변장은 더 이상 어리지 않은 사람들에게 아이 같은 놀이 형식을 제공한다. 타인의 기분을 거스르지 않고도 관습을 거부할 수 있고 무엇보다 연기할 필요 없이 배우가 될 수 있다. 삶은 진정한 자아를 발견하고 표현하는 과정이 아니라 근본적으로 배역과 공연이 이어지는 역할 놀이이며 연기하는 법을 배워야만 한다는 사실을 무의식적으로 인정하는 것이 변장이다.

이는 한때 가장 비천한 직업이었던 배우가 오늘날 선망의 대상이 되고 새로운 귀족으로 부상하게 된 이유다. 우리는 그들이 설득력 있게, 그리고 쉽게 다른 사람이 될 수 있다는 점을 부러워한다. 대중문화에서 데이비드 보위David Bowie가 가장 존경받는 인물이 되고 2016년 1월 사망했을 때 전 세계에서 애도를 표현한 것도 이런 이유다. 1970년대에 보위는 대중의 새로운 욕구를 감지하여 다양한 복장으로 수많은 역할을 연기하고 변장을 하거나 여성 분장, 역할놀이를 하는 등의 방법으로 이를 표현했다. 보위의 이런 행위는 사회적으로 용인된 것은 물론 선풍적인 인기를 끌었다.

의상만으로는 탈출이 어렵다고 느낄 사람들을 위해 가면이나 페이스 페인팅이 거침없는 익명성을 지원해준다. 상냥한 할아버지도 선글라스 하나면 디트로이트에서 비행기를 타고 온 사무라이풍의 암살자처럼 냉랭해질 수 있다.

이제 의식의 주술적 위력이 남아 있는 존재는 주로 박물관에서 볼 수 있는 초기 문화의 가면뿐이다. 더 이상 주술사는 없고 몸에 칠을 하지도 않는다. 북도 조용해진 지 오래고 살아남은 의식 복장은 가련하게 보일 정도로 허름하고 무의미하지만 가면만큼은 여전히 사람을 놀라게 하고 불안하게 만든다. 의식과 마찬가지로 가면도 서로 다른 문화권에서 매우 유사한 특징을 보인다. 가면은 모두 얼굴 모양이지만 사람 얼굴보다 훨씬 크고 과장스러우며 표정은 극단적인 분노와 흉포함으로 일그러져 있다. 눈은 튀어나오고 커다란 입은 열리거나 혀를 길게 빼물고 있다. 이처럼 인간의 모든 가식을 꿰뚫어보는 눈과 집어삼킬 준비가 된 게걸스러운 입 등은 뭔가 거대하고 강하며 격렬히 분노하는 존재를 표현하며 이를 통해 철저하게 합리적인 전율을 가능하게 한다.

■

가면무도회는 부유층과 지성인이 가면을 통해 종교적인 힘과 하위계층의 축제적 에너지를 결합하려는 시도다. 1380년 프랑스 왕으로 즉위한 샤를 6세가 '발 데 자르댕Bal des Ardents' 또는 '발 데 소바주 Bal des Sauvages'로 불리는 연회를 열어 궁정 생활에 재미를 더한 것이 가면무도회의 시초로 보인다. 샤를 6세는 신하들과 함께 오랑우탄 분장을 하고 연회에 참석했다. 대중의 인식 속에서 타락한 귀족을 상징하는 가발과 나비 모양 가면 등 정교한 의상과 소품을 갖춘 가면무도회가 등장한 것은 16세기 베네치아 사육제(카니발)였다. 이후 18세기 런던의 상류사회를 거쳐 식민지 미국으로 전파되었다.

귀족적인 퇴폐성은 성적 요소와 허세가 결합하여 지속적인 흥미를 불러일으켰고 현대에도 가면무도회를 부활시키려는 시도가 계속 있었다. 1951년 베네치아 라비아궁에서 카를로스드 베스테기Carlos de Beistequi가 개최하여 '축제의 축제Fêtes des Fêtes'로 묘사되는, 호화로운 '가면과 도미노 무도회'가 대표적이다. 이 무도회는 귀족(이탈리아의 피냐텔리 공주), 대부호(이슬람 이스마일리파 지도자 아가 칸Aga Khan), 영화계 스타(오슨 웰스) 등이 참석했으며 자기 고객만큼이나 유명한 디자이너가 참신한 의상을 선보였다(피에르 가르댕은 이 파티 의상으로 이름을 떨쳤다). 오케스트라와 발레단, 살바도르 달리가 만든 공연단 '베네치아의 유령들' 등이 여흥을 담당했는데, 커다란 죽마를 탄 배우들이 긴 흰색 가운을 입고 해골 가면과 뿔 달린 모자를 쓴 괴이한 공연단이었다. 좀 더 활기차고 세속적인 오락을 위해서 베네치아 소방관들이 네 명 높이로 인간 피라미드를 쌓았다.

소설가 돈 드릴로의 《암흑의 세계Under World》에는 트루먼 커포티가 1966년 뉴욕 플라자 호텔에서 개최했던 유명인과 권력자를 위한 가면무도회 '블랙 앤드 화이트 무도회'에 대한 기막힌 묘사가 등장한다. 드릴로의 상상 속에서 이 무도회에 참석한 71세의 FBI 국장 존 에드거 후버J. Edgar Hoover는 검은색 가죽 가면을 썼다. 에드거를 위해 그 가면을 특별히 디자인한 여성은 "페인트 통에서 쏟아 부은 듯 짙은 화장"을 하고 "죽은 까마귀를 광택 낸 듯한" 머리카락에 "뉴욕에서 오래 살면서 다듬어진 유럽식 악센트를 구사하는" 일종의 주술사였다. 그녀는 에드거에게 "검은 가죽에 광택을 내고 손잡이는 길게 늘였으며 눈 근처에 빛나는 스팽글을 뿌린" 가면을 만들어주었고 그의 얼굴에 조심스럽게 맞춰본 후 거울을 보여주었다.

가면은 에드거를 바꿔놓았다. 몇 년 만에 처음으로 다른 사람이 된 것 같았다. 짜리몽땅하고 머리 큰 늙은이로는 보이지 않았다.

"에드거라고 부를 게요. 괜찮죠? 내 눈에 당신이 어떤지 말해줘요? 섹시한 폭주족 영혼을 억누르고 있는 성숙하고 신중한 남자로 보여요. 그스팽글이 아찔하게 매력적이에요, 그거 알아요?"

그는 뭉근해지며 꿈꾸는 듯 취한 느낌이 들었다.

옷을 매만져주는 그녀의 손길에 움찔하며 얼얼해졌다. 능글맞고 야한 여자였다. 할머니가 음담패설을 속삭이는 듯했다.

"사디스트와 시체 애호가들을 손봐주려고 마을로 돌진하는 거친 폭주족 같아요."[25]

에드거는 가면이 무척 마음에 들었다. 무도회가 끝나고 이어진 중세 테마의 디너 행사에서 여성은 수녀 베일을 쓰고 남성은 망나니 두건을 썼는데 에드거는 내내 그 가면을 쓰고 다녔다. 앤디 워홀도 반항적으로 자기 얼굴 사진으로 만든 포스트 모던풍 가면을 쓰기는 했지만.

자유를 갈망하며 모인 군중은 각자 퇴폐적인 재미를 원하기 때문에 수많은 기업에서 가면무도회를 개최하고 의상과 가면을 빌려준다. 예를 들어 런던의 코스튬 판매점 '매드 월드'는 3만 5천 종의 의상을 보유하고 있다. 가장 인기 있는 테마는 18세기 코스튬으로 '영국에서 가장 다양한 베네치아 가면'이 비치되어 있다. 매드 월드는 런던에 세 개 매장이 있고 그중 가장 큰 매장은 별 특징 없는 쇼어디치 산업단지 골목에 있다. 커다란 동굴 같은 지하 2층으로 들어가면 형형색색의 의상이 바닥뿐 아니라 벽과 천장을 터질 듯 가득 채우고 있다. 한쪽 벽은 베네치아 가면 컬렉션이다.

얼마나 카테고리가 다양한지 그 자체가 놀라울 지경이다. 1,000년, 100년, 그리고 10년 단위로 현재까지 시대를 분류했고 만화책과 군사, 직업, 영화, TV, 호러, 동물(새우와 참치 등 다양한 바다생물도 있다), 과일, 그리고 파인애플이나 당근으로 변장하고 싶은 사람을 위해 야채에 이르기까지 수많은 카테고리가 있다.

전통적인 변장과의 차이점은 극명하다. 과거에는 모든 사람이 비슷한 의상을 착용했지만 이제는 선택이 가능하다. 개인이 자아를 찾을 수 있는 자유의 결과가 다른 사람이 되고 싶은 욕망의 확산이라니 아이러니하다. 이 괴상한 세계를 관장하는 사람은 항상 나에게 도움을 주는 질Jill이다. 그녀는 최근 수십 년 동안 의상 대여 사업이 정말 크게 인기를 끌었다고 말했다. 매드 월드는 20년 전 잉글랜드 남부 도시 크롤리에서 조그만 가게로 시작했고 몇 년이 지나 런던 쇼어디치에 더 큰 분점을 냈으며, 그다음에는 채링크로스 로드에 있는 웨스트엔드의 중심부에 세 번째 가게를 열었다.

"한번 둘러봐요." 데스크에 있던 질이 덧붙였다. "마음에 드는 걸로 입어보세요."

불안할 정도로 사실적인 중세 사형 집행자(낡은 갈색 재킷과 셔츠, 반바지, 장화) 의상을 시도하고 싶은 마음도 있었지만 그녀의 제안을 거절했다. 활달하면서도 태평한 질에게 처녀 해적(부츠, 플레어 미니스커트, 짧은 비단 재킷과 삼각모) 의상이 잘 어울릴 것 같다는 말도 하지 않았다.

그녀는 모든 연령층과 계층, 성별에서 골고루 수요가 있으며 1년 내내 제법 꾸준하다고 했다. 핼러윈이 특히 대목이고 더 성장 중이며("원래는 뱀파이어를 많이 찾았는데 이제 좀비가 더 인기예요"라는 말이 증명하듯 벽에는 '즉석 좀비 세트', '좀비 의치', '좀비 내장'이 걸려 있었다), 크리스마스도 바쁘지만 연중 사무실 파티("대부분 18세기 의상을 찾아요. 20세기 의상은 별 특징이 없거든요")도 꾸준하다. 그 밖에도 셀 수 없이 많은 축제가 존재하고 점점 변장을 중시하고 있다. 질의 축제 리스트에는 '전국 가슴골 축제National Cleavage Day', '벨 에포크 다크 서커스Belle Epoque Dark Circus(서커스에 호러를 가미한 행사로 벨 에포크는 19세기 말~20세기 초를 의미한다. – 옮긴이)', '토처 가든(페티시와 보디 아트를 테마로 하는 클럽 – 옮긴이)의 밸런타인 무도회Torture Garden Valentine's Ball' 등 흥미로운 목록이 많았다(이런 행사에 참여하려면 페티시가 좀 있어야 한다).

하지만 세계 누드 자전거 대회? "도대체 무슨 의상을…?"

"액세서리죠." 질이 대답했다. "깃털 목도리가 인기예요."

봄에는 총각파티와 브라이들샤워가 많다. 젊은 남성은 아기, 동물, 과일 등으로 변장하거나(요즘에는 거대한 성기가 들어 있는 킬트가 유행이다) 여장을 하고(미스 월드나 축 늘어진 할머니), 야광 스판덱스("도저히 용서가 안 된다") 등 우스꽝스러워 보이려고 갖은 애를 쓴다(질이 피곤한 듯 코를 쿵쿵거렸다). 젊은 여성은 거의 분장을 하지 않지만("여자들은 예뻐 보이고 싶어 해요." 질이 의미심장하게 웃었다) 액세서리를 많이 이용한다. 초보운전 스티커나 예비 신부용 티셔츠(까칠한 신부, 바로 나), 배지, 몸에 두르는 띠와 표식(주의: 브라이들샤워 진행 중), 성기 모양 유리잔 등이다.

"가장 괴상한 요청은 뭐였어요?"

"흠." 질이 한숨을 쉬었다. "하도 이상한 요구가 많아서 이제 뭐가 이상한 건지 모르겠어요. 저한테는 이상한 게 정상이에요."

"그렇군요. 그럼 가장 좋았던 것은 뭐죠?"

금방 질의 표정이 밝아졌다. "부두맨이요. 낡은 실크 모자에 검은색과 흰색 페인트로 얼굴에 칠을 해요." 부두맨은 일종의 주술사로 무척 오래된 전통에서 따왔고 마술과 섬뜩한 유머를 영혼에 불어넣기 때문에 아주 흥미로운 캐릭터다. 질은 즐거운 듯 탄성을 질렀다. "모든 사람의 내면에서 악을 끌어내거든요."

■

신체 장식의 경우, 대부분의 어린이 축제에서 페이스 페인팅이 필수가 되었고 금세기 성인들 사이에서 문신이 폭발적인 인기를 끌고 있다. 21세기가 시작될 무렵 영국에는 300여 군데의 문신가게가 있었고 10년 후 런던 셀프리지 백화점을 비롯해 1,500군데로 늘었다. 영국 성인의 21퍼센트 이상이 현재 '물들어' 있고 16~44세 사이의 연령대에는 이 비율이 29퍼센트로 증가한다(미국은 20~40세 사이에서 40퍼센트 수준으로 영국을 앞서고 있다). 이는 노동자 계급에만 해당되는 현상이 아니다. 교사의 14퍼센트가 문신을 했다(서비스직 종사자는 9퍼센트밖에 되지 않는다).[26] 심지어 전 총리 데이비드 캐머런의 아내도 문신을 했고 (발목 아래 돌고래), 무인 우주 탐사선을 수십억 킬로미터 떨어진 혜성까지 보낼 수 있는 일류 과학자지만 어디에 주차했는지 잘 기억하지 못하는 천재 물리학자 맷 테일러Matt Taylor도 온몸에 요란한 문신을 했다고 고백했다.

문신은 고통스럽고 시간이 많이 걸리며 비싸다. 등 전체에 문신을 하려면 30시간씩 걸리기도 하고, 하루 종일 여섯 번에 걸쳐 시간당 최대 120유로를 낸다. 전통적으로 문신은 부족의 전사, 선원, 폭주족, 범죄자 등 사회적 일탈자와 연관되는데도 인기가 높다. 사람들은 무엇에 끌릴까?

고통은 전사의 통과의례를 암시하고 일탈과의 연관성은 순응에 대한 거부를, 비용은 가처분소득을 의미하며 예술 작업은 개인의 창조성을 표현하기 때문일 것이다. 그렇다면 동시에 전사와 족장, 폭주족과 피카소가 되는 것이 문신의 매력일까? 아니면 분장과 마찬가지로 개성을 표현하는 동시에 전사 부족이나 체제 전복적 하위문화 집단의 일원이 된다는 소속감에 끌리는 것일까?

문신 전문가만 이 질문에 대답을 줄 수 있을 듯했고 나는 멀리 갈 필요도 없었다. 집 바로 근처에 '대재앙에 대한 미신과 비현실적 이상의 어두운 측면'을 탐구한 퓨어 이블Pure E-v-i-l과 같은 화가의 작품을 전시하는 최신 갤러리를 겸한 미스테리어스 알 Mysterious Al, 디 페이스D*Face라는 문신 가게가 있었기 때문이다. 갤러리 작품들은 해골과 피가 두드러졌고 창문에는 찌그러진 맥주 캔에 죽은 쥐가 거꾸로 처박힌 작품이 있었다.

하지만 타투이스트 댄 골드Dan Gold는 헤비메탈 밴드 티셔츠를 입고 해골 반지를 낀 손을 휘두르는 무례한 폭주족이 아니라, 짧은 머리를 깔끔하게 빗고 격자무늬 재킷을 입었으며 예절 바르게 차근차근 얘기하는 일류대 고전문학 교수나 왕실의 시종무관 같은 사람이었다. 물론 문신만 제외하면(요즘 교수나 시종무관은 문신을 하고도 남겠지만). 실제로 댄은 초기 문화권의 문신의 기원에 대한 폭넓은 지식("고대 이집트에서는 여자만 문신을 했다")을 갖춘 일종의 교수에 가까웠다. 그는 최근 문신이 인기를 얻은 것은 전 세계에서 수천 년 동안 지속되어온 고대 예술의 부활에 불과하다고 설명했다. 잠시 관심에서 멀어졌을 뿐, 1977년 데이브 유르쿠Dave Yurkew가 텍사스 휴스턴에서 첫 국제 문신 대회를 개최하면서 시작된 최근의 부흥은 결코 일시적인 현상이 아니라고 했다. 그 대회는 타투이스트가 온 세상을 잉크로 물들이도록 힘을 실어준 대회였다. 기독교가 퍼지면서 처음에는 문신이 천천히 확산되었지만 갑자기 빠르게 퍼지면서 '터보' 엔진을 단 듯 수그러들 기미를 보이지 않았다.

"그럼 어떤 스타일이 가장 인기 있죠?"

댄은 곰곰이 생각하면서 대답했다.

"유행은 자꾸 바뀌어요. 하지만 항상 인기 있는 건 부족 스타일입니다. 처음에는 켈트족 스타일이 인기를 끌었고 그다음은 인도네시아 보르네오족, 요즘에는 남태평양 폴리네시아족과 마오리족이 인기예요."

방금 확실한 증거를 잡은 이론가의 황홀한 전율을 누르려고 내가 애쓰는 동안 댄은 최신 유행하는 포토리얼리즘에 대해 불평했다. 이는 초상화를 무척 자세하고 정확하게 묘사하는 데 특화된 미국 방식이다. 그는 노트북을 펼치고 견본을 보여주면서, 예술적 가치에 진심으로 의문을 제기하면서도 자기 능력을 벗어날 정도로 힘든 기술이라는 점을 인정했다. 기교가 뛰어난 사람과 진정한 예술가를 구분하는 친숙한 사례였다.

"1분에 100마디가 넘는 곡을 연주하는 재즈 뮤지션처럼 말이죠?"

"정확해요."

댄은 자기가 열정에 온몸을 던진 진정한 예술가라고 말하면서 손을 위로 들었다.

"이 스타일은 몸과 화합하기보다는 자기만 따로 놀고 있어요. 문신은 그저 2차원 이미지를 새기는 게 아니라 3차원 형태로 피부와 함께 숨 쉬어야 합니다. 2차원 이미지는 종이에서는 멋져 보이지만 피부에서는 그렇지 않아요."

이제 예술적 열정이 설명보다 앞서갔다.

"닛코 우르타도가 세계에서 가장 예쁜 엉덩이를 망쳐놨어요."

내가 이해하지 못하자 그가 설명했다.

"닛코는 사진처럼 묘사하는 스타일로는 세계 최고예요. 셰릴 콜의 엉덩이에 장미를 새겼죠. 하지만 허리부터 허벅지까지 엉덩이를 장미로 마구 덮었어요."

댄은 노트북에서 사진을 보여주었다.

"이 문신은 엉덩이 굴곡을 살리지 못하고 납작해 보이게 만들어요. 보세요."

나는 정말로 골똘히 사진을 응시했고 댄과 함께 인간의 개입으로 망친 대자연의 아름다움에 분노했다.

댄은 또 열정에 북받쳐 공중에 곡선을 휘휘 그리며 대단히 기술적인 얘기를 쏟아냈다. "이 아래에… 그리고 여기… 바로 이쪽에… 이렇게 선을 그려야 했어요. 무슨 말인지 아시겠어요?"

이번에는 완전히 이해하지 못했지만 그의 판단을 존중하면서 어쨌든 고개를 끄덕이고 다시 사진으로 눈길을 돌렸다. 망가졌다고 하지만 참 보기 좋은 엉덩이였다.

드디어 흥분을 가라앉힌 댄이 새삼 나를 의아한 얼굴로 쳐다보았다. 이 사람의 목적이 뭘까? 왜 이런 할아버지가 문신에 관심을 보일까?

이론을 설명하면서 내 열정도 끓어오르기 시작했다. 지난 몇십 년간 중세 시대 사육제, 축제, 놀이와 운동, 불온한 유머, 기괴한 것들, 그리고 가두행진 등 인류의 원시적인 의식들이 귀환했다.

이제 변장은 연회, 총각파티와 브라이들샤워를 비롯해 급증하는 각종 축제에서 점점 흔해졌고 핼러윈은 그 어느 때보다 열광적이다. 문신하는 성인이 늘어나고 모든 어린이 행사에서 페이스 페인팅을 할 수 있으며 성인 운동경기(특히 축구)에서도 페이스 페인팅은 흔한 일이 되었다. 게임과 스포츠의 인기가 급증하고 수많은 축구 선수가 마오리 전사에 버금가는 문신을 했다. 젊은이가 춤추는 현장은 광란의 파티와 새로운 주술사 DJ가 주도하는 클럽 문화와 함께 급성장했고 이때 흘러나오는 순수하게 리듬으로 구성된 음악은 주류 음악으로 부상했다. 술과 약물 소비가 폭발적으로 늘고, 한때 비정상으로 생각되었던 성적인 표현이 이제 정상으로 받아들여지고(동성애자, 가학피학성 성애, 복장도착 등), 클럽에는 새로운 유형의 사기꾼인 불온한 스탠드업 코미디언이 인기리에 공연한다. 합창이 유행하고 자본주의에 반대하는 시위는 조각상, 대형 꼭두각시 인형, 의상, 페이스 페인팅, 가면, 집단 춤, 드럼에 이르기까지 중세 사육제에 사용되었던 수많은 요소를 활용하고 있다.

"1970년대에 문신이 급격히 유행한 건 무척 흥미로운 현상이에요. 문신뿐 아니라 다른 것들도 그랬으니까요."

"하지만 왜 1970년대인가요?"

새롭게 등장한 이상주의 세대가 부르주아의 물질만능주의와 순응을 거부하고, 사랑이야말로 혁명에 필요한 전부이며 성적 쾌락의 천국으로 가는 안내자라고 믿으면서 반체제적 폭동을 일으켰던 1960년대의 결과로 1970년대가 발전했다는 가설이 있다. 하지만 물병자리의 시대 Age of Aquarius(점성학에서 물병자리의 영향을 받는 시대로 반란, 박애, 자유 등의 속성을 지니며 보통 1960년대와 1970년대의 히피와 뉴에이지 운동의 전성기를 말한다. - 옮긴이)가 새벽이슬로 사라지고 히피족은 다시 일하러 가야 했기 때문에 1970년대 젊은이들은 탈출해서 자유시간을 누릴 방법을 모색했다. 예전처럼 통합적인 의식보다는 개인적으로 즐기는 경향이 많아졌지만, 그들은 초기 문화에서 집단의 결속과 개인의 초월을 달성할 방법을 찾았다. 그런데 1960년대 이후 개인주의에서 더 나아가 춤, 변장, 문신 등 개인의 창조성을 선보일 수 있는 표현적인 개인주의가 필요해졌다. 자기를 표현하고 싶은 욕구와 비공식적인 의식과 집단이 주는 도움을 받고 싶은 욕구가 공존한다. 따라서 일탈적 부족 현상이 나타났다.

"일탈적인 부족이라." 댄이 조용히 중얼거리면서 죽은 쥐와 야광 두개골, 오른쪽 눈에서 피를 흘리는 엘리자베스 여왕의 초상화를 쳐다보았다. 그런 그의 얼굴에 황홀한 표정이 떠올랐다.

"세상 사람들은 다시 이교도가 되고 있어요."

4장

재미와 집단

__그냥 재미로 모이는데

• • •

　　재미는 집단 활동이고 집단의 정신과 규모, 구성, 구조와 역학, 그 밖의 모든 복합적인 요인의 영향을 받으며 조합역시 대단히 복잡하다. 전형적인 '세 친구Three Amigos'로 불리는 가까운 친구 셋으로 구성된 아주 작은 재미 집단에서도 역할과 상호작용이 끊임없이 변하고 권력 구조도 바뀐다. 물리학에서 세 개의 물체가 서로 힘을 가하는 문제처럼 인간의 행동은 예측 불가능하기 때문에 세친구 문제의 난이도는 과학의 3체문제(three-bodies problem: 만유인력의 작용 아래 세 천체의 운동궤도를 구하는 문제로 풀지 못한다는 것이 증명되었다. - 옮긴이)의 해를 구하는 것과 비슷하다.

　세 친구는 아무나 세 명을 뽑는 것도 아니고 비슷한 특성을 지닌 사람들끼리 되는 것은 더더욱 아니기 때문에 구성 면에서 매우 복잡하다. 하지만 보통 의지가 확고하고 고집스럽고 진지한 사람이 리더가된다. 그다음 약삭빠르고 유들유들한 세속적 공연자이자 기회주의자인 주술사가 있다. 세 번째는 특별한 재능은 없지만 리더를 신봉하고

66　제2부 재미의 이해

주술사의 관객 역할을 하는 사람이 있다. 코미디 영화 〈세 친구Three Amigos〉에서 스티브 마틴Steve Martin은 리더, 체비 체이스Chevy Chase는 주술사였으며 마틴 쇼트Martin Short는 별 특징 없는 세 번째 친구였다.[1]

물론 이는 지나치게 단순화한 사례로 리더와 주술사가 같은 사람이거나, 리더십과 주술사의 자질을 세 명이 골고루 갖추고 있을 수도 있다. 하지만 일반적으로 리더는 집단이 무엇을 할지 결정하고, 주술사는 파티에 가지 않아도 간 것처럼 말솜씨를 발휘해서 집단에 활력을 불어넣고, 세 번째 사람은 그저 함께 어울린다. 따라서 주도하고 싶지만 권한이 부족한 주술사와 사람들을 사로잡고 싶지만 매력이 부족한 리더 사이에 긴장이 발생한다. 리더와 주술사는 둘 다 세 번째 친구의 충성을 독점하고 싶어 한다. 세 번째 친구는 재빠르게 충성의 대상을 바꾸거나 충성을 적절히 배분하여 힘을 얻는다.

사실 장기적으로 보면 세 번째 친구가 가장 강하다. 대체로 리더와 주술사가 자기 역할을 인식하지 못하는 가운데 재빠르게 적절한 행동을 하려면 이 멤버는 집단의 역학을 완전히 이해하고 있어야 하고 실제로 유일하게 이해하고 있을 가능성이 높기 때문이다. 지식은 진정한 힘이고 이해 자체가 변화이기 때문에, 하찮아 보이는 세 번째 친구는 집단에서 가장 타인에 대한 의존도가 떨어지는 사람이며 독립적인 존재로 집단을 쉽게 떠날 수 있다. 세 친구 집단은 젊은이들 사이에서 특히 흔하다. 시간이 흐르면서 집단이 와해되면 주술사는 다른 집단에 끼어들고 쉽게 관객을 찾지만 리더는 당황하고 상실감에 빠지기 쉽다. 우리 우정에 무슨 일이 생긴 거지? 왜 우리가 흩어졌지? 나를 따르던 친구들이 왜 날 저버린 거지?

나는 이런 젊은 세 친구 집단에서 세 번째 친구에 해당했었다. 다른 두 사람에게 휘둘렸지만 술집에서 오후 7시 30분부터 문 닫을 때까지 술을 마시는 중요한 재미 의식에서 핵심 역할을 했다. 술집에 일찍 들어가서 우리 세 명과 우리에게 붙들려 온 뜨내기 집단이 앉을 테이블을 잡아두었다. 독립적이면서도 술집 전체가 아주 잘 보이는 좋은 자리여야 했다. 우리 세 명과 첫 번째 뜨내기들이 자리를 잡고 첫 맥주잔을 돌릴 때 즐겁게 탐색을 마치고 나면 더없이 행복하게 몰입할 수 있었다. 모두 하나라는 영원한 감각 속에 기나긴 밤이 펼쳐질 것 같았다. 술집에서 집단 간의 불화는 절대 없다. 각자 자기 차례가 되면 술을 사는 것이 당연했다. 지체하지 않고 기꺼이 돈을 냈으며 술값을 비교하는 일도 없었다. 감자칩 봉지를 아낌없이 무심하게 다른 테이블에 던져주기도 했다. 최악의 신성모독은 술을 사지 않는 것이었고, 돌아가며 한턱내는 시스템에 불평하는 것은 그에 못지않은 악덕이었다.

이와 같은 젊은 집단은 보통 구성원이 결혼을 하거나 가족을 꾸리면 와해되기 마련이다. 하지만 1960년대 이후 결혼을 피하거나 미루는 경향이 생기면서 10년 이상 함께 재미를 즐겨온 20세에서 35세 사이 미혼 친구들이라는 새로운 도시 부족이 생겨났다. 이 부족의 일원인 미국 기자 이선 와터스는 이 집단을 느슨하게 짜인, 유동적이고 외생적인 네트워크라고 보았다. 구성원의 기준, 계층, 성 구별이나 규칙이 없으며 자발적으로 형성되었고 명확한 형태로 존재한다는 인식 자체가 없을 수도 있다.[2] 구성원들은 젊고 전통적인 가족생활을 거부하거나 미룬다는 점을 제외하면 그다지 공통점이 없다. 하지만 세 친구와 비슷하게 이들 부족은 무작위 집단이 아니라 구성원의 유형이 일정한 특성을 보인다.

먼저 재미 모임과 여행을 기획하는 주관자가 있다. 주관자는 리더가 아니며 조직하는 행위를 통해 존경을 받거나 위신을 세우지는 않는다. 또한 재미에 발동을 거는 외향적인 코미디언, 새로운 경험을 제안하는 혁신자·모험가, 무책임한 행위를 말리고 이런 행위의 결과를 수습하는 고문·외교관, 남들보다 어리지는 않지만 주로 다른 이의 도움을 받는 사람, 비현실적이고 미덥지 않고 골칫거리지만 강아지처럼 보살핌을 받는 사랑스러운 무능아이자 재미있는 이야깃거리를 제공하는 '어린아이' 등이 존재한다. 집단이 균형을 이루려면 책임감 있는 구성원이 아이 같은 구성원보다 4:1 정도의 비율로 많아야 하고, 집단 내에서 서로 싫어하는 사람이 친구가 되려면 공동 작업 비율이 높아야 한다. 즉 구성원들이 간접적으로 활발하게 연결되어야 한다. 집단에 재미의 원천을 제공함으로써 결속을 강화하는 역할을 하는 존재는 코카인이나 테마가 있는 변장 파티, 축제 여행 따위가 아니라 이들 못지않게 인기 있는 가십이다. 가십을 좋아한다고 인정하는 사람은 거의 없지만 사실 대부분의 사람들이 가십을 즐긴다. 가십은 웃음이나 춤처럼 엔도르핀을 분출하지만 이들처럼 결속을 강화하는 요인으로 인정되지는 않는다. 가십은 집단을 결속하는 비밀 접착제다.

나는 이 모든 이론을 확신했다. 학생 시절 내가 속했던 모임의 구성원들이 싱글로 남아 있었다면 도시 부족이 되었을 것이다. 와터스는 술집에서 돌아가며 술을 사는 것과 비슷하지만 좀 더 복잡한 새로운 의식을 소개했다. 코카인은 주로 누군가의 집에서 비밀스럽게 흡입한다. 집주인이 약을 공짜로 제공하기 마련이고 가끔 누가 100달러를 준다고 해도 집주인은 이를 거부한다. 태평스럽고 무심한 아량을 보이는 몽환적인 분위기를 만들어야 한다. 실제로는 모든 사람이 서로 누가 얼마나 소비하는지 세세하게 지켜보고 있는데다 각자 돌아가며 주최해야 한다는 사실을 절절하게 인식하고 있다.

사실 최신 부족의 이런 정신은 고정된 멤버나 리더, 계층구조, 남녀 지위 등에 차이가 없었던 구석기시대의 수렵·채집 집단과 매우 비슷하다.[3] 이들의 정신에 대한 인류학적 용어는 철저한 평등주의이며 오늘날 사유재산을 추구할 권리만큼이나 공유가 무척 중시된다. 이기심이나 지배욕이 아예 존재하지 않는다는 의미가 아니라, 평등 메커니즘을 통해 이런 욕구들을 억누른다. "리더가 다른 구성원을 지배하려고 하거나 지위를 악용하면 구성원은 비웃으며 떠나버리거나 불복종하고, 단순히 그를 무시하기도 한다. 지나치게 자기주장이 강한 사람에게는 저항하거나 그를 꾸짖고, 배척하고, 추방하거나 제거한다."[4]

누구든 이기적으로 행동한다고 생각되는 사람은 존경받지 못하고 창피를 당하며 배척된다. 이런 잔인성에 주목할 필요가 있다. 평등주의 집단은 조화롭고 평화로우며 사랑이 넘치는 존재로 이상화되거나, 이와 동시에 태평하고 무심하며 모자라는 사람을 오롯이 받아들이는 집단으로 생각되는 경향도 있기 때문이다. 사실 친구 집단은 스스로 자연스럽게 형성되었다고 생각하지만 내 술친구와 마찬가지로 이들의 유쾌함은 지속적인 동등화에 의해 유지된다. 나는 최근에 이런 현상이 지속되는 현장을 운 좋게 목격했다. 술집에서 사근사근하게 웃던 옆자리 학생들이 술값 계산을 하고 있을 때였다. 천사같이 생긴 젊은이가 테이블에서 돈을 세고 또 세다가 갑자기 의자를 차버리고 벌게진 얼굴로 벌떡 일어나 분노에 떨며 낮은 목소리로 으르렁거렸다.

"누가 총무를 속이고 있는 거야?"

동등화는 평등주의에서 대단히 중요하지만 우익 사상가가 자주 얘기하듯 평등이 아니라 무조건 같아지기를 강조하면서 무분별해질 수 있다. 이기주의와 권력욕만 배척하는 것이 아니라 도덕적이고 지적인 열망, 집단 내에서 용인되지 않는 모든 개인적 발전을 억압할 가능성도 있다는 사실을 유념해야 한다. 내가 처음 책을 쓰려고 했을 때 친구들은 터무니없는 허세라며 무자비하게 비웃었다. 나는 내 펭귄클래식 문고를 비밀로 간직했다. 혼자 기차 여행을 하면서 만난 사람들에게 자랑하긴 했지만.

수렵 · 채집 부족의 평등주의는 음식을 찾으려는 욕구와 생존 욕구에서 비롯되었지만 도시 부족의 평등주의는 우정과 재미가 기본 목적이다. 다른 개념이나 관계와 마찬가지로 우정은 삶의 단계와 나이에 따라 변하지 않는다고 생각되지만 사실 끊임없이 변화한다. 우정은 계속 강조되고 있으며 자유와 이동성, 쉬운 의사소통 수단 등으로 더욱 풍부해졌다. 또한 다른 관계와 차별화됨과 동시에 쉽게 확산될 수 있다. 당신만 또래 친구들을 중요하게 생각하고 찾아 헤매는 것이 아니라, 예전에는 생각지도 않았던 아버지나 회사 상사, 읽고 있는 책의 저자 등 많은 사람이 절실하게 당신의 친구가 되고 싶어 한다. 우정의 본질 또한 꾸준히 변해왔고 유용성보다는 개인의 매력에 가치를 두고 친구를 선택하는 등 우정은 수단보다는 감정적인 특성을 띠게 되었다.[5] 또한 개인의 삶에서 친구는 협력자이자 지도자, 교사, 보호자, 매혹적인 동성 등의 존재이거나 그 이상이 될 수 있기 때문에 특히 젊은 시절에 중요하다. 나이가 들수록 이런 기능들은 중요도가 떨어지므로 세월이 흐르면서 친구가 적어지는 경향이 있다.

우정이 집단의 정신이 되면 국적이나 종교, 인종, 성, 지위, 직업 등 전통적 요소로 모였을 때보다 집단이 우월하다는 착각을 덜 한다는 장점이 있다. 많은 도시 부족 구성원들이 이런 전통적 범주에서 탈출하기 위해 도시에 왔다. 그리고 다양성과 독립성은 집단적 사고를 방지하는 데 도움이 될 뿐 아니라 집단의 의사결정 품질을 향상시키는 긍정적 기능을 한다. 집단이 어떤 문제의 해결책을 찾을 때 구성원의 다양성과 독립성은 지능이나 전문성 못지않게 중요한 기능을 한다는 수많은 연구 결과가 있다.[6] 다양하고 독립적인 사람들로 구성된 집단의 의사결정에 참여함으로써 개인의 문제 해결 능력도 향상된다.[7] 따라서 도시 부족의 일원이 되면 크나큰 재미를 찾을 가능성뿐 아니라 똑똑해질 가능성도 높아진다. 물론 이런 효과가 칵테일과 코카인, 수면 부족의 영향을 상쇄해줄지는 아직 연구되지 않았다.

■

재미를 목표로 삼는 문제를 살펴보자. 와터스와 대화를 나누었던 수많은 도시 부족 구성원은 미성숙하고 무책임한 쾌락주의라는 비난을 똑똑히 인지하고 있었다. 그는 오랫동안 방영되면서 큰 인기를 끌었던 TV 드라마 〈프렌즈〉를 보지 않았다고 밝혔다. 자기 삶과 비슷해서 심하게 거슬렸기 때문이다. 또한 도시 부족 구성원은 거처, 대출, 노동, 전문 지식, 상담이 필요하거나, 몸이 아프거나 위기 상황일 때 또는 중독이나 우울과 싸울 때 도와주는 공동체 정신이 부족하고 무책임하다는 비난에 직면했다. 물론 이런 논의는 편향되었고 피할 수 없는 질투와 증오, 갈등과 다툼 등은 빠져 있다. 도시 부족을 제대로 평가하려면 마르셀 프루스트 정도는 다시 등장해야 할 것이다.

집단의 규모와 관련해 로빈 던바는 일반적으로 집단 구성원은 3배수이며 3명 다음으로 흔한 숫자는 12명이라고 주장했다.[8] 그가 6을 놓쳤다니 이상한 일이다. 6명으로 구성된 집단은 드라마 〈프렌즈〉에도 등장하고 우정 집단보다 더 분명하게 정의되며 초점이 분명하고, 리더나 구조는 없고 음식·술·음악·유머를 즐기며 재미를 누린다. 비공식 모임이 잦고 흥미나 신념 같은 속성에 기반을 둔 소규모 모임이면서 유연 단체(affinity group: 사회나 정치 사안을 공유하며 함께 행동하는 단체를 뜻한다. 3명에서 20명 정도로 구성되며 서로 친분이 있고 신뢰할 수 있는 집단이다. -옮긴이)의 성격을 띠는 일반적인 숫자가 6이다. 그리고 친구들로만 구성된 모임과는 다르게 유연 단체는 보수적인 복음주의 기독교부터 급진적 무정부주의 시위에 이르기까지 어떤 명분을 촉진하기 위해 의식적으로 형성된다.[9] 명분이 무엇이든 재미를 즐기는 작고 친밀한 조직은 더 큰 조직에 충성하게 만드는 아주 효과적인 수단이 될 수 있다. 많은 종교와 정치적 세력이 이런 작은 조직에 기반을 둔다. 이처럼 명분을 지닌 후원자의 헌신을 이끌어내기 위해 예전에는 금욕주의를 활용했지만 이제 재미가 더욱 효과적이라는 사실이 밝혀졌다.

심리학자들은 집단 규모가 12명으로 증가하면 '공감 집단'의 크기도 우정 못지않게 중요한 요소라고 정의했다. 공감 집단은 모집단의 핵심은 아니지만 구성원이 사망하면 애도를 불러일으키는 집단이다. 던바는 12가 "팀 스포츠, 배심원, 예수의 사도를 비롯해 수많은 집단"의 크기라고 덧붙였다.[10] 내 술친구 모임을 생각해보면, 핵심 세 명에 뜨내기를 포함할 경우 12명 정도였다. 와터스는 자신이 연구했던 도시 부족은 보통 10명에서 15명으로 구성되며 총 30명에서 60명 정도로 더 큰 부족이라도 핵심 역할을 하는 중심 집단의 규모는 10명 수준이라고 밝혔다. 던바 방식대로 생각해보면 약 50명으로 구성된 사냥 동호회나 밤샘 캠핑 동호회 멤버 숫자가 이에 부합한다.

하지만 살아남을 수 있는 집단의 규모에는 상한이 있으며 던바에 따르면 약 150명 정도다(지금은 '던바의 수'로 알려져 있다). 인간이 아닌 영장류는 포식자로부터 방어하기 위해 가능한 한 큰 집단을 형성하여 생활했지만, 구성원 간 대면 관계의 복잡함을 감당하려면 높은 지적 능력이 필요하기 때문에 영장류의 신피질 크기와 집단의 최대 규모 사이에 상관관계가 존재한다는 이론이다.[11] 이는 사실로 밝혀졌다. 신피질 크기가 클수록 성공한 집단 규모도 커졌고, 인간의 신피질 크기를 바탕으로 추정하면 최대 집단 규모는 150명 수준이었다. 즉 인간의 뇌는 150명 안팎의 사람들과 개인적인 관계를 유지할 수 있다는 말이 된다. 수렵 · 채집 집단 구성원이 150명 수준이라는 사실이 이를 뒷받침한다. 인구통계가 가능한 지역의 부족사회 마을에서 평균 인구는 153명이고 신석기시대에 중동의 마을 주민은 120명에서 150명 정도로 추정된다. 1086년 윌리엄 1세가 작성한 둠즈데이북에 의하면 영국 마을의 평균 인구는 150명이었다. 현대 군대에서 독립적 단위 중에 가장 작은 집단인 중대의 인원이 130명에서 150명이고 경영조직에서 사람들이 대면해서 일할 수 있는 최대 숫자가 150명이라는 이론 등에서도 이를 엿볼 수 있다.

규모가 큰 집단에서는 계층구조가 발전하는 경향이 있다. 구성원 수가 증가할수록 동등화가 필요한 가까운 관계를 유지하기 어렵기 때문인 듯하다. 한편, 집단의 규모가 커질수록 동등화를 강제하는 데 용이하다. 따라서 관계의 친밀감과 시행상의 위력 간에 최적 조합이 필요하다. 이 조합이 12라면 운동경기 팀과 공감 집단의 구성원이 12명 내외인 이유[12]와 예수가 사도를 12명으로 선택한 이유가 설명된다. 예수는 신이었기 때문에 한 사람이 자기를 배신할 것을 알고 있었고 자기가 사라진 후 힘든 다락방 모임에서 합의를 이루려면 11명 정도가 가장 적합하다는 사실도 알았던 것이다. 그는 다양성이 필요하다는 사실도 인지했다. 세리와 어부가 함께 속해 있는 집단은 찾아보기 힘들다.

던바는 집단의 결속에 가십이 중요하다는 데 동의하면서 가십은 그저 쓸데없는 탐닉이 아니라 정보를 교환하고 개인이 복잡한 관계에 적응하도록 도와주며 집단 전체가 자기 조절을 하는 데 필요하다고 했다. 하지만 와터스도 던바도 우정과 가십이 퍼지려면 필요한 집단 구조, 즉 네트워크는 언급하지 않았다. 자연과 사회에 널리 자리 잡은 네트워크의 존재는 금세기까지 알려지지 않았으며 직관에 반하는 사실들이 연구를 통해 밝혀졌다. 먼저, 네트워크의 효능은 접점의 수가 아니라 접점 사이의 링크 수에 따라 결정된다. 그리고 상호 연결 개수가 임계점에 달한 확장 중인 네트워크는 갑자기 새롭고 훨씬 복잡한 돌연변이가 발생할 수 있다. 분자 네트워크에서 살아 있는 세포가 출현했고, 세포 네트워크에서 유기체가 등장했으며, 신경세포 네트워크에서 의식이 출현했다. 그리고 도시의 친구들이 모인 곳에서 도시 부족이 등장했다.

하지만 연결은 균등하게 강화되는 것이 아니라 접점끼리 무리 지어 발전하는 특성을 보인다. 이 접점을 공유하는 무리는 무리 내 상대방과는 활발하게 연결되지만 떨어진 무리의 접점과는 잘 연결되지 않는다. 하지만 이 드문 링크는 어떤 접점이라도 빠르게 의사소통하게 도와주므로 가장 중요한 존재다. 사람의 경우 두 개인을 연결하는 링크의 평균 개수는 유명한 6단계 분리이론(6명만 거치면 모두 상호 연결된다는 이론으로 하버드 대학교 심리학자 스탠리 밀그램 교수가 주장했다. - 옮긴이)에서 말하듯 6개이고 웹 사이트에서는 19개, 웹에 터전을 제공하는 컴퓨터는 10개다. 또한 다른 접점보다 많은 링크를 만들어내려고 하고 중심지가 되려는 성향을 지닌 접점이 있다. 우정 네트워크에서 인기가 가장 많은 사람이 허브 역할을 한다. 접점을 공유하는 무리는 친한 사람들끼리 구성된 작은 모임이며 떨어진 무리와는 얼굴만 아는 정도로 약하게 연결되어 있다. 네트워크 이론이 있기 전에 사회학자 마크 그래노베터는 가십을 퍼뜨리거나 춤출 장소를 찾고, 시위를 조직하거나 직장을 구할 때는 이런 약한 연결이 중요하다는 사실을 밝혔다.[13] 친한 친구보다 안면이 있는 정도의 관계가 더 유용하다는 사실은 그리 놀랍지 않다. 무리 내의 강한 링크는 그 안에서 전파되는 반면 먼 무리 간의 약한 링크는 완전히 새로운 영역을 소개하고, 수용 능력 측면에서 같은 무리는 친근한 대상을 전달하려는 경향이 있는 반면 먼 무리는 새롭고 다양한 것을 소개하는 경향이 있기 때문이다. 인간의 뇌도 서로 다른 프로세스를 지닌 부문은 연결이 없거나 희박한 반면 확립된 기술과 습관, 틀과 프로세스를 지닌 부문 내에서 연결되려는 경향이 있다. 하지만 창의성이나 상상력은 서로 관계가 없거나 거리가 먼 부문을 연결할 수 있는 능력에서 비롯된다. 따라서 전문화는 좋지 않다. 다양성도 뇌를 지배할 수 있어야 한다.

재미 공동체를 기획하는 사람을 위해 모든 교훈을 정리해보면, 구성원의 최대 수는 150명이고 개별 구성단위는 12명 안팎, 여섯 개 정도의 하위집단이 있으며 각 집단에는 리더·주최자, 주술사·코미디언이 존재한다. 또한 매일 의식 계획, 가면 및 의상 제작, 보디 페인팅, 문신, 주술적 춤, 드럼 연주, 스탠드업 코미디 등의 수업(아니, 워크숍이 좋겠다)이 필요하다. 밤에는 주술사가 주도하는 황홀한 춤사위가 벌어지고 일주일에 한 번 사기꾼 캐릭터가 이끌고 관객이 참여하는 코미디 공연을 하며, 한 달에 한 번 베네치아를 테마로 한 가면무도회를 연다. 이 모든 활동을 하면서 다른 무리와 지속적으로 교류해야 한다. 가능하다면 무리 속에서 인기 있는 허브들 간에 하나 이상의 링크가 있어야 하고 교류 수단으로는 특히 가십이 중요하다. 던바에 따르면 개인의 사회적 교제는 40퍼센트가 무리 내에서 이루어지고 그중에서도 다시 60퍼센트는 12명의 소집단 내에서 이루어진다. 그리고 나머지가 138명과 교류하는 비율이다. 이처럼 재미를 즐기는 것은 복잡할 뿐 아니라 정확한 계산을 필요로 하고, 아무리 세심하게 계산해봤자 소용없을지도 모른다. 우정 부족은 의식적으로 만들어지지 않고 홀연히 등장하기 때문이다. 그러니 당연히 수많은 공동체가 실패한다.

던바는 대면 접촉이 가장 효과적이라고 강조하지만 와터스가 지적했듯 새로운 도시 부족은 통신 기술에 크게 의존한다. 우정 네트워크는 컴퓨터 네트워크와 동일하며 이 때문에 인터넷의 소셜 네트워크가 크게 성공을 거뒀다. 또한 인터넷의 발전은 완전히 새로운 재미 집단인 '일탈 부족'을 등장시켰다. 이 부족 구성원은 의식에 참여하고 싶어 하지만 넓게 분산되어 있고 공개된 장소에서 만나기 어려우며 관습을 거스를 만큼 아주 특별한 취향을 지니고 있다. 소아성애나 광신자, 왕따 등이 온라인을 통해 만들어졌다는 점은 부정적이지만 대부분 변장 등 무해한 취향을 갖고 있으며 핼러윈을 기다릴 필요 없이 언제든 웹사이트를 통해 변장한 모습을 보일 수 있다는 장점이 있다.

■

'변복'이나 '변장' 따위의 용어는 바보 같고 유치하다는 느낌을 풍기기 때문에 부적절하고 경멸스럽기까지 하다. 따라서 지적인 품위를 부여하는 새로운 명칭이 절실하게 필요했고 실제로 '코스플레이cosplay'라는 이름을 통해 품격을 얻었다. 이 용어는 누군가 기발한 사람들이 고안한 신조어로 1980년대에 일본에서 등장했고(이 때문에 한국에서는 '코스프레'라는 용어로 더 많이 알려져 있다. – 옮긴이) 1970년대 만화 캐릭터를 따라서 변장하는 의식에서 비롯되었다는 것이 정설이다. 코스플레이는 잡지까지 나오긴 하지만 변장하는 사람들은 칭찬받고 싶어 한다. 의상을 입은 사진을 보여주고 라텍스로 된 괴물 손을 어떻게 칠하는지, 〈보더랜드 2〉의 데스트랩을 어떻게 만드는지, 엘자 스칼렛의 '염제의 갑옷'을 어떻게 자르는지(에바폼을 이용해 이그젝토 나이프로 자른다) 조언을 주고받을 웹 사이트가 없었다면 코스플레이가 이토록 세계적인 현상이 되기는 어려웠을 것이다. 웹 사이트는 회원들끼리 조언하고 칭찬하고 안심하고 위로하도록 도와준다. 이들에게는 세상의 잔인하고 부당한 무관심을 상상과 기술로 승화시키는 것이 공통된 주제다("아무도 내 코스튬에 요만큼도 관심을 갖지 않아"). 하지만 이런 네트워크가 일정한 크기까지 성장하면 대중적인 관습으로 '출현'하기 마련이다. 코스플레이는 선풍적인 인기를 끌면서 이제 뉴욕, 샌디에이고, 도쿄, 싱가포르, 런던 등 세계 주요 도시에서 수많은 정기 행사를 치른다. 사람들은 만나서 코스튬을 비교하고 서로 사진을 찍으며, 상을 받으려고 경쟁하며 액세서리 쇼핑을 한다.

런던 행사는 웬만한 마을 크기의 박람회장인 엑셀 센터Excel Exhibition Centre에서 3일 동안 진행된다. 사전에 예약이 마감되며 엄청나게 다양한 색의 수제 의상을 입고 메이크업을 한, 흥분 잘하는 젊은이 수천 명으로 넘쳐난다. 모델이나 영화배우가 되기에는 매력과 재능이 부족한 사람들의 한 세대 전체가 대거 현실의 데빌랜드(게임 〈젤다의 전설〉 속 하이토피아에서 공주를 납치해 검은 쫄쫄이 옷을 입으라고 강요하는 사악한 마녀가 지배하는 지역이다)를 탈출하여 중세 전사나 동화 속 공주, 〈스타워즈〉의 스페이스 트루퍼, 외계인, 로봇, 좀비, 고양이, 곰, 스팀펑크와 슈퍼히어로, 배트맨, 스파이더맨, 원더우먼, 캣우먼 등 괴상한 의상을 입고 마법력을 지닌 현대 주술사로 변해서 자기 몫의 관심을 주장하는 것처럼 보인다. 하지만 가장 인기 있는 캐릭터는 〈배트맨〉 만화와 영화에서 광대 얼굴을 한 악당, 그저 재미있기 때문에 악인이 된 매력적인 사기꾼 캐릭터 '조커'다. 조커는 우리에게 혼돈이 정말 재미있다고 말한다.

그러나 뭣 모르던 사춘기 시절 내가 좋아했던 서부영화의 청부살인업자나 인디언 처녀, 해적과 해적 처녀, 고전 세계 인물, 로마 지휘관과 클레오파트라 같은 판타지 캐릭터는 보이지 않는다. 팔뚝과 뱀 머리 팔찌를 아주 좋아해온 나로서는 실망스러운 일이다. 판타지는 현실과 무척 닮은 듯하다. 항상 바뀌고 유행을 따르기 때문이다. 현대인은 판타지 속에서는 역사적 기간이나 장소와 연결되고 싶어 하지 않고, 시공간에 구애받지 않는 마법 세계에서 아무 제약 없이 떠다니고 싶은 모양이다.

마법을 부리려면 마법 도구와 토템을 든 코스플레이어가 필요하다. 마법 도구에는 지팡이, 삼지창, 파라솔, 공격용 소총, 광선총, 창, 도끼, 큰 칼, 석궁, 곤봉, 전투용 망치 등이 있다. 젊은 여성에게 인기 있는 나무망치(끝부분에 "얼굴 대 봐"라고 적혀 있다)도 있다. 더 흥미로운 것은 3미터짜리 보라색 삽을 든 여성이다. 무척 노출이 심하고 얇은 비키니를 입고 있기 때문에 정보를 얻으려고 접근했다가는 오해를 사기 쉽다. 여성 슈퍼히어로 중에 스페이드 걸이 있었던가? 성조기 무늬가 있는 핫팬츠와 "아빠의 꼬마 괴물"이라고 적힌 티셔츠를 입고 "굿나잇!"이 적힌 야구방망이를 유쾌하게 휘두르는 여성[14]도 흥미롭기는 한데 너무 난해했다. 하지만 판타지 세계에서 가장 인기 있는 도구는 검으로 사무실 세계의 노트북 같은 존재다. 검 좌판대 위에 붙은 포스터에는 "총격전에 검을 갖고 올 것"이라고 적혀 있었다. 이 좌판은 물건 종류도 많고 제일 크고 붐볐다. 많은 사람이 군도, 언월도, 단검, 엑스칼리버, 사무라이검(다마스커스 공법을 적용한 푸른 가타나), 온라인 게임 영웅의 검인 커팅문, 다크 리펄서, 일루시데이터, 오블리비언 키블레이드를 사려고 서로 미친 듯이 밀쳐댔다. 나를 팔꿈치로 치고 지나간 젊은 남자가 비통하게 소리 질렀다. "체인 모양이 완전 엉망이야."

뭘 하든 줄을 서야 했는데, 특히 사인을 받으려는 줄은 어떤 현실주의 작가라도 들뜨게 만들 법했다. 현실에서는 확실히 판타지가 팔린다. 내 아이디어를 홍보하기 위해 출판사 좌판을 순회할 걸 그랬다. 영화 속 경찰이나 사설탐정처럼 모든 소수집단에는 슈퍼히어로가 있어야 하므로 노인 영웅도 분명 필요하다. 나는 양로원에서 빙고 게임을 하는 허약하고 늙은 바보로 보이지만 노인 학대가 있는 곳에 몸에 꽉 끼는 실버 수트를 입고 보복하러 가는 실버맨을 제안한다. 슈퍼히어로가 신뢰를 얻으려면 인간적인 결함이 필요하므로 실버맨은 실버 자동차를 어디에 주차했는지 가끔 잊어버리는 등 기억력 쇠퇴에 시달린다는 설정은 어떨까.

어쨌든 줄 덕분에 직접 다가가 말을 거는 어색함 없이 다른 이와 접촉할 수 있었다. 나는 커피를 기다리는 줄에 서 있다가 라이플총 개머리판에 무릎을 부딪혔다.

"이거 가짜예요." 총 주인이 나를 안심시키며 갈색 테이프로 감긴 총을 들어 보였다.

"누구로 분장한 건가요?" 내가 질문했다.

"〈밤비〉에 나오는 사냥꾼이요. 그리고 이쪽은 밤비예요." 그는 옆에 있는 마른 여성을 가리켰다. 그녀는 베이지색 타이즈 의상을 입고 베이지색 귀를 달고, 내가 그녀를 데빌랜드로 추방하려는 사악한 마법사라도 되는 듯 캐릭터에 빙의하여 끅끅거리며 초조하게 뒷걸음질을 쳤다.

이 사냥꾼은 지적으로 보이기에 질문을 했다.

"왜 모두가 이렇게 변장을 좋아할까요?"

"재미있으니까요." 그는 나를 의심스럽다는 듯 훑어보며 말했다. "그런데 변장을 안 하셨네요."

"아, 네. 저는 시대 의상을 입었어요. 1980년대 과학기술 전문학교 교수로요. 평범해 보이지만 과제 200개를 채점하고 나면 비명을 지르는 좀비로 변신하는 캐릭터예요."

밤비는 더욱 신경질적으로 끅끅거리더니 또 뒷걸음질을 치면서 한 여성과 부딪혔다. 그녀가 든 지팡이 머리에는 뭔가 기독교적인 장식이 달려 있었다.

"그게 뭐예요?"

"주문을 욀 때 쓰는 도구예요." 그녀가 미안해하며 설명했다. "전 〈리그 오브 레전드〉의 럭스예요."

"평일인데 어떻게 오셨어요?"

"IT 지원 팀이거든요."

우리는 즐겁게 친해졌지만 줄 옆 야릇한 광경에 산만해졌다. 가슴이

훤히 보이는 흰색 코르셋, 허벅지를 드러낸 흰색 플레어스커트와 하얀 스타킹을 착용한 공주 앞에 완벽한 〈혹성탈출〉 복장을 한 유인원 셋이 서 있었다. 이들은 원숭이 머리를 하고 벨트에는 곤봉을, 털이 수북한 가슴께에는 무기를 매달고 있었는데 그들은 그저 공주들과 사진을 찍고 싶어서 다가온 듯했다. 공주들은 기꺼이 도와줄 것이다. 이곳에서는 누구나 사진 찍히고 싶어 하고, 그런 순간을 대비해서 특별한 포즈를 준비해두었다.

빈 테이블이 없었기 때문에 여성 좀비와 합석해야 했다. 그녀는 한 손으로는 스티로폼 용기에 담긴 미트볼을 입으로 가져가고 다른 손 엄지로 스마트폰을 하고 있었다. 이 여성은 섭정 시대와 좀비 테마를 혼합하여 찢어지고 피에 물든 드레스를 입었다. "엘리자베스 베넷이 부활한 사탄을 무찌를 수 있을까?"라고 질문하면서 이에 대한 대답 없이 '뼈가 으스러지는 좀비 아수라장이 펼쳐지는 획기적인 장면'을 약속하는 영화 〈오만과 편견 그리고 좀비Pride and Prejudice and Zombies〉에서 착안한 듯했다.[15]

나는 그녀가 스마트폰을 내려놓고 미트볼을 편안하게 먹을 때까지 기다렸다.

"실례합니다만, 왜 좀비 분장을 하셨는지 여쭤봐도 될까요?"

그녀는 방어적으로 어깨를 으쓱했다. "10월이잖아요."

"그런데 왜 하필 좀비인가요?"

그녀는 더욱 방어적인 자세를 취했다. "드레스 찢기나 피 튀기기를 좋아해서요."

내가 궁금했던 이유는 런던 행사의 주요 테마가 좀비였기 때문이다. 화가들은 좀비 초상화를 그려주고 좌판에서는 좀비 소설과 만화, 티셔츠, 포스터, 반지, 게임, 행사 가이드에 "세계적인 현상이자 꼭 봐야 할 TV 드라마"라고 적힌 〈워킹데드〉 세트를 판매했다. 좀비의 부활은 보통 조지 로메로George A. Romero 감독의 두 영화 〈살아 있는 시체들의 밤Night of the Living Dead〉(1968)과 〈새벽의 저주Dawn of the Dead〉(1978)에서 비롯된 것으로 본다. 재미와 공포가 1970년대에 함께 대대적으로 부활한 이유는 공포를 가라앉힐 방법이 첫째, 직접 대면이고, 둘째, 공포의 부정이기 때문이다. 공포물은 대부분 악한 개인에 대한 공포를 이용하지만 좀비물은 악한 집단에 대한 공포를 이용한다. 오늘날 이민과 인구과잉에 대한 두려움, 먹이를 찾아 헤매는 괴물이 급속히 퍼지고 이들에게 잡아먹힌다는 두려움을 예로 들 수 있다. 최근 좀비가 등장하는 세계 종말 영화에서 좀비는 움직이는 시체가 아니라 빠르게 퍼지는 바이러스, 특히 분노 바이러스(영화 〈28주 후〉에서 처음 설정된 바이러스로, 인간이 사망하여 좀비가 되는 것이 아니라 분노 바이러스에 감염된 인간이 좀비로 묘사된다. ―옮긴이)의 희생양이며 살아남은 사람들은 모여서 분노와 감염을 두려워한다. 좀비는 디지털 게임에서도 완벽한 소재다. 완전히 비인간화되어 언제든 죽여도 좋은 존재일 뿐 아니라 악마로 묘사되기 때문에 무리 전체를 날려버리는 일이 실제로 도덕적이기 때문이다. 좀비 공주님이 미트볼을 다 먹었기에 나는 기본적인 질문을 했다.

"왜 그렇게 많은 사람들이 변장하고 싶어 할까요?"

"관심을 받으려고요."

그녀는 슬프게 고백하듯 말하더니 다시 밝은 얼굴이 되었다. "동료 때문이기도 하죠. 온라인으로 친구를 많이 만들 수 있으니까요. 다들 좋은 사람들이에요. 서로 의상을 칭찬하거든요."

"그런데 왜 다들 무기를 들고 다니거나 피투성이 분장을 하고 있을까요?"

그녀는 이 말은 무시했다. "의상을 제작하는 것 자체도 매력 있어요. 기술이 필요해요. 내 친구는 의사인데 오늘 입을 레이스 드레스를 만드느라 100시간이 넘게 걸렸어요."

사진 찍히는 즐거움뿐만 아니라 의상을 어떻게 만들었는지 설명하는 즐거움도 있었다.

어느새 사람들은 파파라치들이 난투극을 벌이는 현장에서 마구 뛰어다녔다. 위로 치켜든 카메라 너머 누군가 유명한 인물이 등장한 모양이었다. 굽 높은 부츠에 가슴을 강조한 타이트한 의상을 입고, 길고 빛나는 머리카락에 디즈니 만화에 나올 법한 순진하고 커다란 눈이 달린 대형 가면을 쓴 여섯 명의 여성 때문이었다. 하지만 뭔가 이상했다. 모두 장갑을 끼고 있었고 최대한 노출하는 것이 코스플레이의 표준이나 다름없는데도 맨살을 조금도 드러내지 않았다. 그리고 그들은 아주 조심스레 느리게 움직였다. 여성으로 변장한 남성이라는 생각이 퍼뜩 들었다.

이들은 복장 도착과 코스플레이가 결합된 '마스킹female masking'을 한 남성이었다. 마스킹은 여성의 옷뿐 아니라 실리콘 가슴과 실크로 처리한 성기, 화려한 머리카락이 붙어 있는 라텍스 머리에 이르기까지 머리끝부터 발끝까지 여성의 신체를 착용하는 행위다. 이 마스커들은 다른 사람과 마찬가지로 주목과 감탄의 대상이 되고 싶어 하면서 끝없이 포즈를 취했다.

나중에 알았지만 마스커들은 〈살아 있는 인형들의 비밀스러운 삶 Secrets of the Living Dolls〉[16]이라는 다큐멘터리에 기꺼이 출연했다.

70세의 부동산 개발업자 로버트는 셰리(복장 도착의 여성 인격에는 항상 이름을 붙인다)로 변화한 과정을 소개했다. 그는 셰리를 더욱 정교하게 만들기 위해 자기 머리카락으로 음모를 만들어 붙인 라텍스 의상을 특히 자랑스러워했다. 보수적인 그는 요즘 유행하는 면도와 왁싱을 달가워하지 않았다.

마스커들은 보통 큰 가슴, 통통한 입술, 커다란 눈, 긴 머리카락과 높은 굽 등 육체파 유형을 선호한다. 셰리는 노출이 심한 황금색 비키니를 즐기고 하이힐만 신는 전통적인 금발 글래머였다.

"거울 속에 무척 매력적인 여자가 보여요. 그 여자는 온전히 내 것이에요."

로버트의 말은 복장 도착에 존재하는 개인주의적 자기 의존을 반영한다. 남성이 직접 자기 여자를 만들어서 그 여성과 데이트한다. 로버트는 셰리가 되어 금발 머리를 넘기며 커다란 가슴을 들어 올리고, 입술을 내밀며 환희에 차서 외친다.

"세상에, 난 정말 멋져!"

셰리는 "유명인사가 되는 것이 어떤 기분인지 느끼고 주목받기 위해 (사람들 앞에 나서기 좋아하는 다른 마스커도 같은 말을 했다)" 엄청난 매력을 더욱 퍼뜨리고 싶어 한다. 고맙게도 그녀는 해변에까지 왕림했다. 해변에서 셰리는 엄청난 관심을 끌었고 다른 금발 글래머와는 다르게 그 엄청난 가슴을 추종자들이 마음껏 움켜쥐도록 허락했다. 가슴은 다른 신체 부위와 마찬가지로 당황스러울 만큼 정말 진짜 같다. 이런 의상, 특히 고급품은 대부분 미국의 바이블 벨트에 위치한 펨스킨에서 제작한다. 펨스킨은 여성의 신체 부위를 정밀하게 제작하는 회사로 비싼 제품은 1만 달러에 달한다.

이 회사는 부부가 설립했고 이제는 형제가 경영하고 있다. 홍보 및 마케팅 담당 애덤은 수요가 전 세계에서 증가하는 중이며 독일이 가장 큰 시장이지만 시베리아까지도 수출한다고 말했다. 유독 독일 남성들이 고무인형에 목을 매는 이유가 무엇일까? 애덤은 이유를 몰랐다. 그는 여성 분장 자체를 잘 이해하지 못했고, 코스플레이어가 변장하는 이유를 질문했을 때처럼 어쩔 줄 몰라 했다.

"괴상한 사람들이에요." 그는 오랫동안 거듭 생각한 끝에 대답했다. "그 사람들은 게이도 아니거든요."

그러고 나서 또 긴 침묵이 흘렀다. 하지만 나는 그가 뭐라고 덧붙일지 알고 있었다. 결국 그가 안도의 한숨을 쉬며 말했다.

"재미있으니까요."

마스커들에게 재미는 중요한 단어다. '그냥 재미있으니까', '사람들 앞에 나서는 건 정말 재밌어', '인형 문화가 재밌어서'. 웹 사이트에 사진을 올리고 서로 조언하는 것도 재미있지만, 물론 가장 재미있는 것은 미네소타의 미니애폴리스에 모여서 '세계 고무인형 박람회Rubber Doll World Rendezvous'에 참여하는 것이다.

5장

재미와 권태, 불안, 진짜

__자유라는 새로운 신의 산물

• • •

　　권태는 재미의 사악한 샴쌍둥이, 웃는 얼굴의
그늘, 쾌활한 이가 혼자 남았을 때 느끼는 지루함, 식탐 많은 개의 정
신적 거식증, 음악이 멎기 바라는 적막, 오늘날 불 밝은 사원에 출몰하
는 회색 유령이다. 권태는 욕망과 기대를 죽이고 에너지를 떨어뜨리며
의지를 마비시킨다. 밝은 곳에 먹구름을 드리우고, 최악의 공포인 죽
음을 보여주어 충격에 빠트린다.

　　물론 권태에는 수많은 선구자가 존재한다. 키에르 케고르는 권태가
인류의 등장보다 앞섰다며 사실 인류의 근원이라고 주장했다. "신은
지루했기 때문에 인류를 창조했다. 혼자였던 아담은 지루했고 그래서
이브가 창조되었다. 이때부터 세상에 권태가 출현했고 인류 성장에 정
확히 비례하여 권태도 성장했다."[1] 《구약성경》 전도서에는 고대의 염
세주의를 나타내는 "태양 아래 새로운 것은 없다"라는 구절이 있고,
로버트 버턴Robert Burton은 《우울의 해부The Anatomy of Melancholy》
에서 중세 시대의 나태와 르네상스시대의 우울에 대해 논의했다. 그는

이 책에서 우울증의 원인을 82가지 발견했다고 주장했다.

하지만 권태를 연구한 학자들은 권태가 근본적으로 현대적인 현상이거나 적어도 현대에 이르러 극심해졌다는 데 동의한다. 만성적이고 일반화된, 실존적 권태는 특정한 상황이나 환경과 연관이 없으며 현대 사회의 성장과 같은 속도로 발전했다. '지루하다bore'라는 단어는 18세기에 영어에 처음 사용되었고 19세기에는 새로 등장한 위협으로 인식되었다. 최초의 위대한 현대 시인 보들레르는 권태가 그 희생자를 속수무책으로 수동적으로 만들면서 동시에 분노와 공격성으로 들끓게 하는 괴물이자 주된 악이라고 생각했다.

> 해충, 자칼, 표범, 이,
> 고릴라, 독거미, 끔찍한 놈들
> 날뛰고, 긁어대고, 배설하고, 교미하는
> 우리의 악덕의 서커스에서.
>
> 그중에도 더욱 추악하고 저주받은 놈이 하나 있어.
> 놈은 몸짓도 없고 심장도 뛰지 않지만,
> 눈 깜짝할 사이 살육하고,
> 기꺼이 대지를 멸망시킨다.
>
> 그놈이 바로 '권태'. 눈물에 눈이 붙어버린.
> 그대는 잘 알지, 나의 독자여. 이 음란한
> 괴물은 연신 담배를 태우며 교수대를 꿈꾸지
> 그대 – 위선의 독자여 – 내 동류여 – 내 형제여.[2]

권태는 20세기 저작물에 줄곧 등장한다. 페소아Fernando Pessoa의 《불안의 책Livro do Desassossego》에 최초로 등장했으며 그다음에는 사르트르의 《구토La Nausée》, 베케트Samuel Beckett의 연극과 소설, 에밀 시오랑E. M. Cioran의 철학, 21세기에 위안 따위는 없을 것이라고 했던 제임스 밸러드 등이 있다. "나는 미래를 한 단어로 요약할 수 있고, 그 단어는 권태다. 미래는 지루할 것이다."[3] 밸러드의 소설에 따르면 이 미래의 권태는 무척 강렬하고 참을 수 없는 것이어서 가벼운 범죄를 저지르는 재미는 더 이상 위안이 되지 않고, 오직 극단적인 살인만 위안이 될 것이다.

베케트의 작품은 현대의 핵심 문제로 등장한 권태에 대한 가장 설득력 있는 문장을 선보인다. 《고도를 기다리며En Attendant Godot》에서 블라디미르는 에스트라 공에게 말한다. "우린 기다린다. 지루해(손을 머리 위로 치켜든다). 아니, 부정하지 마, 지독하게 따분하다고. 그건 부인할 수 없어."

베케트의 시각에서 권태를 벗어날 유일한 방법은 의미 없는 행동이다. 블라디미르와 에스트라 공은 오래된 장화 한 켤레를 발견하고 좋아서 신어보며 시간을 보낸다. "우린 항상 뭔가 찾아낸다니까, 음, 디디, 그래서 살아 있단 걸 실감하게 돼." 에스트라 공이 말하자 블라디미르가 답답한 듯 대답한다. "그래그래, 우린 마법사니까."

■

이 현대적인 고통의 근원은 무엇일까? 항상 그렇듯 다양한 이유를 생각해볼 수 있다. 첫 번째 종교개혁과 계몽주의는 결정론적인 이중 재난을 몰고 왔다. 새로운 과학은 우주를 신이 만든 시계 장치로서 완전히 예측 가능한 존재로 보았고, 새 종교는 모든 사람이 태어나기 전에 구원이나 저주가 예정되었다는 이중 예정설을 고안했다(하지만 누가 어디에 해당하는지는 알 수 없다). 물질적이든 정신적이든 결정론은 항상 권태로 이어질 가능성이 높다. 모든 일이 미리 결정되어 있다면 자유의지는 무력하며 버리는 편이 낫다. 시계 장치 우주관은 모든 신성한 감각과 신비로운 존재를 세계에서 제거했고, 이중 예정설은 누가 구원받을지에 대한 불안과 누가 저주받을지에 대한 피해망상적인 의혹으로 종교 공동체의 통합을 파괴했다.

20세기에는 신이 죽었기 때문에 우주에는 지배자가 없고, 우주는 예측 가능한 시계 장치가 아니라 전 방향으로 무작위하게 팽창하고 있으며 결국 사라지거나 폭발하리라는 사실이 밝혀졌다. 우주는 무의미할 뿐 아니라 미쳤다. 그러나 의미와 목적을 원하는 기존 욕망을 억제하기는 불가능하다. 우리는 그, 그녀, 또는 그것이 절대 나타나지 않으리라는 사실을 알면서도 계속 고도를 기다린다. 권태와 재미는 무의미에 대한 상반된 대응이다. 무無도 가치 있기 때문에 아무것도 하지 않으려는 욕망인 무기력이 발생하거나, 공허감을 없애려고 미친 듯이 뭔가 하려고 시도하는 과잉 행동이 나타날 수 있다. 이 때문에 조울증이 무척 흔해졌다. 개인은 무의미에 대응하여 우울증과 조증의 극단을 끊임없이 오간다.

또 다른 요인은 함께 즐기는 연회나 춤, 전통적인 축제가 없어지고 18세기의 산물인 여가가 이를 대체한 것이다. 이는 통합이 사라진 추가 사례로 사람들은 일터를 벗어나면 수동적인 관람에 전념하게 되었다. 18세기 유럽에는 야생동물 조련사와 마술사, 저글링, 공중그네 곡예사 등이 있는 서커스가 등장했고, 희가극, 인형극, 박물관, 동물원,

전문적 경마, 과학 강의, 기형 인간이나 특이한 동물 전시회 등이 출현했다.

관람은 보편적이고 당연한 인간의 특색이다. 지중해에서 휴가를 보내고 고대 원형경기장의 오래된 돌 좌석을 거닐 때면 역사에는 항상 공연자와 관객이 있었다고 믿게 된다. 하지만 대부분의 사회에서 관람은 최근에야 발전했으며 관람이 존재하지 않는 사회도 있었다. 나이지리아 대학으로 영어와 연극을 가르치러 갔던 친구는 그곳에서 연극을 공연하기가 얼마나 어려운지 말해주었다. 무대와 객석을 설치하는 것은 어렵지 않지만 문제는 관객이다. 관객은 조용히 앉아서 극의 카타르시스를 경험하는 대신, 떠들고 웃으며 돌아다니거나 극에 흥미가 생기면 참여하려고 무대에 올라갔다. 처음에 연극 제작자들은 교사에게는 익숙한 산만한 학생들의 방해 공작이라고 생각했지만 방해하려는 의도가 없다는 사실을 깨달았다. 관객은 자기가 관객이라는 사실을 모를뿐더러 사실 '관객'이라는 개념도 없었기 때문이다.

관객은 그리스나 로마처럼 정교한 초기 사회에만 존재한 개념이며, 처음에는 순수한 참여 행위였던 의식이 공연과 관람으로 분화했다. 이러한 분리는 18세기에 들어서야 서구 유럽에서 재현되었다. 이때의 관람 역시 관객의 기침 소리만 나도 분노하는 현대 영화관이나 클래식 음악, 오페라 홀의 경건한 침묵과는 전혀 다르다. 제임스 보즈웰James Boswell을 비롯해 순회 여행을 다녔던 영국 여행자들은 밀라노에 있는 라 스칼라 오페라 극장에 갔을 때 관객들이 떠들고 웃고 키스하고 먹고 마시고(간식뿐 아니라 마카로니 파이와 구운 고기까지) 특별석을 오고 가면서 문을 쾅 닫는 바람에 음악을 들을 수 없었다고 불평했다. 떠들썩하게 붐비는 레스토랑 같은 소리가 나고 냄새도 풍겼다. 19세기 후

반에 들어서야 서양 관객은 조용히 앉기 시작했고 점차 수동적인 성향
으로 변해갔다. 가장 극적인 계기는 TV의 등장이다. TV는 여유시간
을 보내는 가장 보편적인 방법이 되었고 '하기'를 '보기'로 대체했다.
많은 사람이 TV 속 요리사를 보면서 요리는 하지 않는 것과 같다. 운
동경기를 보는 사람은 증가하지만 하는 사람은 줄어들고 있다. 포르노
를 보는 사람은 증가하지만 실제로 섹스하는 사람은 줄어드는 것도 마
찬가지다.[4]

■

　1967년에 출간된 《스펙터클의 사회La Société du Spectacle》를 쓴 기
드보르는 수동적인 관람을 현대의 핵심 변화로 정의했다. '관람적 인
간homo spectator'이 '도구적 인간homo faber'을 대체하고 구경거리에
대한 환상이 종교적 환상을 대체했으며 구경의 통합이 참여의 통합을
대체하고 TV는 인간의 새로운 아편이 되었다. 드보르는 세계를 장악
한 제임스 본드의 비밀조직처럼 '스펙터클'을 사악한 임무를 지니고 불
안을 야기하는 존재로 나타내면서 과장스럽게 주장했지만, 중요한 경
향을 꿰뚫어본 것은 확실하다. 드보르가 예측했듯 이제 우리는 모두
관객이다. "스펙터클은 세계를 직접 인식할 수 없는 공간으로 만든
다. … 한때 촉각이 있었던 특별한 장소로 인간의 시각을 보내야 한
다."[5] 이제 촉각이 시각의 노예가 되었다는 사실을 알면 드보르는 잔
뜩 비웃으며 즐거워했을 것이 틀림없다. 한때 십자가와 묵주가 신성에
닿도록 해주었듯이 항상 스펙터클에 닿아 있도록 해주는 이것(스마트
폰-옮긴이)을 사람들은 신성한 토템인 양 애지중지 몸에 지니고 늘 그
화면을 만진다. 하지만 드보르도 이 기계로 수백 개의 TV 채널을 시

청하고 영화와 홈 무비 동영상에 접속할 수 있다는 사실은 꿈에도 몰랐을 것이다.

젊은이를 가르쳐본 사람이라면 누구나, 필사적인 선생에게 싫증과 졸림을 분명하게 표현하는 관객의 습관적 수동성에 익숙할 것이다. 그들은 작은 마을 하나쯤은 돌릴 만한 에너지를 뿜어내며 "누가 날 즐겁게 해줬으면 좋겠지만 환심을 사려고 전전긍긍하는 당신 같은 늙은이는 어림도 없어"라고 말하는 듯하다. 나는 열정적으로 과목 개요를 마무리하면서 "질문 있는 사람?" 하고 소리치며 팔을 크게 벌리고, 고통받는 인간을 맞이하는 예수처럼 눈을 크게 떴다. 그러자 죽음과 같은 긴 침묵이 이어졌고, 누군가 뒤쪽에서 멍하고 짜증난 목소리로 질문했다.

"끝난 건가요?"

나는 "이제 막 개발한 프로그램을 몇 달 동안 온라인으로 제공할 때 무엇을 기대하나요?" 따위의 질문에 대답하려고 생각하던 중이었다. 하지만 질문자가 나를 보지 않고 불만스러운 표정으로 창밖으로 눈길을 던지는 것을 발견했다. 그의 질문은 세상을 향한 수사학적 질문이자 즐거움을 느끼려는 기대를 채우지 못하고 실패한 존재론적 분노의 외침이었다.

수동적인 관람은 눈앞의 공연자뿐 아니라 모든 외부 존재에게 책임을 지우기 때문에 문제가 된다. 주관적인 반응 '내가 지겨움을 느낀다'가 객관적 비난인 '그것이 지겹다'로 변하기 때문이다. 현대에 개인의 자유를 강조한 결과 개인이 받아들이는 효과에 따라 모든 것을 측정하게 되었고, 개인이 어떻게 반응하느냐가 무척 절대적이기 때문에 이 반응이 현실의 항시적 특징인 양 세계에 다시 투영된다.

우리의 선은 동시에 악이다. 오늘날 우리가 받은 위대한 선물인 자유는 많은 문제의 근원이기도 하다. 자유의 시대 20세기에 가장 유명한 자유 옹호자 장폴 사르트르는 "자유를 선고받았다"[6]고 말한다. 하지만 대부분의 사람들에게 자유는 양면성을 인식하기에는 여전히 아주 흥미로운 개념이다. 자유는 독보적이고 의심받지 않는 이 시대의 만트라다. 독재자 신은 죽었고 해방자 자유는 살아 있다. 사실 자유는 새로운 신이다. 많은 사람이 특정한 자유를 억압하고 성공도 많이 했지만, 옛날 감히 공개적으로 신을 거부한 이가 거의 없었듯이 이 지고지순한 개념 자체를 공개적으로 거부할 사람은 드물다. 정치적이나 군사적으로 자유를 위해 싸운다는 세력과 이들로부터 자유를 보호하려고 조취를 취한다는 권력자 등 각자 자유를 추구한다고 믿으며 대치한다.

하지만 궁극적 축복은 저주이고 궁극적 긍정은 부정이며, 궁극적인 위안이 될 것 같은 자유도 새로운 짐이다. 자유는 부재이자 공허함이며 아무것도 아닌 존재다. 무한하게 선택할 수 있다고 생각하면 신나지만 계속해서 어떤 결정을 내려야 하는 현실은 피곤하다. 자유가 부여하는 끝없는 개인적 책임에 압도당한 정신이 피로를 호소하는 현상이 권태다.

개인주의의 부상은 자유의 발전과 밀접하게 연계된다. 개인주의는 종교적 · 물질적 · 사회적 · 지적 요인이 어지럽게 얽혀 있는 복잡한 역사 속에서 계속 변하는 복합적인 개념이다. 완벽하게 설명하려면 별도의 책 한 권, 아니 여러 권이 필요하겠지만[7] 대략 요약한다면 다음과 같다. 먼저 구원이 온전히 개인의 문제라고 주장하는 기독교의 개인주의가 있다. 이는 초기 교회의 근본 개념이자 종교개혁을 통해 급격히 활성화된 개념이다. 그다음에는 다양한 학문 및 사회 발전과 결합하여 개인은 사회와 국가, 그리고 모든 권위의 강제에서 해방되어야 한다는 정치적 개인주의가 생겨났다. 그 후 험준한 산이나 해안 같은 숭고한 자연과 홀로 교감하는 것을 중시하고 도시 대중에 부정적인 낭만적 개인주의가 등장한다. 19세기 말~20세기 상반기에는 도덕이나 관습, 부르주아 사회를 피해 다시 도시로 몰려들면서 낭만적 개인주의는 보헤미안처럼 자유분방한 개인주의로 변신했다. 여기저기 중복되고 섞이면서 발전한 자유주의는 주로 예술가와 지식인, 정치 급진주의자에게 영향을 주며 1960년대 말까지 엘리트주의로 남았다. 그러다 1970년대에는 젊은 층의 문화와 합쳐지면서 권위와 복종을 거부하고 개인을 표현하려는 욕구를 반영한 표현적 개인주의가 발생했다.

1960년대의 슬로건은 "너 자신의 것을 하라Do Your Own Thing"였다. 하지만 누가 '너'이고 '것'은 무엇인가? 자아를 찾고, 그다음에는 자신의 것을 찾고, 또 이것을 하고 이를 통해 인정받기 등은 피곤한 일이며 정신적 피로인 권태의 주요 원인이다. 권태는 쉽게 불안으로 바뀌기 때문에 더 큰 문제를 불러온다. 이는 자유를 추구할 때 피할 수 없는 부작용이다. 자유로운 삶은 끝없는 선택을 요구하고, 과거와 현재, 미래에 나쁜 선택을 할지도 모른다는 걱정을 야기한다. 자유로 가는 길은 두려움의 감옥으로 이어진다.

또 나이가 들수록 삶의 복잡성, 요구사항, 갈등과 위협 따위가 확실해지고 진정한 자아를 찾거나 표현할 시간은 줄어들면서 불안이 발전하는 경향을 보인다. 나는 불안이 커지는 현상을 경험했다(사실 불안하다는 사실에 불안을 느끼는 상위 불안이다). 불안은 권태보다 나쁜 만만찮은 적이다. 원인이 모호하고 찾기 어렵고, 무슨 영향을 미칠지 알 수 없으며 해소하기 어렵고 만성이 되기 쉽기 때문이다. 권태는 행동하려는 욕구가 부족하지만 불안은 행동할 능력이 부족하다. 권태는 평화로우며 가라앉을 수도 있지만 불안은 잠시도 쉬지 못하게 자신을 갉아먹는 공포다. 불안은 걱정과 의심이 동반되며 심신을 극도로 쇠약하게 만든다. 걱정과 의심은 특정 대상과 제한적 기간이 있지만 불안은 무엇이 언제 어떻게 되는지 확실하지 않으면서 뭔가 끔찍하게 잘못되거나 극악무도한 일이 일어날지도 모른다는 끊임없는 공포를 준다.

나는 불안이란 누군가의 집에서 따뜻하게 잘 먹으면서도 배고파하고 추위에 떠는 손님과 비슷하다고 생각한다. 음식과 난방을 통제하지 못하기 때문에 비합리적인 배고픔과 추위를 느끼게 만든다. 또한 집이 아닌 곳에 있다는 인식은 박탈과 노출, 공포 등 비이성적인 감정을 만들어내고 나이가 들수록 커지는 취약성과 함께 심화될 가능성이 높다.

젊음은 지루하고 나이 듦은 불안하다. 자유에 집착했던 시인 필립 라킨Philip Larkin은 잔인하게 직설했다. "삶은 첫 번째 권태이고 그다음 공포다."[8] 특권층은 항상 마음속 깊은 곳에서 자기 특권이 소외 계층에 의해 즉시, 또는 질병이나 죽음 등 시간에 의해 서서히 박탈되리라는 사실을 알고 있다. 라킨은 죽음에 대한 공포를 단순 명쾌하게 표현했다. "여기 있지 않은 것, 아무데도 없는 것, 그리고 곧."[9]

■

거짓된 삶에 대한 공포를 포함해서 현대적 불안에는 많은 원인이 존재한다. '진짜'를 중시하는 현상도 자유가 불러온 결과다. 모든 사람의 삶이 완전히 필연적으로 사회적 지위에 의해 결정된다면 화가 나고 억울하겠지만 아무도 가짜라고 느끼지는 않을 것이다. 하지만 선택의 자유 탓에 진정한 삶을 선택할 필요가 있다. 현대가 시작될 무렵 처음 장자크 루소가 이를 강조했고 점점 중요해지면서 20세기 철학의 주요 관심사가 되었다. 하이데거의 뒤를 이어 사르트르는 우리가 사회적 역할에 항복하면서 가짜가 되었다고 주장했으며, 저 유명한 웨이터 역할을 하는 웨이터를 통해 이를 보여줬다.[10]

21세기에 진짜를 찾는 문제는 더욱 시급해진 듯하다. 출세 제일주의와 소비재, 수동적 여흥, 사회 기능 탓에 진정한 자아가 사라졌다는 인식이 강해지고 있다. 따라서 진짜 찾기 프로젝트는 분열과 왜곡 아래 묻혀 있는 진실한 인간을 발견하고 해방하는 것이 목적이다.

진짜에 대한 갈망은 옛날로 돌아가서 이를 찾으려는 무의식적이면서도 다양한 방식으로 구현된다. 어린 시절 몰두했던 놀이, 육체노동을 할 때 느껴지는 즐거운 감각, 춤과 게임 등 육체 활동, 제도 종교에 의해 쌀쌀맞고 화난 신과 추상적인 교리가 만들어지기 전 우주 자체를 신성한 존재로 경배했던 고대 영성, 공동체의 개방성과 개인적 초월을 느끼게 해주는 선사시대 집단 의식 등을 예로 들 수 있다.

구석기부터 중세에 이르기까지 근대 이전의 모든 시대가 매력적이지만 먼 옛날로 거슬러 올라갈수록 더 진짜가 된다. 최근 화려한 잡지와 웹 사이트, 콘퍼런스의 찬양을 받으며 유행하는 '구석기 라이프 스타일'이 이를 설명한다. 구석기 식단(고기, 달걀, 야채, 과일, 견과류), 구석기 수면 습관(새벽에 일어나서 해 질 녘에 조명을 완전히 끄고 잠자리에 들며 해가 진 뒤 이메일을 확인할 때는 청색광을 차단하는 노란색 고글을 쓴다), 구석기 화장품(사과식초로 만든 샴푸와 호호바 오일이 들어간 린스, 올리브 오일이 들어간 보디 스크럽제와 코코넛 오일 치약, 피부 미백을 위한 활성탄), 구석기 운동(장비는 없지만 강도 높은 뛰기, 치기, 차기, 소리치기 등), 구석기 출산(엄마가 태반을 먹는다),[11] 구석기 육아(흙탕물에서 아이들과 놀아준다), 구석기 휴가(프라이멀콘PrimalCon이라는 행사에서는 5일간 구석기시대 체험을 제공한다), 구석기 음료(럼주에 유기농 딸기, 꿀, 갓 짠 오렌지 주스로 만든 딸기 칵테일), 구석기 스낵(베리류와 씨앗이 들어간 유기농 막대과자) 등이 구석기 라이프 사례다.

사람들은 진짜 제품, 오락, 경험, 장소, 음식, 음료를 갈망한다. 따라서 농산물 직판장, 공급처가 확실한 고기, 유기농 채소, 장인이 구운 빵, 수제 맥주, 바이오다이내믹 와인, 집에서 구운 케이크, 수제 초콜릿이 인기를 끈다. 화학 처리하지 않은 진짜 벽돌로 세운 벽, 알전구와 전선이 매달린 대들보와 환기구, 노출배관, 의자가 나오기 전으로 회귀하는 나무 벤치가 있는 레스토랑의 인도 · 태국 · 멕시코 '거리' 음식도 있다. 끔찍할 정도로 개인주의적 성향을 가진 나는 아내와 함께 새로운 레스토랑에 가서 절망적으로 외쳤다.

"제기랄, 공동 식탁에 벤치라니."

하지만 이런 식당도 괜찮겠다는 생각이 들었다. 화장실에 가면 조그만 타원형 세면기가 아닌 커다란 직육면체 세면기에 구리 관, 딱딱하고 커다란 놋쇠 수도꼭지(그냥 드러낸 것이 아니라 자랑하듯 당당하게)가 있었기 때문이다. 우리 부모님 세대가 엄청나게 싫어하고 욕했던 옛날식 공동 개수대였다.

그러나 칠하지 않은 소나무 목재나 노출된 벽돌도 더 이상 만족할 만한 진짜가 아니다. 이제 흙을 말리고 틀에 부어 다져서 벽체를 만드는 '담틀 방식'으로 만든 벽과 테이블 및 조리대가 등장했다. 비싸고 설치가 어려울뿐더러 끊임없이 유지보수해야 하고 무너져 내릴 위험도 있지만 여전히 돈을 쓰고 노력하며 위험을 감수할 가치가 충분하다. 담틀 방식은 채식 레스토랑과 유기농 주스 가게, 디자이너 폴 스미스 등의 고급 전시장에서 인기가 높다. 폴 스미스 전시장의 벽은 점토미장재 전문업체 클레이워크Clayworks의 아담 바이스만Adam Weismann이 설치했다. "흙으로 만든 모든 것은 더할 나위 없이 진실하다."[12]

진짜 재미는 진짜 장소에서 치르는 고대 풍습이나 어린 시절 즐겼던 게임, 휴가 등으로 느낄 수 있다. 특히 야생 캠핑과 수영을 할 수 있는 자연을 비롯하여 야생이라고 묘사할 수 있는 것은 무엇이든 흥미진진하다. 조금 덜 야생적이라도 정원을 그렇게 꾸미면 타협이 가능하고, 이조차 힘든 사람은 안락의자에 앉아 야생이 넘치는 영화와 책을 보면 된다.[13]

■

데이터를 조작하는 거짓 사무 업무와 책상에 얽매인 칸막이 방의 노예는 웃옷을 벗어던지고 도끼로 나무를 패서 통나무를 쪼개고, 저녁에는 부인을 위한 가재도구와 아이들의 장난감을 깎는 꿈을 꾼다. 저비용 대량생산 시대에 한때 경제적으로 가치가 없다며 무시되던 공예와 장인은 점점 진짜 기술자로 높이 평가된다. 수작업이라는 이름이 붙으면 무엇이든 바람직하고 특히 직접 만든 물건은 더욱 바람직하다. 공예 수업이 새로운 집단 재미가 되었고, 호황을 누리는 축제 현장에서도 공예 축제는 크게 인기를 끈다. 축제 주관업체 굿 라이프 익스피리언스에서 캠핑을 위한 도살 및 도끼 사용방법을 가르치고, 와일더니스 페스티벌Wilderness Festival에서는 바구니 짜기 등 '야생 선조들의 고대 공예'를 부활시켰으며, 그린 사이드 페어Green Scythe Fair에서는 유럽인의 명상 수행을 위해 기공 체조 대신 낫질하기를 홍보하고, 스푼 페스트Spoonfest에서는 나무 숟가락만 깎고 있다. 멀리 호주와 이스라엘, 미국 등에서 200여 명이 숟가락을 깎으려고 한곳에 모인다.

새롭게 공예를 예찬하는 한편 워크숍 숭배도 등장했다. 워크숍은 공예와 집단협력이라는 의미를 합친 단어로 추상적 활동을 몸으로 할 때 쓰인다. 그렇게 정책 워크숍, 명상 워크숍, 창조적 글쓰기 워크숍, 심지어 철학 워크숍이 생겼다. '툴킷'이라는 용어는 정신적인 활동 도구에 사용된다. 철학 워크숍 참가자는 운이 좋다면 집에 갈 때 '철학 툴킷'을 챙겨 갈 수 있을 것이다.

지역 농민과 공예가가 사용했던 진짜 도구를 수많은 도시와 마을에서 자랑스럽게 전시하면서 공예박물관도 축제만큼 급증하고 있다. 탈산업화 시대에 산업의 산물은 무엇이든 진실하기 때문에 버려진 주물 공장이나 제철소, 탄광이 박물관으로 변한다. 시인 윌리엄 블레이크가 "어두운 악마 공장"이라며 두려워했던 곳이 이제는 옛 공장 노동자처럼 입은 직원이 설명하는 상호작용형 전시관과 플라스틱 수차를 파는 기념품 가게, 수제 스콘을 파는 카페가 있는 '문화유산 전시 센터'가 되었다. 하지만 부당하게 무시된 고된 분야도 있다. '도살장 박물관'도 있어야 하지 않겠는가. 방문객들은 개조된 도축장을 방문해서 옛날 앞치마를 두른 직원이 양을 타고 앉아 한 손에 쥔 망치로 솜씨 좋게 양을 진압하고 다른 손에 쥔 칼로 목을 따는 모습을 흥미진진하게 지켜볼 수 있을 것이다.

건강관리의 경우 수많은 시내 중심가에서 고대 중국 의사가 실시하는 침술과 약초 등 고대 치료에 기반을 둔 대체 의학 열풍이 불고 있다. 웰빙 산업은 요가와 기공 체조, 명상 등 고대 동양의 기법이 장악했다. 농업의 경우 농약과 비료를 사용하는 현대 농업기술을 점점 거부하고 말로 쟁기질하는 사례까지 생겼으며, '무경작' 운동에서는 쟁기질 자체를 거부한다. 종교 근본주의의 성장은 단순하고 순수한 초기전통으로 돌아가서 진정성을 회복하려는 욕구의 영향을 받았다(근본주의 때문에 초기 원칙을 위반하는 사태가 벌어지긴 하지만). 정치에서는 모두에게 잘 보이려 하고 아무도 공격하지 않으며 상투적인 말을 늘어놓는 직업정치가에 대한 혐오가 증가했다. 이에 따라 소탈한 외모에 강력하게 의견을 개진하는, 진짜처럼 보이는 정치인을 선호한다.

제품에서 '장인'과 '수공예'가 진짜를 약속하듯이 예술에서는 '인디'라는 새로운 형용사가 진정으로 적나라한 세계를 약속한다. 문학에서 많은 소설가가 전통적 구성과 인물 및 장면이 인공적이며 진실하지 않다고 여기게 되었다.[14] 대중문화에서는 리얼리티 TV가 성장했다. 현대 철학자도 진실성을 중요한 주제로 삼는다. 캐나다 철학자 찰스 테일러는 "이 시대를 진짜의 시대로 부르자"[15]고 했다. 그는 이 주제를 책 한 권에서 통째로 다루었고 다른 책에서도 상당한 분량을 할애했으며 다른 철학자도 이 주제로 책을 썼다.[16]

현대 문화의 가장 인위적 측면에 해당하는 패션 분야에도 머리띠, 중세식 망토, 고대 그리스 의상, 쇠사슬 갑옷, 볼록한 소매, 양단, 켈트족 장신구 등 중세 시대와 구석기, 토속신앙, 집시와 히피 등의 멋을 통해 진짜를 찾는다. 나는 지난주에 '사냥꾼 채집인Hunter Gatherer'이라는 디자이너 양품점을 발견했다. 구석기 경험을 통해 쇼핑이라는 행위의 천박함을 상쇄하려는 욕구에 따라 수렵·채집이 유행하게 되었다. 라이프 스타일 잡지, 책, 웹 사이트 및 스마트폰 앱에서는 숲과 해변, 도시에서의 수렵·채집을 안내하고 있다. 배타적인 고급 향수계도 동참했다. 주요 제조사는 오래된 책 향기에 경쟁적으로 달려들었으며 향수 장인과 인디 향수 제조자가 생겨났다. 프리미엄 향수 '시비 익스피리언스 시리즈CB Experience Series' 중 '인 더 라이브러리In the Library'는 "영국 소설과 러시아 및 모로코 산 가죽 표지, 해진 헝겊과 목재용 광택제 향을 살짝 가미하여 따뜻한 혼합을 이루었다." '트루 그레이스 시리즈True Grace Series'의 '라이브러리 No.35'는 "가죽 표지가 있는 책과 아름답게 칠한 가구와 오래된 도서관 책장의 향기"가 나며, '데메테르 페이퍼백Demeter's Paperback'은 "묵은 종이의 퀴퀴한 향"이 난다.[17] 뭐든 오래된 것이 진짜라는데 나는 해진 속옷에서 나이 든 성기의 특별히 퀴퀴한 향을 뿜는 장인 향수 '할배 거시기'를 출시해야겠다.

6장

재미와 놀이

__모든 존재는 놀기 좋아한다

* * *

　　나는 우주 창조를 재연하고 목적과 성취라는 현
대적 권위를 거역하는 한편 가장 진실한 자유를 누리면서 진정한 즐거
움을 만끽하며 권태와 불안, 유한성과 시간의 두려움을 몰아내고 있
다. 즉 세 살짜리 손녀와 놀고 있다. 조부모와 손자는 성인의 일과 직
업이라는 폭압에서 자유롭기 때문에 대부분 잘 어울린다. 하지만 손녀
와 놀기는 생각만큼 자유롭지 않다는 사실이 드러났다. 레고 블록을
쌓으면서 접근 방식의 차이점을 바로 알게 된 것이다. 나는 레고 박스에
설명되어 있는 대로 정확히 집을 짓고 싶었지만 미아는 자유롭게 블록
을 쌓으면서 어떤 형태가 나오는지 보고 싶어 했다. 상향식과 하향식,
계획성과 즉흥성, 통제와 자발적인 행위 등 전형적인 충돌이었다. 둘
중에는 미아에게 주도권이 있었기 때문에 상향식으로 결정되었지만,
목표와 방향의 필요성에 집착하는 현대 인간의 전형인 나는 뭔가 방향
이 필요했다. 그래서 조금 기다렸다가 미아가 만드는 모형이 다리 같
아 보인다며 로봇의 하체로 삼자고 제안했다. 로봇을 만들면 어떨까?

미아는 신중한 검토 끝에 동의했고 우리는 목적성과 즉흥성 간에 만족스러운 타협을 이루었다. 그 덕분에 조용히 평화롭게 만들기에 집중하는 축복된 시간이 이어졌다.

곧 미아가 레고에서 눈을 떼지 않고 무심하게 말했다. "할머니가 오랫동안 전화를 하고 있어요."

"그렇구나. 할머니가 무슨 말을 하실까?"

그러자 미아는 레고에서 손을 떼고 고개를 들더니 곰곰이 생각하면서 단호하게 고개를 끄덕였다. "상어."

"정말? 상어는 어떤 동물이지?"

이번에는 망설임 없이 대답했다. "어른이 없으면 절대로 가까이 가면 안 돼요."

우리는 다시 작업에 몰두했고 로봇이 완성되어갔다. 로봇 머리는 뭐가 좋을까? 창문? 아니, 시계요. 그리고 결국, 확실히 묘한 로봇이 나왔다. 둘 다 놀랐지만 자랑스러웠다. 시계 머리는 천재적인 발상이었다.

"앗!" 미아가 얼굴을 찡그렸다.

"로봇 머리가 맘에 안 드니?"

"네에에에에에." 미아가 짜증을 내며 로봇을 뚝 부러뜨렸다.

"이건 로봇 엉덩이에요. 똥 싸는 로봇 엉덩이에요."

장 기능에 대한 과도한 관심 역시 노인과 아이의 공통점이다.

내가 설명했다. "하지만 로봇은 똥을 누지 않는단다. 사람이 아니거든."

미아는 생각하더니 받아들인 듯했고 블록 상자를 뒤적였다. 마침내 원하는 것을 찾은 눈치였다. 그리고 갈색 블록을 로봇 뒤에 붙였다.

"똥 싸는 로봇 엉덩이에요."

이 일화는 현대 서양 문화에서, 특히 그 절반을 차지하는 남성이 놀이와 재미(일반적으로 놀이는 혼자 할 수 있는 반면 재미는 사회적이고, 놀이는 즉흥적이고 체계가 없는 반면 재미는 집단 의식이라는 차이가 있다)를 받아들이는 데 어려움을 겪는다는 사실을 보여준다. 도구적 합리성과 목적·방향성·통제 필요성에 지배되어 서양인은 항상 놀이를 하찮고 쓸모없는 존재로 폄하해왔다. 목적과 계획을 중시하는 신과 기독교 전통의 유산일 것이다.

기독교 이전의 세계와 비기독교 세계에서는 대부분 이런 믿음이 존재하지 않았다. 힌두교 신화에서 우주는 신성한 절대신 브라만이 놀다가 우연히 만들어냈고 계획이나 목적, 방향 따위는 없었다. '놀이'나 '즐거움' 정도로 번역 가능한 산스크리트 용어 릴라Lila는 리드미컬하고 역동적으로 끊임없이 변화하는 모든 현실을 뜻한다. 일종의 서클 댄스 라스Ras는 장난꾸러기 신 크리슈나의 춤으로 젊은 여성들과 춤을 추면서 크리슈나가 계속 외모를 바꾸기 때문에 여성은 자기가 신을 독점하고 있다고 믿게 된다. 이러한 우주생성론은 놀이에 신성한 의미를 부여하고 목적은 인간의 환상에 불과하다고 주장하여 서양의 가치를 뒤집는다. 소크라테스 이전 철학자 헤라클레이스토스는 같은 생각을 표현했다. "세계는 어린아이가 놀이하는 과정이다."[1] 도교의 장자는 한 일화에서 이렇게 말했다. "주 문왕이 위수에서 시찰을 하던 중 한 노인이 낚시하는 모습을 보았다. 그 노인은 고기를 낚으려는 것이 아니라 그저 즐거운 시간을 보내려고 낚시하는 것이었기 때문에 진짜 낚시는 아니었다. 문왕은 그를 조정의 관리로 채용하고 싶어 했다."[2] 힌두교 성전 바가바드기타는 직접적으로 촉구한다. "모든 행동을 신성하게 해야 한다. … 그리고 결과에 대해 집착을 버려라."[3]

하지만 계몽주의는 신을 거부하면서 목적과 계획 개념은 유지하고 나아가 도구적 이성을 지도 원리로 승격했다. 과학기술이 성공하고 위상을 높이면서 이성에 대한 믿음이 커졌고, 인간의 삶은 알고리즘을 최적화해서 다스릴 수 있는 비용·편익 활동이라는 생각이 퍼졌다. 두려운 사실은 우리는 현재 종교, 정치적으로는 자유롭지만 목적과 성취, 발전, 자기 개선이라는 절대원칙의 노예가 되었다는 것이다. 이 절대원칙은 경제활동을 넘어 삶의 모든 부분을 장악할 수 있다. 모든 행위는 바람직한 목적성을 띠어야 한다. 나는 스스로 경제적 동기로 움직이는 사람이 아니라고 생각하려 하지만 책을 써야 한다는 강박감으로 삶을 잠재 연구 대상으로 보고, 연구할 거리가 없는 경험은 모두 폄하하고 있다. 순수하게 즐거움을 느끼려고 책을 읽은 것은 옛일이다.

나는 거의 평생 이런 합리적인 자세에 오염되어 아이들과 노는 것부터 체계적인 성인 놀이 의식까지 거의 모든 놀이를 소중한 시간을 낭비하는 짓이라고 성급하게 무시해버렸다. 내가 가장 좋아하는 글쓰기와 섹스가 실제로는 놀이에 가까운데도 말이다. 창조적인 글쓰기 또는 규정되지 않은 그 어떤 글쓰기도 우연한 발견을 기대하는 놀이처럼 즉흥적인 행위다. 블록에 맞는 다른 블록을 발견하고 또 다른 블록을 발견하면서, 막연히 집 같은 것을 쌓으려고 했다가 로봇이 된 것을 보고 황홀해한다. 그리고 섹스에서 전희보다 재미있는 놀이가 어디 있겠는가. 몸싸움, 레슬링, 꼬집기, 깨물기, 때리기 등 난폭하게 싸우면서 노는 젊은 연인들은 말할 것도 없다. 비폭력적이면서도 격렬하게 흥분하면서 이런 행위를 하면 차이와 적대감에서 오는 긴장을 완화할 수 있다. 어른들의 전희는 보통 더 부드럽고 약한 등허리와 관절염에 시달리는 무릎을 감안해야 하지만 이런 부드러움 역시 숭고하다. 하지만 아아, 그 레슬링은 정말…. 나이 든 연인에게 아직 가능한 놀이도 있다. 조롱과 모욕.

■

이성의 시대가 시작되면서 놀이는 균형추와 같은 존재로 재발견되었다. 18세기에 루소는 유치한 도락이 아니라 중요하고 가치 있는 존재로 놀이에 주목했다(어린 시절 자체가 자연스럽듯 놀이하는 상태도 축복받은 존재다). 루소 이전에는 누구도 어린이에게 관심을 기울이지 않았고, 관심을 주었다 해도 어린이는 불완전한 어른에 불과했다. 하지만 워즈워스는 어린 시절을 삶의 준비기가 아닌 가장 중요한 기간으로 보고 "온갖 진부한 광경이 내게는/ 천상의 빛으로 치장한 듯/ 보이던 시절"이라고 했으며 어린 시절의 축복을 잃고 "그 꿈결 같은 빛은 어디로 사라졌는가?"라고 한탄한다. 이렇게 새로이 발견된 어린이는 처음으로 자기만의 옷과 장난감, 책을 받았다.

1795년 독일 시인 프리드리히 실러는 한발 나아가 재미가 삶에서 가장 중요하고 사실 삶의 의미에 가까우며 자의식, 자유, 도덕의 근원이라고 정의했다. "인간은 가장 인간다울 때 놀이를 하고, 놀이를 할 때만 가장 인간답다."[4] 이런 기풍은 다른 철학자도 이어갔다. 19세기 프리드리히 니체는 "인간의 성숙은 어릴 때 놀이하면서 가졌던 진지함을 다시 발견하는 것"[5]이라고 했다. 다른 작품에서 니체는 '놀이'를 내가 말하는 '재미'와 동일한 뜻으로 사용했고 권태와 연관시켰다. "인간이 권태에서 벗어나려면 필요를 벗어날 만큼 노동하거나 놀이를 생각해내야 한다. 즉 일은 일하는 행위 자체를 제외하면 다른 기능은 별로 없다."[6]

요한 하위징아는 놀이에 관해《호모 루덴스*Homo Ludens*》[7]라는 완전한 선언문을 작성했다.《호모 루덴스》는 놀이를 진정한 삶의 의미라며 과장하지만 과정적 사고와 결정론을 거부하는 개념으로 놀이를 끌어올린 데서 설득력을 보인다. 루소에게 놀이는 본능이지만 하위징아에게 놀이는 의식적이고 의도적인 선택이다. "절대적인 힘이 세계를 결정한다고 보는 관점에서 놀이는 전혀 필요 없는 존재일 것이다. 놀이는 우주의 절대적인 결정론을 부정할 때만 가능하고 생각하거나 이해할 수 있다. 놀이의 존재 자체가 인간이 처한 상황의 초논리적인 본성을 계속 확인시켜준다."[8] 놀이는 비합리적이고 여유롭고 공정하고 무질서하며, 모든 행위에 목적이 있다고 주장하는 도구주의에서 잠시 탈출하게 해준다. 놀이는 항상 목표를 추구할 의무를 피해 어떤 일이 아무 이유 없이 일어날 때도 있다고 주장한다. 하위징아는《호모 루덴스》를 1938년에 발표했고 그 이후 도구주의는 더욱 유명해졌다. 대부분의 현대 이론에서는 인간 행위를 도구적이나 결정론적인 시각으로 설명한다. 경제 이론에서는 개인을 합리적이고 효용을 극대화하는 소비자로 보고, 정치 이론에서는 자기 이익을 옹호하는 존재로 보며, 생물학에서는 환경에 최대한 적응하는 유기체로, 신다위니즘에서는 자원을 획득하려고 무자비한 경쟁을 펼치는 존재로, 심리학에서는 무의식적 욕망의 매개체로 본다. 그리고 실제로 수많은 행위가 목표 지향적이다. 돈을 벌고 지위를 구축하고, 젊음과 건강을 유지하려 하고 섹스를 추구한다. 놀이는 의미는 있지만 기능은 없기 때문에 대부분의 활동과 반대이며 균형을 잡는 중요한 역할을 한다. 행위 자체에만 집중하게 만들어준다면 무엇이든 환영받는다.

　하위징아의 저서는 몇십 년 동안 관심을 끌지 못했고 놀이는 어린이 발달단계의 일부로만 생각되었다(장 피아제Jean Piaget 같은 어린이 심리학자들이 주로 연구했다). 하지만 《호모 루덴스》는 루소가 '이성의 시대Age of Reason'에 저항했듯이 젊은이들이 '순응의 시대Age of Conformity'에 저항했던 1960년대에 재발견되었다. 그리고 1970년대에 놀이는 연구 센터와 콘퍼런스, 저널뿐 아니라 '놀이연구인류학회Anthropological Association for the Study of Play' 같은 권위 있는 기관에서 학술 연구 대상이 되었다. 일부 기독교 신학자는 세태의 흐름에 맞춰 신의 이미지를 항상 화나 있는 중년 남성이 아니라 놀이를 하는 어린아이로, 계획을 가진 남성이 아닌 장난감을 든 소년으로 개선하려고 노력했다.[9]

하지만 항상 그렇듯이 어떻게 정의하느냐가 문제다. 각양각색의 사람이 수많은 놀이 활동을 다양한 형태로 한다. 놀이라는 단어 자체가 매우 널리 느슨하게 사용되기 때문에 이를 정의하는 것은 재미의 정의만큼이나 어렵다. 하지만 일반적으로 많은 사람이 놀이는 자발적이고 목적이 없으며, 일상에서 분리되어 있고 즐거운 활동이며, 자아와 시간을 인식하기 어려울 만큼 몰입도가 강하고 실험적이고 즉흥적이라는 데 동의한다. 단기 목적이 없기 때문에 놀이에 목적 자체가 없어 보이지만, 많은 놀이 이론가들은 놀이가 장기적으로 인지 발달과 기술 습득, 동료와의 의사소통 및 화합을 가르쳐서 정서적으로 성장하게 해주는 이점이 있다고 주장한다. 반면에 이런 주장이 그저 목표에 대한 집착이며 보상이 따르지 않는 활동을 믿지 못하는 데 불과하다는 의견도 있다. 이를 주장하는 이론가에게 놀이는 그 자체가 보상이다. 나는 후자의 관점에 동의한다. 놀이를 또 다른 목표 지향적 활동으로 만들기보다 목표 지향적 활동을 놀이로 즐기는 쪽이 더 현명할 것 같다. 놀이는 순수한 경험이고 순수한 과정이기 때문에 목적이 있는 활동도 경험과 과정 자체를 즐길 수 있도록 도와준다.

■

어린 시절 놀이가 보편적인 행위라는 사실은 대부분 동의하고, 인정 여부와 관계없이 모든 문화에서 관찰되며 동물에게도 일반적인 현상이다. 표범은 놀이 싸움을 하고 원숭이는 나무에서 강으로 뛰어들었다가 다시 나무에 오르고, 다른 방식으로 다시 뛰어든다. 보노보 원숭이는 장님놀이를 하고 하마는 강에서 거꾸로 공중제비를 반복하고, 까마귀는 눈썰매를 탄다. 들소는 언 호수에서 스케이트를 타고, 작은 물고기 중에는 거품을 뿜는 녀석도 있다. 돌고래는 인간과 함께 놀고 염소는 아기 코뿔소와 장난을 치고, 북극곰은 개와 춤을 춘다. 동물원 중에는 새끼의 행동을 교정하기 위해 다른 종끼리 놀게 하는 곳도 있다. 개는 몸싸움을 좋아하고 치타는 추격을 좋아하기 때문에 서로 적응이 필요하지만, 개와 치타를 함께 놀게 하면 치타의 야생성이 감소한다. 치타가 핥고 개가 그루밍을 하면 서로 적응에 성공했다는 표시다.

파충류도 놀이를 하는 모습이 관찰됐다. 러시아 과학자들이 무중력 효과를 시험하기 위해 도마뱀붙이를 우주에 보냈을 때, 한 재간둥이가 자기 몸에 붙은 이름표를 뗐고 도마뱀들은 우주선 속에서 둥둥 떠다니는 이름표를 앞뒤로 쳐가며 다양한 방법으로 놀았다. 이 사건은 무중력 축구나 농구, 야구, 하키 등 흥미진진한 새 운동경기의 가능성을 보여줬다. 다른 짐승과 마찬가지로 다른 녀석보다 놀기 좋아하는 도마뱀붙이가 있었고 과학자들은 꼼꼼하게 기록했다. "5번 도마뱀붙이의 놀이 점유율 39.4퍼센트."[10]

곤충 세계에도 놀이가 존재할 가능성이 있다. 선도적 개미학자 E. O.

윌슨은 개미가 놀이를 하는 것 같다고 주장했다. 하지만 동물의 왕국의 놀이 수준은 종에 따라 상당한 차이를 보인다. 일부 설치류와 조류, 발굽 동물은 달리기·제자리 뛰기·구르기·공중제비 등의 단독 놀이를 한다. 다수의 발굽 동물과 유대목 동물, 대부분의 육식동물과 영장류가 추적하기·놀이 싸움 등의 사회적 놀이를 하며, 영장류를 비롯해 코끼리와 돌고래는 막대기·돌·꽃·깃털·뼈 등 물건 구성 놀이와 잡기 놀이, 리더 따라가기, 까꿍 놀이와 숨바꼭질 등의 한층 복잡한 사회적 놀이를 한다.[11] 즉 복잡한 유기체일수록 놀이가 복잡해진다. 개부터 돌고래까지 포유류 15종의 놀이 행위와 뇌의 크기가 연관되어 있다는 사실이 연구 결과 밝혀졌다. 몸의 크기를 감안하더라도 뇌가 클수록 놀이도 더 복잡했다.[12] 뒤이은 연구에서 더 구체적으로 실행 제어와 관찰·인지·의사결정을 담당하는 전두피질과 집중·언어처리·음악적 리듬을 인식하는 소뇌의 발달과 놀이의 규모 간에도 유의한 상관관계가 드러났다. 일련의 연구 결과에서는 놀이가 두뇌 개발에 중요한 역할을 하는 것으로 해석되었지만 쉽게 말해 두뇌 발달이 놀이를 장려하는 셈이다.

어린아이에게 놀이는 보편적일 뿐 아니라 지속적이다. 놀이는 심각한 일을 할 때 필요한 휴식이 아니다. 아이가 하는 모든 행동이 놀이고 놀이 자체가 심각한 일이다. 삶 전체가 매력적인 실험의 연속이다. 내가 이걸 뽑으면, 저걸 열면, 이걸 떨어뜨리고 저걸 던지면, 이걸 차면, 저걸 여기에 집어넣고 이걸 입에 물면, 저걸 내 손으로 문지르면, 이걸 저기에 따르면, 풀이라는 이 기막힌 물건을 사용해서 이걸 저기에 붙이면, 펜과 크레용, 붓이라는 멋진 물건을 사용해서 저기에 이걸 표시하면, 이걸 내 손에 문지르면, 저기에 내 손을 집어넣으면, 여기에 들어 있는 걸 비우고 어떤 흥미진진한 소리가 나는지 들어보면 어떨까.

아이는 오로지 현재를 살기 때문에 자기를 애지중지하는 부모가 하는 질문이 짜증스럽다. "오늘 유치원에서 뭐했어?" 그리고 애정 어린 질문에 당황한다. "휴가가 기대되니?" 아이에게는 지금이야말로 유일한 시간이고 다음에는 무슨 실험을 할지가 유일한 질문이다. 유아용 의자를 좌우로 흔들어 볼까? 테이블 아래를 발로 찰까? 바나나를 우유 컵에 넣어볼까? 또한 경이로운 세계에 몰입하는 것이 관심의 전부이며 시각과 소리, 촉각, 맛 등 모든 감각을 동원해서 참여한다. 그리고 그 과정에 완전히 몰입하는 동안 온통 주의를 기울인다. "그리고 이 아이는 그리스도가 아닌 헤라클레이토스의 자식이다."[13] 니체는 모든 것이 변화하고 흐른다는 헤라클레이토스 철학의 신념을 언급했다. 어린아이는 결과가 아닌 과정에만 관심이 있고 목표나 시간제한을 거의 인식하지 않는다.

불안은 예민한 시간 인식과 밀접한 연관이 있다. 나쁜 일이 일어날 것 같은 시간은 넘쳐나지만 좋은 것을 달성할 만한 시간은 결코 충분하지 않다. 프로젝트는 데드라인으로 우리를 괴롭힌다(원래 데드라인이라는 불길한 용어는 감옥에서 사형할 죄수 뒤에 설치한 줄을 뜻한다). 어린아이의 놀이는 시간이라는 감옥을 탈출한다.

어린이의 매력은 순진함이나 귀여움, 사랑스러운 무지보다는 어마어마하게 광범위한 실용적 기술에 있다. 성인은 명상·집중·경험주의·현재를 살기·흐름 따라가기 등의 기술을 배우기 위해 전문가에게 엄청난 돈을 지불하며 간헐적이고 불완전하게 겨우 실생활에 적용하곤 한다. 어린이 심리학자는 아이들이 지나치게 긍정적인 경향이 있고 자기 능력과 운명을 넘어서는 과한 정복욕을 보이는 현상을 관찰했다. 어린 시절 놀이를 할 때 보이는 호기심, 민첩성, 집중, 몰입 등의 자세 탓으로 보인다. 성인의 놀이도 비슷한 환상을 심어준다. 도박꾼은 복권이 당첨될 확률이 번개 맞을 확률과 같다는 것을 알지만 '그래, 맞아, 근데 여름에 번개를 맞은 사람도 제법 있잖아?'라고 생각한다. 작가는 자기 글 대부분이 무가치하고 결국 잊힐 운명임을 알지만 시대를 초월한 걸작을 쓸 수 있다고 확신하며 글을 쓰는 데 몰두한다.

비관주의자가 현실과 자기 재능의 한계를 더 정확하게 이해한다고 심리학자들은 지적한다. 하지만 비관주의자는 지루함을 잘 느끼고 불안에 시달리는 경향이 있다. 낙관주의는 환상에 둥둥 떠다니고 성취를 희망하지만 비관주의는 우울과 무기력으로 가라앉는다. 나는 근본적인 무가치함을 이해하고 우울증으로 마비되어 태아 자세로 침대에 누워 있기보다는 가치 있다는 환상 속에서 글을 쓰는 편을 선택할 것이다. 놀이 자세는 비현실적이더라도 가능성과 주체성을 믿으며, 현실을 무시하기보다는 유예한다고 볼 수 있다. 암울한 진실을 거부하기보다는 순간적으로 무시할 뿐이다(불신이 아니라 믿음의 유예다). 이런 자세는 개인의 가능성을 획기적으로 높인다. 계속 앞으로 나아가려면, 집을 지으려는 노력이 실패하더라도 로봇이라는 결과가 생길 수도 있다는 믿음이 필요하다. 로봇조차 실패하더라도 완전히 몰입했던 참여 자체가 보상이 된다.

하지만 서양의 어른들은 놀이를 높이 평가하지 않았다. 사려 깊은 놀이 이론가 브라이언 서튼스미스는 동물과 어린이가 놀이에 많은 에너지를 쏟는다면 놀이는 '적응' 목적을 가져야 하며 이는 인지능력에 꼭 필요하다는 주장 등을 검토한 후 결론을 내렸다. "놀이가 단순히 다른 중요한 문화적 과정(심리학적 또는 사회학적)에 따르는 기능일 뿐이라고 생각하는 현대의 경향은 놀이 문화의 독립성을 과소평가한다. 이 때문에 놀이 행위를 즐기고 장난을 하는 등 놀이의 주요 기능을 이해하기 어려워진다."[14]

어린 시절에는 놀이하려는 욕구가 배우려는 욕구와 함께 성장하지만 젊은 성인이 생존할 수 있을 만큼 충분히 학습을 마치고 성인답게 놀이를 유치하고 쓸데없는 짓으로 무시할 때 두 욕구는 함께 사라지는 경우가 많다. 인류와 가장 가까운 친척인 보노보 원숭이는 성체가 될 때까지 놀이를 계속하는 드문 동물이며 공격을 덜 하고 단체 생활을 잘하면 보상을 받는다. 이는 우연한 보상이며 놀이의 목적은 아니다. 배움이 목적도 아니다. 인간을 포함해서 대부분의 생물에게 놀이와 배움은 분명히 연결되어 있지만 배우려고 놀이를 한다는 근거는 없다. 하지만 놀이와 배움의 연결 여부와 상관없이 성인이 되어서도 놀이를 지속하는 것이 현명할 듯하다.

■

20세기 물리학은 결정론을 거부하고 입자의 움직임이 무작위라고 인정하면서 힌두교 우주생성론과 비슷한 이론을 받아들였다. 현실은 정신없이 춤추듯 움직이는 유동성을 지니고, 계속 변하기 때문에 통계적으로 총합 수준으로만 규칙과 구조를 관찰할 수 있는 힘의 장에 기반하고 있다. 21세기 신경과학 역시 인간의 뇌를 춤추는 유동물로 보았다. 뇌는 잠들고 깨어 있는 시간 동안 자아가 스스로를 통제하고 있다고 착각하게 만들면서 끊임없이 연결했다가 끊고, 상호 연결된 네트워크를 형성한다.

인류학자 데이비드 그래버는 물리학 이론을 빌려 사실 "모든 물리적

실재의 기반에는 놀이 원칙이 존재한다"[15]며 놀이는 물질 자체의 특성이므로 인간과 동물 행위의 특징이라고 주장했다. 이제 우리는 제멋대로인 소립자가 법칙을 따르지도 않고 예측 불가능하며 마음대로 움직인다는 사실을 이해한다. 소립자는 가만히 혼자 있지 않고 우리가 원자나 분자로 알고 있는 집단을 형성한다. 분자도 가만히 있지 않고 줄이나 고리를 만들어 콩가나 호키코키를 추는 등 일을 더 복잡하고 활기차게 만드는 편을 선호한다. "원칙이 있다고 상상해본다면… 유희적 자유 원칙이라고 해두자. 한 개체가 아주 복잡한 힘이나 능력을 자유롭게 발휘하다 보면 적어도 특정 상황에서는 그 자체가 목적이 되는 경향이 있다고 생각해보자. 물론 이것만이 자연법칙은 아니다. 다른 원칙은 다른 방식으로 작동한다. 하지만 최소한 실제로 관찰할 수 있는 현실을 설명하는 데 도움이 될 것이다. 예를 들어 열역학 제2법칙에도 불구하고 우주는 계속해서 더 복잡해지는 것처럼 보인다. 진화심리학자들은 '섹스가 재미있는 이유'를 설명할 수 있다고 주장한다. 그들은 왜 재미가 재미있는지 설명하지 못한다. 하지만 이 원칙이라면 가능하다."[16]

재미는 합리성의 진보라는 질서에서 벗어나려는 일시적 일탈이 아니라 그 자체로 근본 질서라는 시각에 영성과 물질주의가 힘을 실어준다. 겉모습에 가렸지만 현실의 모든 존재는 놀기 좋아하는 혼돈이며, 도구적 합리성이라는 현대적 종교는 제법 성공을 거두었지만 사실은 힘과 통제, 의미에 환상을 부여하려고 인간이 만들어냈다. 놀이 관점은 무의미에도 긍정적인 시각을 보인다는 데 매력이 있다. 이런 자세가 음침하고 악의적이라는 시각도 있지만 활기차고 즐거운 현상으로 해석하기도 한다. 아무도 통제하지 않는 우주가 왜 존재하고 어디로 어떻게 가는지 모르지만 어쨌든 우주는 재미있는 시간을 보내는 듯하다. '존재의 위대한 사슬The Great Chain of Being'은 오히려 서클 댄스에 가깝다. 따라서 무의미는 새로운 의미가 될 수 있고 무척 두려웠던 존재도 이제 아주 신나게 바뀔 수 있다.

놀이는 가장 순수한 형태의 자유이며 어쩌면 유일하게 진실한 자유일 것이다. 놀이 안에서는 다른 사람의 지배뿐 아니라 스스로 세운 목표가 주는 고통에서 벗어날 수 있다. 또한 놀이는 권태에 맞서 무의미할지언정 행동할 이유를 준다. 사실 무의미는 의미가 된다. 놀이는 다양한 방법으로 불안을 잠재운다. 목표보다 과정의 즐거움을 통해 성과와 지위에 대한 불안을, 진정한 진짜를 얻기에는 모든 것이 지나치게 복잡하고 자의식이 강해졌다는 사실을 일깨워 주어 진짜에 대한 불안을, 시간 인식을 없애주어 시간에 대한 불안을, 발견할 만한 자아가 사실 존재하지 않음을 알려주어 진정한 자아를 찾아야 한다는 불안을 완화한다.

아이들에게 세계는 신의 놀이다. 따라서 목표를 산만하게 만들고 알고리즘을 혼란시키고 규칙도 소용없게 만든다. 우리를 좀 놀게 해주세요.

■

현대에 재발견되어 1960년대에 크게 부흥했던 놀이가 드디어 주류가 되어가는 징후가 보인다. 운동경기, 축제, 춤, 코스플레이와 성적 유희 등은 모두 지난 몇십 년간 점점 인기를 끌었고 놀이를 솔직하게 인정하려는 경향도 증가하고 있다. 디지털 게임 산업은 게임을 정당화하기 위해 유희 이론을 채택했고 자기 계발 산업은 지나치게 흔해진 마음 챙김mindfulness 개념을 대체하기 위해 놀이를 택했다. 예술계는 더 적극적으로 놀이 중에서도 특히 유치하고 참여적인 놀이 작품을 미술관과 전시관에 선보이고 있다. 볼풀, 바운시 캐슬, 인형 얼굴에 공 던지기 게임, 요술 거울, 미끄럼틀, 유원지 놀이기구, 미로, 미니골프, 한 팀에 20명씩 참여하는 커다란 테이블 축구 게임, 구경거리가 아니라 실제로 먹으려고 만들어 형형색색의 셀로판지로 포장한 거대한 사탕 무더기 등이다. 가장 볼만한 작품은 실물 크기의 공기주입식 스톤헨지 모형으로 영국 공원과 이교도 의식 행사 장소 등을 돌아다녔다. 터너상 수상자이자 영국예술왕립협회Royal Society for the Encouragement of the Arts에서 앨버트 메달Albert Medal을 수상한 설치미술가 제러미 델러Jeremy Deller는 이 조형물을 "신발을 벗고 고대 영국과 재회할 수 있는 방법"[17]이라고 설명했다.

놀이 예술은 옛 어린 시절 놀이로 돌아가는 사례 중 하나에 불과하다. 성인용 컬러링북은 이제 국제적인 베스트셀러가 되었고, 점 잇기 책도 곧 인기를 얻을 것이다. 유치한 놀이는 더 이상 비밀이 아니고 혼자 하지도 않는다. 미국에는 온갖 어린 시절 활동과 게임을 하는 성인용 여름 캠프가 크게 유행하고 있다. 영국에도 이와 비슷한 성인용 스카우트 캠프가 있으며 '리그레션 세션Regression Session'이라는 회사는 바운시 캐슬과 볼풀이 있는 광란의 파티를 연다. 어른들은 모여서 모노폴리나 스크래블 같은 보드게임이나 숨바꼭질을 하거나 메카노, 레고 등을 조립하며 논다. 이들은 AFoL(Adult Fans of Lego, 성인 레고 마니아)로 유명하며 코스플레이 행사처럼 대회를 개최한다(런던에서 열리는 행사 브릭Brick은 거대한 전시회장에서 며칠 동안 이어진다. 수많은 레고 세트가 성인 전용으로 디자인되었으며[18] 단종된 제품 상당수가 인터넷에서 엄청난 가격에 팔린다. 브릭 마니아는 이렇게 한탄한다. "레고 시티 청과물 상점은 가격이 천정부지로 치솟아서 이제 살 수도 없다").[19]

어른들 사이에서 사방치기, 마로니에 열매 깨기, 구슬치기, 줄넘기 따위를 부활시킬 적절한 타이밍은 지금이다. 나도 구멍 네 개에 구슬을 굴려 넣어서 다른 구슬을 딸 수 있는 '킬러' 구슬로 만드는 '머그' 기술로 구슬치기 코치가 되어 늘그막에 새 직업을 얻을 수 있을 것이다.

줄넘기 역시 유망하다. 단체 찬양과 일정한 박자에 맞춘 움직임 등 고대 의식의 핵심을 모아놓은 단체 게임의 형태가 좋겠다. 나는 여성 두 명이 긴 줄을 일정한 박자로 휘두르고 네 명이나 다섯 명의 선수가 차례로 줄로 들어가 한 발짝씩 뛴 후, 서 있는 두 명 주변을 8자 모양으로 끝없이 돌아가서 다시 뛰는 형식을 구상하고 있다. 서로 부딪치거나 줄에 얽히지 않고 이어가기는 어렵지만 기술이 좋으면 가볍고 수월해 보이는 흐름을 탈 수 있다. 여름 해 질 녘 줄이 일정한 박자로 땅을 치고 밝은 옷들이 펄럭이며 높은 톤의 목소리가 합창하는 모습은 무척 황홀할 것이다.

7장

재미와 일탈

__ 춤추는 별을 낳으려면

. . .

　　　　　　일탈은 수많은 동기와 다양한 현상이 중복되고
결합된 행위를 광범위하고 모호하게 정의한 용어다. 규칙을 파괴하거
나 금기를 위반하는 모든 행위를 일컫지만 행위 자체뿐 아니라 규칙
파괴에서도 똑같이 즐거움을 느낄 때 가장 적합한 용어다. 개인적인
충동과 욕구만으로 규칙을 무의식적으로 파괴하는 행위는 자기만족이
라고 설명하는 편이 낫다.

　의식적으로 규칙을 깨더라도 위반 행위 자체의 효과(관심을 얻으려
하는 등)에 중점을 둔 행위도 있다. 이는 일탈은커녕 일반적으로 규칙
에 따라 행동하는 저항으로도 볼 수 없다. 저항은 주로 극심한 불안이
원인이며, 기존 질서에 대응하여 인정을 요구하며 충동적으로 반응하
는 행위로 원하는 것을 특히 공식적으로 얻으면 수그러든다. 반란군
에게 훈장을 달아주면 정부의 충실한 직원이 되다 귀스타브 플로베
르는 이에 대해 놀라운 혜안을 보였다. "모든 혁명의 내부에는 경찰이
있다."[1]

감각 추구와 겹치는 일탈도 있다. 규칙과 법을 어기는 것이 즐거운 이유는 위험하기 때문이고, 무모한 행위가 신나는 이유는 신중함과 소심함을 누르는 우월감과 새로운 힘을 주기 때문이다. 일탈 행위는 갱 문화처럼 개인이나 집단의 정체성과 차별화의 표식으로 쓰이기도 한다. 또는 성적 일탈처럼 성적인 쾌감의 원천이 된다.

　그리고 일탈이 일종의 부를 경험하게 해줄 때도 있다. 일탈 우월 의식은 경험 우월 의식의 주요 하위 집합이다. 누구나 범죄에 매료되며 가장 큰 목소리로 이를 비난하는 사람이 특히 더한 경우가 많다. 모든 이가 비밀스럽게 일탈하려는 욕구를 가지고 있다. 현대에 접어들면서 자유를 숭배하고 제약을 혐오하는 경향이 일탈을 더 매력적으로 보이게 만들었지만 사실 이런 현상은 항상 있었을 것이다. 문제는 일탈하려는 충동이 강해질수록 금기는 계속 적어지거나 약해지므로 일탈할 기회가 줄어든다. 그렇다면 깰 수 있는 새 금기를 찾아야 하며 자유 자체가 새로운 제약으로 인식될 수 있다. 이는 BDSM(결박·구속·사디즘·마조히즘 - 옮긴이)으로 알려진 성적 취향이 엄청나게 인기를 끄는 이유를 설명한다. 자유를 숭배하는 시대에 지배와 복종은 새로운 금기가 되었고, BDSM은 현대 사회에서 금기시되는 주인과 노예라는 역할을 다시 끄집어냈다. 자유의 추구로 인해 예기치 못한 결과가 많이 발생했지만 그중에서도 가장 괴상한 것은 속박을 매력적인 존재로 만든 것이다.

　BDSM에는 성범죄, 부상, 통증(엔도르핀을 형성한다), 그리고 일탈적인 지하 의식을 치른다는 만족감 등이 결합되어 있다. 하지만 BDSM이 옛 의식의 모든 요소를 갖추고 있다는 점이 가장 중요하다. 일상적 삶이 제거된 신성한 장소(상징적으로 지하이며 지상에 있을 때도 항상 '지하 감옥'이다), 마력을 지닌 의상과 액세서리(BDSM 마니아는 보통 페티시가 있다), 완벽하게 미리 정해지고 양식화된 역할(지배와 복종) 등이다. 노예라는 금기를 깨고 극히 과장스러운 의상을 입고 역할 놀이를 함으로써 복잡한 권력관계를 단순화하거나 과장하며 이를 통해 기분전환이 될 수 있다. 제약은 있지만, 노예라는 금기를 깨는 행위와 특별한 의상, 극단적이고 과장된 역할 놀이 등은 복잡한 권력관계를 단순화하거나 과장하여 기분을 전환시켜준다. 단순히 지친 여성 노예가 주인님을 벌하려는 것이 아니라 지친 주인도 힘에 의해 뒤틀리는 감각을 느끼며 망나니 가면을 쓴 매서운 여성 노예가 자기를 벗기고 재갈을 물리고 수갑을 채우고 채찍질을 해주기를 원한다.

위험을 자초하는 현실이든 BDSM 같은 사회관습이든 규칙 파괴에만 중심을 둔 일탈은 스스로 독립적 존재이며 법 위에 있다는 느낌을 받을 수 있기 때문에 매력적이다. 하지만 예전에 즐겼던 금기는 더 이상 금기가 아니라는 사실이 문제가 된다. 처음 느꼈던 황홀을 다시 느끼기 위해 더 극단적인 범죄를 하려는 욕구가 생기고 잔인함, 폭력, 궁극적으로는 살인까지 발전하는 경우가 종종 있다. 따라서 대중문화는 연쇄살인범에 집착한다. 대중은 한때 순간의 열기에 북받쳐 맹목적으로 저지르는 치정 범죄에 매료되었지만, 이제는 계산적이고 냉혈한, 대부분 잘생기고 극도로 영리하며 재주가 많고 즐기기 위해 계속 살인하면서 양심의 가책을 느끼지 않는 살인자에 열광한다. 사람들은 지력이나 신체, 환경의 한계와 도덕과 연민의 윤리적 한계에 얽매이지 않는 멋진 통치자를 비밀스럽게 존경한다. 물론 괴물은 결국 잡히지만 이를 잡는 사람 역시 규칙을 따르지 않고 깨버리는 독립적인 경찰관이다.

하지만 사악한 일탈만 있는 것은 아니다. 규칙을 넘어서려고 하지 않고 따르면서 위험보다는 웃음에 관심 있는(조커가 큰 인기를 얻은 이유는 사악하면서도 아이러니했기 때문일 것이다) 재미 일탈이라는 아이러니한 형태가 존재한다. 우월적 지위나 다른 이를 강제하려는 모든 존재에 대한 극렬한 혐오가 행동의 동기가 된다. 그저 일탈을 위해 일탈하는 것이 아니라 특정한 규칙과 금기를 어겨서 고립시키고 독단적이거나 터무니없다는 사실을 폭로하고 싶어 한다. 일탈 행위를 지시하고 시행하는 사람들은 금기가 아주 명백하고 절대적이며 영원하기 때문에 정당화하기는커녕 언급할 필요도 없다는 인상을 주고 싶어 한다. 노출은 금기를 명백하게 드러내고 의심하게 만든다.

■

나는 일찍이 이런 재미 일탈을 발견했다. 내 부모님은 좋은 분들이고 부모님의 사랑과 보호 덕분에 평생 안정감을 갖고 살았지만 그들은 중산층 근본주의자로 체면이라는 종교의 광신자였다. 내 편안한 환경에 해가 되는 결과가 생기면 안 되겠지만 나는 부모님의 터무니없는 지시를 노출하고 싶은 강렬한 욕망을 품었다. 나는 한 번도 위험에 매료된 적이 없다. 하지만 안전 속에서 어떻게 일탈을 하겠는가? 그러나 무척 간단한 방법이 있었다. 지시를 반복하면 충분했다. 어머니는 나를 상점에 심부름을 보내면서 쇼핑 목록의 마지막에는 항상 근엄한 지시를 덧붙이셨다. "네가 어느 집 아들인지 말씀드리렴." 그러면 나는 존중받을 수 있고, 더 중요하게는 존경받는 가족의 일원이라는 이유로 할인도 받을 수 있기 때문이다. 나는 한 번도 가게 주인에게 내가 누구라고 말하지 않았지만 집에서 항상 그 문구를 반복했다. 동생이 외출

할 때마다 나는 심각한 표정으로 소리쳤다. "그리고 네가 누군지 꼭 말해줘." 그러고는 자지러지게 웃었다. 물론 법정 모독과 '똑똑한 척하는 놈'이라는 혐의를 받지 않으려면 이런 짓을 너무 자주 하면 안 됐다.

이 전술은 직장 생활 내내 아주 유용했다. 나는 항상 부르주아 생활을 즐길 수 있는 대학교수라는 위치, 책상이 있는 사무실, 회전의자와 창문 밖 풍경을 사랑했고 포기할 생각도 없었지만, 가끔 사소한 일탈을 꾀했다.

교직원 회의에서 상사가 새 프로젝트를 설명하면서 묻는다. "마이크, 요즘 바빠?"

"물론이죠." 나는 탁 쏘아붙였다. "목표에 책임을 지고 있는 중이거든요."

이는 과장하거나 공격하는 대신 모방만 하는, 가장 안전하면서도 매우 효과적인 방법이다. 본질을 빛에 노출시키면 우스꽝스럽게 표현된다. 공산주의 국가 폴란드에 좋은 사례가 있다. 공개적으로 저항하다가 체포된 공산당 반대파 인사가 공산주의 기념행사에 새빨간 옷을 입고 커다란 적기를 흔들며 미친 듯이 당 구호를 외친 것이다. 이 장면을 본 사람들은 모두 웃었지만 당국은 명백한 친공산주의 시위를 두고 아무 말도 할 수 없었다.

규칙과 위치를 조롱하는 행위는 인정할 때와 마찬가지로 사람들 앞에서 공개적으로 할 때 더욱 만족스럽다는 사실을 보여준다. 샤워하면서 오줌 누기도 즐겁지만 공개적인 시위에서 권위를 조롱하는 것만큼은 아니다. 폴란드의 일탈은 신석기시대에 시작되어 중세 말기까지 계속된 '뒤집기 의식inversion ritual'과 매우 유사하다. 사회계층의 말단에 있는 사람들이 시끌벅적한 가두 행진에서 상위 계층의 옷과 행동을 흉내 낸 것이 대표적이다. 이런 의식은 소규모 유목이나 평등한 수렵·채집 집단이 농업의 발견으로 대규모 정착촌에 거주하기 시작하면서 발전한 계급 구조에 대한 대응이었다. 이 집단은 궁극적으로 도시에 통합되었고 잉여 식량 덕분에 왕, 사제, 군인, 학자 등 비생산적 역할이 출현했으며 사회적·종교적 구분이 심화되었다. 상위 계층은 자기들의 우월한 위치를 무척 반겼고 하위 계층은 반란을 일으키는 위험부담 없이 계급의 독단적인 본질을 노출하기 위해 의식 행사에서 뒤집기를 추가하여 대응했다.

가장 오래되었다고 알려진 사례는 기원전 1000년경 바빌론에서 봄마다 치렀던 아키투 축제로, 왕이 실제로 따귀를 맞고 굴욕을 당했다. 하지만 왕권에 권력이 집중되고 심지어 스스로 신성한 존재라고 선포하면서 반항아들은 안전한 거리를 두고 권위를 조롱했다. 고대 유다 왕국에서는 봄에 울리는 축제 부림절Purim에 랍비를 조롱했고 고대 로마 농신제에서 노예들은 자기 주인으로 변장했으며, 가톨릭에서는 크리스마스와 새해 사이에 바보 축제Feast of Fools를 열었다. 합창단 소년들이 가짜 교황이나 '멍청이 대주교'로 변장하고, 사람들은 성찬으로 소시지를 먹으며 향을 사르는 대신 '오래된 신발 밑창의 고약한 냄새'[2]를 풍기고 엄숙한 라틴어 대신 '음탕한 노래'[3]를 부르는 시끌벅적한 풍자극을 즐긴다.

가장 널리 퍼진 뒤집기 의식은 고대 로마의 농신제였다. 농신제는 농업의 신이자 지나간 평등 시대의 대리인으로 숭배되었던 사투르누스를 숭배하는 축제였다. 농신제를 치르는 공휴일에는 상업 거래를 중단하고 전쟁을 선언하지 않으며, 노예와 주인은 과거 평등 시대를 기억하기 위해 역할을 바꾼다.

당연히 이 축제는 큰 인기를 끌었다. 고대 로마의 악동 시인 카툴루스는 농신제 날을 '최고의 날'이라고 불렀고 영리한 호라티우스는 '12월의 자유'라고 찬양했다. 그는 시끄러운 축제를 피해 사빈에 있는 자기 농장으로 도망치기는 했지만 자기 노예 다부스에게 기분전환 삼아 진심을 말해보라고 하면서 뒤집기 전통에 경의를 표했다는 글을 썼다. "뭐 어떤가, 12월인데. 우리 조상이 명한 자유를 즐기고 하고 싶은 말을 해봐."⁴ 기회를 잡은 다부스는 호라티우스도 자기 주인에게는 노예일 뿐이라고 말한다.

기분 좋은 로마인들은 '요 사투르날리아!Io Saturnalia'를 외치며 축제를 즐겼다. 이 인사말은 천박하지만 절묘한 코미디처럼 불손하면서도 재미있는 일이 있을 때 외치는 말이 되었다. 토요일이 '사투르누스 데이Saturn's Day(로마인이 붙인 이름이다)'이므로 금요일 밤에 사투르날리아를 외치는 것이 딱 들어맞는다. 게다가 'Io'는 'Yo'로 발음되어 아주 활기차게 울린다. 금요일 여섯 시쯤이면 나는 잔을 들고 친구들과 즐겁게 건배한다. '요 사투르날리아!'⁵

사투르누스의 대리자인 사투르누스왕을 선택하는 행사는 축제에서 매우 중요하며 주로 추첨으로 뽑는다. 사투르누스왕은 축제의 신이 되고, 지위가 높은 신성한 사람도 명령에 복종해야 했다(역사가 타키투스가 예를 들어준다. "벌거벗고 노래를 불러라", "차가운 물에 던져라").⁶ 네로 황제가 어린 시절 사투르누스왕으로 뽑혔던 경험은 황제가 되고 나서 그의 행동에 대한 많은 부분을 설명해준다.

기독교가 로마제국에 확산되고 결국 공식 종교로 채택된 이후에도 춤추고 조롱하는 의식은 18세기까지 교회에서 계속되었다. 그때까지 교회는 신도석이 없는 개방된 공간이었다. 몇 세기가 지난 후 신자들의 당돌함에 점점 화난 성직자들은 교회와 교회 주변에서 춤추는 행위를 금지했다. 이 때문에 원래 하나였던 의식이 종교의식과 세속 의식으로 나뉘었다. 종교의식에는 성찬식이라는 축제의 상징적인 면만 남아 있고 세속 의식에는 종교적 축일에 치러진다는 상징적 신성함만 남아 있다. 삶의 모든 면에 영혼을 불어넣던 종교는 이제 분리된 활동이 되었다. 예배와 춤을 함께하는 경우는 거의 없고, 분리의 결과가 으레 그렇듯 양쪽 모두 심각하게 부실해졌다. 이제 완전한 황홀경에 빠지는 경우는 드물다.

하지만 유럽에서 세속적 축제 행사는 중세의 사육제(카니발)로 발전하면서 번창했다. 먹고 마시기, 변장, 가면, 춤 등은 유지하면서 게임, 달리기, 시합, 거인·난쟁이·동물(와인 마시는 원숭이, 안경 쓴 돼지 등)이 나오는 퍼레이드, 곰 사냥, 익살스러운 풍자극, 서약·저주·속어·음란한 농담이 넘쳐나는 풍자시 암송 등의 여흥이 추가되었다. 중세 사육제에 등장하는 '바보들의 왕'이나 '엉터리 왕'에서 사투르누스왕을 엿볼 수 있다. 영국 청교도 필립 스터브스Philip Stubbes는 저서《악습의 해부Anatomie of Abuses》(1585)에서 '이교도'를 신봉하고 '사악하고' '만취한' 자들로 넘쳐나는 사육제를 맹렬히 비난했다. "거친 마을 사람들이 회합하여 나쁜 장난의 우두머리를 뽑고는 엉터리 왕이라고 이름 붙인다." "대부분 창녀에게 빌린" 리본 장식을 하고 나팔바지를 입고 손수건을 들고 "장난감 목마를 비롯한 괴물들이 싸우는 동안" 이 왕과 추종자들은 심지어 "손수건을 흔들고 춤을 추면서 교회로 간다(사제가 기도하거나 설교하는 중인데도)."

청교도가 등장하기 전까지 사육제는 완전히 지역 행사였고, 스터브스도 행사 참여에 거부한 자의 운명을 맞았을지도 모른다. "수치스럽게 조롱하고 경멸하고, 여러 번 들것에 실어 머리와 귀를 물에 처넣거나 끔찍하게 학대했다." 사육제에는 음식과 춤뿐 아니라 강압과 학대도 많았다.

뒤집기 의식이 직접적인 연관 없이 무척 다양한 시대와 장소에 걸쳐 비슷하게 나타난다는 점이 중요하다(많은 사람이 '사투르누스왕'과 '엉터리 왕' 사이에 역사적 연결고리가 있으리라고 생각하지만 확실한 증거는 없다). 의식에 북, 춤, 변장 등의 요소가 공통적으로 나타나듯이 뒤집기는 다른 현상의 영향을 받은 것이 아니라 많은 사람이 권위를 조롱하려는 욕구를 경험했고 뒤집기 의식을 통해 이 욕구를 채울 수 있다는 사실을 발견한 덕분에 발전한 것으로 보인다.

흥미로운 질문은 절대 권력이 왜 조롱을 허용했느냐이다(상대적으로 훨씬 자유로운 성향을 띠는 부르주아 계층은 조롱을 금지하려 했는데도). 어쩌면 이 절대성이 뒤집기를 가능하게 만들었을지도 모른다. 계급이 대단히 엄격했기 때문에 유연성을 보였고, 그 지위가 무척 안정적이었기 때문에 잠시 동안 뒤집히기를 감당할 수 있었으며 심지어 즐겼던 것으로 보인다. 또한 절대 권력은 부르주아가 하위 계급으로부터 느끼는 결벽과 물리적 공포를 아직 접하지 못했다. 왕이 공개적인 장소에서 벌거벗거나 심지어 똥까지 누는 것도 흔한 일이었다. 다음과 같은 통찰을 했을 수도 있다. 혼란에서 질서가 출현한 지 얼마 되지 않았고, 혼란은 질서를 붕괴할 수 있지만 질서를 유지하는 에너지이기도 하다. 애초에 질서가 독재적인 형태로 출현했기 때문에 스스로 신성불가침한 존재가 되어서는 안 된다. 화석처럼 굳어져 죽음을 맞이하지 않으려면 끊임없이 혼란한 에너지를 주입해야 한다.

사기꾼 우화에서 관찰되듯 혼란의 에너지는 웃음을 통해 나온다. 러시아 철학자 미하일 바흐친은 다음과 같이 주장했다. "계급과 사회질서가 등장하기 전 초기 사회에서는 세상의 진지한 면도 심각한 면도 똑같이 신성하고 '공식적'이었다."[7] 그리고 중세의 '사육제적 웃음 carnival laughter'은 웃는 사람조차 우주적 웃음의 일부로 만드는 광범위한 주제를 다룸으로써 포괄성을 유지했다. "사육제적 웃음은 첫째, 축제와 같다. 따라서 고립된 '재미있는' 행사에 대한 개인의 반응이 아니다. 사육제적 웃음은 모든 사람의 웃음이다. 둘째, 사육제적 웃음의 범위는 매우 넓다. 사육제 참여자를 포함해서 모든 사람을 대상으로 한다. 전 세계가 사육제적 웃음의 생기발랄한 상대성 속에서 우스꽝스러운 면을 발견한다. 셋째, 이 웃음은 양면적이다. 즐겁고 의기양양하면서 동시에 비웃고 조롱한다. 주장하고 거부하며 감추고 부활한다."[8]

바흐친이 지나치게 이상적으로 모든 사육제가 이런 복잡한 웃음에 기반을 두었다고 생각했을 가능성도 있지만, 사육제적 웃음의 전형으로 프랑수아 라블레François Rabelais를 지목한 것은 확실히 옳았다. 라블레는 '라블레풍'이라는 형용사가 되면서 다른 어떤 작가들보다 고통을 받았다. 그의 작품은 천한 어릿광대의 작품으로 무시받았지만 사실 그는 지성인이자 학자였고 동시대에 가장 학식이 높은 사람이었다. 라블레는 종교, 정치, 철학을 논하는 사상가들이 사실은 먹고 배설하는 욕구를 지닌 유기체이며 논쟁과 라틴어 인용구, 암시, 풍자, 단어놀이와 말장난을 배웠으면서도 하는 짓은 먹고 마시고 오줌과 똥을 누는 데 불과하다는 사실을 이해하고 있었다. 소설 《가르강튀아와 팡타그뤼엘Gargantua and Pantagruel》에서 젊은 가르강튀아는 '밑 닦이'를 광범위하게 조사한 후 보드라운 깃털을 가진 거위가 가장 적합하다고 말했다. "깃털의 부드러움과 거위 몸의 따뜻한 체온으로 똥구멍에 경이로운 감각이 찾아올 것이다."[9]

《가르강튀아와 팡타그뤼엘》은 플롯에 무관심했고 에세이를 삽입했으며 자주 주제를 벗어나고 갑작스럽게 사용역과 문체, 어조를 전환하며 지적이고 기괴하면서도 교양과 천박함이 혼합되어 있다. 무엇보다 작품 속에 깃든 장난기로 미루어볼 때 이 작품은 철저히 포스트모던적 성격을 지닌다(하위징아는 이렇게 말했다. "라블레보다 유쾌한 존재는 없다. 그는 놀이 정신의 화신이다").[10] 그러니 극단적 포스트모더니스트 밀란 쿤데라가 라블레를 좋아한 것은 당연하다. 쿤데라는 라블레의 희곡이 객관성과 규모, 이해, 포용력 등의 측면에서 신성한 작품이라고 평가했다. "훌륭한 유대 속담이 있다. 인간은 생각하고, 신은 웃는다. 이 격언처럼 프랑수아 라블레가 언젠가 신의 웃음소리를 들었고 그때 이 최초의 위대한 유럽 소설을 착안했다고 상상하면 정말 즐겁다."[11]

확실히 라블레는 뒤집기의 필요성을 이해했다. 그의 소설에 등장하는 에피스테몬은 머리가 잘려서 지옥에 머물다가 파뉘르주가 머리를 붙여주어 부활한다. 파뉘르주는 사기꾼 캐릭터 같은 인물로 지옥 주민들에게 이런 보고서를 제출한다. "보니파키우스 교황은 솥의 거품을 걷던 사람이었고, 니콜라우스 3세 교황은 제지업자였으며, 율리오 교황은 조그만 파이를 팔았었는데 덥수룩하고 지저분한 수염을 밀어버렸고, 알렉산데르 교황은 쥐 잡는 사람이었다. 식스토 교황은 매독 상처에 성유를 부었다. "뭐라고요!" 팡타그뤼엘이 외쳤다. "거시기에 매독이 있는 사람이 있다고요?" "확실해." 에피스테몬이 대답했다. "엄청 많다고. 1억 명도 넘어. 거짓말 아니야, 이번 생에서 매독을 피해간 사람은 다음 생에서 걸리거든." "전능하신 신이시여." 파뉘르주가 울부짖었다. "그럼 전 면제네요.""

성직자에 전혀 어울리지 않는 인물로 결국 교황에 대한 맹세에서 해방되어 의사가 되긴 했지만, 한때 수도승이었던 라블레는 당대 최고 권위자인 교회를 끊임없이 조롱했다. 이는 관습에 도전하는 일탈 중에서도 특이한 사례로 보인다. 대단히 위험했기 때문이다. 그는 종교재판관의 감시 아래 있었고 공개적으로 맹렬히 비난받는 일이 잦았으며, 화형당할 위기를 모면하려면 재빨리 완벽하게 사라져야 했다. 당시 화형은 전채요리 격으로 손을 자르고 혀를 뽑은 뒤 바비큐로 만드는 형벌이었다. 라블레의 친구로 시인이자 학자인 에티엔 돌레Etienne Dolet는 플라톤의 말 "인간은 죽음으로써 무로 돌아간다"를 번역했을 뿐인데도 이런 운명을 맞았다. 그러니 라블레는 그야말로 일탈 분야에서는 명예 훈장감이다.

라블레는 권위를 조롱했을 뿐 아니라 이념 수용을 거부한 포스트모던적 인물이었다. 그는 이론과 사상 자체를 거부한 것이 아니라 오히려 심취한 쪽이었지만, 절대적 진리를 인정하지는 않았다. 바흐친은 이렇게 말한다. "교리, 권위주의, 편협한 진지함은 라블레 풍 은유에는 존재하지 않는다. 라블레 풍 은유는 완성되거나 다듬어진 것, 거드름 피우는 것, 사상과 세계관의 영역에 존재하는 모든 기성 해결책을 반대한다."[12]

라블레는 풍자 작가로 묘사되는 경우가 많지만 그의 희곡은 훨씬 다채롭고 심오하며 풍자로 보기에는 관대한 성격을 보인다. 포프나 볼테르 같은 대표적 풍자 작가는 라블레가 '어릿광대의 대장'이며 '취했을 때만 글을 쓰는 주정뱅이 철학자'[13]라며 혐오했다. 풍자소설에서 작가는 공정한 시각에서 대상과 거리를 두며, 합리적인 행동을 하는 계급 상단에서 아래를 내려다보는 우월한 위치에 있으면서 특정 사회의 특정 어리석음을 노출하려고 한다. 하지만 라블레의 일탈은 보편적이고 시간에 구애받지 않으며 특정 계급뿐 아니라 계급 개념과 인간이라는 동물의 우월성·중요성에 대한 모든 가정을 훼손한다. 그러면서 동시에 철학적이다. 중산층은 아닌 한 아일랜드 중년 여성이 내게 이런 통찰력을 보여주었다. "여왕도 똥 누잖아요."[14]

철학적인 일탈의 보상은 우주적 웃음이다. 우주적 웃음은 모든 것에 대한 웃음이기 때문에 아무것도 아닌 것을 보고 웃는 듯 보인다. 그저 얼굴이나 어깨가 떨리는 정도가 아니라 레몬에서 즙을 짜듯 눈에서 눈물을 짜내면서 온몸을 휘어잡는 발작적이고 강렬한 웃음이 될 수 있다. 이런 경험을 언급하는 사람은 거의 없지만 사실 많은 이가 겪고 싶어 하는 경험의 절정이다. 나는 어렸을 때 다른 사람이 당황할 정도로 특별한 이유 없이 끝없이 이어지는 거칠고 극단적인 웃음 발작을 자주 경험했다. 다른 절정과 마찬가지로 이런 발작을 겪고 나면 피곤해졌지만 세계와 근본적으로 하나가 될 수 있었다. 하지만 이런 경험이 으레 그렇듯 나이를 먹을수록 웃음 발작은 점차 줄어들었다. 많은 사람이 젊은 시절의 모험과 정력을 그리워하듯 나는 예전처럼 웃어보고 싶다.

라블레의 우주적 웃음과 신체 기능 찬양은 곧 사육제적 경험의 다른 모든 측면과 마찬가지로 수용 불가하다고 낙인 찍혔다. 높음은 항상 낮음에서 분리되려고 한다. 종교가 사회적 삶에서 분리된 이후 진지함은 경박함에서, 교양은 천박함에서, 정신은 몸에서 분리되려고 한다. 데카르트의 유명한 주장 "나는 생각한다. 고로 존재한다"에서 발족한 이성의 시대는 육체를 뇌를 위해 존재하는 역겹고 수치스러운 보조 체계로 격하시켰다(육체를 긍정하는 라블레라면 "나는 구린내가 난다. 고로 존재한다"라고 했을 것이다).

■

종교개혁은 구원받은 자와 저주받은 자 사이에 결정적인 선을 그었다. 구원받은 소수의 사람은 원칙적으로는 구분되지 않지만 실제로는 근면한 사람, 금욕적인 사람, 환락을 혐오하는 사람은 구원받은 자를 알아볼 수 있다(스터브스가 혐오했던 많은 것 중의 하나가 '전염성 있는 끔찍한 악습인 춤'이었고 '추잡하게 더듬고 불결하게 만지는' 춤은 '매춘의 첫걸음'이었다). 그리고 신성을 중시하는 세계관을 대체하는 새로운 개념이 등장했다. 과학은 기계론적인 우주관으로, 세계의 원리는 이해 가능한 존재이고 합리적인 사고로 이를 이용하면 인류는 발전할 수 있으며 데카르트가 뽐냈듯이 인간을 '대자연의 소유주'[15]가 될 수 있다고 생각한다. 원시적이고 야만적인 고대와 문명화된 현대라는 시대 분류 역시 새로운 개념이다.

축제의 경우, 상위 계층은 떠들썩한 대중 사육제를 사적인 영역으로 몰아냈다. 질탕했던 춤은 느리고 뻣뻣하며 정중한 동작으로 대체되었다. 지금껏 인간이 만들어낸 춤에서 리듬과 성적인 요소를 최소화한, 경직된 몸들이 이따금 손이 스치는 것을 제외하면 서로 몸이 닿지 않도록 거리를 유지하고 춤이랄 것도 없이 장례식에나 어울릴 속도로 함께 걷는 동작이다. 희극은 착각에 빠진 작가가 스스로를 저속한 세계의 상부에 위치한 존재로 묘사하는 풍자 작품이 주류가 되었다.[16] 문학에서 야성적인 시는 냉철한 산문으로, 거친 구전은 세련된 문자 언어로 바뀌기 시작했다. 회화에서 원근법은 구분과 거리감을 도입했다.

가정의 공간도 변했다. 모든 사람이 갖가지 목적으로 사용했던 하나의 개방된 공간은 칸막이로 나뉘어 특정한 기능이 있고 접근이 제한된 개별 방이 되었고, 공동 벤치는 개인 의자로 대체되었다. 패션 분야에는 사람을 구분할 수 있도록 흰색 가발과 정교한 옷이 등장했다. 그 와중에 사회적으로는 부르주아가 교양을 쌓아서 하위 계층과 자기를 구분했다. 16세기 중반 예의범절을 가르치는 책들은 계단이나 복도에서 똥을 누지 말라고 애원했으며, 예의 바른 사람들 앞에서는 이제 똥이라는 말을 언급하는 자체가 불가능해졌다.

새로 등장한 이 구원받은 정통 계급은 사육제와 사육제적 웃음을 혐오했다. 가톨릭과 개신교 당국은 유럽 전역에서 전통적인 축제를 온힘을 다해 억제했다(동시에 유럽 식민지 개척자와 선교사들은 식민지 원주민의 춤 의식 억압에 착수했다).[17] 축제 자체뿐만 아니라 축제적인 시간 개념도 새로운 직업윤리의 공격을 받았다. 우리는 중세 봉건주의를 노예제도보다 약간 낮다고 생각하지만 그 시절 유럽 전역에는 무수히 많은 축제일이 있었고 일꾼은 연중 절반을 쉬었으며 매주 일하는 날도 얼마 되지 않았다. 많은 자유인이 일주일에 70시간을 일하고 1년에 2주 정도 휴가를 '선택'하는 삶은 당시에는 상상조차 힘들었을 것이다.

상위 계층이 하위 계층으로부터 가능한 한 멀리 달아나면서 사회는 점점 계층화되었다. 기존에는 참여 중심이었던 집단 의식은 조용히 앉아서 구경하는 관람 중심으로 변했고 점점 분화되고 전문화되었다. 종교는 초월을 달성하는 기술이 몸에서 머리로 옮겨가면서 현실적이기보다는 추상적인 문제가 되었다. 이렇게 해서 대지의 신과 디오니소스처럼 춤추는 신은 사라지고 남아 있는 유일신은 항상 화가 난 상태의 이해하기 힘든 존재로서, 수행단과 함께 하늘의 문 안으로 철수했다.

라블레는 이런 상황을 예상한 듯하다. 그의 책 끝 부분에 괴상한 사건이 발생한다. 밤에 배가 멈추더니 부두에 도착하거든 위대한 판Pan신이 죽었다는 소식을 전하라는 목소리가 들렸다. 옛날 춤을 추던 신도들은 이제 개혁된 교회의 나무 신도석에 한 줄로 앉아, 교단의 목사가 아래를 내려다보며 설교하는 동안 공손하게 올려다보아야 한다.

현대적 재미 개념은 이 모두에 대한 대응이고, 주요 대변자는 바로 재미 철학자 니체다. 그는 "디오니소스적인 난봉꾼들의 빛나는 삶",[18] 춤과 웃음의 해방 효과 등 축제 정신을 복구하고 싶어 했다. "그리고 한 번도 춤추지 않았던 날은 잃어버린 날이라고 해두자! 웃음을 불러오지 못하는 진리는 가짜라고 해두자." 그의 가장 재미있는 책 《차라투스트라는 이렇게 말했다》에서 인용한 문장이다. 이 책에서 니체는 자기 생각을 옛 페르시아 사상가 조로아스터의 입을 통해 진지하면서도 우스꽝스러운 사육제 정신에 입각하여 나타냈다. 그는 예언가의 경구를 말하면서도 동시에 예언 자체를 비웃으며 거칠고 열광적인 훈계를 늘어놓는다.

이 웃는 자의 왕관, 장미꽃을 두른 왕관, 나는 스스로 이 왕관을 썼으며, 나 자신이 내 웃음을 신성하다고 선언했다. 이런 말을 할 만큼 강한 인간은 나 외에는 발견하지 못했다.

무용가 차라투스트라, 가벼운 차라투스트라, 날개로 손짓하는, 모든 새에게 신호를 보내며 준비를 갖춘, 기쁨에 겨운 명랑한 차라투스트라!

예언자 차라투스트라, 웃는 예언자 차라투스트라, 조바심 내지 않고 타협할 줄 아는 차라투스트라, 뛰기와 장난을 사랑하는 차라투스트라, 나는 스스로 왕관을 머리에 쓴다!

기운을 북돋워라, 형제여, 높이! 더 높이! 다리를 드는 것도 잊지 말아라! 너희도 다리를 들어라, 훌륭한 댄서들이여! 물구나무를 선다면 더욱 좋다![19]

니체의 초월은 단순히 특정한 한계에 대한 반응이 아니라 라블레처럼 한계라는 개념 자체에 반항하는 형이상학적 행위였다. 그는 열렬한 니체 해설자도 받아들이기 힘들 만큼 화려하고 과하게 흥청댄다. 니체의 책을 열한 권 번역하고 그에 대한 책을 두 권 썼던 레지널드 홀링데일R. J. Hollingdale은 옮긴이 서문에서 《차라투스트라는 이렇게 말했다》에 대해 사과할 필요성을 느꼈다. "이 책의 가장 큰 결점은 과잉이다."

통제를 거부하고 나아가 통제라는 개념 자체를 조롱하는 자유로운 상상력에 현대인들이 두려움을 느끼기 때문에 상상력 과잉에 대한 불쾌감이 발생한다. 전근대에는 세계를 거대하고 통제할 수 없는 곳으로 이해했고, 거인은 광대함과 풍요, 힘, 자연, 예측 불가능성의 상징이었으며 물리적 세계를 만들어낸 존재였다. 켈트족 신화에서 핀 맥쿨Finn McCool이 북아일랜드의 흙덩어리를 떼서 네이호Lough Neagh를 만들었고 이것을 바다 쪽으로 던져서 맨섬Isle of Man이 되었다고 한다. 대홍수 이전 황금시대에 지구에 살았던 위대한 거인 신화가 수많은 문화권에 존재한다. 마법과 주술에 능한 거인은 날씨와 계절, 작물을 통제했다. 예를 들어 창세기에 다음과 같은 구절이 있다. "당시 땅에는 거인들이 있었고 그 뒤에도 있었으니 곧 하나님의 아들들이 사람의 딸들에게로 들어와 그들이 저들에게서 아이들을 낳았을 때더라. 바로 그들이 옛적의 강력한 자들, 즉 명성 있는 자들이 되었더라."

전근대의 가두 행진과 축제에서 거인은 무척 인기가 있었고 많은 북유럽 도시에서 불사의 거인을 소재로 삼았다. 라블레의 저서에서 가르강튀아와 팡타그뤼엘 모두 엄청난 식욕과 힘을 지니고 무척 영리하고 박식하며, 동정심이 많고 관대한 거인이라는 점은 우연이 아니다. 하지만 이성의 시대에 등장한 동화 속 거인에서 근본적 변화의 조짐이 보인다. 이런 동화들 가운데 가장 초기 모음집으로 보이는 샤를 페로 Charles Perrault의 《페로 동화》(1697)에는 '오거'라는 단어가 처음 등장하는데, 거인을 항상 화가 나 있고 탐욕스러우며 멍청하고 위협적으로 강하지만 쉽게 허점을 찔려 죽고 마는 식인괴물로 묘사한다. 새로운 형태의 소설 《걸리버 여행기》에서는 '거인국'의 거인을 괴물 같고 역겨우며 머리가 별로 좋지 않은 존재로 묘사한다. 스위프트는 몸집이 커지면 지적 능력이 줄어든다고 암시했다. 라블레라면 음탕한 젊은 여자 거인들이 걸리버를 젖꼭지 간질이개로 사용하고 동시에 살아 있는 바이브레이터로 활용했다고 암시된 일화를 좋아했을 것이다.

■

과학은 현실을 놀이로 보는 관점뿐 아니라 과잉을 향해가는 존재로 보는 관점을 지지하게 되었다. 현대의 인식 체계에 따르면 물질은 근본적으로 유희를 좋아할 뿐 아니라 제한을 거부하고 속박에서 벗어나고, 급성장하고 분할하며 재결합하고, 뒤엉키고 확장하려는 성향이 있다. 한때 고정된 비활성 상태라고 생각되었던 우주는 이제 모든 방향으로 급속히 확장하는 존재로 간주된다. 우주는 그 어떤 것으로도 충분하지 않다. 물질이 창조한 생명체는 번식·변형하고 다양해져서 지구를 채우는 데만 혈안이 되어 있다. 물질과 삶은 과잉을 열망하며 호모 사피엔스의 특징적 구호도 "더!"이다. 마침내 눈을 뜬 삶은 육체와 사회, 행성의 한계를 원망하면서 완전히 자유롭고 싶어 한다. 삶 자체가 철학적인 일탈자이고 사치스럽고 열광적이며 예측 불가능한, 데카르트보다는 핀 맥쿨에 가까운 존재다.

많은 철학자가 물구나무서기를 극히 꺼렸고 니체를 가리켜 과할 뿐 아니라 말과 행동이 모순된다고 지적했다. 니체의 말투조차 어디부터 어디까지 진지한지 아니면 연기인지 구분하기 어렵다. 사실 니체 자신도 몰랐을 것이다. 진심과 연기는 불가분으로 얽혀 있고 니체의 식견과 매력의 핵심 요소다. 니체는 일관적인 체계 구축을 거부했고 다른 이들이 자기 얘기를 믿고 따르기를 바라지도 않았다. 그는 지혜를 창조하는 철인왕이 아니라 말썽을 일으키고 정도를 뒤엎고 중요성에 도전하며 확실성을 방해하는, 우주적 일탈을 즐기는 철학자-사기꾼이었다. 그는 1888년에 편지에서 "내 편을 들 필요는 전혀 없고 그러는 것이 바람직하지도 않다. 그보다는 낯선 식물을 발견했을 때처럼 약간의 호기심을 가지고 비꼬며 거부하는 편이 훨씬 현명하다"[20]고 했다.

니체의 과잉·모순·놀이·일탈 및 사육제적 웃음은 라블레와 마찬가지로 확실성·고정성·최종성과 포괄적인 진실을 거부하고 상호 보완성, 대비되는 진실과 선, 양립 불가능한 모순, 끊임없는 긴장 상태에 있는 반대되는 힘 등을 수용하게 해준다. 어느 한쪽이 최종 승리하게 만들어서 긴장을 해소하려는 욕망은 항상 있었다. 하지만 이는 생명력을 잃게 하고 굳어버리게 만든다. 삶은 긴장이다. 그리고 라블레와 니체의 우주적 웃음은 삶을 우스갯소리의 일부로 이해하여 긴장을 해소시킨다.

니체가 디오니소스의 열렬한 팬이기는 했지만 권위와 이성, 규율,

질서, 한계 등 아폴로적 특성과 반항, 흥청거림, 주취, 한계 거부 등 디오니소스적 특성이 우선순위를 두고 항상 다투어야 한다고 강조한다는 점을 기억해야 한다. 이 두 신은 피할 수 없는 '이중성'을 드러내며 항상 '영원한 대립'[21] 상태에 있다. 일반적으로 사회 계층구조의 최상위는 아폴로 애호가이며 하위는 디오니소스 애호가다. 인류학자 이오안 루이스가 풍자했듯이 디오니소스는 '노예를 포함한 모든 이에게 자유와 쾌락을 주는 신'인 반면 아폴로는 '상류사회에만 존재하는 신'[22]이다. 시대에 따라 두 신에 대한 선호가 다르다. 아폴로의 가치는 모더니즘 초기를 장악했지만 최근 특히 1960년대 이후에는 디오니소스의 가치가 지배적인 시대정신이 되었다. 이런 반목이 한 개인 내부에서 폭발하는 경우도 있다. 좌뇌는 아폴로를 대변하고 디오니소스는 우뇌를 대변하며, 어린 시절에는 디오니소스의 지배를 받다가 나이 들수록 아폴로의 지배를 받게 된다.

나는 평생 청교도적인 통제관과 정신 나간 무정부주의자 간의 갈등을 느껴왔다. 내 일부는 항상 금욕적으로 성과와 지위를 추구하며 자아 수양을 원했고 다른 부분은 미친 듯이 웃으며 모든 것을 뒤집고 싶어 했다. 나의 내면 어딘가에서 아폴로와 디오니소스가 서로 득세하려고 팔씨름을 한다. 나는 한쪽이 다른 쪽을 억제하게 만들어서 삶을 단순하게 만들지 못했던 것을 후회한 적이 많다. 하지만 한쪽 편을 들면 곧 다른 쪽이 그리워진다. 이제는 이런 긴장감이 중요한 삶의 에너지원임을 이해하고 있다. 긴장은 곧 삶이다.

디오니소스와 아폴로의 이중성은 만족을 추구하는 개인의 욕망과 질서를 유지하려는 사회적 필요가 충돌한다는 프로이트의 쾌락과 현실원리의 갈등 개념과 비슷하다. 프로이트에 따르면 문명의 대가는 본능의 억압과 행복 박탈이다. 하지만 《문명 속의 불만》을 쓸 무렵 프로이트는 노인이었고 노인은 안정성과 질서를 우선시하는 경향이 있다. 나는 긴장감이 결코 해소되지 않더라도 문명은 디오니소스와 아폴로를 둘 다 수용할 수 있으리라고 생각한다. 그리고 지난 몇십 년간 재미가 성장해온 현상은 실제로 이런 일이 벌어지고 있다는 사실을 시사한다. 일탈과 규정 준수, 쾌락과 현실, 과잉과 규율, 디오니소스와 아폴로는 서로를 필요로 한다. 쾌락과 일탈, 과잉만 추구한다면 자멸할 것이다. 개인의 경우 지나침으로 이어진 길은 지혜의 궁전으로 인도하는 것이 아니라 재활 클리닉과 정신 병동으로 인도한다. 그리고 아폴로를 독재자로 만들면 이에 못지않은 정신과 치료가 필요해진다. 무조건적인 통제에 대해 디오니소스의 회의적 시각을 유지하면서 때로는 아폴로가 지배하도록 내버려두고, 디오니소스의 무모한 행위에 아폴로적인 회의를 유지하면서 때로는 디오니소스가 해방 의식을 즐기도록 내버려두어야 한다.

일탈 재미의 기능은 기존 질서를 끌어내리거나 계층과 관습 자체를 조롱하는 것이 아니라, 사육제의 뒤집기처럼 우주적 웃음을 장려하고 태고적 혼란을 다시 느끼며 그 에너지와 삶의 생동감과 과잉을 회복하는 것이다. 한계를 인식하고 존중하는 책임감 있는 행동에 활력을 불어넣기 위해서는 열광의 손길이 항상 닿아 있어야 한다. 차라투스트라가 독특하고 과한 방식으로 표현했듯 "인간은 춤추는 별을 낳으려면 자기 내부에 혼돈을 간직해야 한다." 또는 재즈 음악가 듀크 엘링턴이 20세기 버전으로 고쳐 말했듯이 우리는 영혼 속에 재즈를 품고 있어야 한다.

8장

재미와 쾌락주의
__ 개인주의를 넘어선 쾌락의 공유

• • •   다섯 코스로 구성된 에피쿠로스 메뉴를 주문하면 수제 샴페인 칵테일과 이에 어울리는 와인 샘플들이 먼저 나온다.

흥분한 손님이 과하게 반짝거리는 눈으로 메뉴를 살피며 외친다.

"에피쿠로스도 무덤에서 나오고 싶어서 용을 쓸 거야!"

그리고 오랫동안 '습지에서 키운 영국산 새끼 양의 속을 자연산 양송이와 송로버섯으로 채운 요리, 야생 로언베리 주스, 부푼 깍지콩과 프랑스 아르덴에서 공수한 바르르뒤크산 으깬 검은 감자 요리'에서 눈을 떼지 못한다.

"아마 아닐 겁니다."

손님이 깜짝 놀라서 올려다본다. "뭐라고요?"

"에피쿠로스가 제일 좋아한 저녁 식사 메뉴는 보리 빵과 물이었어요."

손님은 입을 딱 벌리더니 잠시 시간이 흐른 후에 덧붙였다. "농담도 잘하시네요."

"농담이 아니에요."

재미를 놀이로 설명하는 것이 가장 좋은 방어라면 쾌락주의라며 무시하는 것이 가장 효과적인 공격일 것이다. 재미는 항상 쾌락을 동반하며 쾌락만이 유일한 선이라는 에피쿠로스의 쾌락주의 철학과 연결된다. 그렇다면 재미는 단지 쾌락주의의 새로운 이름일까? 글쎄, 꼭 그렇지는 않다. 쾌락주의와 마찬가지로 재미는 복잡한 개념이다.

일단 에피쿠로스는 많은 사람이 상상하는 것 같은 쾌락주의자가 아니었고 라블레처럼 형용사가 되는 고통을 겪었다. 그는 확실히 미식가는 아니었다. 그는 "소박한 음식은 사치스러운 음식과 같은 쾌락을 준다"[1]고 했고, "작은 것에 만족하지 못하는 사람은 어떤 것에도 만족하지 못한다"[2]고도 했다. 에피쿠로스가 거창한 식사를 금욕주의적으로 반대했다는 뜻은 아니지만, 이런 예외를 올바르게 인식할 필요가 있다. "사치를 필요로 하지 않는 사람이 가장 잘 즐길 수 있다."[3] 섹스에 대한 그의 태도도 마찬가지로 신중하다. "당신이 보낸 편지를 읽고 성욕은 지나치게 성교에 집착하게 만드는 폐해가 있다는 사실을 배웠다. 글쎄, 법을 어기거나 잘 확립된 규칙을 건드리거나, 이웃을 성가시게 하거나 몸을 피폐하게 만들거나 돈을 다 써버리지만 않는다면야."[4]

에피쿠로스는 일반적인 의미에서 쾌락주의자보다는 금욕주의자에 가까웠다. 이런 일반적인 의미가 혼란의 원인이 된다. 현재 일반적인 의미에서 쾌락주의는 음식, 약물, 섹스에 대한 과도한 사랑을 일컫는다. 하지만 이는 조잡한 형태의 쾌락에 불과하다. 감각적 쾌락주의 외에도 육체보다 정신의 쾌락을 더 중요하게 생각하고 윤리적·미적·정신적 만족을 추구하는 지적인 쾌락주의가 존재한다.

순수하게 감각적인 쾌락주의 철학을 옹호했던 사람은 키레네 출신의 아리스티포스Aristippus다. 그는 소크라테스의 제자로 그의 가르침을 거부하고 키레네 학파를 창설했다. 아리스티포스는 시라쿠스 왕 디오니시우스 1세의 궁전에서 섹스와 좋은 음식, 고급 와인을 즐겼고 여자로 변장하여 춤추는 일도 마다하지 않았다. 창녀, 맛있는 음식과 고급 와인은 저렴한 적이 없고 아리스티포스 이후로 그런 것들이 유일한 선이라고 주장한 철학자도 없다. 그러므로 다섯 가지 코스 메뉴는 아리스티포스식이라고 묘사되어야 한다.

에피쿠로스는 감각적인 희열만 추구하면 불쾌한 결과를 초래한다는 사실을 이해하고, 대신에 지혜와 마음의 평화를 추구했다. "쾌락이 목표라고 말할 때 일부 사람들이 잘 모르거나 의견 차이로, 아니면 의도적으로 잘못 해석하듯이 방탕하거나 소모적인 쾌락을 의미하지 않는다. 쾌락은 육체에 고통이 없고 마음에 불안이 없는 상태다. 한바탕 술을 마시거나 계속 잔치를 열고, 육욕을 즐기거나 화려한 식탁에 차린 산해진미를 먹는다고 해서 삶에 쾌락이 찾아오는 것은 아니다. 쾌락이 있는 삶은 무엇을 선택하든 회피하든 그 이유를 탐구하고, 영혼을 교란하는 생각을 몰아내며 냉철한 판단을 할 때 얻을 수 있다."[5]

이런 사고방식을 유용하게 발전시킬 수도 있었겠지만 가톨릭교회에서는 이러한 철학 전반을 싫어했고 특히 쾌락주의를 혐오했다. 이 둘의 대표 격인 에피쿠로스의 철학은 억압을 받았다. 종교의 권위가 흔들린 것은 18세기에 사상가들이 자유롭게 사색할 수 있게 되고 영국 철학자 제러미 벤담이 그리스 쾌락주의에 도구주의 이성을 결합하여 신구를 통합한 후였다. 그 결과 쾌락의 장점이 고통의 비용을 초과하는 행위를 산출하는 비용·효익 계산법이 탄생했다. 벤담은 이를 '쾌락의 산술calculus of pleasure'이라고 불렀다. 이는 측정을 사랑하는 초기 측정성애quantophilia 사례로, 모든 문제를 측정과 계산 알고리즘으로 해결할 수 있다는 측정마니아quantomania로 발전하기 쉽다. 하지만 벤담도 인정했듯 쾌락은 측정은커녕 정의하기도 어렵다. 19세기 존 스튜어트 밀도 일종의 쾌락주의를 옹호했지만("쾌락, 그리고 고통에서의 해방만이 바람직한 목적이다")[6] "쾌락을 정량적인 방법만으로 측정해야 한다는 생각"[7]은 "터무니없다"고 일축했다. 밀은 '감각적 향락'은 돼지에게나 적당하다며 거의 배제하는 대신, 영속적 가치를 지닌 문학 걸작과 철학 연구를 통해 얻을 수 있는 고급 쾌락과 저급 쾌락의 질적 차이를 소개했다. "만족한 돼지보다는 불만족한 인간이 낫다."[8]

현대의 쾌락주의적 성향을 감안하면 벤담과 밀을 따르는 쾌락주의 사상가가 별로 없는 현실이 특이하다.[9] 쾌락주의를 실천하는 많은 사람이 이론적 지원을 반길까? 쾌락주의 사상가가 부족한 이유 중 하나는 단순히 속물근성 탓이다. 아무도 '감각적인 향락'에만 관심 있는 돼지로 여겨지길 바라지 않는다. 미식가는 돼지 같은 존재가 아니라 세련된 전문가로 인정받고 싶어 한다. 루소나 니체 같은 영리한 현대 사상가들은 쾌락주의의 도취적인 면을 떼어내고 개인주의로 이미지 쇄신을 함으로써 천박해지는 것을 피했다. 다른 요인도 있겠지만 쾌락주의는 집단 속에서 자아를 상실하는 것보다 개인의 만족에 더 관심이 있다는 점에서 재미와는 다르다. 어떤 의미에서 쾌락주의는 재미의 반대로 볼 수 있다. 하지만 개인이 최대한 쾌락을 느끼는 삶이 훌륭한 삶이라는 쾌락주의의 핵심 신념은 개인주의 신념과 정확히 일치한다.

루소와 니체를 비롯하여 많은 현대인에게 개인의 자유가 시대적 목표였고, 이는 20세기 후반 서양에서 경제적 여유가 있다면 모두에게 가능한 일이 되었다. 그렇다면 이 위대한 성취를 활용하여 가족이나 친척, 집단 의식과 공동체의 요구를 거부하면 어떨까? 경제적으로 가능하다면 의무와 제약에서 자유롭게 혼자 사는 것이 낫지 않을까?

■

　모든 전통적 관계가 약화되고 독신이 일반화되면서 예전 같은 낙인
은 사라지고 있다. 예전 같으면 무능한 패자라고 동정받았을 독신자는
이제 당당한 승자로 부러움을 받을 가능성이 높다. 선진국에서 혼자
살려는 경향은 증가하는 추세다. 사회학자 에릭 클리넨버그에 따르면
혼자 사는 사람의 비율이 가장 높은 곳은 스웨덴, 노르웨이, 핀란드,
덴마크 등 스칸디나비아 국가이며 "40~45퍼센트가 독신자 가정이
다"[10]라고 한다. 독신자의 세계인 수도 스톡홀름은 놀랍게도 60퍼센트
가 독신자이며 북유럽도 독신자 비율이 높고, 미국과 호주, 캐나다가
빠르게 이들을 따라잡고 있다. 전통적으로 가족 중심이라고 생각되는
일본조차 1인 가구가 30퍼센트이며 이런 경향은 중국, 인도, 브라질에
서 빠르게 확산되고 있다. 클리넨버그는 1996년에서 2006년까지 세계
인구에서 1인 가구가 1억 5,300만 명에서 2억 200만 명으로 약 33퍼
센트 증가했다는 연구 결과를 인용했다.
　미국은 이 분야에서 세계 최고는 아니지만 전문 로비 단체인 미국
독신자 협회American Association of Single People와 열정적인 독신 지
지자 및 독신 전사들이 활동해왔다. 예를 들어 사샤 카겐Sasha Cagen
은《괴짜 독신: 타협하지 않는 낭만주의자를 위한 선언서Quirkyalone:
A Manifesto for Uncompromising Romantics》에서 "우리는 다른 퍼즐과 맞
지 않는 퍼즐 조각이다. 낭만주의자, 이상주의자, 괴짜 등 자연적이고
편안한 상태로 독신 생활을 한다. 우리는 졸업식 무도회와 결혼이 사
회질서를 정의하는 세계에서 인격과 정신력의 힘으로 반항하는 반군

이다." 하지만 정신력과 반항심이라는 독특한 특성에도 불구하고 괴짜 독신들도 조직이 필요하다. "비슷한 생각을 가진 영혼 공동체가 필수적이다. … 괴짜 독신이 짝을 만나면, 울랄라! 지진이 일어난다." 카겐은 괴짜 독신 웹 사이트 Quirkyalone.net을 만들고 2월 14일 국제 괴짜 독신의 날이라는 새로운 의식을 창설하여 조직화를 시작했다. 독신의 날에 독신자들은 장미와 촛불이 있는 저녁 식사 대신 반항적인 고독을 즐기리라 생각되지만 사실 클럽에서 즐거운 시간을 보낸다.

심리학자 벨라 드파울로Bella DePaulo는 《외톨이가 되다: 싱글들은 어떻게 정형화되어 낙인찍히고 무시당하면서도 오래오래 행복하게 사는가Singled Out: How Singles Are Stereotyped, Stigmatised, and Ignored, and Still Live Happily Ever After》(한국에서 《싱글리즘: 나는 미혼이 아니다 나는 싱글벙글이다》로 번역되었다. – 옮긴이)를 쓴 저명한 싱글족 전사다. 오늘날에는 모든 사람이 피해자가 되고 싶어 하므로(불평과 비난이라는 전형적 쾌락과 원칙적 정당성을 즐기기 위해서가 틀림없다) 드파울로도 독신자에 대한 편견을 뜻하는 '싱글리즘'이라는 단어를 만들었다. 오늘날 젊고 지적이고 부유하며 혼자 사는 전문직 종사자가 피해자일 가능성은 전혀 없지만 말이다. 드파울로도 싱글리즘의 증거를 보여주는 웹 사이트를 만들었고 결혼의 장점을 주장하는 수상쩍은 세력에 격렬하게 맞서고 있다.

클리넨버그는 "여성의 지위 향상, 통신 혁명, 대량 도시화, 그리고 장수 혁명" 등이 세계의 유행을 주도한다고 주장했다. 이런 요소들이 유행을 촉발한 것은 분명하지만, 핵심 동인은 현대의 시작 무렵 개인주의가 등장하고 1960년대에 대중문화로 확대된 것이다.

광야의 선지자, 산꼭대기에서 살아가는 중국의 현자, 파리 다락방에서 시를 쓰는 선지자 등 은둔 생활을 추구하는 사람은 항상 있었다. 하지만 현대에 와서야 은둔을 추구하는 경향이 강해졌다. 18세기 루소는 독특한 내면의 삶을 지닌 개인이라는 의미로 자아를 발견했고, 19세기 시작 무렵 낭만주의 시대에는 개인을 새로 등장한 산업이라는 공포와 여가라는 세속적 악덕에서 보호해야 할 섬세하고 감정이 풍부한 존재로 간주했다. 지식인과 예술가는 점점 많은 것에서 탈출해야 한다고 느꼈다. 먼저 숭고함을 경험하기 위해 산꼭대기로, 그다음에는 환상을 경험하기 위해 다락방으로 갔다. 19세기 후반 가장 영향력 있는 현대 시인 보들레르와 현대 소설가 플로베르, 현대 사상가 니체는 혼자 살았을 뿐 아니라 격렬하게 고독을 원하고 얽매이기를 거부했다. 플로베르는 "나는 내가 들어갈 탑을 쌓고 그 어떤 잡된 물결도 탑의 토대를 때리지 못하게 했다"[11]고 말했다. 하지만 이 고독하고 독립적인 성인들도 자기 어머니에게 크게 의존했다는 사실은 기억할 만하다. 보들레르는 빚쟁이를 피하려고 어머니와 함께 살면서 끊임없이 신세를 졌다. 어머니를 곁에 두고 싶었던 플로베르는 루엔에서 파리로 이사 가면서 자기가 사는 건물에 어머니가 살 집을 마련해주었으며, 니체의 어머니는 그가 토리노에 있는 동안 저녁에 먹을 소시지와 아침에 먹을 프렌치토스트를 가져다주고 셔츠를 세탁해주었다. 마찬가지로 신대륙에는 고독한 성인 중의 성인 소로Henry David Thoreau가 있다. 소로의 어머니는 음식을 만들어서 그의 고립된 오두막에 정기적으로 배달했다.

■

20세기 중반 개인주의는 대중문화로 스며들었다. 위험하고 더러운 거리의 고독한 사설탐정, 폭압이 성행하는 서부 마을의 아웃사이더,

부패 권력을 폭로하는 고독한 경찰이 다락방 선지자를 대체했다. 20세기 말에는 기업 변호사와 헤지 펀드 매니저가 독신 생활의 매력을 뽐낸다.

현대 외톨이에게 순수성이란 바닥에서 천장까지 이어지는 창문, 선반으로 포인트를 준 순백색의 벽, 가구를 최소화하고 여유 공간을 최대한 확보하고 광택제를 바른 바닥, 어디를 봐도 삶의 지저분한 얼룩 없이 빛나는 펜트하우스를 말한다. 잡동사니와 짐의 흔적은 최대한 없애야 한다. 또한 산꼭대기나 다락방, 플로베르의 상징적 탑처럼 높이가 중요하다. 물리적으로 위쪽에 위치하여 아래를 내려다봄으로써 정신적으로 높은 곳에서 낮은 곳을 굽어본다는 느낌을 받을 수 있다. 이처럼 '전망'이 중요하다는 생각은 현대에 발전했으며 VIP석에서 공연을 관람하듯 높은 곳에서 구경하는 행위를 통해 자의식의 분리를 즐긴다. 실제 광경이 중요한 것이 아니라 영광스럽고 안정적인 자리에서 아래를 내려다보는 행위가 중요하다. 밑에 있는 노동자를 바라보면서 독특한 자유와 우월성, 안전과 힘을 느낄 수 있다.

혼자 살기를 추구하는 사람들은 고독이 아니라 약물보다 강렬한 자연적 황홀경 같은 독특한 행복을 느낄 수 있다. 연인 베를렌에게 총을 맞고 아프리카로 가서 무기 밀수업자·모험가가 된 미치광이 왈패 아르튀르 랭보Arthur Rimbaud는 동시대 고지식한 독신녀 에밀리 디킨슨과는 전혀 공통점이 없을 것 같다. 하지만 랭보가 다락방에서 쓴 시와 에밀리가 뉴잉글랜드에 있는 침실에서 쓴 시에 비슷한 흥분이 엿보인다. 다락방의 황홀감은 산꼭대기의 황홀감과 비슷하다. 1,000년 이상, 그리고 수천 킬로미터 이상 떨어져 있지만 중국 당나라 시인 백거이의 〈산에서 홀로 읊다山中獨吟〉에는 10년간 산에 머무르다가 교훈을 전달하기 위해 광장으로 내려온 차라투스트라와 매우 비슷한 희열이 드러난다.

　오, 고독이여! 나의 고향 고독이여! 네 목소리는 어찌나 황홀하고 부드럽게 말을 걸어오는지!
　우리는 서로에게 묻지 않고, 서로 불평하지 않고, 열린 문을 열린 마음으로 함께 들어간다.
　네게 모든 것은 열려 있고 투명하기 때문이다. 이곳에서는 시간조차 가벼운 발걸음으로 달려간다.

　니체는 무척 유익한 은둔자다. 개인주의를 촉발하는 데 결정적인 역할을 했고 자기 제자들보다 사상의 복잡성을 잘 이해했으며, 그의 삶 자체가 개인주의의 결과를 보여주는 좋은 사례기 때문이다. 그의 첫 통찰은 자아는 주어진 존재가 아니라 끊임없이 구축해야 하는 존재라는 것이다. "활발하고 성공적인 본성은 '너 자신을 알라'라는 격언에 따라 움직이는 것이 아니라 '자신을 원하라, 그러면 너는 누군가가 될 것이다'라는 명령이 앞을 맴돌 듯이 움직인다."[12] 니체는 더욱 훌륭한 통찰을 발휘하여 이 자아가 유일한 사상을 따라서는 안 된다고 주장한다. 어떤 생각에 굴복하면 괴롭힘을 당하고 주눅 들며, 나약해지고 노예와 같아진다. 삶을 넘어서는 절대 진실은 없고 삶의 외부를 향하는 관점도 존재하지 않는다. 유동적이고 계속 반대 방향으로 당기는 상반된 힘에 몰두하는 자아가 있을 뿐이다. 힘을 억제하려는 시도는 굴복만큼이나 심각한 타격을 초래한다. 피할 수 없는 충돌은 자아를 약하게 만들기 마련이지만 자아가 충돌을 받아들이고 긴장감 속에서 이를 유지할 수 있다면 자기 힘의 원천으로 삼을 수 있다. 니체는 상반된 힘으로 당겨지는 사람을 가정한다. "한 인간을 가정해보자. … 그는 한쪽을 파괴하고 다른 쪽을 완전히 해방시켜서 이 모순을 해결하기는 불가능하다고 생각한다. 그렇다면 자기 내면에 두 힘을 수용하는 커다란 건축물을 세우는 방법밖에 없다. 양쪽 끝에 만들어야 할 수도 있다. 필요하다면 이 건축물 사이에는 다툼을 중재하는 지배적인 힘과 달래는 힘이 존재해야 한다."[13]

하지만 갈등을 단번에 해결하는 단순함과 절대성, 최종성에 대한 갈망이 이를 무척 어렵게 만든다. 심지어 니체도 절대적인 유일사상을 주장했다고 해석되면서 극좌(자유지상주의 무정부에 대한 주장 탓에)와 극우(상류계급 특유의 민주주의 거부 탓에)에서 동시에 자기들 사상의 대변자로 채택되었다.

■

유일한 사상은 없다. 아폴로적인 질서와 디오니소스적 광기, 계몽주의의 합리성과 신비주의의 낭만, 권위와 일탈, 음과 양, 기독교적 사랑과 이에 대한 혐오로 산꼭대기로 도피하려는 욕망 등의 공존을 허용해야 한다. 니체가 기독교에 불만을 가졌다고 해서 그리스도를 거부한 것은 아니었다. 니체는 인간적으로 그리스도를 존경했지만 삶의 모든 측면에 독단적인 신조를 강요하면서 육체를 혐오하고 두려워하는, 그의 이름으로 세워진 교회를 거부했다. "나는 무기력한 기독교 이상에 전쟁을 선포한다. … 그것을 파괴하려는 의도가 아니라, 그저 횡포에 종말을 고할 뿐이다. … 기독교 이상의 지속은 사실 아주 바람직한 현상이다."[14]

니체는 높음과 낮음을 결합하려는 욕망, 압도적인 단일 진실 거부, 권위 혐오, 풍자와 조롱, 광대짓, 환락 추구, 육체의 수용을 옹호했다는 점에서 라블레와 비슷하다("그러나 깨우치고 각성한 자가 말했다. 나는 전적으로 육체이며 육체 외에 아무것도 아니다. 그리고 영혼은 육체에 속하는 무엇인가를 설명하는 말에 불과하다").[15] 라블레와의 결정적인 차이는 지적 우월성을 중시하고 '천민', '군중', '보통 사람들(보들레르와 플로베르에게도 중요한 용어다)'을 경멸했다는 점이다. 니체는 우월성과 고립을 암시하는 '높이' 개념에 집착했다.

니체는 온전한 정신으로 살았던 마지막 해에 토리노에서 알프스산이 보이는 4층 집의 꼭대기 층을 빌렸다. 그해 여름 다른 위층 방을 빌렸고 일 년 내내 살 수 있는 오두막을 짓겠다는 꿈을 꿨다. 그의 책에는 낮음에 대한 경멸("생은 기쁨의 샘이다. 그러나 천민이 마시는 샘물은 모두 오염되어 있다")[16]과 외진 높음에 대한 열정적 찬사("그들의 머리 위에서 강풍처럼, 독수리의 이웃처럼, 눈의 이웃처럼, 태양의 이웃처럼 살자꾸나. 강풍은 그렇게 산다")[17]를 쏟았다. 마지막 저서 《보라 이 사람이다Ecce Homo》에서는 차가운 높음에 대한 욕망을 자기 작품의 핵심으로 정의한다. "철학은 … 얼음 속에서 그리고 높은 산에서 자유롭게 살아가는 것이다."

문제는 이런 사상이 균형 잡힌 힘을 중시하는 자기 사상을 스스로 위반하는 데 있다. 인류에 대한 사랑과 높음에 대한 사랑이 충돌하면 전적으로 높음에 대한 사랑이 이겼다(디오니소스와 아폴로의 투쟁처럼). 또한 니체는 이제 몰입, 융합, 소속, '개별 존재의 공포'에서 '완전한 자기 망각'으로의 해방, 젊은 시절 자신이 디오니소스적 환락의 가장 중요한 특색으로 보았던 '초자연적 단일성'을 통한 사회적 계층 해체 등을 거부한다. "이제 노예는 자유롭다. 이제 필연성과 변덕, 미개한 관습으로 인한 굳건하고 적대적인 모든 장벽은 허물어졌다. 이제 우주적 조화의 복음으로 개인은 이웃과 통합되고, 조화되고, 결합되었을 뿐 아니라 그 자신과도 하나가 되었다."[18] 하지만 니체는 나이가 들면서 내면으로 침잠했고 마지막에 토리노로 가기 전 프랑스 니스에 머물면서 환락에 대한 열정을 잊은 채 창문 아래 펼쳐지는 사육제가 시끄럽다고 불평했다.

홀로 살기를 거부하는 이유는 고립과 고독이다. 실제로 가끔 니체는 편지로 이에 대해 불평했다. 하지만 혼자 살기로 한 사람들에게 가끔 찾아오는 외로움은 더 큰 행복을 위해 치러야 할 작은 비용이다. 문제는 보통 사람이 따분해 보이고 일반적인 삶은 재미없어 보이며, 본인이 행복을 느끼는 능력에 우월감을 느끼는 현상이다. 이는 타인의 관점, 취향, 행위를 경멸하고 자기 신념과 판단, 행동만 옳고 존중받을 가치가 있다고 생각하며 무엇이든 자기 마음대로 해도 된다는 확신이 들게 한다. 이런 생각에 대항하는 힘이 없으면 자만심과 독선이 자라나고 그 결과 편협하고 성마른 기질, 과민, 변덕, 기존 방식에서 조금만 벗어나도 발끈하고 의견 충돌·비판 등을 못 참는 성격 등을 야기한다.

니체는 니스에서 토리노로 가는 도중에 기차를 잘못 타서 제노바에 도착했다. 그는 교활하고 착취적인 주민들에게 온갖 비난을 퍼부었다. 마침내 토리노에 도착하자 자기의 모든 문제를 독일과 기독교식 교육의 탓으로 돌리는 책을 쓰기 시작했다. 이러한 자기 강화self-aggrandizement는 그 어느 때보다 극단적이어서, 다른 모든 사람을 경멸하듯 〈나는 왜 이렇게 현명한가〉, 〈나는 왜 이렇게 훌륭한 책을 쓰는가〉 따위의 소제

목을 달았다. 그는 가족과 오랜 친구들에게 모욕적인 편지를 썼고 충실한 출판사와 싸웠으며 유럽 대사관에 반독일 연맹을 창설하라는 글을 보냈다. 친구에게 교황처럼 황제를 로마로 데려와서 공개 처형하고 싶다고 말하기도 했다. 니체는 끝내 편지에 "디오니소스"나 "십자가에 못 박힌 자"라고 서명을 하기 시작했고 스스로 "전 시대에 걸친 선도자"라고 했으며 "신이 물러나면 내가 통치할 것이다"라고 선언했다. 또한 집주인에게 자기는 날 때부터 귀족이라는 사실을 보여주기 위해 셔츠 바람으로 있을 테지만, 이탈리아 왕과 왕비를 맞이할 수 있도록 방을 사원처럼 꾸며달라고 요청했다. 집주인은 그를 감시하기 시작했고 니체가 밤에 방에서 발가벗고 춤을 추거나 길에서 지나가는 사람을 붙들고 본인이 토리노의 군주 또는 인간의 모습으로 땅에 온 신이라고 말하는 것을 보고 불안에 빠졌다. 결국, 주인에게 학대당한 말을 끌어안으며 눈물을 흘리는 유명한 일화로 그의 사회생활이 끝났다(밀란 쿤데라는 유쾌한 어조로 당시 니체가 동물에게 영혼이 없다는 데카르트의 주장에 대해 용서를 구했을 것이라고 추측했다).[19]

니체의 전기 작가 레슬리 체임벌린은 니체가 젊은 시절 걸렸던 매독으로 '탈억제disinhibition' 효과를 얻으면서 극단적으로 행동했다고 주장하지만[20] 그가 매독에 걸렸다는 확실한 증거는 없다. 실제로 매독에 걸렸다고 하더라도 탈억제 현상은 이미 존재하는 기질에서 비롯된다. 과대망상, 분노와 경멸은 니체의 오랜 특성이었고 고독으로 인해 심화되고 악화되었다.

많은 사람이 니체가 유일하고 비전형적인 사례라고 주장할 것이다. 물론 니체의 경우는 극단적이었지만 나는 오랫동안 혼자 산 사람들에게서 이런 현상을 발견했다. 오랜 세월 고립되어 살다 보면 보통 자기 중심, 기억력 감퇴, 항상 옳고 싶은 욕망, 자아를 구현했다는 인식, 강박과 자만, 어린 시절에 대한 집착, 신체 기능에 대한 병적인 매료 등의 특징을 보인다. 그 결과 저장에 집착하거나 인색함, 불안, 건강염려증, 식이와 배변 기능 집착, 변화에 대한 분노(특히 새로운 패션과 기술), 젊은 시절 즐겼던 대중문화에 대한 맹목적인 사랑 등 다양한 강박관념이 나타난다. 사소한 문제나 기회, 승리나 패배 등이 대단히 중요해져서 니체처럼 자기에 대한 믿음에 빠질 가능성이 높아진다. 박해를 받거나 지배하는 등 현재 처한 상황에 따라 그리스도가 되거나 나폴레옹이 되기도 한다.

■

지나치게 오랫동안 혼자 산 사람의 주된 정서는 분노다. 다른 이와 부대끼지 않으면 극도의 감정으로 평온한 고원을 무너뜨리기 십상이다. 당연히 그런 경우는 무척 많고 분노로 이어진다. 혼자 살면서 자유를 사수한 필립 라킨을 생각해보자. 그는 사랑하는 사람에게 얽매이기를 거부했고 자기와 맞지 않는 사회 활동은 하지 않았으며 외지고 높은 곳을 좋아했다. 또한 그의 시집 《높은 창문들High Windows》에는 등대지기가 된 자신의 모습을 상상하는 동명의 시가 수록되어 있다.[21] 라킨은 이런 반사회적 태도에도 불구하고 커다란 성공을 거두었고 인기뿐만 아니라 엄청난 찬사, 수많은 시인이 팔다리라도 바쳐가며 구할 법한 지위와 명예를 얻었다. 그러나 그는 스스로 "분노로 들끓는다"고 표현했다. 오로지 자신만을 위해 살았고 이것이 정확히 자기가 원한 삶이었다면, 그는 무엇 때문에 그렇게 화가 났을까? 완벽하게 통제된 개인의 세계가 불변하듯이 세계를 변하지 않도록 통제하고 싶은 고독한 과대망상이 커진 탓인지도 모른다. 시인에게 높은 창문 아래 세상은 통제를 거부하고 끊임없이 변하는 데 그치지 않고, 크게 분노할 정도로 잘못되게 변하려고 작정한 듯 보인다.

이런 분노는 더욱 큰 규모로 영향을 미친다. 20세기 상반기 아일랜드 가톨릭교는 자신들이 현대적 타락으로 생각한 악덕을 증오하여, 모두가 존경하고 따를 법한 규율과 순수성, 독실함의 표본을 만들어 타락한 세상에서 벗어나고 싶어 했다. 그러나 타락한 세계는 이 모범을 무시했을 뿐 아니라 비도덕적 쾌락에 더욱 몰두했다. 독실한 순수성은 혐오와 분노로 들끓게 되었다. 오늘날 이슬람에도 비슷한 일이 일어나는 듯하다.

물론 나이 듦도 이런 과대망상을 부추긴다. 나이 듦과 독신을 섞으면 멸망의 칵테일이 된다.

하지만 라블레와 니체가 반복해서 말했듯이 세상에 절대적인 진실이나 최종적인 해답은 없다. 혼자 살면서 독창적인 작품 창작에 필요한 광기를 얻을 수 있지만 자기 신념과 능력을 확신하고 만족하게 만들며 다른 사람을 무시하고 경멸하게 한다. 파트너와 함께 생활하면 서로 반대되는 힘의 긴장을 통해 극단주의를 막을 수 있지만 개인적인 성취는 어려워진다.

문제는 혼자 사는 것 자체가 아니라, 지나치게 오랫동안 혼자 살거나 완벽하게 고립되는 것이다. 이는 기벽과 광기를 꽃피운다. 독신을 신봉하는 사람들도 독신 생활이 영원해서는 안 된다는 사실을 깨닫게 된다. 차라투스트라는 산에서 내려왔고 소로는 오두막을 떠났다. 미스 괴짜 독신도 동거라는 배신을 고려한다. "나는 이제 다른 경험을 할 준비가 되었다. 오랫동안 혼자 살았고 현 시점에서 내 삶은 다른 이와 함깨할 때 더욱 성장할 것이다."[22] 새로 등장한 도시 부족을 연구한 인류학자이자 본인도 독신이었던 이선 와터스도 결혼했다. 계속 혼자 사는 사람들은 세상에서 고립되는 위험성에 대해 잘 알고 있다. 클리넨버그의 연구에 의하면, 잘 적응한 독신자는 은둔하지 않고 결혼한 사람들보다 집단 활동에 더 많이 참여한다. 그들은 바나 클럽에 가고 팀 경기에 참여하며, 밴드에서 연주하거나 합창, 정치적 시위를 하는 비율이 더 높다.

현대를 정의하는 세력이었던 개인주의가 활력을 잃어가고 있고, 피곤하고 화난 개인들이 자율성을 추구하는 데 따른 부담과 비용을 인식했을 수도 있다. 이 개념을 처음 고취했던 루소는 추종자들보다 훨씬 명확하게 개인주의의 위험성을 이해하고 있었다. "배타성은 쾌락의 죽음이다. 진짜 쾌락은 사람들과 공유해야 한다. 혼자만 가지려고 하면 잃기 마련이다."[23] 서구 문명의 종착역으로 보였던 개인주의는 사실 제약에 대한 일시적 과민 반응인 것으로 밝혀질지도 모른다. 그리고 우리는 탈개인주의 또는 부분적 개인주의 시대로 진입하고 있을 가능성도 있다.

몇 가지 증거가 있다. 신경과학은 개인을 고정된 자아로 인식하는 감각은 뇌에서 안정과 연속을 통해 편안함을 느끼기 위해 만든 환상이라고 주장하여 개인주의 기반을 약화시켰다. 자아는 발견해야 할 본질이 아니고 환경과 상호작용하는 계속적 프로세스다. '확장된 마음 extended mind' 이론에 따르면 자아의 일부 또는 전부가 환경 속에 존재한다. 철학에서는 가장 중요한 환경요인이 타인이라고 주장하여 이런 이론을 뒷받침한다. 개인의 정체성은 내면 성찰이 아니라, 다른 사람이 부여하는 정체성을 받아들이거나 거부하는 과정에서 발전한다.[24]

가장 강하고 무자비한 생명체만 살아남아 번성한다는 진화론은 개인주의를 정당화하는 근거 중 하나다. 하지만 진화생물학은 적응과 협동 능력이 강인함 못지않게 중요하다고 말한다. 진화인류학은 인간의 뇌가 개인적이기보다는 사회적으로 진화했다고 주장하며 어린이 심리학은 유아의 뇌가 개인적 성향을 띠기 한참 전에 사회성을 띤다고 주장한다. 사회심리학에서는 행복하려면 공감이 중요하다고 강조하여 이 주장을 뒷받침한다. 의학적 설문 조사에서는 사교성 있는 사람이 건강하고 오래 사는 반면 고독한 사람은 병에 걸리고 조기에 사망할 가능성이 높다는 사실을 밝혔다.

■

수정주의 역사revisionist history에서도 개인주의의 창조신화에 의문을 제기함으로써 이 사상의 지위를 약화시킨다. 개인주의는 18세기에 계몽되고 용감한 합리성의 대변자들이 종교의 족쇄와 억압을 깨고 개인이 진정한 자아를 찾고 표현하게 해주었다는 생각이 지배적이다. 하지만 사실 개인주의는 훨씬 이전부터 발전하기 시작했고 훨씬 점진적이고 복잡했다.[25] 18세기에 등장한 혁명적 자유는 기독교와 명백하게 대립했지만, 모든 인간은 동등한 가치를 지니고 오직 개인의 양심 규칙에만 좌우된다는, 당시로서는 무척 새롭고 혁명적인 기독교 사상에 뿌리를 두고 있다. 세속적 자유주의는 개인의 권리를 이용했지만 개인의 의무라는 필연적 결과는 잊어버렸다.

이처럼 심오한 사상 영역뿐 아니라 팝콘을 씹는 극장가에도 큰 변화가 일어났다. 슬럼가에서 걷거나 도심에서 차를 모는 외로운 영웅은 친구 한 쌍이나 정예 팀, 전우들로 바뀌었다.[26] 만화책에서도 영웅은 집단으로 악에 맞서 싸운다.

당연히 1970년대 이후 개인의 권리와 함께 재미와 집단 활동도 발전해왔다. 사실 개인의 권리가 발전하는 현상에 대한 대응으로 보는 편이 더 적합할 것이다. 집단 활동을 중시하는 경향은 독신을 선호하고 표현적인 개인주의를 높이 평가하는 현상에 가려져 인지하기가 어려웠다. 하지만 혼자 사는 사람들은 다수의 집단에 소속되어 있는 경우가 많고 이들은 비슷한 생각을 가진 사람들과 어울리고 싶어 한다. 클리넨버그가 썼듯이 "솔로가 되는 것은 엄청나게 사회적인 일이다."

이러한 현상은 형식적인 옛 제도의 숨 막히는 제약과 높은 창문에 존재하는 새 자율성의 건조한 자유라는 두 개의 극단이 궁극적으로 균형을 이룬 결과다. 새로 등장한 집단은 연대가 느슨하고 격식에 얽매이지 않는다. 또한 수명이 짧고 체계적인 조직이 없으며 구성원은 자주 바뀌지만 명확한 회원 기준이 없고 회원 명단이나 계급, 리더십, 규칙이 없다. 대부분의 구성원이 서로 알지 못하고 일부러 그런 상태를 유지한다. 실제 집단 활동보다 집단에 속한다는 즐거움이 더 중요해 보인다. 재미를 즐기기 위해 집단이 있기보다는 집단을 형성하기 위해 재미가 존재하는 것에 가깝다. 금방 사라질 집단에 소속되는 즐거움을 위해 인터넷을 통해 낯선 사람끼리 모여서 실행하는 플래시몹을 예로 들 수 있다.

에피쿠로스가 다시 떠오른다. 그는 이 도시 공동체의 아버지가 될 자격이 충분하다. 그에게 쾌락은 산꼭대기에서 홀로 하는 명상이 아니라 아테네에 있는 자기 집 정원에서 뜻이 맞는 친구 몇 명과 함께 하는 토론이었다. 이런 자리에서 영감을 받은 사상은 신학(신은 멀고 알 수 없는 존재이며 인간사에 관여하지 않는다), 물리학(우주는 원자와 허공만으로 구성된다), 신경과학(의식은 원자의 복잡한 활동을 따라갈 뿐이다), 21세기 심리학(쾌락을 추구할수록 효과는 낮아진다: 오늘날 '쾌락 적응hedonic habituation' 현상으로 불린다) 등의 분야에서 몇천 년을 앞섰다.[27] 에피쿠로스의 도시 부족에게 유일한 회원 자격이 활기와 호기심이었다는 것도 무척 현대적이다. 노예였던 사람과 여성도 부족의 일원이었다. 에피쿠로스는 '화끈한 애인', '아기 사자', '젖가슴' 등으로 불리는 무희들과도 어울렸다는 이유로 비방받고 조롱당했다.[28] 이는 결코 오늘날과 다르지 않다.

9장

재미와 춤

__ 본질적이고 보편적이고 영원한

• • •

영화 〈그리스인 조르바Zorba the Greek〉의 멋진
엔딩에서 앤서니 퀸이 연기하는 반백의 디오니소스 조르바와 책벌레
에 내성적인 영국인 친구(앨런 베이츠)는 먼 산에서 나무 케이블을 이용
해 바다까지 목재를 운반하는 데 베이츠의 돈을 투자했다. 첫 시범에
서 장치는 요란한 소리를 내면서 보기 좋게 차례차례 망가졌다. 충격
에 빠진 두 사람은 오랫동안 바닷가에서 이 장면을 지켜본다. 하지만
이 노인에게 내면의 디오니소스를 만나는 법을 배운 베이츠는 괴상한
요구를 한다.

"조르바, 춤을 가르쳐줘요."

처음에 조르바는 깜짝 놀라 어쩔 줄 몰라 하다가 이내 회색 수염에
활짝 웃음이 번진다. 삶을 긍정하는 특유의 깊은 웃음이 퍼지자 인상
깊은 발랄라이카 연주곡이 흐르고 조르바는 춤을 리드하기 시작한다.
서서히 속도가 빨라지면서 카메라도 뒤로 물러났다가 다시 돌아오고,
그다음에는 위로 올라간다. 두 댄서가 산과 바다, 우주의 광대함 속에

서 하찮은 존재에 불과하다는 사실을 보여준다. 광대한 배경조차도 이 모든 것과 완전히 하나다.

이 장면은 순수한 동작을 통해 에너지를 분출하는 춤의 무상한 속성을 나타낸다. 이 경우에는 일탈이 더해져서 신을 달래는 것이 아니라 신에 거역하고 운명에 욕을 퍼붓기 위해 춤을 춘다. 물론 이 장면은 할리우드가 사랑하고 나 같은 완고한 회의주의자는 싫어하는 해피 엔딩이다. 하지만 엉성한 극적 요소가 가장 효과적일 때도 있는 법이다. 이 장면은 내 모순적인 무관심을 뚫고 차가운 심장을 뜨겁게 녹였다. 나는 그 춤곡을 웅얼거리면서 극장을 나왔고, 손가락을 튕기면서 운명이 어떤 재앙을 준비했든 낄낄 웃으며 춤을 추리라 맹세했다.

물론 그렇게 되지는 않았다. 나는 아내가 내 춤에 처음 매력을 느꼈다고 자주 말했음에도 불구하고 춤을 그만뒀다. 순수한 재미를 위해 에너지를 쏟으며 세상에 반항하고 인간의 태평함으로 신에게 반항하면서 몇십 년이고 그녀와 춤을 추어야 했겠지만, 너무 늙고 온몸이 뻐근하고 너무 바쁘고, 젊은 치기에 빠지기에는 모든 것이 벅차다며 그녀의 간청을 거절했다. 그래서 너무 많은 기회를 잃었다. 남자와 여자는 함께 춤을 춰야 한다. 특히 여자는 춤을 사랑한다. 아빌라의 성 테레사 수녀도 주교와 함께 탬버린 박자에 맞춰 시간 가는 줄 모르고 춤을 췄다. 파트너의 반응이 시원찮아도(남자들은 보통 그렇다) 아랑곳하지 않았다.

보상하기에는 너무 늦었을까? 아내는 무릎이 감당하지 못하리라고 걱정한다. 나는 허리가 걱정이다. 또한 춤추는 아빠를 보면 당황스럽다는데 춤추는 할아버지는 어떻게 보일까? 어떤 춤을 어디서 추느냐 하는 문제도 존재한다. 런던에는 엄청난 춤 수업이 다양한 장소에서 이뤄지고 있다. 세상에서 이름을 부여받은 모든 춤을 어딘가에서 배우고 연습할 수 있을 것 같다. 익명의 즉흥성을 즐길 방법도 있다. '엑스테틱 댄스'에서는 "음악과 공동체, 자기 내면의 공간이 춤의 스텝과 움직임, 표현, 그리고 여행을 인도하게 하라"고 촉구한다.

■

선사시대 최초 댄서들의 단체 춤을 다시 경험하려면 라인댄스가 가장 적합할 것이다. 오늘날 라인댄스가 다시 인기를 얻고 있지만 토속적인 척하고 격렬한 척하는 미국의 지역 전통에 점령되어 그곳에서 자리 잡았다. 더 인기 있고 디오니소스적인 야성이 느껴지는 것은 살사다. 살사는 아프리카와 라틴아메리카의 리듬이 결합되어 쿠바에서 만들어졌고 뉴욕에서 다듬어졌으며 이제 어느 지역 문화센터에 가도 접할 수 있다.

하지만 먼저 살사를 전체 맥락에서 이해해야 한다.

춤은 본질적이고 보편적이며 영원하다. 수많은 우주학자에 의하면 우주는 호키코키를 추고 있다. 은하계가 서로 멀어졌다가 멈추고, 다시 모여서 미친 듯 충돌하여 결합하면서 처음부터 다시 시작한다. 규모 면에서 정반대 경우를 관찰하면 원자도 머리와 꼬리가 연결되어 원을 그리며 콩가를 춘다. 이 콩가를 추지 않으면 질서와 다양성, 복잡성, 생명은 존재할 수 없다. 단세포생물에 속하는 스피로헤타균은 생명을 얻자마자 씰룩씰룩 춤을 춘다. 이 춤에서 모든 생명 활동이 파생된다.

특히 여성이 이 씰룩씰룩 춤을 추면 여전히 효과적이지만, 동물들은 결국 더 복잡한 춤을 개발했다. 꿀벌들은 새 벌집을 지을 위치를 찾아내면 다시 옛집으로 돌아가서 자이브를 춘다. 자이브의 크기와 방향은 새 벌집의 지도를 그리고, 에너지와 열의의 정도는 새 집이 얼마나 가치 있는지 알려준다. 춤이 격렬하고 멋질수록 확신에 찬 제안인 셈이다. 이렇게 합의를 한다면 인간 세계의 지루한 회의에도 확실히 활기가 생길 것이다. 호주의 바우어새는 최초로 무도장까지 만들었다. 두루미는 카드리유를 닮은 단체 춤을 개발했다. 수컷과 암컷 여러 마리가 정렬해서 마주 보고 서로 짝을 고를 때까지 앞으로 가서 인사하고 다시 뒤로 갔다가 파트너를 바꾸고 동작을 반복한다. 침팬지는 더 파격적이고 활기찬 스타일을 개발했다. 의기양양한 표정으로 힘차게 움직이며 두 발로 서거나 리드미컬하게 발을 구르고 소리를 지른다. 야생 침팬지의 행동을 처음으로 상세하게 관찰했던 제인 구달은 침팬지가 어떻게 천둥과 번개에 반응하는지 설명했다. "첫 빗방울이 떨어지면 침팬지는 거칠고 리드미컬하게 몸을 흔들면서 어린 나무를 앞뒤로 흔들고 발을 구른다. 우리는 이 멋진 광경을 레인 댄스라고 부른다."[1]

하지만 동물 세계에서 진정한 댄스 스타는 스노볼이다. 황색 깃이 있는 이 유황앵무새는 백스트리트 보이즈 음악에 맞춰 머리와 발을 동시에 움직이며 빠른 박자로 춤을 추는 인터넷 비디오로 유명세를 탔다. 음악 관련 신경과학자 아니루드 파텔은 조사 끝에 "스노볼은 일정한 범위에서 박자가 빨라지면 움직임을 조절하면서 음악과 보조를 맞춘다"[2]고 인정했다.

이런 사례는 동물 중에서 인간만 청각적 박자 자극에 움직임을 동기화할 능력이 있다는 주장을 약화시키는 근거로 보인다. 하지만 인간의 박자 감각이 동물보다 우월하다. 언제나 그렇듯이 우월한 뇌 기능의 비밀은 연결 고리를 찾아내는 것이다. 신경학자 올리버 색스가 말했다. "인류가 육체적으로 그리고 정신적으로 … 박자와 리듬을 맞추는 능력은 … 청각과 전 운동피질의 상호작용에 달려 있다. 그리고 이 두 개 피질 영역 사이에 연결 고리가 존재하는 동물은 인간뿐이다. 결정적으로 이 감각과 운동 활동은 서로 정확히 통합되어 있다."[3] 색스는 춤을 출 때 우리는 단지 박자를 따를 뿐 아니라 박자 배열을 기억하고 스텝을 예측하는 법을 배운다고 설명했다. 즉 인간은 반복적인 패턴에 몸을 맡긴다.

인간이 춤을 추기 시작한 시기는 적어도 구석기까지 거슬러 올라간다. 이는 언어가 발생하기 전이고 웃음만큼이나 근본적이고 오래되었다. 호모 에렉투스가 박자에 맞춰 움직이기 위해 리듬감을 개발했다는 이론도 있다. 따라서 춤은 20만 년 전 호모 사피엔스가 등장하기 전에 존재했다는 결론이 나온다.[4]

최초의 시각 자료를 살펴보면 춤을 추는 구석기 인간은 동물 탈을 쓰고 있다. 이는 춤 의식이 동물과 관련된 기원을 갖고 있다는 점을 시사한다. 춤에 대한 첫 기록인 트루아프레르 동굴 벽화에서 가면을 쓴 댄서는 주술사로 보이며 뿔과 가면을 착용하고 다리는 스텝을 밟고 있다. 19세기 미국에서 발생한 케이크워크와 비슷해 보인다. 고정된 그림에서 움직임을 정의하기는 어렵지만 튁 도드베르 동굴에서 발견된 교미하는 들소 앞 50여 개의 화석화된 발자국은 동물을 모방한 춤을 암시한다.

춤은 신화에서도 눈에 띈다. 힌두교의 신 시바의 춤은 우주를 작동시켰고 우주적 호키코키부터 원자의 콩가까지 만물이 계속 움직이게 한다. 춤은 비활성 물질까지 깨우는 힘이 있다.

북미 오논다가족 신화에서는 춤이 사람에게 발휘하는 힘을 묘사하고 있다. 바쁜 부모가 아이를 방치하면 아이들은 숲속 빈터로 가서 사습과 다람쥐, 곰을 흉내 내며 춤을 추었고 특히 매와 독수리를 좋아했다. 어느 날 한 노인이 아이들에게 다가가 춤을 그만두지 않으면 마귀가 들 것이라고 경고했다. 노인은 며칠 동안 찾아와서 경고를 반복했지만 아이들은 무시하고 계속 춤을 췄다. 오랫동안 춤을 추다가 피곤해진 아이들은 부모들에게 춤추는 동안 먹을 음식을 가져다달라고 했지만 부모들은 집에 와서 식사하라고 고집했다. 어느 날 아이들이 음식을 먹지 않고 무척 오랫동안 춤을 추는 바람에 배고픔으로 머리가 가벼워졌고 조금씩 하늘로 떠오르기 시작했다. 집으로 돌아오라고 애원하며 음식을 잔뜩 싸들고 급히 뛰어오던 부모들은 빙빙 돌며 숲 위로 떠오르는 아이들을 목격했다. 아이 하나는 땅으로 떨어졌지만 다른 아이들은 계속 하늘까지 올라가서 춤추는 별자리가 되었다. 부모들에게는 실망스러운 일이지만 젊은이들은 춤이 별만큼 높은 곳으로 데려다주리라는 사실을 계속해서 발견한다.

기원전 수천 년 전 초기 농경사회에서는 봄마다 다산의 여신에게 대지에 풍요를 가져다달라고 기도를 올렸다. 다산은 여성성이고 여성은 춤을 좋아하므로 여신도 춤을 출 것이고 여신을 기리며 춤을 추는 사회에 상을 주리라고 생각했다. 이런 전통은 20세기 무렵까지 동유럽과 러시아의 촌락공동체에 지속되었다. 출산 전에 사망한 젊은 여성은 숲이나 강가에 사는 영혼이 되어 밤에 모여서 웃고 놀면서 나뭇가지로 그네를 타고 노래 부르며, 무엇보다 함께 춤을 춘다고 한다. 이들은 보통 자기들끼리 행복하게 지내기 때문에 마을에 해를 끼치지 않았지만, 젊은 남자가 바보같이 밤에 숲을 방황하면 이들에게 잡혀서 죽을 때까지 춤을 추게 된다. 이렇게 춤추는 여신은 루살키나 빌리(영어식으로는 '윌리스willies'로 이제 단독으로 쓰이지 않는 단어지만 "그것 때문에 겁이 났다it gave me willies"라는 문구에 쓰인다)로 불린다. 그들은 젊고 아름다우며 하얀색 슈미즈를 입고 생식력을 상징하는 길게 풀어헤친 머리를 하고 있기 때문에 다른 여성과 구분된다. 결혼한 여성은 이런 위험한 영혼과 구분되기 위해 머리카락을 땋아 모자에 집어넣었다. 이 구분법은 아일랜드에서 20세기 후반까지 계속되었다. 결혼한 여성은 머리카락을 짧게 자르고 무쇠로 파마를 해서 고정했다.

빌리가 사용하지 못한 생식력은 봄에 땅 밑으로 스며들도록 빌 수 있다. 촌락공동체에서는 특별한 축제와 의식을 치르며 춤을 췄다. 이 춤은 특히 빌리를 숭배하는 축제 루살리아Rusalia나 '광란의' 주간Crazy Week에 특히 열광적이었고, 사육제(카니발)적 뒤집기의 또 하나의 사례로 이 때는 며칠 동안 여성이 지배했다. 이 기간에는 광기가 만연하기 때문에 빌리는 원래 살던 외딴 서식지를 떠나 아무 곳이나 돌아다니며 성별과 관계없이 만나는 사람 아무나 납치했다. 마을을 떠날 일이 있는 여성들은 이 영혼을 피하기 위해 마늘과 쑥을 몸에 지녔다.

당연히 교회는 젊은 여성이 열광적으로 춤추는 데 극단적으로 부정적인 관점을 취했다. 서부 유럽에서는 이런 여성을 악마를 숭배하는 마녀로 몰아서 화형에 처함으로써 오랜 전통을 근절하는 데 성공했다. 동유럽에는 이런 일이 전혀 없었기 때문에 춤추는 축제가 다수 살아남았다. 그들이 굴복한 것은 20세기 절대 권력인 TV뿐이다.

낭만적 발레 공연 〈지젤〉(완전한 제목은 〈지젤 또는 빌리들Giselle, ou les Wilis〉)은 이러한 이교도 전설을 기반으로 한다. 지젤은 아름다운 농민 소녀인데 심장병으로 사망해서 빌리가 되지만, 자기가 사랑했던 남자를 다른 빌리가 유혹해서 죽을 때까지 춤추게 만들려고 할 때 그 남자를 구해낸다. 대표적인 발레 음악은 프랑스 작곡가 아돌프 아당

Adolphe Adam의 지젤 공연 음악이다. 슬라브계 작곡가들은 이에 대응하여 진정 오래된 느낌을 주는 특이하고 리드컬한 음악을 만들었다. 스트라빈스키Stravinsky의 〈봄의 제전〉은 고대의 풍작 기원의식을 재현했고 버르토크Bartók의 〈루마니아 민속 무곡〉, 〈불가리아 리듬에 의한 6개 무곡〉과 〈야외에서〉 모음곡은 20세기까지 지속되었던 이교도 축제에 사용된 음악을 기반으로 한다. 이 작품들은 모두 격렬하고 짜릿하게 리드미컬하다. 러시아 발레단 발레 뤼스Ballets Russess가 파리에서 〈봄의 제전〉을 초연할 때 특이하게도 폭동이 일어났다(댄서와는 세상에서 가장 거리가 먼 신경쇠약 환자 마르셀 프루스트도 극도로 흥분했고 반항하는 금융가의 모자를 집어던졌다고 한다). 버르토크의 무곡은 피아노 솔로용으로 작곡되었지만 피아노를 타악기처럼 연주하는 방식 때문에 기묘하고 취한 듯한 현대 재즈와 비슷한 느낌을 준다.[5]

하지만 여신은 정상에 오래 머무르지 않았다. 기원전 몇백 년 전 고전시대가 시작할 무렵, 점점 가부장적으로 변하던 사회는 남성 우위의 춤 신화를 필요로 했고 제우스가 땅의 여신 세멜레를 수태시켜 춤의 신 디오니소스를 낳았다. 하지만 가장 광기 있는 춤을 추는 신은 디오니소스를 추종하는 여신들인 '마이나데스Maenades(미쳐 날뛰는 여자들이란 뜻이다)'다. 마이나데스는 터보 엔진을 단 오토바이 폭주족의 빌리 버전으로 흰색 슈미즈 대신 동물 가죽을 입고 뱀을 두르고, 춤을 추며 황홀경에 빠진 다음 숲속을 돌아다니며 동물을 찢어 생으로 먹는다. 좀 과격하긴 하지만 기독교 성찬식처럼 상징적인 신의 식사 의식이다. 화병에 남은 그림을 보면 디오니소스가 술을 진탕 마시고 무심하게 쳐다보거나 나른하게 누워 있는 동안 마이나데스는 랩 댄스 클럽에 온 회사 임원처럼 춤을 춘다. 그럼에도 불구하고 춤추는 여신들은 대부분

잊히고 디오니소스가 황홀한 춤과 연회의 창시자로 여겨진다.

디오니소스를 비롯해 춤의 신을 숭배하는 현상은 그리스와 동지중해 연안으로 빠르게 전파되었고 이후 그리스 문화에는 유희적 합창과 춤 경연, 최고의 댄서 시상 등이 유행하고 춤이 성행했다(그리스에서는 '춤'과 '놀이'를 의미하는 단어가 같다. 다수의 슬라브 언어도 마찬가지다). 플라톤은 그다지 재미를 추구하지는 않았지만(시를 싫어했다) 시민의 공동체 정신을 함양하는 필수 요소로 합창과 춤을 옹호했고 여섯 살 때부터 아이들에게 춤과 노래를 가르쳐야 한다고 주장했다.

■

기독교가 지배적 종교가 된 첫 세기에 교회에서 춤은 신을 맴도는 천사의 춤을 모방한 것으로 영혼이 천국으로 갈 수 있도록 도와준다고 생각되었다. 4세기 밀라노의 성 암브로시우스는 이렇게 말했다. "불타는 믿음의 영혼을 가지고 춤추는 이는 하늘의 별에 닿을 때까지 높이 올라간다. 영혼의 춤을 추는 이는 항상 신앙의 황홀경 속에서 움직일 수 있고 우주 만물의 소리를 들으면서 춤출 권리를 얻는다."[6]

여전히 단체 춤은 종교적 황홀경의 표현이었지만 기독교가 성장하고 계층화되면서 춤은 점점 사회의 하위 계층과 연관되었고, 기독교가 로마제국의 공식 국교가 되었을 때 상위 계층은 춤을 통한 하위 계층의 집단 흥분에 혐오와 두려움을 표현했다. 황홀경은 고독한 성인이 개인수도실 안에 있을 때만 즐길 수 있다. 4세기 주교들은 맹렬히 춤을 비난하기 시작했다. 이탈리아 카이사레아의 주교 대 바실리우스는 이렇게 말했다. "흐트러진 머리에 조끼를 입고 깡충깡충 뛰면서, 음탕한 눈으로 크게 웃으며 춤을 춘다. 광란에 사로잡힌 듯 젊음의 욕정을 자극한다. ··· 매춘부의 노래로 공기를 오염시키고 수치스러운 몸짓을 하며 발로 타락한 땅을 더럽힌다."[7] 하지만 교회에서 댄서를 몰아내는 데는 거의 1,000년이 걸렸고 사육제에서 추는 춤을 억제하는 데는 몇 세기가 더 걸렸다.

이러한 초기 춤은 박자와 스타일이 아주 다양했겠지만, 모두 단체로 추었다는 점은 확실하다.[8] 춤 학자 모리스 루이에 따르면 커플 댄스는 1400년경에야 시작되었으며 오랫동안 서유럽 귀족 사이에서만 유행했다.[9] 루이에 따르면 새로 부상한 기사도적 사랑의 영향을 받아 서클 댄스를 추는 남성이 자기 오른쪽에 있는 여성에게 더 관심을 기울이기 시작했고, 결국 커플은 자기들끼리 춤을 추기 위해 서클 밖으로 벗어났다고 한다. 하지만 동유럽에서는 영화나 TV의 화려한 커플 댄스가 등장하기 전까지 라인댄스가 20세기까지 지속되었다. 이는 1930년대 뮤지컬 스타 프레드 아스테어Fred Astaire와 진저 로저스Ginger Rogers 가 자기도 모르게 고대 여신의 춤을 끌어낸 이유일 것이다.

커플 댄스가 계급을 뚫고 내려와서 경계를 넘나들기 시작한 시기는 계몽주의 시대 이후이고 사람들은 이민자가 몰려오는 것 못지않게 격렬하게 두려워하며 분개했다. 최신 '외설적인 외국 춤'에 대한 분노는 오랫동안 지속되었고 《타임스》에서는 이렇게 맹렬히 비난하는 글로 분노를 표현했다. "팔다리가 외설적으로 얽히고 몸을 가까이 밀착하는 광경에 잠깐 눈길을 던지기만 해도 지금까지 영국 여성의 미덕이었던 다소곳함이나 조용함과는 거리가 멀다는 사실을 느낄 수 있다. 이런 음란함이 매춘부와 간통녀로 제한된다면 주목할 필요도 없을 것이다. ··· 하지만 이제 우리는 모든 부모에게 딸을 이 치명적인 전염병에 노출하지 못하게 경고해야 한다."[10]

당시에 이렇게 역겨울 정도로 음란한 외국 춤은 무엇이었을까? 추잡한 소굴이라는 빈에서 수입된 왈츠였다. 미뉴에트가 귀족의 춤이었듯 부르주아의 춤이며 사실 춤이라기보다는 우쭐한 몸짓에 가까웠던 왈츠가 한때 혐오와 공포의 대상이었다니 불가사의한 일이다. 하지만 왈츠는 미뉴에트가 18세기를 주름잡았듯 19세기를 지배했다. 왈츠의 적수가 될 춤은 슬로바키아 하녀가 만든, 반복해서 허벅지를 치고 무릎을 추켜올리는 활기찬 춤 폴카밖에 없었다. 다시 한번 춤이 하위 계층부터 활성화된 셈이며 그 이후로 이런 방식이 반복되었다.

20세기 초반 신세계에서 춤이 가장 극적인 전기를 맞았다. 그리즐리 베어, 버니허그, 터키 트롯(엉덩이를 흔드는 트월킹과 유사), 카멜 워크(마이클 잭슨의 유명한 문워크와 유사) 등 아프리카계 미국 춤을 통해 동물적 뿌리로 돌아갔다. 부르주아 사회가 동물의 침략에서 회복되기 전에 1912년에는 19세기 중반 아르헨티나 사창가에서 발전한 에로틱한 춤 탱고가 유럽에 들어왔다. 이는 동물원과 사창가의 복수이자 궁극적 뒤집기였다. 탱고의 중요한 혁신은 한쪽을 튼 치마였다. 황홀하게 에로틱할 뿐 아니라(부분 노출은 항상 전체 노출보다 짜릿하다) 화려하게 움직일 수 있도록 다리를 자유롭게 해주었으며 엄청나게 충격적인 춤동작 하이킥을 가능하게 했다. 멋진 개그와 마찬가지로 멋진 하이킥은 예상 밖이어야 하고 갑작스럽고 완벽한 타이밍에 재빨리 실행되어야 하며 망설이거나 비틀거려서는 안 되고, 채찍을 찰싹 때리듯 가슴 높이에서 탁 소리를 내며 끝나야 한다. 발로 차는 행위가 암시하는 해방과 저항, 불손한 태도 등이 냉정하고 절대적인 통제 아래 이루어지는 점이 유쾌하다.

춤의 유행은 사회 변화를 반영하는 경우가 많다. 전염병이나 전쟁 등 커다란 국가적 고통이 지난 후 광적인 춤이 생겨나는 것이 전형적인 춤 역사의 흐름이다. 14세기 유럽에 흑사병이 창궐한 후 수많은 독일 마을과 프랑스 마을에서 집단 춤이 유행했다. 수백 명의 사람이 말 그대로 쓰러질 때까지, 심지어 때로는 죽을 때까지 춤을 추었다. 제1차 세계대전의 공포 후에는 무척 박자가 빠른 춤인 찰스턴이 등장했다. 하지만 찰스턴은 속도 변화나 전개의 반전 없이 지나치게 빠르기만 했다. 지나치게 순진하고 명백하며, 발랄하고 순결한 춤이었다. 탱고는 폭발적인 움직임 속에서 황홀하게 긴장을 해소하는 갑작스럽고 극적인 멈춤, 신비감을 형성하는 근엄하고 무표정한 표현이 필요했다. 현대적인 세련됨과는 먼 거리감과 오만함, 심지어 지루한 겉모습을 위장한 멋을 부려야 한다. 탱고는 차갑기 때문에 뜨겁다(그리고 찰스턴은 뜨겁게 보이려고 지나치게 열심히 노력했기 때문에 절대로 차갑지 않았다). 멋쟁이는 애쓰는 모습을 보여서는 안 된다. 재즈 시대는 몸에 붙고 노출이 심한 옷과 칵테일, 나이트클럽, 새벽까지 추는 춤 등 세련된 밤 여흥의 외관 및 구조, 형태를 창조했다.

경제대공황과 제2차 세계대전 이후 빠른 박자의 지르박이 또 등장했지만 1950년대에 좀 더 조용한 자이브로 변화했다. 자이브도 빠르긴 하지만 반항적인 청춘의 새로운 무심함과 경멸을 더욱 잘 표현한다. 춤은 처음에는 단체 행위였다가 두 사람 간의 협력이 되었고, 차분한 자이브는 커플 댄스의 마지막 단계였다. 서로 파트너를 거의 의식하지 않는 듯하고 춤추기 귀찮아 보일 정도로 나른하게 허리를 움직인다. 둘은 서로를 바라보지 않으며 남성이 여성을 없애버릴 것처럼 거칠게 돌리면서 눈을 마주치는 일도 없이 각자 꿈꾸듯 자기에게 몰입하며 원을 그리다가 마주하면서(그러나 마주 보지는 않으면서) 우연인 것처럼 손을 잡는다.

나는 후회를 담아두지 않는 편이지만 자이브를 배우려다가 게으름을 피워 실패한 데는 극심한 상실감을 느낀다. 내 세대에 유행하던 춤은 1960년대의 신문물 트위스트다. 트위스트는 혼자 추는 춤을 유행시켰지만 다른 모든 면에서 특별할 것이 없었고 당연히 기억에서 사라졌다.

1970년대 춤 전용 음악이 발전하면서 춤 에너지는 크게 폭발했다. 라이브 음악이 아닌 레코드 음악에 맞춰 춤을 추는 디스코텍 현상은 파리에서 시작되어 유럽에 퍼졌고 뉴욕에서 번성했다. 디스코텍은 간단히 디스코라고 불렸고 댄스 음악은 매우 단순해졌으며, 1977년 영화 〈토요일 밤의 열기Saturday Night Fever〉를 통해 주류 반열에 올랐다.

그 시절을 보낸 사람은 누구나 하얀 양복을 입은 존 트라볼타가 당당하게 오른손을 하늘로 찌르는 모습을 기억한다. 이 동작은 신을 인정하지 않고 신에게 손가락질을 하면서 신세계에는 신이 없고 의기양양한 도시 청춘이 신세계의 주인이라는 사실을 보여준다. 내게는 의상도 음악도 상스러워 보였지만 순순히 아내 손에 끌려 영화를 보러 갔다. 아내는 존의 하얀 양복보다는 검은 속옷에 더 관심이 있었다. 하지만 이 영화가 기분 좋은 뮤지컬 판타지가 아니라 거리의 삶과 섹스 등 젊은이들의 지저분한 현실 얘기를 보여준다는 점은 놀라웠다. 현대판 〈사랑은 비를 타고Singing in the Rain〉를 기대한 사람에게는 고약한 영화였다. 또한 재미라는 주제를 무척 잘 다룬 영화기도 하다. 따분한 직업, 술과 섹스로 도피하는 주말, 트라볼타가 연기하는 토니 마네로가 속한 젊은이 집단의 정신과 역학, 거친 언어 등을 정확히 묘사한다. 토니 마네로는 카리스마 있는 리더이며 이 집단에는 광대 세 명과 차를 갖고 있는 덕에 겨우 무리에 낀 키 작은 군식구 하나가 있다.

젊은이와 나이 든 사람 사이에 오고 간 이 고전적인 대화는 영화를 보고 난 이후에도 계속 내 기억에 남았다.

> 현명한 나이 든 보스: 지금 좀 해, 토니. 미래를 대비하라고.
> 반항아 토니: 미래 따위 엿이나 먹으라고 해요.
> 현명한 나이 든 보스: 아니, 토니. 넌 미래를 엿 먹일 수 없어. 미래가
> 널 엿 먹일 테니까.

결국 토니는 성숙해진다. 영화의 진정한 주제는 자기 무리의 미숙함을 토니가 점점 인지하게 되는 과정이지만, 그저 춤을 구경하기만 해도 영화를 볼 가치가 있다. 첫 번째 디스코 장면에서 토니는 일종의 디스코 자이브를 추기 시작하지만 곧 파트너를 버리고 짜릿한 솔로로 폭발한다. 춤이 표현적 개인주의의 새로운 주요 형태임을 선언하는 장면이다. 또 하나 멋진 장면에서는 디스코 군중이 디스코 라인댄스로 융합한다. 초기 라인댄스를 떠오르게 하며 광란의 단체 춤을 기대하게한다. 푸에르토리코에서 온 커플은 세계를 정복할 새로운 춤인 살사를 춘다. 여성이 하이킥을 하는 간단한 탱고까지 등장한다. 최고는 아니지만 내가 감탄하며 흠칫할 정도로 충분히 괜찮은 장면이었다.

1878년 뉴욕에는 1,500군데의 디스코텍이 있었지만 디스코텍이 모여 있는 곳은 유명 인사들이 애용하는 인기 장소가 아니라 흑인, 히스패닉, 특히 게이 등의 아웃사이더가 많이 가는 곳이었다. 이들 디스코

클럽은 새로운 주술사를 개발했다. 예전의 DJ는 인기 있는 음반을 턴테이블에 올려놓는 이름 없는 직원일 뿐이었지만 아웃사이더 DJ는 특별한 감각으로 인기를 얻고 인정받았다. 같은 시기 등장한 스탠드업 코미디언과 마찬가지로 DJ는 사람들과 직접 소통하는 관계를 발전시켰고 관객의 분위기에 반응했다. 초기에 유명세를 얻은 DJ 테리 노엘 Terry Noel이 말했다. "관객들이 내뿜는 느낌이 있어요. 무의식적인 포도넝쿨 같은 거죠. 관객이 신호를 보내면 저는 레코드로 대답해요."[11]

■

새로운 효과를 창조하는 것이 DJ의 다음 단계였다. 예를 들어 서로 다른 두 개 레코드를 일부 틀거나 같은 레코드를 두 개 틀어서 드럼 파트를 반복시킨다. 멜로디와 화성, 대위법, 진행 등 서양음악이 무척 공들여 발전시켜온 모든 것을 벗기고 드럼 연주만 남겨놓으려는 의도다. 이처럼 새롭고 열광적인 드럼 리듬은 열광적인 새 춤 브레이크 댄스로 이어졌다. 브레이크 댄스는 주로 과시적인 솔로 댄서가 등이나 머리로 회전하는 정신없는 곡예로 상대를 이기려고 하는 완벽히 개인적인 공연이다. 하지만 혼자 춤추는 것으로 보이는 댄서도 관객과 하나가 되어 자아를 상실하는 새로운 희열을 느낀다. 음악 기자이자 춤 문화 연대기 작자인 셰릴 가렛은 "적절한 음악이 흘러나오면 춤추는 개인이라는 감각은 더 이상 존재하지 않는다. 클럽은 살아 숨 쉬는 유기체처럼 느껴졌다"[12]고 했다. 이는 무의식적으로 춤 의식이 처음 시작했던 때로 회귀하는 현상이다. 주술사가 북을 치며 정신없이 춤에 몰입하고 통합되도록 몰아간다.

새로운 춤 의식에서는 완전히 모르는 사람들 사이에 교감과 통합이 일어난다는 차이가 있다. '문트라이브Moontribe'라는 댄스 모임의 멤버가 문트라이브 '보름달 모임'에서 밤새 춤춘 경험을 설명했다. "정말로 어떻게 하면 다 잊어버리고 비언어적인 방법으로 의사소통하며 하나가 될 수 있는지 아는 사람들과 몇 시간이고 춤추는 것은 … 다른 곳에서는 한 번도 겪어보지 못했다. 그 경험은 말로는 표현할 수 없다. '보름달 모임'에는 한 번도 대화해보지 않았지만 서로 연결되어 있다고 느끼는 사람들이 많다. 이런 비언어적 의사소통은 쉽게 경험하기 힘들다."[13]

이런 부족의 재출현은 또 하나의 현대적 신이교도neo-paganism 현상이다. 한때 '부족'이라는 용어는 원시적이고 폭력적이며 어리석고 후진적인, 비난받을 만한 행위와 외모를 일컫는 모욕적인 단어였다. 하지만 점차 세련되고 재미를 사랑하며, 영리하고 철저히 진보적이라는 의미로 사용하게 되었다. 문트라이브처럼 많은 춤 공동체는 스스로 '부족'이라고 일컫는다. 댄스 음악의 주요 제작사 '바이브 트라이브 Vibe Tribe', 대규모 댄스 축제 '트라이벌 개더링Tribal Gathering', 휴대용 음향 장치에 큰 영향을 준 하드코어 테크노 파티 집단 '스파이럴 트라이브Spiral Tribe' 등을 예로 들 수 있다. 또한 1970년대 이후 부족 스타일 문신은 계속해서 인기를 끌었으며 이선 와터스는 친구 집단을 '도시 부족'이라고 불렀다. 한 부족에 속하려면 진실해야 하고 비상업적이어야 한다(그래서 일부 영리한 기업에서는 '카페인 트라이브' 등 세련된 비주류 카페를 열었다).

그다음으로 발전한 디제잉 기술은 테이프를 따로 감을 수 있는 오픈릴reel-to-reel 기계로 여러 곡을 녹음하고 필요할 경우 테이프를 편집하는 기술이었다. 이때부터 베이스와 드럼 머신, 샘플링 및 믹싱 기술

등 완전히 새로운 장난감이 등장했다. 이런 기술은 처음에는 음악의 왜곡을 줄이고 더욱 깨끗하고 부드러운 소리를 만들기 위해 고안되었지만 사육제의 사회적 뒤집기와 유사한 테크노 뒤집기가 출현했고, 자르고 붙이기의 달인인 DJ들은 이 기술을 이용해 지저분하고 거친 소리를 만들고 새로운 왜곡을 창조했다. 롤런드Roland사의 베이스 머신 TB-303의 필터 손잡이는 원래 음색을 섬세하게 조절하는 용도였다. 시카고에서 활동하는 DJ 피에르는 네 살짜리 아이가 실험하듯이 이 손잡이를 거칠게 비틀면 낮게 지이익 하는 소음이 난다는 것을 발견했다. 이 소음은 애시드 하우스acid house 장르에서 필수 요소가 되었다. 아카이Akai사의 샘플러 S1000은 원래 소리 훼손 없이 음악 재생 시간을 늘리거나 줄이려는 목적이었다. 하지만 사용설명서를 무시하고 음악 샘플을 극도로 잘게 쪼개는 원래 방식을 활용하면 미세한 일시 정지를 통해 기계적인 스타카토 리듬을 만드는 섬광 효과를 낼 수 있다. 이는 드럼 앤드 베이스drum'n'bass 장르의 기초가 되었다. 이런 혁신적 DJ 중 한 명인 영국인 DJ 골디(금니 때문에 지은 이름이다)가 이렇게 말했다. "우리는 열두 살 아이가 페라리를 몰듯이, 그래피티 예술가가 마구 페인트를 뿌리듯이 기술의 폭주를 즐겼다."[14]

샘플링 기법은 온갖 정신 나간 조합을 가능하게 해준다. 어린이 만화 주인공의 목소리로 슈베르트의 〈겨울 나그네〉를 노래하거나, 영화 〈핼러윈〉에 나오는 비명소리를 이용해 찬송가 〈계곡의 평화Peace in the Valley〉를 공연하는 식이다. 하지만 전체 덩어리를 마음대로 가져와서 이어 붙일 수 있는데 어찌 비명소리에 만족하겠는가. 악기를 연주하거나 무엇이든 본연의 소리를 만들지 않아도 음반을 제작하는 것이 가능해졌다. 댄스 음악은 이제 극단적인 포스트모던 방식을 차용하고 있다. 모두가 모두의 것을 훔친다.[15] 소설가 데이비드 포스터 월러스David Foster Wallace는 젊은 여성 래퍼 탐탐 얘기를 들려주었다. 탐탐은 무책임한 연인에게 상처받고 그 고통을 랩으로 쓴 걸작 〈아임 크라잉I'm Crying〉을 음반 제작자에게 돌렸지만 거절당했다. 그녀는 작품이 보잘것없기 때문이라고 생각했다. 하지만 라디오에서 앙트와네트라는 경쟁 래퍼가 이 곡을 부르는 것을 듣고 또 큰 상처를 받았다. 탐탐은 앙트와네트에게 〈호, 유아 길티Ho, You're Guilty〉라는 랩으로 복수하여 위안을 삼았다. 음반 제작자들은 이 곡에 매료되었지만, 뻔뻔한 표절을 공격하는 이 랩 곡의 반주 자체가 뻔뻔하게도 다른 랩 음반을 표절했다는 사실이 밝혀졌다.[16]

또한 댄스 음악은 포스트모던 시대의 분열하는 경향을 극단적으로 보여준다. 1980년대 말까지 댄스 음악은 무척 짧은 주기로 빠르게 변이하는 문화계의 초파리였다. 곧 힙합이 등장하여 다크 힙합, 랩 등을 낳았고 랩은 갱스터 랩과 하우스로, 하우스는 애시드 하우스와 해피하우스와 정글로, 정글은 앰비언트 정글과 테크노로, 테크노는 노즈블리드 테크노와 플레이그라운드 테크노와 거라지로, 거라지는 스피드 거라지와 하드코어로, 하드코어는 다크코어와 드럼 앤드 베이스를 낳았다. 잘 모르는 이들을 위해 간단히 말하면 음악이 점점 시끄러워지고 빨라졌다는 것이 유일한 공통점이다. 하지만 지리적인 경향은 특이하다. bpm은 1분당 비트 수beats per minute을 뜻하는데 잉글랜드 남부보다 중부에서 빠른 bpm을 선호하고, 스코틀랜드와 아일랜드 북부가 중부보다 빠른 bpm을 선호한다. 빠른 음악을 가장 좋아하는 곳은 북유럽 국가다. bpm을 위도에 따라 지도에 표시해보면 재미있을 듯하다. 북쪽으로 갈수록 사람들이 더 미쳤다는 완벽한 사회학 이론을 개발할 수 있을 것이다. 내가 이 얘기를 하자 프로 DJ인 제이미 커닝햄 Jamie Cunningham이 동의하며 힘을 실어주었다. "bpm뿐만이 아닙니다. 음악도 강해져요. 더 공격적이 되죠. 확실히 북쪽으로 갈수록 사람들은 더 미쳤어요. 그런데 더 다정하기도 합니다. 다들 말을 걸고 싶어 하고, 잘 안아주고, 바에 데리고 가서 목구멍에 데킬라를 부어 주고 싶어 하더라고요."

이제 댄스 음악의 성장에 의견을 내놓을 수 있을 것 같다(모든 요소가 모든 댄서에게 적용되지는 않지만). 첫째, 춤은 자유로운 영혼을 몸과 연결시키려는 현대적 자유의 육체적 표현이다. 둘째, 젊은이의 춤은 완전히 리듬에 기반을 둔 음악이 발전하면서 촉진되었다. 셋째, 이 춤은 불법 단체나 저항운동, 지하조직 등 비밀스러운 단체에 속하는 것과 비슷하게 초월적 즐거움을 제공하는 하위문화다. 넷째, 테크노 주술사 DJ와 댄서 사이의 밀접한 교감과 끊임없는 피드백은 공연자와 관객의 장벽을 무너뜨린다. 다섯째, 커플 댄스보다는 집단 댄스를 통해 단체 합일에 빠지는 옛 즐거움을 느낄 수 있다. 마지막으로 댄스 음악이 상호 적대적인 하위 장르로 다양하게 잘게 나뉘는 탓에 각 부족은 방어적 연대를 형성한다. 이는 다양한 측면에서 고대 기원에 대한 회귀를 시사한다. '테크노페이건techno-pagan', '테크노컬트technoccult', '오컬처리스트occulturist', '테크노 트라이브techno tribe' 등 새로운 단어들이 출현했으며 이런 현상은 '신부족주의neo-tribalism'로 요약할 수 있다.[17]

■

스탠드업 코미디와 마찬가지로 음악에서 가장 높게 평가받는 가치는 진정성이다. 직접 만든 음악은 상업적인 팝 음악보다 진정성 있고, 신이교도의 신비주의는 제도 종교보다 진정성 있으며, 조합주의와 소비지상주의에 반대하는 것은 좌파 정치인의 회피적인 진부한 구호보다 진정성 있고, 테크노 부족은 기존 집단보다 진정성이 있다. 춤 부족에게 가장 진정성 있는 존재이자 진정한 춤의 본보기는 1980년대 후반과 1990년대 초반 영국에서 유행했던 광란의 불법 파티였다. 이 파티는 장소를 미리 정하지 않았고 댄서들은 만나기 직전에 폐창고나 버려진 비행장, 채석장, 아니면 그냥 시외 공터로 모이라는 통지를 받았다. 그들은 숲에서 빌리가 밤새 춤을 추던 때처럼 춤의 기원으로 돌아갔다.

춤 부족이 추구하는 것은 뒤르켐의 '집합적 열광'의 현대 용어로 볼 수 있는 '그루브'와 '바이브'이다. 부족 댄서 델라가 지적했듯 이들의 경험은 단어로 정확히 묘사할 수 없다. 춤 해설가 샐리 소머는 단념하지 않고 바이브를 정의했다. "댄서들의 얽힘, 시끄러운 음악의 균형, 빛과 어둠의 효과, 에너지 등으로 만들어져서 활성화된 공동의 힘, 느낌, 그리고 리듬이다. 모든 요소가 짜릿한 해방감을 창조하기 위해 맞물려 있다. 바이브는 모든 요소가 함께 나아간다는 활발하고 신나는 '현재성'의 느낌이다. … 바이브는 건설적이다. 바이브는 뚜렷한 리듬이자 정신적·육체적으로 파티를 끌고 가는 그루브다."[18]

춤 해설가들은 광란의 파티 전성기에는 진정한 바이브가 있었지만, 불법 약물이 성행하고 단속법과 정책이 입안되고, 자본주의 기업가들이 사람을 끌어들이기 위해 특별히 만든 새 클럽에 유명 DJ를 섭외하는 등 다양한 요인이 결합되어 영국에서 이런 전성기는 종말을 맞았다는 데 동의한다. 스파이럴 트라이브(이들의 만트라는 "미친 듯이 소리질러"다)는 진정성을 유지하기 위해 휴대용 음향 장치를 만들어서 서유럽 여기저기를 다니다가 테크노 축제 또는 '테크니발'을 열기에 적절한 장소를 찾으면 어디든 멈췄다. 시간이 흐르면서 이들은 다른 댄스 집단을 끌어들였다. 활발하게 정치 활동을 하는 반정부 집단과 협력하거나 곡예와 저글링, 불 먹는 묘기 등 서커스 공연자와 함께했다. 또 의기소침한 지역 청소년과 지치고 겁먹은 성인에게 활력을 불어넣을 수 있는 이동형 사육제를 만들었다. 사육제를 구성하는 것은 심하게 낙서된 군용 트럭과 스쿨버스, 험악한 현수막, 배지('시적인 테러리즘', '짜깁기한 현실', '경고: 난제'), 거대한 스피커, 끊임없이 테크노 음악을 쿵쾅거리며 뱉는 저음 전용 베이스빈을 비롯하여 가공할 만한 25킬로와트 전력의 사운드 시스템, 머리카락을 밀고 문신에 피어싱을 한 부족민 등이다.

이 유목 부족은 곧 아프리카와 아시아, 미국, 캐나다와 호주로 진출했다. 저 면 극동 아시아 몽골의 울란바토르까지 간 부족도 있다. '데저트 스톰Desert Storm' 팀은 극심한 내전의 진통을 겪고 있던 보스니아로 갔다. "우리는 이동하면서 연주를 시작했고 수천 명의 사람이 영하 10도에 눈이 50센티미터 쌓인 거리로 나왔다. 우리는 '쿵쾅거리는 드럼비트에 몸을 맡겨!'라는 코러스가 반복되는 테크노 음반을 틀었다. 그러자 군인들이 AK-47 소총을 공중에 '탕탕탕탕탕탕' 쏘았다. 정말 기분이 끝내줬다. … 어느 순간 경찰이 한 명 오더니 볼륨을 높이라고 하면서 포격 조준이 될 수 있으니 불은 끄라고 했다."[19]

이는 디오니소스적인 춤에 일탈적 반항을 추가한 사례다. 레네게이드 바이러스, 하복, 베드럼, 가미카제, 스캔들러스, 블리스 아비스, 디스오리엔트 익스프레스, 더 서커스 앳 엔드 오브 더 월드, 톤 데프 크루, 제너레이션 오브이 노이즈, 서커스 루나텍 앤드 더 무토이드 웨이스트 컴퍼니(만트라: "돌연변이 해서 살아남아라") 등의 부족과 리피트 오펜더스, 디비언트 킥백, 컨플릭트, 프레드 니힐리스트, 브레인시크 몹 등의 밴드, '샌프란시스코의 뿔난 유권자들' 등의 단체, 아모크, 알렉스 몰펑션, 킬러 와츠, 쿨 디제이 레드 얼러트, 하위 렉호즈, 인펙티드 머시룸, 멜트다운 미키, 루다크리스, 프레디타, 캣츠 앤드 도그즈 등의 DJ, 템포 탄트럼, 액트 유어 레이지, 하우 위어드 스트 페어, 메가 트리폴리스, 퍽퍼레이드, 퍽페스트, 오토노머스 뮤턴트 페스티벌 등의 행사 단체를 예로 들 수 있다. 이들은 "사이버 부족의 폭동", "뮤지컬 레지스탕스", "화성의 게릴라", "혼돈의 사육제", "사람을 돌아버리게 만드는 혼돈과 파괴의 사육제" 등의 제목을 단 선언문에서 영향을 받았다.

이 명칭을 살펴보면 '부족'과 함께 '서커스'라는 용어가 새로운 생명력을 얻었음을 알 수 있다. 이유는 같다. 1970년대 신서커스Nouveau Cirque는 슬픔, 지저분한 동물, 꽉 끼는 반짝이 의상을 입은 지루한 배우 등의 이미지를 버리고 디스코가 춤을 해방시키듯 서커스를 해방시켰다. 새로운 서커스는 춤과 마찬가지로 숙련되고 숨 가쁘며 강렬하고 육체적인 단체 활동으로, 아웃사이더라는 지위와 방랑하는 삶이라는 낭만이 더해졌다. 당연히 젊은이들이 이를 좋아했다. 나는 몇 년 전, 영문과를 나온 조카에게 여름에 어디 갈 계획이 있냐고 물었을 때 조카가 태평스럽게 "글래스턴 베리 록 페스티벌에서 저글링 공연을 할 거예요"라고 대답했을 때 이를 깨달았다. 그리고 조카가 런던에 가는 이유는 자기 부모를 보려는 것이 아니라 이즐링턴에 새로 생긴 저글링 가게 '모어 볼즈 댄 모스트More Balls Than Most'에 가려는 것이었다. 이런 일이 있고 얼마 지나지 않아 한 영문학 강사가 토머스 하디 세미

나를 하던 도중 2층 창문 밖으로 지나가는 사람을 발견하고 아연실색했던 경험을 얘기해주었다. 나중에 알고 보니 죽마를 타고 진행하는 서커스 세미나였다.

부족들은 작명을 할 때 s보다 z를, c보다 k를 선호한다는 점에서 전통과 독특하게 연결된다. 이렇게 '카오스 댄스 부족Kaos dance tribe'과 '코지 코너 카페Kosy Korner Kafe' 손님 간에 연관성이 성립된다. 어쨌든 우리는 모두 하나라는 사실을 확인하니 마음이 놓인다.

■

음악과 춤, 서커스와 행동주의를 특징으로 하는 새로운 사육제의 핵심은 새로운 주술사인 DJ다. 쾌활하고 말주변 좋고 끊임없이 떠들어대는 DJ는 내 세대에는 세상에서 가장 거짓된 사람들로 생각되었다. 교양 있는 젊은이들은 DJ를 무시했고 드러머나 록 밴드의 기타리스트가 되고 싶어 했다. 하지만 요즘 교양 있는 젊은이들은 DJ가 되고 싶은 듯하다. 내가 제이미 커닝햄에게 어떻게 하면 좋은 DJ가 되느냐고 물었더니 그는 당황했다. "각자 잘하는 것들이 있어요. 케이크보이라는 DJ는 초콜릿 케이크랑 컵케이크를 사람들에게 던져요. 관객들 위로 몸을 던지거나 사람들이 무대 위로 올라오게 하는 DJ도 있죠. 웃옷을 벗고 공연하는 여자 DJ도 있어요. 저는 제가 만든 음악 CD나 티셔츠를 던져요." 그는 만족스럽지 못한 듯 말을 멈췄다. "하지만 그게 좋다는 건 아니에요. 개성이 정말 중요해요. 개성을 발휘해야 합니다… 효과가 있는 경우도 있고 없는 경우도 있어요. 스탠드업 코미디언과 마찬가지죠. 몇 초만 들어봐도 그 사람이 날 웃길 수 있을지 없을지 감이 오니까요." DJ를 가르치는 일을 하고 있으니 뭔가 비밀을 알고 있지 않느냐고 하자 그는 얼굴을 찌푸렸다. 창의성을 가르친다고 주장하는 사람들이 지을 법한 표정이었다. "기술적인 걸 알려줄 순 있어요, 장비 만지는 법 같은… 그런데 그다음에는…" 그는 더욱 애석하고 안타까운 표정을 지었다. "그냥 안 되는 사람들이 있어요." 주술사를 만드는 힘은 주술사 자신에게도 수수께끼인 모양이다.

이제 이론은 그만두고 주술사의 드럼 비트를 따라 밟을 시간이다. 첫 살사 수업은 음침하고 비가 내리는 어느 1월 저녁 음침한 문화센터에서 열렸다. 하지만 제법 많은 사람이 모였고 다양한 국적과 사회계층이 독특하게 섞여 있었다. 남녀 비율은 비슷했고 연령대는 20대부터 말도 안 되는 나이 대까지 있었다. 살사는 정말 모든 구분을 초월하는 듯했다. 허름하고 오래된 강당은 종교에 가까운 열정으로 빛났고 초보자는 진정한 믿음으로 개종한 사람들처럼 따뜻하게 환영받았다. 살사는 확실히 우리 시대의 왈츠다. 하지만 왜 하필 살사일까?

가장 중요한 사실은 살사가 다른 춤의 재탕이 아니고 그 시대에 탄생한 춤이라는 점이다. 구체적으로는 1970년대 쿠바였다(또 1970년대다). 그리고 살사는 아래에서부터 발전했고 기원을 찾을 수 없으며 공식적인 조직이나 통계도 없는 진정한 사람들의 춤이다. 살사라는 이름조차 언제 어디에서 어떻게 붙었는지 아무도 모른다. 또한 살사가 타악기 중심으로 이루어진 완전히 리드미컬한 음악이라는 점도 중요하다. 대중음악보다 빠르지만 테크노의 정신없는 박자보다는 느리다. 충분히 흥이 돋을 만큼 빠르지만 웬만한 댄서는 감당할 수 있을 정도로 느리고, 스텝의 순서가 단순하다(맘보 스텝). 커플 댄스인 살사는 다른 커플 댄스처럼 성적인 요소가 있지만 탱고처럼 뻔뻔하지는 않다. 접촉은 주로 손에서 이루어지고 몸에 손이 닿을 일은 별로 없으므로 손으로 더듬거나 하체를 밀착할 기회가 없고 여성이 덜 불안해한다. 마지막으로, 그리고 결정적으로 아프리카와 라틴아메리카, 카리브해와 연상된다는 점이 이국적인 황홀감을 더한다. 모든 매혹은 아득히 먼 곳에서 오는 법이니까.

하지만 아내와 나는 연령대로 보면 말도 안 되는 끄트머리 범주에 속했다.

"저희 너무 늦지 않았나요?"

우리 강사 조지는 이런 부정적인 생각을 일축했다. "걷기만 하면 살사를 출 수 있어요."

우리는 '크로스 보디' 살사를 배울 예정이었다. 자이브와 무척 비슷한, 엉덩이를 씰룩이고 가슴을 흔드는 남미식 추임새가 들어간 사실상 남미 자이브였다. 기본적인 움직임은 파트너를 회전시켜 보내고 박자에 맞춰 자기도 돌아야 하는 자이브와 동일하다. 드디어 내가 자이브를 배우는 모양이다. 그것도 1950년대 리듬의 서늘한 자세와 1970년대 지중해 리듬의 뜨거운 움직임이 결합된 자이브를 말이다. 세상에! 카람바, 다디오!

먼저 여덟 박자에 여섯 스텝을 밟는 기본 맘보 스텝으로 시작했다. 스텝, 스텝, 스텝, 정지, 스텝, 스텝, 스텝, 정지. 이렇게 순서가 단순하니 쉬워야 할 텐데 당황스러울 정도로 어려웠다. 집중, 집중하자. 나의 신주술적 야성은 어디로 갔단 말인가? 빌어먹을, 호모 에렉투스도 이건 할 수 있겠다. 프랑스 철학을 너무 많이 읽어서 청각 회로가 전운동 피질에서 분리된 모양이었다. 아니면 너무 오랫동안 몸을 쓰지 않아서 북극곰의 똥처럼 얼어버렸는지도 모른다.

스텝, 스텝, 스텝, 정지, 스텝, 스텝, 스텝, 정지.

플라톤이 옳았다. 사람은 여섯 살 때부터 춤을 배워야 한다. 우리는 배우려고 태어났고 춤추려고 태어났으니 춤은 근본적으로 교육에 포함되어야 한다. 이를 시작할 적절한 시기는 여섯 살이지 60대가 아니다. 하지만 배움에 늦은 법은 없고 그저 엄청나게 어려울 뿐이다. 어떤 기술을 아무렇지도 않게 구사하려면 엄청난 노력이 필요하다.

스텝, 스텝, 스텝, 정지, 스텝, 스텝, 스텝, 정지.

여성은 대부분 우아하게 움직이는 듯 보이는 반면 남성은 대부분 서투르고 어색해 보인다. 아내는 평생을 아바나에 있는 바에서 춤을 춰 온 것처럼 움직였고 리듬에 취한 탓인지 배려하며 말하는 법을 잊은 듯했다. "자기는 군대에서 행진이라도 하나 봐."

그러더니 태연히 가슴과 엉덩이를 씰룩거리며 유연한 맘보 스텝을 아름답게 밟았다. 나는 몸은 젊은 사람처럼 움직이지 못하면서도 젊은 욕정이 수치스럽게 불끈 솟아오르는 것을 경험했다.

스텝, 스텝, 스텝, 정지, 스텝, 스텝, 스텝, 정지.

겨우 스텝에 적응되기 시작할 무렵 강사는 스텝 중간의 고마운 정지를 360도 회전으로 바꾸라며 파문을 만들었다.

스텝, 스텝, 스텝, 회전, 스텝, 스텝, 스텝, 정지. 몸 대신 내 머리가 회전했다.

다음으로 주어진 과제는 파트너와 동시에 움직이기였다. 나는 동시에 움직이려는 우주적 욕구의 유일한 예외인 듯했다. 팔을 들고 아내를 돌려보려다 우리는 둘 다 완전히 스텝이 엉켰다. 애쓰고 있는 와중에 가장 끔찍한 명령이 떨어졌다. 파트너를 바꾸라는 것이었다. 어느 순간 나보다 훨씬 키가 크고 거의 쉰 살은 어려 보이는 젊은 여성과 내가 마주 보고 있었다. 살짝 몸을 푸는 동작만 봐도 리듬이 완전히 몸에

밴 것처럼 보였고 까딱거리기만 해도 리드미컬하고 우아해 보였다.

"초보가 아니네요." 내 말에 그녀는 대수롭지 않게 "전에 조금 해봤어요"라고 말했다. 이 말과 그녀를 내 팔 밑에서 돌려야 한다는 생각으로 나는 공황 상태에 빠졌고 완전히 균형을 잃었다.

다시 아내와 파트너를 하게 되자 엄청나게 안심이 되었다. 아내가 그 어느 때보다 가차 없이 빈정거리기는 했지만 말이다. "빙고반에 등록하지 그랬어."

그녀는 참을성 있게 계속했고, 내가 그녀를 리드한다는 느낌이 들도록 사려 깊게 나를 리드했다(아주 중요한 여성의 기술이다). 결국 우리는 회전 비슷한 것을 해냈다. 세계에서 가장 느리고 서투르고 어설펐지만, 틀림없이 자이브였다. 자이브를 추기 위해 지금까지 살아온 것만 같았다.

재미와 익살

__조롱, 변장, 전복, 역설

• • •

새 의식에 참여하기 위해 소규모 집단이 다락방
에 모일 때는 몇천 년 전이나 지금이나 풍경이 비슷하다. 오늘날 그 다
락방 아래에 술집이 있고 위층으로 올라가는 계단에서 리모델링이 멈
췄다는 점만 제외하면 말이다. 계단을 올라 복도를 지날수록 점점 허
름해지고 찌르는 듯한 오줌 냄새가 났으며 바닥과 벽의 칠은 다 벗겨
져 있었다. 찬바람이 드는 방으로 들어가면 페인트칠은 더 벗겨져서
흉물스럽게 내장재가 드러나고 곧 부서질 것 같은 딱딱한 의자가 몇
줄 놓여 있었다. 도착하는 신도들도 꾀죄죄하고 대부분 20대 초반으로
젊었으며 모두 맥주잔을 들고 있었다. 머리가 벗겨진 사람 한두 명을
보니 좀 안심이 되었지만 내가 적어도 평균 마흔 살은 많을 것 같았다.
나는 조심스럽게 소비뇽 잔을 의자 밑에 감췄다.

이곳에 오니 젊은 시절에 참여했던 시 낭송 모임이 떠올랐고 시와
코미디는 비슷한 점이 많다는 생각이 들었다. 이곳은 1960년대 미국
에서 처음 시작하여 빠르게 서양으로 퍼진 이후 계속해서 번성한 스탠

드업 코미디 클럽이었기 때문이다. 이 클럽은 무료고 희망을 품은 사람들이 도전하는 곳이었으며 그날 밤 열 명 정도가 한번 웃겨보려고 차례차례 시도했다. 하지만 시 낭송과 중요한 차이는 바로 드러난다. 관객 중에서 누군가 선발되어 조롱당할 수 있다는 점이다. 젊은 사회자는 춥고 눅눅한 11월 밤에 나와줘서 고맙다고 말하고는 곧 위협적인 톤으로 말했다. "우산을 누가 갖고 왔어?" 그는 우산이라는 단어를 힘주어 강조하면서 매서운 눈빛으로 방을 훑어보았다. "얼마나 큰지 가는 데마다 부딪히는 그 빌어먹을 우산이 누구 거냐고?" 여기 관객들은 모자 달린 옷만 있으면 비를 피했고, 그 빌어먹을 골프 우산을 의자 밑에, 그것도 의자 세 개 밑에 놓은 유일한 사람이 나였다. 나는 소비뇽을 엎지르지 않게 조심하며 발뒤꿈치로 우산을 더 뒤로 밀었다. 내 양쪽 옆에 앉은 사람들은 분명 그 흉물을 느꼈겠지만 아무도 나를 배신하지 않았다. 운 좋게도 이 다락방에 유다는 없었다.

코미디와 시의 또 하나의 공통점은 솔깃할 만큼 쉬워 보인다는 점이다. 머릿속이나 마이크 앞에서 떠오르는 말이면 뭐든 몇 마디 떠들거나 몇 분 동안 자기에 대해서 말하면 된다. 누구나 할 수 있기 때문에 누구나 시도한다(영국의 경우 16세에서 24세 사이의 젊은이 중 20퍼센트가 스탠드업 코미디언이 되려고 시도한 적이 있다는 연구 자료를 본 적이 있다). 물론 보이는 만큼 쉽지는 않다.

이렇게 밤에 활동하는 코미디언 지망생에게 자신감은 기본이지만 다른 것이 더 필요하다. 이 자신감도 잘못 짚을 때가 한두 번이 아니다. 활짝 웃으며 밝게 "여어 다들 안녕하시가" 따위의 말을 해서 분위기를 전환시키기에는 이미 뭔가 단단히 잘못된 경우가 많다. 말을 너무 빨리 하거나 너무 오래 말을 멈추거나, 더듬거나 대사를 까먹고 쪽지를 곁눈질해서인지도 모른다. 목사로 변장한 코미디언 하나는 설교단을 설치하고 휴대폰 반주에 맞추어 〈아름답고 눈부신 만물아All Things Bright and Beautiful〉 패러디를 불렀지만 도중에 휴대폰 반주가 멈추는 바람에 사과하고 다시 시작해야 했다. 스탠드에서 마이크를 뽑으려다 실패하거나 스탠드에 걸려 넘어지는 사람도 있었다. 다급해진 사회자는 아일랜드 코미디언을 소개했다. 아일랜드 코미디는 언제나 재미있지만 여기에는 해당되지 않는 얘기였다. 그는 아일랜드 연극의 현대 버전을 공연했다. 그 어떤 정신 나간 일도 모두 이해하는 어른스럽고 현명한 친구의 따뜻하고 편안하고 친근한 말투였다. 억지로 비위를 맞추려는 의도가 지나쳐 뻔히 보였다. 아무도 웃지 않자 그는 정반대의 태도를 취했다. 아까 목사로 변장한 코미디언이 교단에 남기고 간 대본을 읽으면서 저 녀석은 이런 걸 글자 그대로 읽는다며 비난했다. 위험한 시도였다. 하지만 웃기려다가 실패한 소재로 웃기려고 하니 더 재미가 없었다. 관객 누구도 웃지 않았을 뿐 아니라 침묵은 그의 모멸감을 열 배로 만들었다. 목사로 변장한 코미디언이 교단을 가지고 사라졌고 아까보다 더 다급해져서 창백해진 얼굴로 식은땀을 흘리던 사회자는 아무도 돌아오지 않을 테니 휴식 시간은 갖지 않겠다고 했다. 웃기려고 한 소리가 아니라 정확한 판단이었다. 그리고 대단히 열정적으로 오늘 밤의 구세주가 되어줄 스탠드업 코미디 '전문가'를 소개했다. 하지만 이 전문가는 뒷주머니에서 종이 뭉치를 꺼내어 곁눈질하며 이것저것 이야기를 풀더니 가끔 멈추며 정리하고 읽었다.

더 훌륭한 전문가가 오더라도 이 무대를 구해내기는 어려울 것 같았다. 계속 실패하다 보니 웃기려는 시도와 노력이 노출되어 스탠드업의 개념 자체를 의심하게 만들었다. 코미디는 절대 노력하는 모습을 보여서는 안 되고 그냥 단순히 재미있어야 한다. 이제 분위기는 활기 넘치는 철야제가 아니었다. 사장이 직원들을 모아놓고 회사가 문을 닫을 예정이라고 통보하는 자리 같았다. 가장 고통스러운 것은 웃을 시간을 주려고 코미디가 잠시 멈추었을 때 신의 침묵만큼이나 무겁고 끔찍한 침묵이 따르는 순간이었다. 그러면 코미디언들은 못 믿겠다는 듯 무력하게 입을 닫거나 "어쨌든, 어쨌든", "아, 나도 몰라", "제기랄", "완전 망했어" 따위의 대본에 없는 말을 했다. 왜 웃지 않는지 관객에게 물어보기도 했다. "너무 심오했어요?", "너무 더러웠나?" 또는 "못 들은 걸로 해요, 쓰레기였으니까"라며 자학하거나, "이건 정말 괜찮았어"라며 비꼬기도 했다. 가장 최악은 한심한 변론이었다. "이건 재미있다고 생각했는데."

예전에는 시를 망치는 것이 가장 끔찍하리라고 생각했지만 망친 코미디는 훨씬 당황스러웠다. 웃기지 못한 결과는 즉각 명백하게 나타났고 잔인할 정도였다. 시에서 같은 경우를 찾는다면 청중이 일제히 "네 시는 똥이야"라고 외치는 것이다. 그럼 왜 이렇게 많은 사람이 스탠드업 코미디를 시도할까? 실패했을 때 처벌은 지옥 같지만 성공했을 때 보상은 천국이기 때문이다. 사람들을 웃기는 것보다 흐뭇한 경험은 별로 없다. 나도 스탠드업 공연이 얼마나 어려운지, 공연에 실패했을 때 얼마나 처참한지 목격하기 전까지는 스탠드업 코미디를 해볼까 생각했었다. 그리고 읽는 사람도 거의 없고 사서 읽는 사람은 더 없는 시와는 다르게 코미디는 큰 시장이다. 술집을 전전하다가 공연장으로 입성한 스탠드업 코미디언은 프로 축구 선수도 부러워할 만한 돈을 만질 수 있다.

■

코미디와 시의 기원은 먼 옛날 주술사와 사기꾼에 있다. 일반적인 생각과는 다르게 학자들은 코미디언이 돈을 받고 관객을 웃기는 현대식 코미디에 특정한 기원이 있으며, 16세기 중반 성 스테파노의 날부터 참회의 화요일에 이르는 베네치아의 사육제 기간에서 비롯되었다고 주장한다. 이 사육제는 유럽에서 가장 크고 호화로우며 오래 지속되는 행사로 연회, 무도회, 행진, 보트 경주, 폭죽놀이, 곡예쇼, 모의 전투와 칼싸움, 달리기, 즉흥 연극 등이 포함된다.

하지만 코미디는 몇 주 동안 다양한 부문에서 꾸준히 나타나는 특징에서 발생했다. 바로 변장이다. 부자든 가난하든 고위 관리든 창녀든 변장하고 가면을 쓸 수 있었고 이는 주로 일탈을 즐기려는 목적이었다. 변장과 가면이 처음 언급된 기록은 1268년 사람에게 달걀을 던지는 행위를 금지한 법이었다. 달걀 던지기는 주로 가면을 쓴 젊은이에게 인기 있는 풍습이었는데, 이 법은 전혀 효과가 없었고 달걀 던지기는 계속되었으며 의례적인 반항 행위가 되었다(부유층의 발코니나 야외 행사에 그물을 치는 일이 아주 흔했다). 빨간 장식이 있는 흰 옷에 깃털 모자를 쓴 마타치니 차림을 한 사람들은 장미 향수를 채운 달걀을 던질 수 있다는 허가를 받았다(마찬가지로 변장을 하고 이 탄약이 떨어지지 않게 공급하는 달걀 장수도 생겼다). 코피에리(마부)는 채찍을 휘두를 수 있었고 악마 의상을 입은 디아볼리는 물을 채운 주머니를 막대기에 매달고 아이들에게 던질 수 있었다. 야생동물이나 해적, 시인으로 변장하여 간단한 환상을 즐길 기회가 있었고 더 깊고 어두운 프로이트적인 욕망을 채울 기회도 있었다. 여성으로 변장한 남성 냐게는 도도한 젊은 여성인 척하면서 대단히 음란한 얘기를 했다. 타티, 또는 테이트는 아이처럼 차려입고 장난을 쳤다. 가학적인 기질을 가진 사람들은 긴 검정 망토에 검은 모자를 쓰고, 커다랗고 불길한 새 부리가 달린 검은 안경에 지팡이를 든 전염병 의사로 변장했다. 이 지팡이는 매독이나 전염병에 감염되어 염증으로 뒤덮인 환자 등 더러운 것과 적당한 거리를 두는 용도였다. 전염병 의사로 변장하는 취향은 오늘날 흡혈귀나 좀비 취향과 비슷하다. 아일랜드 데리의 핼러윈 사육제는 베네치아를 따라가려면 아직 한참 멀었다.

이 축제에는 총독부터 거지까지 모두 참여할 수 있었다. 동물만 아니라면 살아 있기에 좋은 시간이었다. 벌거벗은 남성이 집 창문에 매달린 거위 목을 뽑는 경기도 있고, 눈이 약간 어두운 남성들이 돼지를 죽을 때까지 패기도 하고, 머리카락을 민 남성들이 벽에 묶인 고양이가 죽을 때까지 박치기를 하기도 했다. 카치라는 행사에서는 변장한 남성이 개를 미칠 지경까지 못살게 군 다음, 묶인 황소 앞에서 풀어주어 황소 귀를 물어뜯게 했다. 그리고 축제에서 가장 중요한 날의 핵심 의식은 지오비디 그라소(기름진 목요일)였다. 1162년 해군의 승리를 특이하게 기념하는 의식으로 황소 한 마리와 돼지 열두 마리를 산마르코 광장으로 끌고 와서 진짜 판사가 사형을 선고하고 참수했다. 붉은 공식 의상을 입은 총독이 외국 대사들과 함께 참석했다.

하지만 가장 파급력이 컸던 것은 가면을 쓴 배우들이 노래와 춤, 곡예, 저글링과 온갖 성적인 농담을 하는 즉흥 공연을 선보이는 소란스럽고 외설적인 거리 극장이었다. 배우들은 보통 거리에서 공연을 하며, 길거리에서 북을 치고 걸어 다니면서 말 그대로 북으로 관객을 모으고 사람이 점점 늘어나면 임시 야외무대로 데려왔다. 공연에는 주인, 노예, 연인 등 상투적인 인물이 등장하고 젊은 연인이 주인에게 핍

박당하지만 노예의 도움을 받는 상투적인 이야기 구조로 극이 전개된다. 젊은이와 노동자가 권력자에게 대항하는 고전적이면서도 반항적인 이야기다. 당시 젊은 여성이 나이 든 부자의 차지가 되는 현실에 분개하는 베네치아 엘리트 가문의 젊은이들이 점점 늘어나고 있었다. 거리 공연은 이런 사회 상황을 반영하여 옛 사육제적 뒤집기를 정형화하고 성적인 비틀기를 가미한 공연이었다.

공연이 무척 인기 있었기 때문에 1545년에는 첫 현대적 전문 연극 회사가 수립되었다. 회사에서는 새로운 가면을 중심으로 극심하게 불온한 어조로 대단히 우스꽝스러운 연극을 공연했다. 이런 연극은 나중에 코메디아 델라르테Commedia dell'Arte로 불렸다. 전통적인 의식에 사용되는 가면은 영적인 힘을 표현하기 위해 눈과 입을 과장했지만 우스꽝스러운 가면은 인간의 부조리를 표현하기 위해 코를 과장했다. 코가 큰 가면은 누구나 우스꽝스럽게 보이게 했고, 경우에 따라 코끼리 코나 돼지코로 바꾸어 배우를 아무 이유 없이 킁킁거리는 동물로 만들었다.

주인(마니피코)은 늙고 탐욕스러운 호색한이며 매부리코 가면에 커다란 살 주머니가 달린 바지를 입고 베네치아 사투리를 쓴다. 하인(자니)은 교활하고 반항적인 에너지가 폭발하는 부도덕한 모사꾼으로 검은색 이중 가면에 조각 헝겊 옷을 입고 시골 사투리를 쓴다(엉뚱함을 뜻하는 영어 형용사 'zanny'는 자니zanni에서 왔다). 젊고 재미없는 연인들은 이야기 전개를 위해 존재할 뿐이고 가면을 쓰지 않는다.

코메디아는 무척 인기를 끌면서 곧 이탈리아 전역에 퍼졌고 유럽으로 확산되었다. 이 과정에서 어쩔 수 없이 다양한 변이를 일으켰는데 보통 폭력성이나 성적인 면이 줄어들었다. 자니는 곧 체제 전복의 동력으로 여겨졌고 자니 캐릭터 중에 형형색색의 헝겊을 덧댄 코트에 악마적인 검정 반가면(그리고 코가 과장되지 않은)을 쓴 알레치노는 가장 중요한 캐릭터로 인식되어 서유럽의 할리퀸과 프랑스의 피에로가 되었다. 미치광이에 교활하고 화려한 색을 띤 세속적 에너지는 감성적이고 허약해 보이며 창백한 얼굴로 달을 감상하는 정반대 인물이 되었다. 코메디아 순수주의자는 코메디아 캐릭터의 이름을 딴 피자 가게, 어린이용으로 검열하고 다듬은 인형극 펀치와 주디쇼(펀치는 고정 캐릭터 풀치넬라를 저속하게 변형한 캐릭터)만큼이나 할리퀸과 피에로를 혐오한다.

코메디아는 부유한 노인과 젊은 연인이라는 주제를 차용한 〈베니스의 상인〉, 주인과 노예 관계에 기반을 두고 역시 베네치아를 배경으로 한 벤 존슨의 〈볼포네〉(볼포네에 등장하는 나이 든 주인은 마니피코라고 묘사된다) 등 엘리자베스 여왕 시대의 연극에 큰 영향을 미쳤다. 코메디아의 등장인물은 내면의 삶이나 자의식이 없지만, 볼포네의 교활한 노예 모스카('기생충' 같다고 묘사되는데 모스카는 다른 노예를 '괴짜zanies'라고 묘사한다)의 독백에는 대담하고 기지 넘치는 면모와 할리퀸 캐릭터다운 유쾌한 기분이 완벽하게 드러난다.

점점 사랑을 느끼기 시작해서 걱정이야,
나 자신에게 말이지, 그리고 내 가장 멋진 부분들이
싹을 틔우고 쑥쑥 자라고 있어. 느낄 수 있어
내 피 속에 엉뚱함이 있어, 어떻게 생겨났는지 모르겠지만,
성공이 나를 대담하게 만들었어. 난 이제
내 껍질을 벗고 나올 수 있을 거야, 교활한 뱀처럼,
난 그렇게 유연하지. 오![1]

하위징아의 언어감각이 놀이라는 표현을 찾았듯 이 독백은 희극 정신을 잘 나타내는 좋은 표현이다. 모스카는 모든 의무를 거부한다. 극중 인물의 계획을 이루는 것이든 관객을 웃기는 것이든 극의 명백한 목표에도 별 관심이 없고 그저 만물 자체를 즐기는 황홀경에 빠지며 짜릿한 독립성을 드러내고 있다. 이념이나 종교, 지적 사상, 정치적 충성이나 사회적 책임을 거부하는 특성 때문에 코미디는 허무주의로 묘사되는 경우가 많다. 하지만 이러한 거부는 완전히 살아 있음을 제대로 자각하면서 동료 인간의 부조리를 완벽하게 인지하는 충격적인 모순에 대한 순수한 열정을 찬양한다는 점에서 부정적이기보다는 긍정적이다. 가장 순수한 형태의 자유를 느끼는 순간은 잠깐뿐이다. 자유는 표현되는 순간 사라져버리기 때문이다. 개인적 · 사회적 · 정치적 · 이념적 요구로 되돌아가는 상황은 항상 있었지만 순수한 열정의 짧은 순간 덕분에 그런 상황이 용납된다.

셰익스피어 작품에 등장하는 광대도 이런 전통의 맥락에서 이해할 수 있다. 다들 기대하듯이 셰익스피어가 주종관계를 다루는 방식은 더 계산적이고 미묘하며 현대적이지만 말이다. 주인은 인간적 결함이 있지만 우스꽝스러운 바보는 아니고, 하인은 미친 듯 날뛰는 음모가나 계략가가 아니라 특권의 어리석음을 풍자하는 해설가다. 리어왕이 "내가 바보라고?"라고 물었을 때 그의 광대가 이렇게 대답한다. "전하의 지위는 모두 사라졌지만 그것만은 태어날 때부터 계속 갖고 있었습니다."

코메디아는 수백 년 동안 유럽에서 번성했고 18세기 말 증기를 뿜어내는 시대가 올 때까지 그 열기는 식을 줄 몰랐지만, 곡예적이고 즉흥적인 에너지를 잃고 지나치게 양식과 제한에 얽매인다는 느낌을 주면서 인기를 잃었다(1797년 나폴레옹에게 베네치아 공화국이 멸망하면서 코메디아의 기원이었던 베네치아 사육제가 사라진 시기와 일치한다). 하지만 코메디아의 영향은 20세기까지 지속되었고 베케트의 작품에도 분명 영향을 주었다. 《고도를 기다리며》의 블라디미르와 에스트라공은 현대의 자니, 즉 노예지만 이제 주인, 집, 역할, 기능, 목적 없이 바보처럼 시간만 보내며 막연하게 살아가는 부랑자가 되었다. 오늘날 연극 〈고도를 기다리며〉에서는 진지한 배우보다는 주로 코미디언을 쓴다. 유일한 영화 작품(영화 제목이 알기 쉽게 〈영화flim〉다)에서 찰리 채플린이 주연을 맡아주기를 원했지만 채플린이 불가능하자 버스터 키튼 Buster Keaton을 선택한 베케트는 틀림없이 만족했을 것이다.

∎

영국의 연극이 코메디아 전통과 결정적으로 단절된 시기는 19세기 초였다. 조셉 그리말디 Joseph Grimaldi가 전통 연극에서 캐릭터를 차용하여 개인 공연을 위해 각색한 할리퀸을 연기하면서 첫 전문 코미디언이 되었다. 그리말디는 캐릭터의 뿌리로 돌아가서 곡예와 익살적인 측면에 집중하여 새로운 힘을 불어넣었다. 또한 할리퀸 가면의 입을 붉게 과장하고 눈 주변을 하얗게 칠하고, 두껍고 검은 아치형 눈썹을 그려 넣음으로써 더욱 먼 옛날로 돌아갔다. 아마 무의식적 효과였을 것이다. 그리말디가 메이크업을 하고 있는 삽화에는 수많은 의식 가면과 비슷하게 불안감을 주는 악마적인 얼굴이 보인다. 의상은 할리퀸의 화려한 슈트와 배기바지를 유지했지만 모히칸족 가발로 자기만의 스타일을 완성했다. 할리퀸 캐릭터 특유의 애잔한 표정은 없지만(피에로와 유사한 정서적 손상을 의미한다) 이것이 광대의 원형이다. 그리말디의 할리퀸을 충실하게 표현한 캐릭터는 광대 메이크업과 화려하고 과장된 색의 옷, 책략에 대한 광적인 애정을 보이는 베트맨의 숙적 조커다. 조커에게 할리퀸이라는 여자 조수가 생겼을 때 여전히 대중문화에 코메디아의 영향이 남아 있음을 확인할 수 있었다.

다른 광대와는 다르게 그리말디는 진정 재미있어하는 것처럼 보인다. 그와 동시대 인물 중 하나는 그리말디를 "지루함을 날려버리고 성자도 웃게 할 사람"[2]이라고 평했다. 그의 공연은 온갖 미치광이 짓과 혼란으로 가득해서 위험할 정도로 예측 불가능했다는 점이 주요 특징이다. 예를 들어 '오락을 위한 복스홀 정원Vauxhall Pleasure Gardens'을 세세하게 복원한 무대에서 평화로운 만찬을 즐기는 우아한 손님들이 등장했다가 짐짓 음식을 훔치고 싸우는 척하고, 춤을 추고 엉덩방아를 찧고 바닥에 난 문으로 사라지거나 벽을 통해 나타나고, 높은 창문에서 점프를 한다. 수많은 그릇을 산산조각 내고 테이블과 의자가 날아다니며 살아 있는 새들이 접시 밑에서 불쑥 날아오르고, 벌 떼가 병에서 튀어나와 배우들을 무대 밖까지 쫓아간다. 하지만 그리말디는 우스꽝스러운 광대 짓 외에도 〈당나귀에 탄 내 모습이 끝내주지〉 같은 익살맞은 노래를 부르며 관객 참여를 유도했다. 나무벤치와 빗자루, 당나귀 두개골로 만든 말에 앉아 당시 새로운 유행이었던 기수를 조롱하는 노래였다.

그는 확실히 대단한 성공을 거두었고 왕족 앞에서 공연하는 첫 유명 코미디언이 되었다. 귀족이나(바이런 경은 그리말디의 열렬한 팬이었고 서로 친구가 되었다) 정극 배우(에드먼드 킨Edmund Kean도 그의 팬이었다)와 어울렸고 당시 젊었던 찰스 디킨스가 편집한(대필했을 가능성도 있는) 회고록까지 출판했다. 이는 탁월한 선택이었다. 디킨스의《골동품 상점*The Old Curiosity Shop*》에 등장하는 인물 퀼프의 익살맞은 기괴함과 악마적인 활력에 그리말디가 영향을 주었을 가능성이 높기 때문이다. 적어도 퀼프의 무질서한 생명력과 권위에 대한 혐오와 사육제적 과잉을 부추긴 효과는 있었을 것이다. 물론 디킨스가 이 모든 가치를 라블레에게서 발견했을지도 모른다(술과 음식, 온갖 유쾌한 모임에 대한 애정도). 라블레와 디킨스를 통해 알 수 있듯 사육제적 정신의 본질은 이 세상이 과잉으로 넘치고 시끌벅적한 곳이라는 인식에 있다. 스스로 우월한 존재로 모든 사람에게 무엇이 제일 좋은지 안다고 생각하는 주인의 이해와 통제에는 확실히 미치지 못하는 곳이다. 또한 사육제적 뒤집기의 본질은 지위와 힘에 대한 환상에서 자유로운 노예를 인정하는 데 있다. 셰익스피어의 어릿광대 터치스톤은 이를 깔끔하게 표현한다. "바보는 자기가 현명하다고 생각하지만 현명한 이는 자기가 바보라는 사실을 안다."

디킨스는 《어려운 시절*Hard Times*》에서 '슬리어리의 곡마단Sleary's Circus'과 합리적 공리주의의 대립을 통해 사육제적인 특성을 명쾌하게 보여준다. 합리적 공리주의를 대변하는 인물 그래드그라인드는 '대단히 실용적'이며 '분명한 사실'과 수학적 계산에 복음주의 신념을 지니고 이를 자신의 '모범적인' 아이들에게 주입하려고 한다. 하지만 그의 딸 루이자는 절망하고 우울증에 빠지며 반항적인 아들 톰은 도박꾼이자 도둑이 된다. 톰은 한바탕 도둑질이 발각되자 슬리어리 곡마단으로 도망가서 〈거인을 죽인 잭〉 공연에서 거인의 노예 '익살맞은 검둥이' 역할로 광대들과 함께 연기한다. 다른 출연자로는 '군주가 가장 좋아하는 오락거리인 양 세숫대야 다섯 개를 한 번에 빙글빙글 돌리며 움직이지 않는 검은 점박이 백마에 앉아 있는 일본 황제'와 '티롤에서 온 꽃처럼 우아하고 멋진 승마 공연을 펼치는 미스 조세핀 슬리어리', '승마술의 꼬마 기적'으로 알려진 어린이 기수 등이 있다.

아들을 쫓아 곡마단으로 온 그래드그라인드는 공연이 끝난 후, 지나치게 크고 "좀먹고 여기저기 구멍 난 거친 소재의 우스꽝스러운 옷을 입은 검은 얼굴에 흉터가 난" 모범적인 아들을 대면한다. "온통 끈적이는 물감 칠을 한 아들의 얼굴에 공포와 압박감이 나타나기 시작했다." 이때 상징적인 뒤집기 솜씨가 깔끔하게 드러난다. 충격과 허망함을 느낀 그래드그라인드는 서커스 공연장 한가운데 놓여 있는 광대의 공연용 의자에 주저앉는다.

서커스 광대는 그리말디가 남긴 유산이지만, 코미디 역사에서 더 중요한 것은 그가 공연 속에서 자기만의 인격을 구축하기 위해 장르와 연극 캐릭터를 거부한 것이다. 이런 인격을 추구한 많은 사람이 그렇듯 무대에서 광기를 보이는 인물은 현실에서는 우울증을 겪는다. 공연을 하면서 육체적 부침으로 크게 건강을 해친 그리말디는 일찍 은퇴하여 49세의 나이로 일찍 사망했지만, 개성 있는 희극 공연자로서 현란한 옷과 짙은 화장에 익살스런 몸짓과 노래를 섞어 연기했던 그의 방식은 19세기 후반에 유행한 '뮤직 홀music hall'에서 자주 공연되었고, 미국 판 뮤직 홀인 '보드빌vaudeville'도 장악했다. 20세기 전반 버스터 키튼, 찰리 채플린, 막스 브라더스, 메이 웨스트, W. C. 필즈, 밥 호프, 잭 베니, 밀튼 버얼 등 유명한 미국 코미디언은 대부분 보드빌에 출현했다. 하지만 시간이 흐르면서 코미디는 몸으로 웃기기보다 말로 웃기는 경향으로 바뀌었고 다른 이를 조롱하여 자기 우월성을 높이던 것에서 벗어나 스스로를 조롱하여 열등함을 받아들이는 방식으로 진화했다.

이처럼 미묘한 모순이 존재하는 코미디에서 웃음은 누군가를 자빠뜨리기보다는 기대감을 갖는 데서 발생한다. 뒤엎기만 한다고 재미있는 것은 아니다. 번개 치듯 순간적으로 뒤엎는 방식이 교묘하게 타당해야 한다. 우리는 틀렸으면서도 동시에 옳은 것을 보고 웃는다. 이는 옳으면서도 그른 존재라는 인간의 존재론적 모순과 곤경을 코미디가 가장 심오하게 표현하고 있다는 근거다(니체는 웃음을 "단 하나의 진정한 형이상학적 위안"[3]이라고 했다). 동물이 자아를 인식할 수 있고, 스스로 불멸의 영혼이 된 것처럼 느끼지만 사실 빠르게 악화되는 몸뚱이에 불과하다는 사실을 아는 것보다 더 끔찍한 일이 있을까? 천억 개의 뉴런이 빽빽하게 연결된 뇌를 가졌지만 이것이 당나귀의 생식기에 연결되어 있고 로빈 윌리엄스가 말했듯이 이 각각을 작동시킬 충분한 혈류가 있지만 한 번에 두 가지를 활성화할 수는 없다면 그보다 잘못된 일이 있을까? 한편, 살아 있다는 기적을 찬양할 수 있는 지각을 지닌 동물보다 바람직한 존재가 어디 있겠는가? 터무니없으면서도 절묘한, 인간의 유일한 반응은 웃음이다.

20세기 중반 베니와 호프, 버얼 등 젊은 코미디언들은 변장이나 슬랩스틱, 익살맞은 노래와 촌극 등의 전형적인 방식을 버리고 진짜 자신의 모습을 보일 수 있는 일상복을 입고 관객에게 직접 말을 거는 새로운 스타일의 코미디를 개발했다. 이러한 코미디언은 '모놀로지스트 monologist'로 알려져 있으며 20세기 중반 이후 어느 시점에서 다음 세대에 복사되어 '스탠드업'으로 알려지게 되었다. 이 용어는 1960년대 초반 처음으로 사전에 등장했다.

스탠드업 코미디가 영국에서 독자적으로 발전했다는 주장이 있다. 뮤직 홀의 코미디 공연에서 슬랩스틱을 하거나 노래를 부르는 중간에 '잡담'을 많이 했다는 것이다. 하지만 보통 스탠드업은 재즈처럼 미국 고유의 현상으로 본다. 재즈와 스탠드업 코미디는 반권위주의적이고 자유분방하고 광신적이며, 주로 밤에 공연되고 연기가 자욱한 지하 클럽에서 음성적으로 유행했다는 점에서 비슷하다. 초기 스탠드업 코미디에서 가장 영향력 있는 인물 레니 브루스는 열렬한 재즈 팬으로 재즈 클럽에서 자주 공연했으며 즉흥극을 좋아하고 반복을 싫어했다("뭔가가 반복되자마자 참을 수가 없어").[4] 그는 엄청나게 멋진 재즈 맨을 웃게 만들 수 있다면 위대한 업적이 되리라고 생각했다.

스탠드업은 전통적 방식 거부, 금기의 파괴, 개인주의와 진정성 강조, 격식을 차리지 않는 직설적이면서도 친밀한 스타일, 자발성과 즉흥성, 자유롭게 흐르는 무정형, 그리고 무엇보다도 평범한 삶이 특별히 과장하지 않아도 시나 코미디의 소재가 될 만큼 재미있다는 근본적 믿음 등 모든 면에서 철저히 미국적이다. 이는 코미디의 민주화이자 휘트먼화였다. 월트 휘트먼Walt Whitman은 시의 세계에서 〈나 자신의 노래Song of Myself〉로 전기를 마련했고 100년 후 코미디는 〈나 자신의 코미디 Joke of Myself〉로 그 뒤를 이었다.

코미디와 시의 분명한 유사점은 타이밍과 리듬에 전적으로 의존한다는 것이다. 그런데 성격과 어조, 목소리에도 의존한다. 위대한 미국 시인의 작품은 아무렇게나 몇 줄 골라도 바로 알아볼 수 있다. 모든 시구는 성격을 드러내는 목소리기 때문이다. 스탠드업 코미디언이 본인의 스타일을 찾아가는 과정을 묘사할 때 시인과 정확히 같은 용어를 사용한다는 점은 대단히 흥미롭다. 그들은 '목소리를 발견한다'는 표현을 쓴다. '창조'나 '개발'이 아닌 '발견'이다. 그 과정이 점진적이고 맹목적이며 완전히 직관적이고, 기나긴 시도와 시행착오 끝에 꾸준함과 행운이 따른다면 우연히 뭔가 쓸 만한 것을 발견하기 때문이다. 위대한 스탠드업 코미디언 리처드 프라이어는 목소리를 찾는 데 15년이 걸릴 수 있다고 주장했다.

물론 목소리가 표현하는 성격은 사실 극 속의 인격, 즉 페르소나이고 역할이며, 실제 성격에서 선발·집중되고 강화된 일부다. 성격 자체는 일련의 역할에 기반을 두고 있으며 페르소나의 역할을 만들어낸 삶의 역할은 결국 페르소나에서 영향을 받는다. 이 모든 과정은 무척 복잡하다.

타이밍과 리듬이라는 까다로운 주제도 마찬가지다. 모든 사람이 타이밍과 리듬이 중요하다는 데 동의하지만 아무도 이 단어를 정확히 정의하지 못한다. 실패했을 때 치명적인 결과를 가져온다는 것도 의심할 여지가 없다. 소설가 제이디 스미스는 스탠드업 코미디언인 남동생을 따라갔다가 충격을 받았다. 모든 관객을 포복절도하게 만들었던 공연을 비슷한 장소에서 비슷한 관객을 대상으로 똑같이 했는데 관객의 반응이 영화배우 맥스 월Max Wall이 말했듯 "러시아인의 수염에 사는 이 한 마리처럼"[5] 사라졌기 때문이다. 그녀와 동생은 우울하게 사후 점검을 하면서 성공과 실패의 차이는 알아차리기 어려운 아주 세세한 타이밍 차이에 있다는 결론을 내렸다. 나는 가까운 장소에서 개최된 구성과 규모가 비슷한 문학 축제에서 강연을 하면서 같은 경험을 했다. 첫 강연에서는 외롭고 이름 없는 죽음을 맞이하여 장례식도 생략하고 비석 없는 무덤에 신속하게 매장되었다. 하지만 몇 달 뒤 두 번째 강연에서 3분의 1 정도 진행했을 무렵 갑자기 사람들이 웃고 있다는 사실을 깨달았다. 나는 강연하기 전에 긴장해서 오줌을 눈 뒤 지퍼를 올리지 않았던 것인지 의심했다. 하지만 청중은 정말 내 농담에 웃고 있었다. 대본은 정확하게 똑같았으니 분명 전달 방법이 달랐을 것이다. 하지만 도대체 무엇이?

타이밍과 리듬을 추출하여 배우와 공연에서 분리된 추상적인 특성으로 대하려고 하면 문제가 된다. 사실 타이밍과 리듬은 페르소나와 밀착된 불가분의 관계이며 결국 그 사람과도 뗄 수 없다. 그 사람 역시 삶의 궤적과 현재 상황의 압력에 연결되어 있다. 성공적인 극의 모든 요소가 다른 모든 요소에 의존하고 있으며, 많은 공연을 하는 과정에서 부분과 전체가 무의식적이고 직관적으로 함께 발전한다. 따라서 공연자조차 무슨 일이 벌어지는지 이해하지 못한다.

하지만 무슨 기술을 갖고 있든, 페르소나가 그 사람과 무슨 관계가 있든 핵심은 공연이 연기처럼 보이면 안 된다는 점이다. 신뢰할 수 있고 진정성이 있어야 하며, 공연자가 진실해야(꼭 존경하거나 좋아할 만한 사람일 필요는 없다) 한다. 20세기 중반 대중문화에도 진짜를 요구하는 현상이 나타났다. 많은 가수가 직접 자기 노래를 쓰려 하고 새로운 스탠드업 코미디언 세대도 직접 공연 내용을 쓰기 시작했다. 이는 코미디언이 대본대로 공연하는 연기자라는 생각을 지워버렸고 틀림없이 미국에서 심각한 실업 사태를 야기했을 것이다. 영국 출신 코미디언 밥 호프는 8명의 작가를 두었으며 상근으로 일하는 작가가 13명에 달한 시기도 있었다.

어떤 분야든 진짜를 보여주는 공연자는 가짜 사회적 자아를 폭로하고 내적 자아의 결함을 깨닫게 한다. 이보다 더 직접적으로 즉각 생명을 불어넣는 기술은 없다. 진정성 있는 공연은 입에서 입으로 전해지는 영혼의 소생술이다.

코미디의 진정성은 개인주의의 자기중심적 측면이 자만심이나 독선으로 변하는 것을 막아주기 때문에 특히 유용하다. 코미디는 우리 모두 부족하고 갈등을 겪으며 불확실하고, 신경질적이고 불안하고 두려워하며 부조리하다는 사실을 강렬하게 일깨워준다. 레니 브루스, 리처드 프라이어, 빌 힉스, 조앤 리버스, 빌리 코놀리 등 크게 성공한 코미디언들이 실제 솔직하게 말하는 것처럼 즉각적이고 강렬한 인상을 준다는 공통점은 우연이 아니다. 최고 중에서도 강력한 최고 후보 리처드 프라이어는 코미디언들에게 "진실하라, 항상 진실하라. 그러면 재미는 따라올 것이다"라고 조언했다. 프라이어의 진실성에는 의심할 여지가 없다. 코카인을 정제하다가 몸에 불이 옮겨 붙는 사건에서도 코미디 소재를 가져왔다("신이여 거시기가 안 타게 해주셔서 감사합니다"). 심장마비를 겪은 후에는 무대에서 심장이 말을 거는 상황을 연기했다. "숨 쉬지 마." 심장이 그에게 말한 뒤 조롱한다. "이제 죽는다는 생각이 들어?" 그 말에 어쩔 줄 모르며 찢어지는 목소리로 그가 애원하듯 대답한다. "그래, 죽을 것 같아, 죽을 것 같아." 심장은 잠깐 멈추더니 사악하고 차분한 말투로 말한다. "돼지고기를 그렇게 처먹을 땐 그런 생각을 못 했나 보지." 프라이어는 돼지고기를 크게 강조한 뒤 심장의 복수를 묘사하기 위해 주먹을 움켜쥐고 소리 없는 비명을 지르며 바닥에 쓰러진다.[6]

프라이어의 공연은 일종의 절망에서 비롯된 것으로 보이는 광기를 뿜는다. 심지어 영화를 통해 그의 공연을 보아도 그가 내뿜는 기력을 느낄 수 있다. 최고의 코미디에 강렬한 한방을 만드는 것은 이처럼 파탄에 가까울 정도로 혼란스러운 내면의 감각이다. 이런 공연에서 코미디언은 긴장감을 인정할 뿐 아니라 억압된 공포의 깊숙한 부분까지 연결하여 실제로 구현해냄으로써 웃음 속에서 폭발적인 해방감을 이끌어낸다. 프로이트는 코미디가 성적 억압의 해소라고 주장했지만 코미디는 분명 그보다 보편적인 성격을 띠고 있다. 코미디는 성적·사회적·개인적·육체적인 형태로 다양하게 나타나는 불완전성을 표현한다(프라이어는 자신이 복싱을 했던 이야기를 하면서 신체 부위에 각각 서로 다른 목소리를 부여하여 육체적 불완전성을 표현했다. 팔이 "나 때문은 아니야"라고 말하면 다리가 "난 왜 넘어져야 하는 거야?"라고 말하는 식이다).

코미디의 감정은 위협을 받고 있다는 느낌과 불안에 기반을 두고 있기 때문에 코미디의 형태는 공격과 굴복이라는 반대 형태를 취한다. 이러한 양면성은 인류 이전 영장류의 행동까지 거슬러 올라간다. 영장류가 위협에 공격적으로 반응하며 내지르는 소리에서 웃음이 발전했다고 생각된다. 그리고 미소는 위협을 받을 때 이빨을 내보이며 상대를 달래고 굴복을 표현하던 데서 유래했다고 한다. 따라서 불안정하기로 악명 높은 존재인 코미디언은 공격하거나 아부하고, 불안하게 만들고 교란시키며 충격과 공포를 주고, 해결하고, 달래고 안심시키고 사랑받으려 한다(영국 코미디언 앨런 데이비스는 코미디언의 부류를 자해를 일삼는 자기 학대자와 부와 명예를 추구하는 골퍼로 나누었다).[7]

내 어린 시절 대부분의 코미디언은 골퍼 부류에 속했고 나는 추잡한 농담을 하고 권위와 겉치레를 조롱하는 거리 코미디언을 지지하며 골퍼 코미디언을 경멸했다. 내게 자만심에 대한 절묘한 조롱에 비할 감동은 없었고 왕의 탁자에서 울려 퍼지던, 오늘날 회의실 탁자에서 울려 퍼지는 아첨꾼의 웃음보다 더한 좌절은 없었다.

레니 브루스는 모든 것을 바꿔놓았다. 그는 진즉부터 권위와의 전쟁을 시작했다. 미국 해군에 입대했지만 제2차 세계대전 이후 진력이 나서 스스로 복장 도착자라고 주장하며 제대했다. 출처는 불분명하지만 아주 좋은 일화가 하나 있다. 해군 정신과 의사가 정말로 여성 복장을 좋아하냐고 질문하자 "가끔"이라고 대답했고, "가끔 언제?"라고 되묻자 진짜 코미디 공연처럼 잠깐 멈추었다가 시치미를 떼고 "몸에 맞을 때"라고 대답했다. 하지만 그런 브루스도 목소리를 찾기까지 꽤 오랜 시간이 걸렸다. 초기 스타일은 사람들에게 호감을 얻으려 하는 평범한 비공격적 유머였고, 오랜 기간 희가극 클럽에서 견습 생활을 거치면서 섹스와 종교, 인종주의, 전방위를 향한 욕이 담긴 코미디 스타일을 개발했다. 그것이 바로 그에게 유명세를 안겨 준 스타일이다.

■

모순의 코미디는 진화했다. 비현실적 환상, 웃기려 들지 않는 관찰자적 유머, 정치 풍자, 일상을 소재로 삼는 파운드 코미디, 창의적 모욕(조앤 리버스의 특기다) 등 수많은 하위 장르로 분화했으며 코미디언 개인의 스타일은 이에 못지않게 다양하다. 아무리 찾으려 해도 적당한 단어를 찾기 힘든, 혼란에서 나오는 미친 에너지를 뿜는 코미디가 있는가 하면 일종의 얼빠진 기이함에 영감을 받은 무심하고 무표정한 정반대 스타일의 코미디도 있다. 깔끔한 분류와 해설을 거부하는 것이 코미디의 본질이기 때문에 코미디의 이론화는 항상 미심쩍고 논쟁적이며 불완전하다. 또한 의사소통 방식이 전적으로 개인의 취향에 달려 있다. 한쪽은 분명 에트나산이었는데 다른 쪽은 러시모어산으로 보이는 경우가 허다하다. 그러니 내 미심쩍은 이론은 완전히 주관적인 반응을 바탕으로 한다.

하지만 아첨꾼과 금기 파괴자를 포괄적이나마 구분을 짓는 것이 안전할듯하다. 아첨꾼은 사랑받기 위해 안심시키려고 하면서 가식적으로 크게 웃고, 금기 파괴자는 존경받기 위해 충격을 주려고 한다. 리처드 프라이어는 백인에 대한 흑인의 공포를 소재로 삼았고, 빌 힉스는 클라우디아 시퍼의 질에 담배를 적시고 싶다고 했다. 조앤 리버스는 악명 높은 '유쾌한 미망인 순회공연'에서 남편의 자살을, 프랭크 스키너는 이성애자 남성의 동성애와 이슬람 여성이 돌에 맞아 죽은 사건을, 빌리 코놀리는 이슬람 전사에게 목이 잘린 인질을 소재로 삼았다.

변하지 않는 필수 요소는 관객이다. 스탠드업 코미디는 조롱의 대상으로 지목될 가능성이 있는 관객과 웃음을 얻지 못하고 실패하거나 야유를 보내는 사람의 허점을 찔러 형세를 역전시켜야 하는 코미디언 간의 팽팽한 상호작용이자 집단 의식이다.

스탠드업 코미디의 위험을 무릅쓸 사람은 관심에 대한 필사적 갈망과 끝없는 결핍이 있어야 하지만(코미디언에게 우울증과 중독은 흔하다), 성공하려면 이런 사실을 완전히 은폐해야 한다. 성공적인 스탠드업 코미디는 영감을 얻기 위해 불안이 필요하지만 전달할 때는 안정감을 주어야 한다(더들리 무어Dudley Moore는 코미디 파트너 피터 쿡에게 자신이 "직업적 자신감과 개인적 좌절감이 혼합되어 있다"[8]고 말했다). 조금이라도 공포의 기색이 보이는 즉시 죽음이다. 또한 최고의 코미디에는 약간의 광기와 주술적 면모가 보인다. 주술사, 사기꾼, 사투르누스왕, 엉터리왕, 어릿광대, 할리퀸, 피에로와 스탠드업 코미디언은 끊임없이 계보로 이어진다. 영적 세계에게 불멸의 생명을 달라고 설득하는 주술사는 수십만 년 동안 일자리가 끊긴 적이 없겠지만, 특히 오늘날 TV 패널 쇼나 영화 캐릭터, 에든버러 페스티벌Edinburgh Festival의 페리에 상

Perrier Award, DVD로 발매되는 전국 공연 등에서 한자리 꿰찰 수 있다면 더할 나위 없다. 또 한 가지 코미디에서 반가운 일은 수많은 여성 스탠드업 코미디언의 출현이다.

하지만 오늘날 코미디 분야에서 성공할 경우 금전적 보상이 대단히 크고 공연장도 무척 거대하기 때문에 주술사는 록 스타로 바뀌고 무대의 점이 되어 스크린으로만 볼 수 있는 존재가 된 듯하다. 이런 현상은 관객과 친밀해질 기회를 완전히 파괴한다. 스탠드업 코미디는 소규모 장소에서 공연할 때 가장 효과적이지만(던바의 수가 여기에도 적용되어 친밀함을 느낄 수 있는 상한은 최대 150명까지다), 보통 시작 단계에 있는 젊은 코미디언만 이렇게 공연한다.[9]

이런 특성을 보이는 젊은 코미디언 두 명을 살펴보자. 둘 다 20대 후반으로 에든버러 페스티벌에서 성공하면서 전도유망한 신인으로 주목받았다. 평범한 스탠드업 코미디언과는 거리가 멀다는 공통적인 평가를 받았고 같은 기간에 같은 장소(180석 극장)에서 공연했다. 내 기준에서 한 사람은 재미있고 다른 한 사람은 그렇지 않다는 중요한 차이를 빼면, 이들은 여러 면에서 비슷하다.

첫 번째 코미디언 존 컨스John Kearns는 관객들이 느릿느릿 모여들 때 이미 무대에서 초조하게 서성거리며 동그랗게 입을 모으고 크게 숨을 들이마시며 계속 안경을 코에 끌어올리고 있다. 평범한 작은 남성이 어떤 끔찍한 시련 때문에 긴장한 듯 보인다. 보는 나도 불안해지기 시작한다. 신께서 이 가련한 남자에게 따로 무대를 준비할 장소를 마련해줄 수도 있었을 텐데. 하지만 물론 이런 행위는 공연의 일부다. 피리의 퐁피두 센터가 철골을 드러낸 것이나 포스트모던 소설가가 소설 속에서 인물의 행위를 설명하는 것처럼 포스트모던 효과를 주려는 의도다. 그저 진부한 표현 방식에 불과할지도 모르지만 말이다. 그는 관객을 불안하게 만들어서 불안과 현대적 고통이라는 자신의 주제를 미리 설정한다.

이제 그는 도착하는 관객을 혼란스럽게 쳐다보며 잠시 멈추고 물을 벌컥벌컥 마신다. 그가 당혹스러워하는 것도 당연하다. 코미디의 관객은 코미디 자체만큼이나 정의하기 어렵기 때문이다. 관객 대부분은 젊다. 정확히 말하면 10대는 아니고 30세 전후로 상당히 젊은 편인데 이상하게 특징이 없다. 자주 극장에 가는 사람들이 흔히 그렇듯 괴상하고 요란한 차림새도 눈에 띄지 않고, 전형적인 음악 팬의 충격적인 느낌도 없으며, 문신이나 피어싱, 형형색색의 머리카락도 보이지 않고 클럽에 다니는 사람들처럼 대담하게 성적이지도 않다. 이 사람들은 누구이며 왜 여기에 있을까?

컨스는 자신의 관찰 결과 중 하나를 말하며 시작한다. "코미디 공연이 처음이라면 여긴 시작할 만한 곳이 아냐." 그는 모호함이 공중에 걸려 있게 만든다. 이는 비판인가 칭찬인가? 그리고 장난감 가게에서 산 싸구려 가발을 쓰고 이빨을 드러내며 우리가 "너무 멀리 가버린 개그를 살려보려고 애쓰는 남자"를 보고 있다고 말한다. 불확실성과 공포라는 양면적인 분위기가 형성된다. 그다음 망설임, 오랜 정지, 곱씹음과 찌푸림이 이어졌다. 모든 요소가 결정적이지 못하다. 펑하고 터지는 기막힌 구절을 향해 가는 대신 당황스러운 침묵 속에서 독백이 점차 작아진다. 그는 공연장 조명을 어둡게 하고 익살맞게 손전등을 휘두르면서 메리 셸리Mary Shelley의 《프랑켄슈타인》을 읽다가 당황하여 멈추고 책을 집어던져 버린다. 관객 참여도 건성으로 진행한다. 앞줄에서 한 남자를 골라 의자에 앉히고 머리에 하얀 가발을 씌운 뒤 맥주

잔을 쥐어준다. 아주 천천히 그리고 조심스럽게 브랜디를 따라 주는데, 남자에 대해서는 잊어버린 듯하다. 결국 컨스는 관객을 자리로 돌려보내고 얼굴을 찡그리며 집중해서 플라스틱 깔때기를 이용해 브랜드를 마지막 한 방울까지 병에 다시 따르고는 한쪽으로 치우고 중얼거린다. "15파운드 들었어."

그는 관객에게 먹고살려고 이 짓을 하고 있으며 실제로 지금 일하는 중이라고 계속 상기시킨다. 일한다는 개념을 제대로 이해하는 것 같지는 않다. 자기는 지금 자영업자기 때문에 주머니에 영수증을 갖고 있지만, 자꾸 꺼내서 확인하느라 지폐를 잃어버렸다고 한다. 낮 동안에는 할 일이 없어서 주머니에 휴지 조각과 피스타치오 껍질이 가득한 실내복을 입고 앉아 있는다. 그는 영화 〈잠수종과 나비The Diving Bell and the Butterfly〉에서 모든 것을 움직이게 할 수 있지만 눈꺼풀은 한쪽밖에 못 움직이는 남자를 좋아한다. 또 〈뉴스나이트Newsnight〉와 〈퀘스천 타임Question Time〉 같은 심각한 심야 시사 프로그램에 나오는 지식인과 정치인 등의 권위자를 보면 안심이 된다. 그런 거물들과 토론하고 싶은 것은 아니다. 이해도 못 하는데 어떻게 토론이 가능하겠는가. 하지만 아기가 되어 요람에 잠들어 있는 자신을 그들이 돌봐줬으면 좋겠다고 생각한다.

시계도 차지 않았으면서 자기 손목을 계속 들여다보는 행동은 특히 걸작이었다.

그는 관객을 완전히 잊어버린 듯 길고 고통스러운 침묵 끝에 혼자 중얼거린다. "여길 왔다 이거지?" 그러고는 몇 분 후 빈정거리듯 짤막하게 덧붙인다. "이건 1단계는 아냐." 때로는 "당신들이 50퍼센트를 가져왔고 내가 50퍼센트를 채웠어"라며 인정한다. 공연 막바지에 그는 우리가 집에 갔을 때 가족들이 무엇을 봤는지, 뭐가 웃겼는지 질문하면 혼란스러워하며 "아무것도"라고 대답할 것이라고 한다. 맞는 말이다. 명백한 개그를 보고 웃기보다는 재미있어 보이지 않는 것에 웃는 것이 더 만족스럽다. 깊은 존재론적 웃음, 설명할 수 없는 세계에 대한 설명할 수 없는 반응이다. 그는 공연을 끝내면서 대단히 꼼꼼하게 가발로 나무가방을 닦고 가발과 의치, 깔때기를 집어넣으면서 경이로워하며 묻는다. "대체 우리가 왜 여기 있지?"

이 공연은 수줍음을 자신 있게 표현하는 것이 코미디라는 역설을 보여주는 좋은 사례다. 불안이라는 어두운 진심이 없다면 안심은 말만 잘하는 장사꾼 기질이자 공허한 여흥일 뿐이다.

두 번째 코미디는 굉장히 활기차다. 수없이 설치고 다니면서 눈 깜짝할 사이에 의상을 갈아입고 앞뒤로 재빨리 움직인다. 모든 캐릭터는 시끄러운 음향효과를 주어 핵심 대목을 강조하면서 마무리한다. 관객 참여도 전면적이다. 그는 관객들에게 종이를 구겨서 던지라고 하거나 젊은 여성 네 명을 무대에 불러서 자기 등에 선크림을 바르게 하고, 마지막에는 무대 앞좌석 세 줄 전체에게 무대에서 디스코 춤을 추라고 한다.

나는 이 공연에서는 웃지 않았다. 두 공연의 차이는 마무리에서 단적으로 드러난다. 컨스가 "대체 우리가 왜 여기 있지?"라고 질문한 대목에서 두 번째 코미디언은 트위터와 인스타그램에 자기를 팔로우 해달라고 애원하며 출입구에 서서 명함을 나눠 준다. 공연 중에 출세 제일주의를 풍자한 부분을 우스갯소리로 만드는 것이다.

두 공연은 또 하나의 진실을 보여준다. 열심히 노력할수록(열심히 노력하는 듯 보일수록) 상황이 더 악화될 수 있다. 어떤 분야든 탁월한 예술가는 전혀 노력하지 않는 듯하고 누구나 따라 할 수 있을 것 같은 인상을 주는 사람이다. 코미디 외의 사례를 들어보면 피카소의 아이 같은 그림과 윌리엄 카를로스 윌리엄스William Carlos Williams의 짧게 토막 내서 단순하고 평범해 보이는 시 등이 있다. 누구나 그렇게 할 수 있을까? 한번 시도해보라. 그처럼 모두에게 쉬워 보이는 작품은 오랜 노력의 결과였다. 전혀 노력하지 않은 것처럼 보이려면 정말 힘들게 노력해야 한다.

활기찬 코미디는 웃음을 이끌어냈지만, 어쨌든 그렇게 많은 노력을 했으니 관객이 좋은 마음으로, 그리고 의무적으로 웃어준 듯했다. 반면 컨스의 관객은 자기도 모르게, 놀라서, 약간은 죄책감을 느끼고 주저하면서 웃었다. 컨스의 말과 행동에 재미있는 구석이라고는 전혀 없어 보였기 때문이다. 그의 비결이 무엇일까? 우선, 실패에 대한 불안과 공포가 해방을 갈망하는 긴장감을 형성했다. 또 다른 이유는 복잡성에 당황하고 소외되어 어리둥절해하는 현대 코미디의 핵심 캐릭터인 보통 사람을 그의 페르소나가 구현했기 때문이다. 그는 과거에 서비스 분야에서 가망 없는 일을 여러 개 해보았다고 공연 중에 주장하는데, 완벽한 보통 사람의 생활 경력이다. 그리고 수동성, 무지, 지루함, 유명 인사의 자신감 넘치는 말주변에 경의를 표하면서 어리둥절해하는 현대 보통 사람의 특징을 포착했다. 컨스가 실제로 서비스 분야에서 일했을 수도 있지만 그는 자기 페르소나보다 훨씬 영민하다. 공감 가는 따분함과 고통스러운 침묵, 결말 없이 질질 끌기, 광적으로 신중하고 조심스럽게 무의미한 일 하기 등에는 베케트의 느낌마저 있다.

하지만 성공한 시인과 마찬가지로 성공한 코미디를 분석한 후에도 정의 내리기 힘든 희박한 재능에 대한 석연찮은 구석이 남는다. 아주 희박한 경우지만 존 베리먼John Berryman처럼 코미디와 시적 재능을 겸비한 경우도 있다. 존 베리먼은 여러 면에서 스탠드업 코미디언과 비슷하다. 특히 알코올 중독에 난봉꾼이었고 애정결핍, 열의, 강박, 넘치는 의욕에 시달렸으며 필사적으로 자기 목소리를 찾으려 했다. 결국 삶의 막바지에 이르러서야 〈꿈속의 노래The Dream Songs〉에서 자기 목소리를 찾았다.

> 인생도, 친구도, 지겹다. 이렇게 말하면 안 되는데.
> 결국, 하늘은 번쩍이고, 대양은 갈망한다지만,
> 우리 자신은 반짝하고는 애타게 바랄 뿐
> 게다가 나 어릴 적 어머니께서 말씀하셨지
> (귀에 못 박히도록) "지겹다는 얘기는 말야
> 네 안에
> 아무 재능도 없다는 뜻이란다."[10]

11장

재미와 성性

__본능 더하기 놀이

• • •

1970년대에는 다양한 재미가 재발견되었다. 1970년대가 그렇게 중요하다는 사실을 내가 알았더라면 좀 더 관심을 기울였을 것이다. 그때로 돌아갈 수 있다면 나팔바지에 폴리에스테르 셔츠라도 입을 수 있다. 특히 이 무렵은 섹스가 주류가 되고 공개되는 시기였다. "사랑만 있으면 된다"던 1960년대 격언은 1970년대에 "섹스만 있으면 된다"로 바뀌었다. 후자는 전자에 비하면 덜 정확하지만 훨씬 흥미진진한 얘기다. 디스코 음악 이후 1970년대를 규정하는 소리는 벽장을 쿵쿵 열어젖히는 소리다. 게이와 레즈비언의 섹스가 폭발적으로 증가하고 이성애자에게는 프리섹스를 신봉하는 '스윙어 클럽 swinger's club'이 있었으며 믿기 어려운 전문 소매점인 성인용품점이 등장하여 〈엠마뉴엘〉 등의 에로 영화, 〈섹스의 즐거움The Joy of Sex〉 등의 섹스 매뉴얼, 비의료 바이브레이터Non-doctor vibrator 같은 섹스 도구를 판매했다. 고지식한 학자들까지 동참하여 미셸 푸코Michel Foucault는 《성의 역사Histoire de la Sexualité》를 출간하고 연구 영역으로는 처녀지였던 곳을 뚫었다. 그 후 수십 년 동안 학자들은 일부다처제, 일처다부제, 집단 섹스, 동성애 등 선사시대의 다채로운 섹스 문화가 서로 다른 문화권에서 어떻게 다양한 방법으로 억압받았는지 밝혔다.

특히 이성 간의 일부일처제가 자연에서 유래한 방식이 아니라는 증거가 별개의 학문 분야에서 계속 발견되었다. 동물학자들은 전 세계 3천만 종 이상의 동물 중에 확실한 일부일처주의 동물은 커크작은영양(아프리카 영양), 컨빅트시클리드(중앙아메리카 물고기), 솔방울도마뱀(호주 파충류), 플로리다의 덤불어치, 남극해의 알바트로스와 유럽의 갈까마귀밖에 없다고 주장했다.[1] 그 밖에 다른 동물도 있겠지만 각 대륙에 천성적으로 정조를 지킨다고 볼 만한 사례는 거의 없다(그리고 정조를 타고난 개체가 일부일처제를 선택한 것이 아니라 다양한 환경적 이유 탓에 강제로 일부일처를 지킨다고 한다).[2] 영장류 학자들은 DNA 측면에서 인간과 가장 가까운 침팬지와 보노보 원숭이는 단체 생활을 하며 자주 여러 수컷이 여러 암컷과 교미한다고 밝혔다. 단 보노보 원숭이의 경우 암컷끼리 또는 수컷끼리 정기적으로 성기를 문지르며 이를 보완한다. 이성애 보노보 원숭이들은 마사지나 오럴 섹스, 포옹, 혀를 깊숙이 넣은 키스 등으로 전희를 한다. 이 세련된 연인들은 날뛰기보다는 프렌치 키스를 즐긴다. 춤추고 웃고, 장님놀이를 하고 빠른 박자로 북을 치는 등의 능력을 감안하면 보노보 원숭이가 호모 사피엔스보다 훨씬 먼저 재미를 발견했음이 틀림없다.[3]

그리고 인류학자들은 선사시대 자료로 미루어 볼 때 수렵·채집 집단의 평등주의가 섹스에도 적용되었다고 주장한다.[4] 농업의 발전이 모든 것을 바꾸었다. 계급이 사회적 평등을 대체하면서 동시에 가부장제가 성적 평등을 대체했다. 여성은 남성의 동반자가 아닌 소유물이 되었고 남성의 소유욕과 질투가 증가하면서 여성의 사회적 지위가 급격히 하락했다. 소유욕과 질투는 오랜 기간 이성의 관계를 뒤틀어놓았다.

사회적 계층과 남성 위주의 지배 구조는 고대 그리스와 로마의 핵심 요소다. 남성 시민은 성적으로 아내와 첩, 매춘부, 소년, 남녀 외국인과 노예를 즐길 권리가 있었다. 첫 번째 흥미로운 점은 어느 쪽과 섹스하든 크게 구분되지 않는다는 점이다. 성적 취향을 가리키는 이성애와 동성애, 양성애 등의 용어는 모두 19세기에 만들어진 것으로, 구분하고 분류하고 전문화하려는 현대적 경향의 산물이라고 할 수 있다. 고전 세계에는 이런 개념이 존재하지 않는다. 의미가 없기 때문이다. 소년을 선호하는 취향이 소보다 양고기를 좋아하는 취향보다 특별한 의미가 없었다. 그리고 음식과 마찬가지로 먹는 데 탐닉하는 것이 위험하지 무엇을 먹는지는 크게 중요한 문제가 아니었다.

두 번째 흥미로운 점은 섹스에서 중요한 요소가 성별이나 사회적 지위가 아니라 육체적 지위(누가 적극적이고 누가 수동적인지)였다는 점이다. 남성 시민은 모든 면에서 상위에 있어야 했다. 로마인들이 네로에게 충격을 받은 것은 그가 어머니와 섹스하거나 동물 가죽을 뒤집어쓰고 말뚝에 묶어놓은 남녀를 강간하거나, 스포러스라는 소년에게 드레스를 입혀서 공개 결혼식을 열었기 때문이 아니다. 네로가 도리포러스라는 자유인에게 삽입을 당했다고 공개적으로 인정하고, 신부 역할로 도리포러스와 결혼식을 올렸을 뿐 아니라 강간당하는 처녀의 비명을 흉내 내어 결혼식의 결과물에 의심의 여지를 없앴기 때문이다. 로마에서 남성에게 핵심 행위는 삽입이었고 삽입당했을 때의 쾌락은 중요하지 않았다. 그리스에서 여성의 성기를 입으로 애무하는 것은 아주 모욕적인 행위로 간주되었으며 유명 인사가 여성의 아래에서 성행위를 했다는 혐의를 받으면 심각하게 명예가 실추되었다.

남성 시민에게 수동성은 여성 같은 행동이나 지배적 지위의 상실을 의미했다. 하지만 지배자는 항상 피지배자의 비밀스러운 일탈을 의심한다는 데 문제가 있다. 제약과 감시가 완벽하기는 어렵기 때문에 의심이 자라고 쉽게 과대망상이 섞인 두려움으로 발전한다. 이는 더 극단적인 지배를 불러오고 의심과 공포를 키울 뿐이다. 지배가 개인 수준에 그치지 않고 문화적으로 만연하면 결과는 피지배자에 대한 일반적인 의심으로 이어진다. 남성이 여성을 성적으로 지배하는 경우 일반적으로 여성은 교활하고 부정직하며 성욕이 왕성한 존재로 인식된다.

고전 작품의 작가는 압도적으로 남성이 많기 때문에 여성이 무엇을 믿고 생각하고 느꼈는지, 사적으로 무엇을 했는지 알기는 불가능하다. 하지만 많은 학자가 여성만 참여하는 축제에 동성애가 있었을 것이라고 생각한다. 남성의 편집증을 보여주는 증거는 많이 남아 있고 특히 시인이 심하다. 로마의 시인 카툴루스와 프로페르티우스는 끊임없이 여성의 이중성을 의심했고 카툴루스는 연인이었던 레스비아의 부정을 상상하며 분노했다.

나는 레스비아에게 이렇게 작별을 고한다,
간결하고 냉정하게.
300명의 연인과 함께 살면서,
그것들 모두에게 다리를 벌리고(동시에)
사랑도 없이
그 짓을 할 때마다,
눈이 멀어서 내가 널 향해 느꼈던 사랑을

한때, 그리고 너, 더러운 창녀가, 난잡하게 짓이겨버렸지

지나가는 쟁기 날에 꽃이 베어지듯

들판의 끝에서.[5]

이처럼 고전시대가 남긴 증거로 판단하면 이성애적 일부일처제만 자연스럽다는 생각은 설득력이 없다. 수렵·채집 시대나 동물 습성에 대한 연구에서도 마찬가지다. 일부일처제에 대한 고정관념은 주로 유대 기독교 전통의 산물이다. 유대교에서는 출산을 목적으로 하는 혼인 생활에서만 섹스를 하도록 제한했고 이것이 '자연적인' 인간 방식이라고 주장했다. 사실 출산을 목적으로 하는 섹스는 인간보다는 동물에 적합하고 유흥을 위한 섹스는 동물보다는 인간에게 해당하는 얘기다. 하지만 적어도 유대인 남편과 아내는 서로 섹스를 즐기도록 허락되었다. 기독교에서는 재미를 위한 섹스뿐 아니라 이렇게 제한된 섹스마저도 죄로 만들었으며 이브의 죄가 전 인류를 결코 지울 수 없는 원죄에 빠뜨렸다는 신조를 통해 여성의 부정적인 이미지를 강화했다. 독신이 새로운 이상이 되었고 성모 마리아가 여성의 새 귀감이 되었다. 기독교 세계에서 여성은 성모 마리아 아니면 창녀였으며 이런 단순한 분류는 집요하게 이어졌다. 〈토요일 밤의 열기〉에서 존 트라볼타는 여성 파트너에게 말한다. "좋은 여자나 창녀 둘 중 하나는 될 수 있지만 둘다 될 순 없어."

■

서기 1000년이 시작될 무렵 힌두교 사원은 여성이 머리를 감거나 화장을 하고, 게임을 하거나 춤을 추고 단체로 성교나 오럴 섹스를 하

는 조각을 장식했다. 하지만 기독교 예술가는 슬픈 기색의 처녀가 순수하고 무심하게 오염된 세계를 내려다보는 모습으로 교회를 채웠다.

물론 평범한 사람들은 대부분 섹스에 대한 교회의 가르침을 무시했다. 성직자들조차 공개적으로 첩을 두고 그 사이에서 자식을 가졌고 1123년에야 성직자의 결혼이 공식적으로 금지되었다. 12세기와 13세기 유럽에서 섹스란 음유시인이 순결한 명문가 여성에게 영원한 헌신을 노래하는 기사도적인 사랑과 연결된 개념이었다. 하지만 성 안에 음유시인이 있다면 마을 주점에는 익살맞은 예능인인 방랑 시인이 있다. 낭만적인 시에 맞서는 것은 파블리오라고 불리는 민담이었다. 방랑 시인은 여성의 탐욕을 꾸준한 주제로 삼아서 감각적이고 주로 야한, 푸짐하고 넘치는 이야기를 극도로 과장했다. 한 파블리오에서 성 마르탱이 가난한 소작농과 아내에게 나타나 네 가지 소원을 들어주겠다고 한다. 소작농이 음식을 요구하려는 찰나 항상 섹스가 불만이었던 아내는 남편의 온몸에 성기가 있었으면 좋겠다며 "그중 하나도 말랑말랑하거나 축 늘어지면 안 되고, 쇠막대기보다 딱딱해야 한다"[6]고 말한다. 성 마르탱은 남편의 온몸에 성기가 돋아나게 해준다. 그러자 남편은 아내의 몸에도 성기를 만들어달라고 빌었고 성자는 친절하게도 "털 없는 성기, 긴 털이 수북한 성기"[7] 등 다양성을 추가하여 남편의 소원을 들어준다. 하지만 부부는 수많은 성기를 다루는 데 큰 어려움을 겪다가 결국 모두 없애달라고 빌었고, 결국 그들의 마지막 소원은 원래의 좀 모자란 성기를 복구해달라는 것이었다.

또 하나의 흔한 주제는 성기의 자주성이었다. 독립적이고 만족할 줄 모르는 존재가 제어할 수 없는 욕망에 가득 찬 나이 든 여성, 특히 과부의 성기를 숙주로 삼는다. 한 파블리오에서는 이제 막 남편을 잃은 과부가 곧 욕정에 빠진다. "달콤한 감각이 심장을 찌르고 정신을 흥분시키고, 치마 속 털이 수북한 상담원의 식욕을 자극해서 고기를 원하게 만든다. 공작 요리도 아니고 두루미 요리도 아닌, 많은 사람이 염원하는 그 달랑거리는 소시지 말이다."[8] 이러한 설화들은 초서와 라블레 모두에게 영향을 주었다. 라블레는 여성을 가리켜 "자연은 몸속 비밀스러운 곳에 … 내장 같은 데에, 귀한 대접을 받는 동물 한 마리를 숨겨놓았다"고 했다. 그리고 이 동물은 "아주 짭짤하고, 축축하고, 예리하고, 날카롭고 맹렬한, 따끔하고 못 견디게 간질간질한 체액"을 만들어서 "온몸이 부들부들 떨리고 그들의 감각은 넋을 잃을 만큼 황홀해지고, 판단력과 이해력은 완전히 망가진다"고도 했다. 《가르강튀아와 팡타그뤼엘》 제3서는 파뉘르주가 결혼을 하고 싶어 하지만 아내가 바람이 날까 봐 두려워하는 내용이 주를 이룬다. 파뉘르주는 현인과 주술사, 예언자, 시인, 철학자, 심지어 점성가에게까지 상담을 하지만 그 박식하다는 점성가가 "천상의 초월적인 문제"를 왕과 논의하는 동안 "문 사이의 계단에서 궁정 하인들이 점성가의 아내를 마음껏 농락하고 있는" 장면을 발견하고 불안해한다. 점성가 자신도 두려움에서 벗어나지 못한다. "세숫대야에 물을 받아서 당신의 미래 부인이 촌뜨기 두 명과 놀아나는 장면을 보여주겠소." 하지만 파뉘르주는 이 기막힌 점술 솜씨에도 신경 쓰지 않고 대답한다. "코를 내 궁둥이에 들이밀 때는 안경 벗는 것을 잊지 마시오."[9]

욕정으로 가득한 과부 주제는 초서의 〈바스 부인의 이야기The Wife of Bath's Tale〉에 가장 잘 나타난다. 다섯 번 결혼한 바스 부인(연애는 셈에 넣지 않고 교회에서 한 결혼만 의미한다)은 나이 많은 여성이 섹스의 즐거움을 놀라울 만큼 노골적으로 표현하는 드문 문학적 사례다("당신은 매일 밤 여자랑 충분히 넘치게 할 수 있을 거야").[10] 《율리시스*Ulysses*》에서 몰리 블룸Molly Bloom이 독백할 때까지 그런 사례는 존재하지 않았다. 하지만 단순히 추잡한 얘기를 하는 여성에 초점을 맞춘 것은 아니다. 그런 측면만으로도 흥미롭지만 〈바스 부인의 이야기〉는 결혼의 시련과 보상을 대단히 정교하게 분석하고 있다. 바스 부인은 결혼을 끊임없는 권력투쟁으로 묘사하고 부부 관계가 이러한 투쟁에 달려 있다고 주장한다. 결혼은 배우자 사이의 긴장을 유지함으로써 성공하고 한쪽이 지배하면 실패한다. 하지만 율법과 교회가 남편에게 야만적인 힘을 부여했기 때문에 바스 부인은 우회 전술에 의존할 수밖에 없었다. 그녀는 지배에 대항하고 힘의 균형을 유지하기 위해 부당하게 행동했음을 유쾌하게 인정한다("신은 여자에게 주었지/ 천성적으로 세 가지를. 거짓말, 그리고 눈물, 그리고 말 지어내기"). 그녀의 전술 중 하나는 선제공격이었다("난 내가 잘못했을 때도 그들을 꾸짖었어/ 그렇지 않으면 내가 욕을 먹으니까").

그녀는 남편이 아내에게 굴복하라고 강제하지 않아야만 아내는 굴복하고, 아내에게 자유를 허락해야만 충성한다고 말했다. 결혼은 복잡하고 힘들지만 바로 그렇기 때문에 보람 있고, 고난과 슬픔에도 불구하고 그녀는 또 간절히 결혼하고 싶어 한다. "신의 은총이지 뭐야 난 결혼을 다섯 번 했으니! 그이가 나타난다면 여섯 번째도 문제없지." 그녀는 기다리는 동안 우울해하지도 않았다. "아아, 모든 것을 곪아 터지게 하는 나이!"가 젊었을 적 미모를 뺏었는지는 몰라도 "하지만 재밌게 살려고 하는 건 똑같아."

초서의 어조는 라블레와 매우 비슷하다. 라블레가 상스러운 광대가 아니듯 초서도 밝고 세상물정 모르는 아이는 아니었다. 라블레처럼 예리한 관찰력과 날카로운 재치, 너그러움과 인내력이 있었으며 분노나 우월감, 개혁에 대한 열의가 부족한 점도 라블레를 닮았다. 삶을 있는 그대로 받아들여라, 있는 것을 이용해서 할 수 있는 것을 만들어라. 둘 다 이렇게 조언하는 듯하다. 그들은 마구잡이로 귀함과 천함을 섞었고 생체 기능과 섹스를 유쾌하게 인정했다.[11]

너그럽고 익살맞은 음유시인의 영혼을 지닌 초서와 라블레는 심하게 탄압받았다. 당시 교회는 종교재판이라는 감시 수단과 고문, 화형 등을 통해 개인의 삶과 사회적 삶에 통제력을 강화하고 있었다.[12] 남성과 여성이 잠들었을 때 섹스한다는 야행성 악마 서큐버스와 인큐버스는 섹스에 대한 공포를 강화했다. 교활한 서큐버스는 잠든 남성을 사정하게 만들고 이 정액을 잠든 여성에게 주입하기 위해 간사하게 인큐버스로 변신한다. 정규 근무시간이 아닐 때 하는 일 치고는 꽤 보람 있는 일이다. 또한 여성에 대한 공포는 마녀사냥으로 발전해서 수많은 여성에게 다양한 이유로 화형 선고를 내렸다. 툭 튀어나온 클리토리스 때문에 화형당한 사례도 있다("악마의 젖꼭지"). 학자들은 유럽에서 마녀 광풍이 불었던 300년 동안 4만 명에서 10만 명이 처형되었고 이 중 여성이, 그중에서도 사회 계급이 낮은 여성이 압도적이었다고 밝혔다. 성적으로 적극적이거나 개방적인 여성이 주로 선발되고 과부도 마찬가지였다. 그러니 바스 부인이 조금만 늦게 태어났다면 다섯 명의 남자와 결혼하고 여섯 번째 남편을 찾아 헤매는 대신 화형을 당했을 가능성이 높다.

■

종교개혁 이후 마녀사냥은 더욱 활발해졌고 사육제, 상스러운 희극 공연, 춤, 성적 유희 등 인기 있는 대중오락은 모두 억제되거나 탄압당했다. 이제 디오니소스도 변신했다. 존경받는 그리스 신이 아니라 흥청대는 로마의 반인반수이자 우스꽝스러운 인물이 되었고 중세 시대에는 뿔과 발굽이 있는 악마 사탄의 현현이 되었다. 가톨릭 국가에서 끔찍하게 갈라진 발굽은 성모 마리아 환영만큼이나 자주 목격되었다. 심지어 활기차고 멋진 1960년대에도 잘생긴 외지인이 아일랜드 클럽에 나타나 그곳 처녀를 유혹하려 할 때 신중한 여성들이 항상 아슬아슬한 순간에 특이한 발굽을 발견했다는 이야기가 돌았다.

성직자의 압력에 저항할 수 있었던 귀족이나 왕족은 여전히 공공연하게 즐거운 시간을 보냈다. 분명 다른 사람들도 비밀로 할 수만 있다면 가능했을 것이다. 코미디와 춤은 곧 재개되었지만 성적인 쾌락의 표현은 여전히 금지되었고, 일반 군중과 구분되고 싶어 했던 신흥 부르주아에게 중요한 금기가 되었다. 일탈에 대한 중세의 응답이 화형이었다면, 그런 끔찍한 야만성을 떠올리기만 해도 몸서리치는 신흥 부르주아는 일탈 자체가 존재하지 않는다고 가장하는 새로운 대응 방법을 개발했다. 19세기 여성의 성에 대해 서양 세계는 믿기 어려운 태세 전환을 한다. 많은 사람이 여성의 성욕은 보편적이고 무성하며 끝없다고 믿던 극단에서 그런 것은 사실 없다고 믿는 반대 극단으로 이동했다. 1875년 정치인이자 역사가 액턴 경Lord Acton은 "대부분의 여성은 스스로와 사회를 위해 다행스럽게도 그 어떤 성적인 감정에도 시달리지 않는다"[13]고 선언했다. 이는 빅토리아 시대 영국의 관점만은 아니었다. 독일의 성과학자 리하르트 폰 크라프트에빙Richard von Krafft-Ebing은 1886년 유력한 저서 《성적 정신병질Psychopathia Sexualis》에 여성이 "정상적으로 정서가 발달했고 교육을 잘 받았다면 성적 욕망은 적다. 그렇지 않다면 세계 전체가 매음굴이 될 것이고 결혼과 가족은 불가능하다"[14]고 썼다.

그 결과 수많은 여성이 '히스테리'라는 새로운 고통에 시달린다는 진단을 받았다. 역사가 레이첼 메인스의 지적에 따르면 "불안, 불면증, 신경과민, 성적 환상, 복부 팽만감, 골반 부종 저하와 질액 감소"[15] 등 성적인 욕구불만에 따른 증상과 비슷하다. 치료는 '신경 발작'을 시켜서 환자의 고통을 일시적으로 완화하는 '성기 마사지'였다. 자기 손가락으로 마사지하는 것은 피하고 싶었던 남성 의사는 그 일을 대신할 바이브레이터를 발명했다(1970년대에 나온 첫 바이브레이터가 왜 '비의료The Non-doctor'인지 도저히 이해되지 않았던 부분이 어느 정도 설명된다). 미국에서는 1902년 이 새로운 의료기기를 가정에서 사용할 수 있게 되었으며, 1917년에는 토스터를 보유한 가정보다 바이브레이터를 보유한 가정이 더 많았다. 입으로 애무하는 쿤닐링구스야말로 가장 효과적이었을 텐데 이를 아무도 고려하지 않은 점은 매우 아쉬운 일이다. 이 방법을 내세우려면 한층 민첩한 혀가 필요했겠지만. 그리고 1920년대 여성은 초기 포르노 영화에서 바이브레이터가 주역으로 등장했을 때 그 기기가 주는 위안을 부정했다. 의학용이라는 가면을 벗기자 바이브레이터는 빠르게 가정에서 사라졌고 1970년대가 되어서야 새로운 활력을 뿜으며 떠들썩하게 다시 등장했다.

여성의 성욕을 부정하는 현상은 20세기 중반까지 일반적이었고, 여성이 출산이나 남성을 즐겁게 해주기 위해 섹스를 한다는 사회생물학 이론에 지금까지 끈질기게 남아 있다. 1960년대가 되어 성적인 에너지가 폭발하면서 모든 사람이 놀랐고 모든 것이 바뀌었다. 그런데 돌이켜보면 이는 불가피했다. 19세기에도 남성은 '성과학자'라는 새로운 명칭을 만들어 과학에 대한 냉정한 흥미일 뿐이라고 주장하며 섹스를 소재로 글을 쓸 방법을 찾아냈다.[16] 그 후 20세기에 조이스와 로런스 David Herbert Lawrence 같은 작가는 금기와 검열법을 어겼다. 영국에서 《채털리 부인의 사랑》이 출판된 시기는 성적인 자유를 부르짖은 록 음악이 탄생한 시기와 정확하게 일치한다. 필립 라킨은 《놀라운 해 *Annus Mirabilis*》에서 이러한 관련성에 주목했다.

> 성교가 시작되었다
> 천구백육십삼년
> (나에게는 좀 늦었지)-
> 〈채털리〉 금지가 끝나고
> 비틀즈의 첫 LP가 나올 때까지.[17]

1960년대의 한 가지 문제는 극도로 화려한 열망과 변화를 구현할 방법은 철저하게 무시했다는 점이다. 성적인 유토피아가 도래하고 모든 사람이 고된 일에서 해방되어 평화와 사랑의 낙원으로 가는 혁명이 일어날 것이라고 막연히 확신하기만 했다. 하지만 1970년대 꿈의 정치적 절반이 점점 흐릿해지는 동안 성적인 절반은 융성했다. 여성이 성적인 환상을 품을 뿐 아니라 적극 모색하고 있고 이를 글로 인정할 준비가 되었다는 사실이 두 권의 책을 통해 드러난 것은 가장 충격적인 전개였다. 에리카 종의 《비행 공포》는 기차에서 모르는 사람과 섹스를 해치우는 상상을 하고 유럽에서 그런 만남을 추구하며, 궁극적인 목표는 '지퍼 없는 섹스'라는 기혼 미국 여성의 자전적 소설이다. 이런 이상적인 경험이 지퍼 없는 섹스인 이유는 "유럽 남자들의 바지에 지퍼가 아닌 단추가 달려 있어서도 아니고 상대방이 엄청나게 매력적이어서도 아니다. 사건이 꿈처럼 빠르게 압축되고 모든 후회와 죄책감에서 자유로워 보이며, … 합리화하지 않기 때문이다. 말 자체를 하지 않기 때문이다. 지퍼 없는 섹스는 절대적으로 순수하다."[18] 그리고 에리카 종이 특이한 일탈 사례에 지나지 않는다고 생각하는 사람들에게는 낸시 프라이데이Nancy Friday의 논픽션《나의 비밀정원: 여성의 성적 환상》이 있다. 이 책은 여성이 낯선 사람과의 섹스를 상상할 뿐 아니라 개, 당나귀, 심지어 능수능란한 수많은 촉수를 가진 검은 문어와도 섹스하는 것을 상상한다고 밝혔다. 프라이데이는 오랜 억압 탓에 여성의 환상은 더욱 거칠고 이상해졌지만 조사 결과 수많은 여성이 낯선 사람이나 권위자와 하는 섹스, 집단 섹스, 신체 결박, 엉덩이 때리기 등 남성과 비슷한 것을 좋아하는 고무적인 현상을 보인다고 썼다.

이 책들은 같은 해에 출판되었다. 이로써 두 번째 '놀라운 해'가 되었다.

> 여성의 성이 해방되었다
> 일천구백칠십삼년
> (나에게는 딱 맞춘 시간이지)
> 에리카의 지퍼 없는 섹스 운동과
> 낸시의 비밀스러운 환상으로.

존 업다이크는 에리카 종을 초서에 비교했다("바스 부인이 젊고 아름답고 신경과민에 유대인, 도시인이며 현대적이었다면 이렇게 썼을 법하다").[19] 상스러운 이야기가 섹스에만 국한되지는 않았기 때문에 라블레를 언급할 수도 있었을 것이다. 소설의 주인공은 전 남자 친구가 똥 자국을 침대보에 남기고 간 것을 불평하다가 옆길로 새서 유럽 화장실의 각기 다른 분뇨 처리 방법을 상세하게 분석한다. 독일 화장실이 제일 끔찍한데, 변기에 물이 차 있지 않기 때문에 분뇨가 변기 표면에 먼저 떨어져서 '세상 그 어떤 화장실보다 지독한 냄새'를 풍겼기 때문이다.

여성이 섹스에서 똥 얼룩이 남았다는 이야기를 한 것은 자연스럽게 큰 혼란을 불러일으켰다. 업다이크가 《커플스Couples》에서 집단 섹스는 더 이상 히피 공동체에 제한되지 않고 보수적이라고 알려진 교외 마을에 퍼졌다고 밝혔을 때도 마찬가지다. 종이 완전히 디오니소스의 1960년대 후손으로 쾌락 추구에 집착한다면, 업다이크는 아폴로와 디오니소스의 결합일 뿐 아니라 그 둘을 모두 극단적으로 재현했기 때문에 더욱 복잡한 존재다. 그는 베트남전쟁을 지지한 실천적 기독교도였으며, 제일 그리스도 연합교회First Congregational Church 일원으로 교회 위원회에서 일하면서 예배 동안 안내원을 했고 자녀를 주일학교에 보냈다. 하지만 그의 전기가 보여주듯이, 그리고 많은 독자들이 의심하듯이 간음과 집단 섹스는 실제 자기 경험을 바탕으로 쓴 이야기였다.

두 작가의 중요한 차이점 하나는 종의 화자는 섹스를 통해 진정한 자아를 찾으려 하고 경험을 서술하여 자아를 표현하는 표현적 개인주의자라는 점이다. 그녀는 집단은 물론이고 자기 파트너에게도 그다지 관심이 없었지만 업다이크는 섹스 못지않게 집단 경험을 중시했다. 뉴욕에 살다가 뉴잉글랜드에 있는 조그만 보스턴 베드타운 입스위치로 이사 가면서 명백히 한발 뒤로 물러난 업다이크가, 지퍼 없는 섹스를 찾으며 유럽 도시를 여행한 종보다 더 시대를 앞서간 것처럼 보이니 이상한 일이다. 입스위치에서 업다이크의 삶은 오늘날 수많은 사람이 추구하는 완전한 집단 재미 모음이었다. 업다이크 부부는 음악, 노래, 춤, 게임, 스포츠, 변장, 그리고 물론 섹스를 즐겼다. 그는 에세이에서 이렇게 경험을 묘사한다.

> 온갖 소속이 밀려왔다. 우리는 위원회와 단체에 가입했다. 리코더 모임, 포커 모임에 가입하고 때가 되면 배구나 축구를 했으며, 극본을 읽기도 하고 그리스 춤을 추고, 디너파티를 열고 해산물 파티에 참석하고 콘서트, 가장무도회에 갔다. 모두 굉장히 작은 공동체 속에서 이루어졌기 때문에 모든 것이 반향을 불러일으켰다. 우리는 거의 건성으로 아이들을 기르면서 집단에 속한 젊은 성인으로서 입스위치에서 즐거운 시간을 보냈다. …[20]

업다이크는 이 작품에서 가십이 도시 부족을 결합시킨다는 이선 와터스의 통찰을 확인시켜주었다. "지칠 줄 모르는 가십의 감시 아래 모든 불행은 비교되고 고백되었으며 서로 관련 있음이 밝혀졌다. 자의식에서 비롯된 공포는 공유된 삶 속에서 사라졌다." 그는 소속감을 초기 사회의 공동체 의식과 비교한다. "영원한 안락에 대한 환상은 소속감 속에 존재한다. 부족이나 마을의 구성원이라는 확신은 수천 년 동안 이어졌다."

입스위치의 집단은 던바의 이론에도 합치한다. 약 열두 쌍의 부부로 구성된 집단에서 핵심 구성원은 여섯 쌍 정도이며 업다이크는 집단 속에서 일반적인 광대 역할을 했다. 집단 구성원 중 하나가 업다이크의 전기 작가에게 말했다. "사람들이 충분히 주목하지 않으면 그는 소파에서 굴러떨어졌다."[21] 자전적인 작품 《커플스》는 마티니를 주전자째

보관하는 교외의 젊은 부부 부족이 코카인을 즐기는 독신자 도시 부족의 선구자 격이라는 사실을 밝힌다. 하지만 두 집단의 결정적 차이는 결혼과 간음이며 이로 인해 폭발적인 힘을 지닌 성적인 긴장감이 부부 부족의 특색이 되고 여기에 가십이 흥취를 더한다. 《커플스》에서는 대부분 다른 사람의 배우자를 탐하며 간음은 아주 흔하다. 금방이라도 공개적으로 스와핑을 할 것 같지만 업다이크는 실제로 이런 일이 발생하지 않는 이유를 통찰한다. 두 부부가 서로 간음하는 관계일 때 남편이 피곤하니 비밀인 척하지 말자고 제안하면 부인 중 한 명이 분노하여 모든 관계를 끊어버린다. 그녀는 '비밀스러운' 두 관계에 만족했고 실제로 자기만의 관계를 시작했지만 공개적으로 불륜을 저지르는 것은 '비도덕적'이라고 생각한다.

이후 다른 현실 부부들은 불가피한 단계를 밟았다. 1970년대 초반 집단 섹스는 개인의 집에서 비공식적으로 열리던 파티에서 전문 클럽의 고도로 체계화된 활동으로 바뀌었다. 주로 호화롭고 넓은 장소(수천 평짜리 전원풍의 단층 리조트에서 하는 경우도 있다)[22]에서 이루어지며 철저하게 멤버를 심사하고(여성이 강제로 온 것처럼 보이면 거절당한다) 행동 규칙도 있으며(약물 금지, 모든 접촉은 합의 후에 가능하며 거절은 항상 거절을 뜻한다), 감시 및 규제 단체와 제휴했다. 전 항공우주 기술자로 통찰력 있는 사업가 로버트 맥긴리Robert McGinley는 컨트리 클럽과 동일한 설정을 통해 중산층 전문직을 끌어들였다. 회원 자격을 얻으려면 인터뷰를 해야 하고, 바와 식당, 무도장, 수영장, 온수 욕조 등을 갖춘 호화로운 클럽 회관을 이용할 수 있었다. 특히 벽난로 앞에서 맥긴리가 사전 모임을 주관하는 모습에 회원들은 무척 안도감을 느꼈다.

1969년 맥긴리가 캘리포니아에 설립한 클럽 와이드월드Club Wide-

World는 즉각 성공을 거두었다. 적절한 분위기보다 중요한 것은 적절한 언어이며, 1972년 맥긴리는 눈총받고 있던 '스윙잉swinging(파트너를 바꿔서 성관계를 한다는 뜻으로 '스와핑'과 같은 의미이다. – 옮긴이)'과 '스윙어swinger' 등의 용어를 '라이프스타일'과 '플레이 커플'이라는 매력적인 용어로 바꾸는 기발한 발상을 했다. 또한 새롭게 부상하는 변장에 대한 욕구를 파악하고 영악하게 이를 야간 테마 행사나 에로틱 가장무도회로 충족시켜주었다. 하지만 가장 중요한 것은 행위의 규칙을 정했을 뿐 아니라 관여도의 수준도 선택하도록 해주었다는 것이다. 성적인 행위의 범위는 관음증부터 소프트 스윙잉(옷을 벗지만 접촉은 제한), 사이드바이사이드(같은 방에서 섹스하지만 파트너를 교환하지 않는다), 개방적 스윙잉(같은 방에서 파트너 교환), 폐쇄적 스윙잉(다른 방에서 파트너 교환), 단체 스윙잉(삼인조)에 이르렀다. 다른 사람들이 가장 많이 상상했을 난잡한 파티가 유일하게 빠졌다. 섹스는 선별적이었고 서너 명 정도의 소규모로 진행되었으며 신중한 협의를 거쳤다. 사실 근대 이전에 있었던 성적으로 자유로운 축제에서도 모두가 모두와 섹스하는 무차별적인 결합보다는 선택적 결합이 더 많았다. 고대 로마는 검투사 못지않게 난잡한 유흥으로 유명하지만 역사가들은 로마에서 격렬한 집단 섹스가 이루어졌다는 증거는 놀라울 정도로 희박하다고 지적한다. 그렇다고 해서 라이프스타일 클럽의 토가 파티 인기가 식지는 않았지만 말이다.

맥긴리의 클럽은 곧 복제되어 가장 먼저 미국으로, 다음에는 전 세계로 퍼졌다. 1980년대에 에이즈가 확산되면서 잠깐 주춤했지만 인터넷의 보급에 힘입어 그 인기는 계속 높아졌다. 스윙잉을 집계한 수치는 없지만 계속 확대되고 있음을 느낀 것은 "아일랜드 스윙어 집단이 엄청난 속도로 증가"[23]라는 놀라운 제목의 뉴스 기사 때문이었다. 아일랜드인까지 점점 빠져들고 있다면 분명 다른 모든 사람도 마찬가지일 것이다.

스윙잉의 인기는 날로 높아지고 있지만 낙인은 남아 있다. 한때 비정상적으로 여겨졌던 동성애, 복장 도착, 가학피학성 성애 등은 이제 정상이라는 인식이 늘어나고 있고 이런 행위를 하는 많은 사람이 자신의 성적 취향을 공개적으로 인정받고 싶어 한다. 하지만 스윙어 중에 벽장 밖으로 나올 준비가 된 사람은 거의 없다. 이 벽장이 얼마나 붐비고 있는지, 벽장 속의 사람들이 얼마나 독립적이고 지적이며 논리정연한지와는 관계없다.

이는 섹스를 둘러싼 대표적인 위선이다. 같은 욕구를 개방적이고 정직한 방법으로 만족시키려고 시도하는 스윙잉보다 속임수와 거짓말이 난무하고 속은 배우자가 수없이 치욕을 겪는 간통이 사회적으로 더 용인되는 듯하다. 간통이 발각되면 주변에서는 다 안다는 듯 한숨을 쉬거나 농담하는 경우가 많지만 스윙잉은 혐오감을 유발한다(《커플스》에서 남편을 속이는 데는 아무 문제도 느끼지 못하는 아내가 개방적인 파트너 교환은 비도덕적이라고 반응하는 경우와 마찬가지다). 이러한 반감은 스윙잉 집단이 폭력적인 강간 범죄 조직이 될지도 모르고 일부일처제가 유지되지 않을 경우 가족의 삶과 사회질서가 최소한 공개적으로는 무너질 수 있으며, 여성의 성생활을 제어하지 않으면 걷잡을 수 없을 것이라는 깊고 원초적인 두려움에서 비롯되었을 가능성이 높다. 간통은 낭만적인 사랑에 대한 신념을 훼손하지 않지만 파트너 공유를 합의하는 것은 이를 위협한다고 느껴지기 때문일지도 모른다. 또한 성적인 이상을 따라가지 못하는 육체를 가진 노인들의 피해의식일 수도 있다. 그들이 공공장소에서 섹스를 즐긴다면 많은 사람이 넌더리를 칠 것이다.

■

자유로운 사랑을 추구하던 공동체들이 조직이나 규칙, 의식의 부재로 무너지는 반면 스윙잉 클럽이 성공한 이유는 정례화된 시간에 정례화된 장소에서 규칙과 관습으로 단단히 규제하는 집단 의식이기 때문이다(초기 사회의 축제에서 허용되던 성적인 방종과 유사하다). 스윙잉 클럽은 사회에서 분리되어 있고 잘 알려지지 않은 특별한 장소에서 가입자들끼리 활동한다. 또한 많은 의식(예를 들어 입회 의식)을 통해 먼저 사람들을 분리한 다음 소속감을 강화하며 다시 모은다. 이는 신화 속 원정의 세 단계와도 일치한다. 친숙한 환경을 떠나 위험한 미지의 세계로 들어가서 이상하고 두려운 존재와 마주하고, 강인해진 다음에는 친숙한 환경으로 돌아온다.

스윙어의 세 단계는 준비, 참여, 재결합이다. 준비 단계에서 부부들은 특별히 주의를 기울인다. 경험이 풍부하고 매력 있으며 더 우월한 가슴이나 음경을 가진 사람에게 배우자를 보내야 하는 불안감에 대해 상의한다. 참여 단계에서 모든 거래(주로 배우자 교환)는 배우자의 허가 아래 이루어져야 한다. 재결합 단계에는 애정을 재확인하고 내밀한 정보를 교환한다(그녀는 질로 방귀를 뀐다, 그의 성기는 구부러졌다 등). 다른 사람과의 섹스 행위보다는 애정 표시가 문제되는 경우가 많다. 섹스보다는 포옹이 더 위협적이며 섹스 후 다정한 태도를 보이는 것은 특히 위험하다. 예를 들어 한 남편은 아내에게 "그 남자가 사정했는데도 왜 계속 거길 빨아줬어?"[24]라며 분노했다.

스윙잉을 관찰하던 사람들은 공통적인 행동 패턴을 발견했다. 다른 형태의 재미와 마찬가지로 많은 사람이 행위 못지않게 집단 경험을 중시했다. 그리고 처음에는 여성이 거리끼는 경향이 있기 때문에 남성이 설득하지만, 나중에는 남자들 못지않게 열성을 보이고 협상을 지휘하는 경우가 많다. 여성의 의견 표현은 남성보다 엄격하지만 성행위는 더욱 유연하다. 게이 행위는 드물고 금기시하지만 레즈비언 행위는 흔하다. 인류학자 캐서린 프랭크는 "양성애, 정서적 양성애bisensual, 동성애나 양성매념bicurious, 바이컴포터블bicomfortable, 바이플레이풀biplayful(정서적 양성애: 양성 모두에게 정서적으로 끌리지만 성적 감정은 느끼지 않음, 양성매념: 동성이나 양성애자가 아니면서 동성이나 양성과의 성적 관계에 관심을 가짐, 바이컴포터블: 양성애자는 아니지만 양성애를 편하게 받아들임, 바이플레이풀: 이성애를 선호하지만 동성과의 연애나 성관계도 좋아함-옮긴이), 심지어 데킬라를 마셨을 때만 양성애자"[25]에 이르기까지 여성의 자기인식self-definition 범위에 주목했다. 이는 낸시 프라이데이의 연구 결과와도 일치한다. 이성애 여성이 동성 연애를 꿈꾸는 경우는 많지만 이성애 남성에게 그런 환상은 없다. 그리고 놀랄 만큼 많은 여성이 다른 사람 앞에서 섹스하는 환상을 갖고 있는 반면 남성은 관객이 되는 환상을 갖고 있다. 여성은 남들에게 보이는 것을 좋아하고 남성은 보는 것을 좋아하는 듯하다.

자기 아내가 다른 남자와 섹스하는 것을 보고 싶어 하는 핫 와이프 신드롬 현상도 널리 퍼져 있다. 그리고 스윙잉은 부부에게 끔찍한 결과를 야기할 수도 있지만 관계를 향상시킬 방법이기도 하다. 모순된 감정과 불안, 배우자가 다른 사람에게 매력적일 수 있다는 인식은 재결합에 대한 강한 충동을 일으키며 집에 가는 길에 차를 세우고 서로에게 뛰어들고 싶은 욕망을 불러온다. 가끔 하는 일탈은 반복적인 일

상을 새롭게 해주는 반면 계속 추구하면 습관이 되고 치명적인 결과로
고통받게 된다.

이러한 일련의 행동에 물리적 근거가 존재할 가능성이 있다. 생물학
자 로빈 베이커와 마크 벨리스는 다중 성교(짧은 기간 동안 한 여성과 여
러 명의 남성이 섹스를 하는 경우)를 할 때 나오는 신체적 반응을 조사하
여 남성과 여성 모두에게 충격적인 결과를 도출했다(성적 행위에 대한
이론이 보통 그렇듯이 이 이론도 맹렬한 반론에 부딪혔다).[26] 남성의 정액에
존재하는 2억 마리의 정자는 블록버스터 액션영화의 악당 무리처럼
구분되지 않고 같은 동기를 지녔다는 것이 일반적인 인식이었지만, 베
이커와 벨리스는 난자를 수정하도록 설계된 세포는 1퍼센트 미만이며
나머지는 경쟁 세포를 차단하거나 죽이는 데 혈안이라고 주장했다. 더
욱 놀라운 주장은 여성 파트너가 최근 다른 남자를 만난다는 사실을
남성이 알게 되었거나 의심할 때, 남성은 무의식적으로 더욱 깊게 성
교를 하며 평소보다 세 배나 많은 약 6억 마리의 정자를 방출한다. 그
러므로 사정의 쾌감이 평소의 세 배에 달하고, 이는 핫 와이프를 지켜
보는 행위의 장점을 설명한다. 하지만 이처럼 세포를 많이 생산하려면
힘을 더 써야 하기 때문에 사사처럼 발사한 연인은 새끼고양이처럼 연
약해진다. 또한 많은 생물학자가 경쟁자의 물리적 존재 자체가 정자
생산을 자극한다고 주장한다. 스윙잉 클럽에서 정자를 채취하거나 실
험실에 클럽을 만들기는 어렵기 때문에 정자 경쟁을 연구하기는 쉽지
않지만, 틀림없이 비늘돔도 떼를 지어 짝짓기하면 정자를 더 많이 발
사할 것이다. 남성의 질투는 분노가 아니면 황홀경, 즉 경쟁자를 죽이
고 싶은 욕망이 아니면 그의 정자를 죽이고 싶은 욕망으로 표현되는
듯하다. 두 번째 방법이 더 안전하고 훨씬 재미있어 보인다. 여기 확실

한 교훈이 있다. 사람 말고 정자를 쏘자.

남성에게 정자 경쟁Sperm Competition, SC이 있다면 여성에게는 아리송한 여성 선택Cryptic Female Choice, CFC이 있다. CFC는 어떤 정자는 들어오게 허용하고 어떤 정자는 추방하거나 방해, 사살하는 다양한 기술을 가리키는 훌륭한 용어다. 동물은 놀라울 정도로 다양한 선별 또는 추방 기술을 발전시켰다. 가장 제한적인 기술도 대단한 정교함을 보여준다. 암탉과 암컷 칠면조는 서로 다른 수컷과 섹스를 하고 정자를 별도로 보관해두었다가 어느 정자를 사용할지 사후에 결정한다. 암컷 생쥐는 다수의 수컷과 즐길 때는 수정을 피하고 한 마리의 수컷과 교미할 때 수정이 잘되도록 난자를 조절한다.[27] 인간의 경우 CFC는 SC보다 연구가 어렵다. 수정은 몸속에서 이루어지는 데다 생리 및 화학 메커니즘이 복잡하고 조사를 하려면 절개가 필요하기 때문이다. 인간 정자의 여행은 그저 정해진 통로를 전력 질주하는 단거리 경기가 아니라 화학무기의 공격을 받으면서 일련의 장애물을 넘어야 하는 장애물 경기에 가깝다. 그리고 여성의 오르가즘 여부와 타이밍도 무척 중요하다. 여성이 남성과 함께, 혹은 남성 직후에 오르가즘을 경험한다면 생리 반응과 화학반응 모두 정자를 돕는다. 따라서 아이를 갖고 싶어 하는 남성은 사정 후 그냥 잠들면 곤란하다. 기상천외한 CFC 과정을 통해 몸이 자궁의 화학 전쟁 부문에 지시를 전달할지도 모른다. '이게 말이 돼? 이 자식이 코를 골고 있어. 정액에 공습을 퍼붓자.'

한 여성이 여러 명의 남성과 섹스하는 일처다부 현상을 처리하기 위해 SC는 남성 경쟁자를 물리치고 CFC는 다수의 투입물을 선별할 수 있도록 SC와 CFC가 경쟁적으로 군비를 확장하며 진화했다는 것이 정설이다. 인류학에서는 일처다부제가 일반적이었던 일부 초기 사회의 예를 들어 이 이론을 지지한다. 예를 들어 브라질 북서부의 마티스 부족과 파푸아뉴기니의 루시족은 실제로 수정이 많은 남성의 정자를 필요로 하는 누적된 결과이며 재능 있는 공헌자를 다양하게 많이 보유한 여성이 다양한 재능을 갖춘 아이를 출산할 가능성이 높다고 믿었다. 그리고 여러 애인을 거느린 현대 여성은 수정 가능성이 가장 높은 기간에 여러 명과 성교를 할 가능성이 높다는 연구 결과가 있다.

이러한 패턴은 집단 섹스에 대한 영국인의 기여를 보여주는 도깅 dogging에서도 명백히 나타난다. 도깅은 주차된 차나 숲속에서 섹스하는 모습을 보여주거나 구경하는 노출증과 관음증의 결합이며 다른 사람들에게 관람을 장려하고 참여를 유도하기도 한다. 도거를 인터뷰하고 관찰한 다큐멘터리에서는 도깅과 미국의 스윙잉은 다른 대륙에서 다른 환경에 처한 다양한 계층 사람들(인터뷰한 사람들은 노동자 계급이었다)이 즐기는 다른 형태의 집단 섹스고 도깅이 스윙잉보다 비밀스럽지만 많은 면에서 비슷한 행동 양식을 보인다고 밝혔다.[28] 관음증이 있는 많은 사람은 모두 남성이었고 남성은 동성애 행위를 하지 않는다. 반면 한 남편은 아내와 아내의 여성 친구를 숲으로 데려가서 '플레이'하게 만들었다. 남편들은 아내들이 섹스하는 모습을 다른 사람들과 지켜봤고("내 아내가 섹시하다는 생각에 기분이 좋아요"), 아내들은 관심을 즐겼다("사람들이 즐겁게 보고 있다고 생각하면 행복해요"). 이런 행위는 부부가 서로에게 더 매력을 느끼게 만들었다("전희와 비슷해요. 그걸 즐기긴 하지만 역시 집에 올 때가 가장 좋거든요").

섹스 요리계의 피시 앤드 칩스인 도깅은 집단 섹스의 다양성이 증가하고 있다는 증거를 보여준다. 그리고 아직 많은 사람이 삼자 간 섹스를 비정상이라고 생각하지만 스리섬은 점점 인기를 더하며 널리 퍼지고 있다. 각종 웹 사이트나 앱에서는 커플에 '특별 출연자'를 더하든 독신자 세 명을 모으든 뜻이 맞는 세 명을 주선한다. 오랜 난제인 '3체 문제'에도 새로운 의미가 생겼지만, 윌리엄 블레이크가 "세 명이 각자 서로에게 갇혀, 오 즐겁게 떨려오는 공포여"[29]라고 묘사했듯 3인 체제가 잘 작동되기만 한다면 미래는 밝을 것이다. 사람들을 연결해주는 웹 사이트와 앱은 성별이나 성적 취향에 제한을 두지 않으며 여-여-남 구성 못지않게 남-남-여 구성도 흔해지면서 이성애 남성들 간의 동성애 접촉에 대한 금기가 마침내 약해지고 있다. 설문 조사 결과도 이를 뒷받침한다. 18세에서 24세 집단의 대다수(조사 대상의 74퍼센트)[30]는 성적 취향이 바뀔 수 있다고 생각했고, 거의 절반(49퍼센트)은 자신을 완전한 이성애자나 동성애자가 아닌 '다중성애자polyamorous'로 분류하여 나이가 많은 세대와는 뚜렷이 대비되는 결과를 보였다. 다중성애는 점차 인기를 얻고 있는 새로운 용어다. 이는 인류가 초기 사회로 귀환하는 또 다른 사례이며, 몇천 년 동안 유배를 떠났던 성적인 유동성이 돌아오고 있다.

재미 역시 전반적으로 다양한 요소가 병합되면서 더욱 유동성을 띤다. 많은 클럽에서 BDSM과 복장 도착 등의 인기에 부응하기 위해 관련 시설과 이벤트를 제공하고, DJ와 테크노 음악 등 더욱 새로운 환경을 조성해 젊은 고객을 유치하려는 노력을 기울이고 있다. 예를 들어 베를린은 공산주의가 떠난 후 스스로 퇴폐주의의 수도로 이미지를 쇄신하고 시골 저택의 부유함을 소련의 폐발전소와 나치의 폐벙커, 방공호 등 세계 종말을 맞은 어두운 클럽의 세련됨으로 대체했다. 다른 클럽들은 사치스러운 이미지를 유지하는 대신 다양한 재미를 도입했다.

런던의 새로 생긴 한 클럽에서는 흔한 에로틱한 시설 대신에 길거리 식당 네 곳과 9홀짜리 미니골프 코스를 홍보했다.

∎

일회성 이벤트가 점점 증가하면서 클럽은 위협을 받고 있다. 이벤트 주최 측은 시설 구입비와 유지비, 고정된 장소가 주는 익숙한 느낌을 기피한다. 게이들은 인터넷으로 '한 숨 돌리기chill-out' 파티를 조직하여 개인의 집에 모여서 집단 섹스를 하고, 많은 경우 약물을 복용하며 몇 날 며칠을 사정하지 않고 즐긴다. 이에 대응하는 이성애자 행사는 더욱 정교한 무대를 필요로 하는 듯하다(하지만 정력은 못 미친다). 저택이나 별장을 빌려 독신자끼리 테마별 가장무도회(신화, 로마, 베네치아가 가장 인기다)를 하거나 역할극을 하며 밤을 보낸다.

나는 집단 섹스와 코스플레이의 흥미로운 결합을 분석하면서 성인용 코스플레이 기획자를 만나 이야기를 나누었다. 그가 사는 런던 외곽은 무척 평화롭고 약간 동떨어진 듯한 보수적인 느낌이 강했고 업다이크의 마을처럼 일탈의 욕망으로 들끓는 세속적인 느낌은 없었다. 피터 버치(가명)는 이곳에 곧 적응했고 변호사나 의사로 통했다(이제 나는 이런 직업을 가진 사람을 다른 관점으로 볼 것 같다). 피터 부부는 업다이크와 마찬가지로 다른 부부들과 파티를 하면서 집단 섹스를 접했지만 이들의 섹스는 업다이크를 넘어 '놀이'로 변했다. 그때부터 이들의 행위는 1980년대 많은 BDSM 클럽에서 인기를 얻기 시작한 페티시로 발전했다.

"요즘 많은 사람이 왜 그렇게 역할극을 하고 싶어 할까요?"

"확실히 인기가 많아지긴 했어요." 그는 잠시 말을 멈추고 생각했다. "사람들은 비밀스러운 학교에 끌려가길 원해요. 일상의 역할과 규칙이 적용되지 않고 색다른 자아를 발견할 수 있는 곳이요."

"하지만 다들 왜 그렇게 서브(가학피학성 성애에서 가학자와 지배자를 돔dom, 피학자와 피지배자를 서브sub로 칭한다. ─옮긴이) 역할을 선호하는지는 모르겠어요. 모든 사람이 지배욕에 불타는 것 같은 경쟁 시대에 말입니다."

"바로 그 때문입니다. 서브들 중에 사회적으로 성공한 사람은 많지만 압박감이나 인위적인 모습, 가식… 특히 책임에서 벗어나고 싶어해요."

"돔은 어때요?"

"남자 돔은 기술을 보유한 육체노동자가 많아요. 기계공, 전기공, 엔지니어… 독립적이고 자기 사업을 하는 경우가 많죠. 왜 그런지 가명은 데이브가 흔해요. 가이 마스털리 경Sir Guy Masterly(영국에서 1987년부터 BDSM 관련 행사를 개최하고 도서출판 사업을 했으며 돔 성향을 지녔다. ─옮긴이)은 사실 주차장 주인 데이브였어요."

데이브가 가이 경을 연기하는 모습을 떠올리며 함께 웃느라 잠시 쉬어갔다.

"하지만 일반화하긴 어려워요. 사람마다 동기는 다르고 복잡하니까요. 아마 본인도 자기를 설명하지 못할걸요. 그리고 돔과 서브는 대부분 바뀝니다. … 90퍼센트 정도는요."

이는 역할놀이와 연기 자체가 역할보다 더 중요하다는 점을 의미한다.

"하지만 이상하게 미국은 달라요. 역할 전환이 거의 용납되지 않아요. 한 가지 역할에 고정하는 게 상식이에요. 여기서는 무척 유연하고 놀이에 가깝지만 저기서는 아주 형식적이고 심각해요. 완전히 의식화되어 있죠. 가죽 성애를 지닌 게이 세계에는 독단적인 규칙이 아주 많아요. … 예를 들어 다른 사람의 모자 꼭대기를 만지면 절대 안 돼요."

즉 자유의 땅은 제한의 땅이고, 규칙을 깨려는 인상을 주고 싶어 하는 사람들은 사실 새로운 규칙에 얽매이고 싶어 한다는 뜻이었다. 그리고 탈출은 도망하려는 대상을 복제하는 경향이 있다.

"'복종 클럽'이라는 곳에 '여주인' 하나가 있었어요. 무척 아름답고 완벽했죠. … 검은색 가죽 고양이 슈트를 입고 흉포하게 연기했고, 모든 남자가 그녀의 서브가 되고 싶어 했어요. … 하지만 그녀는 엉덩이를 맞는 게 소원이라고 제게 말했어요."

우리는 신중을 기하느라 술집 야외 테이블에서 얘기하고 있었고 손님은 우리뿐이었지만 누가 엿듣고 있다는 느낌을 지울 수 없었다. 누군가 주방 창문 가까이에서 의심스러울 정도로 장시간 일하고 있었다. 주변 나무들이 음흉한 흥미를 보이며 살아 숨 쉬는 듯 보이기도 했다. 하지만 피터는 거리낌 없이 성큼성큼 앞으로 나아갔다. 그는 갈증으로 사이다를 마셨고 이제 글라스 와인을 마실 참이었다. 메를로 와인이 칠레산인 것 같다는 생각에 얼굴을 찡그렸지만, 냄새를 맡고 잔을 돌리고 입을 비죽거리며 충분히 대우해주었다.

"사람들은 이런 걸 좋아해요. 클라레까지 이제 칠레 맛이 난다니까요. 4급 퐁테-카네 포이약Pontet-Canet Pauillac에서 나온 대표 보르도까지요."

그는 대중의 취향에 한숨을 쉬고 다시 시작했다. "하지만 BDSM 클럽은 아주 뻔해졌어요. 토처 가든Torture Garden에서 좌판을 연 적이 있는데 물건들을 쳐다보니 정말 싫증이 나더라고요."

"뭘 판매했나요?"

"고삐랑 마구요." 피터는 그때 일을 떠올리느라 잠시 침묵했다. "고급 가죽 제품이었어요. 아직 사용하는 것도 많아요." 그가 웃었다. "안장을 만들어달라고 의뢰한 남자가 있었어요. 그래서 발걸이며 뭐며 멋지게 만들어줬죠. 그런데 그 남자가 원했던 건 서서 착용할 수 있는 안장이었어요. … 의자 비슷한 거요. 그 남자는 돈도 내지 않고 그냥 두고 갔어요. 전 집으로 가져와서 파티할 때 재미있게 썼어요. 시간 제한 달리기에서요. 그러다 조랑말 클럽을 만들어보자는 생각이 들었어요. 서브가 고삐와 마구를 착용하고 마차를 끌고 돔이 운전해요. 우리는 항상 장소를 바꿔서 한 달에 한 번 만났어요. 순전히 즐기려는 목적이고 무료지만 초대받은 사람만 올 수 있어요. 그리고 커플만요. 게이나 레즈비언 커플도 있지만 싱글 남자는 안 돼요."

나는 묻고 싶은 것이 많았지만 어디서부터 시작해야 할지 헷갈렸다. 자주 있는 일이다.

"어떤 장소에서 하나요?"

"관광명소에서 멀리 떨어진 삼림 도로 같은 곳이요. 주말에 항상 사람이 없거든요."

"왜 그렇게 고생을 하세요?"

"전 타고난 주최자니까요!" 피터가 외쳤다. "행사를 준비하고 장소를 발견하고, 사람들을 선별하고, 이 모두가 딱 들어맞도록 만드는 게 좋아요. 행사가 진행되는 걸 뒤에서 보기만 해도 아주 만족스러워요."

행사를 기획하는 일은 따분한 허드렛일 같아서 싫어했던 나는 갑자기 그것이 배경과 캐릭터, 상호작용을 잘라 맞추는 소설처럼 창의적인 일로 느껴졌다.

"하지만 마차는 비싸잖아요. 누가 돈을 내죠?"

"'유로트래시Eurotrash'요." 피터가 행복한 표정으로 대답했다. "TV 프로그램이에요. 우리 모임을 몇 개 녹화해 갔는데 무척 괜찮은 사람들이었어요. 재밌는 건 쓰레기 취급을 받는… 유로트래시와 '더 선The Sun'은… 제대로 계약하고 많은 돈을 지불하면서 우리에게 아주 잘 대해줬어요. 반면에 고상하다는 BBC는 우리를 쓰레기처럼 대했어요. 성적으로 재미를 즐기는 사람들은 위협적인 존재고 모든 사람을 건드리고 싶어 하는 잠재적 강간범이나 소아성애자, 아니면 둘 다라고 믿는 것 같았어요."

피터는 부당함에 우울해져서 먼 산을 보며 위로를 받으려는 듯 메를로를 한 모금 마셨다.

채찍을 휘두르는 돔이 이끄는 마차를 마구와 고삐를 착용한 채 더러운 길 위로 끌고 가면서 토요일을 보내는 것이 어떤 일일지 상상하면서 나는 와인 감정가처럼 행동하기를 깜빡하고 소비뇽 블랑을 맥주처럼 벌컥벌컥 들이켰다.

주변이 어두워지기 시작했다. 엿듣는 사람들이 몸을 떨며 다가오는 듯한 느낌이 들었다.

"추우세요?"

"아니, 아니, 아닙니다." 나는 얼어 죽을 것 같았지만 부인했다.

피터는 행복한 추억으로 돌아갔다. "제가 제일 좋아하는 건 야한 광대놀이예요."

나는 장난치는 행위를 비유적으로 나타낸 표현이라고 생각했지만 광대놀이는 문자 그대로 광대놀이였다.

"광대들은 못된 짓을 할 면허, 아니 의무를 갖고 있어요. 그리고 광대 화장은 얼굴을 가리는 가면 못지않게 멋져요. 저는 성기를 빨갛게 칠해서 아주 특이하고 기괴하게 표현했어요. 음경과 고환에 아주 잘 어울리는 색이죠. 그리고 젖꼭지는 밝은 빨간색으로 동그라미를 쳤어요. 얼굴에 크림 파이를 던지거나 바지 속에 딸기 디저트를 집어넣는 것도 야한 쾌감을 줍니다. 광대를 무서워하는 콜로포비아coulrophobia 같은 불길한 면을 이용해서 놀 수도 있어요. 이 놀이는 광대에게 사악하게 킬킬거리며 장난치는 리더와 어느 한쪽 편을 들어주는 일종의 중재자 같은 서열이 존재할 때 제일 잘 진행돼요."31

머릿속에서 폭발적으로 연결 고리가 이어졌다. 광대 스리섬은 세 친구 역학을 야한 용어로 재현한다. 세 친구가 놀러 나와 조커와 연결되고, 그리말디로 돌아가서 연결되고, 다시 코메디아 델라르테로 돌아가고, 그 이전에 존재했던 사육제적 요소에까지 연결된다. 또한 자주적인 성기와 라블레식의 기이함과도 연결된다. 돔과 서브의 관계보다 장난꾸러기와 광대의 관계가 더 창의적이지만 BDSM과도 연결된다. 코미디와 연극, 부조리, 일탈이 결합하고 서커스에 대한 새로운 관심을 활용했다는 점은 말할 것도 없다. 에로틱한 광대놀이를 에로틱한 서커스로 확대하면 어떨까? 조랑말이 끄는 마차를 등장시키는 한편 BDSM의 매달기 플레이로 공중그네를 대체할 수 있을 것이다.

내가 이 생각을 미처 제안하기 전에 피터의 휴대폰 배터리가 거의 떨어졌고, 집에 오지 않으면 파스타를 다 먹어버리겠다고 그의 아내가 위협했다. 그리고 주변이 점점 어둡고 추워졌다. 질문거리는 많았지만 시간상 하나만 골라야 할 것 같았다.

"가장 기억에 남는 재미있는 경험은 무엇인가요?"

"아… 정말 많아요." 피터는 일어나려다 다시 앉았다. 내가 대화해

본 모든 재미주의자와 마찬가지로 그는 시간에 매우 관대했다.

"그중에 두드러지는 것 말이죠? 크리스마스 때였는데 어떤 클럽에서 저에게 산타가 돼달라고 하더군요. 돈을 많이 준다기에 일이라고 생각하고 승낙했죠. 그런데 클럽에 있는 거의 모든 여자가 산타에게 맨 엉덩이를 맞고 싶어 하더라고요. 제가 아니라 산타한테요. 줄이 밤새 이어졌고 한 번 더 맞으려고 다시 줄 서는 사람도 있었어요."

좀 괴상한 발상을 거쳤지만 이해가 되었다. 산타는 일종의 권위자이자 아버지 모습을 하고 있으면서도 안심되는 상냥함을 지녔다. 안전하고 재미있는 벌이다. 스팽킹 포르노를 대량 소장했던 스팽킹 팬 필립 라킨이 크리스마스에 BDSM 클럽에서 아르바이트를 했다면 좀 덜 날카로웠을 것이다. 산타가 된 그의 모습을 상상하기는 어렵지만.

피터는 파스타에 대해서는 잊어버렸다. "산타 옷이 싸구려여서 결국 팔꿈치며 무릎이 너덜너덜해졌어요. 손이 얼얼하면서 욱신거렸고 결국 부어올랐죠." 그는 오른손을 들어 넋을 잃고 바라보았다. "하지만 세상에, 정말 그럴 만한 가치가 있었어요."

12장

재미와 휴가

_ "난 휴가가 필요해!"

• • •

　　　　　그녀는 뭔가 의도를 가지고, 기대감에 차서 히죽거리며 복사실을 어슬렁거렸다. 나는 그 웃음의 의미를 즉시 알아차릴 수 있었다. 때는 9월이었다. 무슨 일이 벌어질지 뻔했다.

"어디 좋은 데 다녀오셨어요?" 그녀가 바로 질문했다.

웅얼거리며 어깨를 으쓱했지만 그녀의 목적은 자기 경험을 얘기하는 것이었기 때문에 그걸로 충분했다. 나는 말할 수밖에 없었다. "어디 다녀오셨어요?"

"페루요!" 그녀가 승리감에 찬 목소리로 외쳤다. "세상에, 그 뜬 섬에 서 있으려니! 산 트래킹은 또 어떻고요! 안데스산맥에 있는 외딴 봉우리에 올라갔는데, 어찌나 아름답던지… 그리고 꼭대기에서 뭘 발견했는지 알아요?"

"아름다운 경치요?"

"인터넷 카페요!" 그녀는 기쁨에 차 소리 질렀다. 그리고 이제 자기 경험이 우월하다는 것을 확인하기 위해 내 것이 무엇인지 알아야 했다. "근데 휴가 때 뭐하셨어요?"

상대가 혐오스럽고 가련한 속물이라고 느끼면서도 그보다 더한 속물이 되려는 압도적인 욕망을 유발하는 것이 속물근성의 저주다. 나는 "나고르노카라바흐Nagorno-Karabakh에서 낙타 트래킹을 했어요"라고 대답하고 싶었다. 그리고 대수롭지 않은 듯, 누구나 알 만한 상식이라는 듯 "아제르바이잔에 둘러싸인 작고 아름다운 공화국이죠"라고 덧붙인 뒤 무심하게 웃으며 결정타를 날리는 것이다. "완전히 문명과 동떨어진 곳이에요."

하지만 나는 비참하게 중얼거렸다. "아일랜드에서 친척 결혼식에 참석했어요."

"멋지네요!" 그녀가 소리 질렀다. 완전히 맘에 없는 말이었지만 적을 박살낸 승리감에 도취되어 진심으로 기뻐하는 목소리였다.

이는 재미 우월의식의 핵심 부분집합인 휴가 우월의식의 훌륭한 적용 사례다. 많은 경험experience wealth을 과시하는 것은 과시적 소비의 새로운 형태이며, 으스대는 행위로는 잘 인식되지 않는다. 또한 휴가 중독 사례이기도 하다. 따분한 일상에서 탈출하는 휴가는 디지털 게임이나 일탈적 섹스 등 환상을 추구하는 활동과 마찬가지로, 그 자체가 궁극적으로 만족스럽지 않더라도 일상으로 돌아오면 일상이 더욱 따분해 보이기 때문에 탈출하려는 욕망이 더욱 강해져서 나선형을 그리며 중독으로 빠진다. 휴가 우월의식이 우월의식으로 잘 인식되지 않듯이 휴가 중독도 중독이라는 인식은 크지 않다. 그러나 병리학 전문가들은 배회증dromomania이라는 아주 훌륭한 이름을 붙였다.

이 휴가 중독 동료는 정기적으로 공급이 필요했다. 작년에는 베트남에 다녀왔고("하노이의 놀라운 인형극장!") 재작년에는 중국에 다녀왔다

("경이로운 병마용갱!").

"갈 만한 데가 곧 없어지겠어요." 나는 눈치채지 못하게 비꼬았다.

"그러게요." 그녀가 만족스러우면서도 아쉬운 듯 동의했다.

"걱정하지 말아요." 내가 위로했다. "우주여행이 곧 가능해지면…
맘대로 우주를 누비면 되잖아요."

이번에는 빈정대는 투가 드러났고 그녀가 불쾌하게 쏘아보았다. 작
지만 의미 있는 보복의 순간이었다.

■

휴가는 여러 면에서 재미의 가장 극단적인 형태다. 가장 널리 실행
되고, 가장 비싸고 시간이 많이 소요되며, 철저하게 의식화되어 있고
종교적이면서도 쾌락주의적이며, 격렬하게 기대되지만 결과는 실망스
럽고, 재미 우월의식을 즐기기에 가장 효과적이고, 중독에 빠지기 쉬
우며 싫어한다고 인정하기 어렵다. 휴가에 혐오감을 드러내는 것은 사
회적 자살행위일 것이다.

휴가의 가장 큰 문제는 종교적 동기로 휴가를 떠나지만 세속적 경험
을 한다는 점이다. 성스러운 경험을 기대하고 돈을 지불하지만 불경한
경험을 하게 된다. 종교적 동기는 신성한 타지를 추구하는 데서 비롯
되며 이는 인간의 근본적인 특성으로 보인다. 일상을 벗어난 신성한
시간에 치르는 초기 종교의식은 멀리 떨어진 신성한 장소에서 실시하
여 신성을 강화했다. 사원이 첫 타지였다. 그리고 성인식 등의 필수 의
례를 치를 장소는 더욱 먼 곳이어야 하기 때문에 지역사회에서 멀리
떨어진, 사람들이 잘 모르는 장소에서 치러졌다. 이보다 더 먼 곳은 영
혼, 신기한 생명체, 괴물, 여신과 신이 있는 타지였고 세계로 원정을

떠나는 신화에서 영웅은 산을 넘고 바다와 사막을 건너야 한다. 황금
양털이나 성배 등 심오한 지식이나 마법적 힘, 영원한 생명이나 해방
과 부활을 가져다주는 신비로운 대상을 찾아 위험한 곳을 모험해야 한
다. 지혜는 어디에서 찾을 수 있는가? 집은 아니다. 청정한 산꼭대기
나 숨겨진 계곡, 마법의 숲, 신비의 섬, 바다 건너 전설의 땅에 있다.

타지는 신비로운 마법의 장소로서 매혹적이며, 우리는 거부할 수 없
이 타지에 이끌린다. 하지만 타지에 도착하는 순간 그곳은 더 이상 타
지가 아니다. 수많은 사람이 오랜 세월 이 사실을 깨달았지만 타지에
대한 신비주의는 계속해서 강해졌고 요즘처럼 세속적이고 회의적인
시대에는 압도적인 현상이 되었다. 집을 떠나 먼 곳에서 체류하는 휴
가는 오늘날 연례 의식(적어도 고대의 춤 의식에 비견할 만하다)이 되었고
대중화된 지 얼마 지나지 않았는데도 아주 근본적인 것으로 무엇보다
필수 사항으로 간주되며, 사치가 아닌 자격이자 권리라고까지 생각된
다. "난 휴가가 필요해"는 전 세계 무수한 일터에서 터져 나오는 신음
소리다. 사람들이 갈망하고 필요로 하며 요구하는 휴가는 정원에 앉아
사색할 기회를 의미하지 않는다. 해외로 연차 휴가를 떠날 기회를 박
탈당하는 것은 어둠 속에서 독방에 갇히는 것과 동일한 감각적 박탈이
다. "2년 가까이 휴가를 못 갔어!"

초기 의식에서 초월과 변신을 염원했듯, 진짜와 재주술화를 염원하
는 현대에 휴가는 절박한 존재가 되었다. 가장 쉬운 초월 방법은 여행
이고, 가장 쉬운 재주술화 방법은 흥미진진한 새 장소로 떠나는 것이
다. 쉽게 변신하려면 일상의 제약을 없애면 되고 쉽게 진짜를 얻으려
면 현지에서 기념품을 사면 된다.

휴가라는 개념은 19세기에 발생하여 20세기 동안 부유층 사이에서

인기를 얻으며 성장했고, 1970년대에는 서양의 보편적 의식이 되었다. 1970년대 이후 관광산업은 매년 꾸준히 성장했으며 세기가 바뀔 때쯤에는 전 세계 GDP의 약 9퍼센트를 차지하는 주요 경제활동이 되었다. 사람들은 돈을 버는 즉시 타지에 가고 싶어 한다. 1950년대와 1960년대는 부유한 미국인 위주였다. 1970년대와 1980년대에 일본 경제가 성장하면서 일본 여행객이 전 세계 어디에나 있었다. 1990년대와 2000년대까지는 공산주의 몰락 이후 자유시장의 혼란 속에서 선전한 러시아 여행객이 흔했다. 중국이 호황을 누리는 지금은 중국인이 여행할 차례다. 대부분의 중국인에게는 무척 새로운 경험이기 때문에 중국 정부에서는 64페이지짜리 《교양 있는 여행객을 위한 안내서》에 "비행기에서 구명조끼를 훔치지 말 것"과 "호텔 전등갓에 속옷을 널어 말리지 말 것" 등 유용한 팁을 게재했다.[1]

신이나 여신에게 신비로운 보상을 내려달라고 기도하며 사원으로 순례를 떠나던 고대 집단 의식의 현대적 형태가 휴가다. 순례가 신이라는 은행에 정신적 자본을 맡긴다면 휴가는 재미 은행에 경험 자본을 맡긴다.

최근 고고학자들은 터키령 아나톨리아에서 1만 1천 년 전에 건설되어 묻혀 있던 사원(스톤헨지보다 6천 년 오래되었다)인 괴베클리 테페 Göbekli Tepe를 발견했다. 주변 어디에도 정착지의 흔적이 보이지 않았으므로 순례자들이 160킬로미터나 떨어진 곳에서 이 사원으로 여행했다는 가정이 세워졌다. 추측이긴 하지만 4,500년 이전 이집트에도 수십만 명의 순례자가 무리를 지어 나일 삼각주 부근의 부바스티스 Bubastis로 순례를 떠난 것으로 보이는 기록이 있다. 부바스티스는 고양이 머리를 한 기쁨과 사랑, 노래, 춤, 달을 관장하는 다산과 재미의 여신(광란의 파티 여신이라고 불려야 마땅할) 바스테트의 신전이 있는 곳이다.

그 이후로도 줄곧 전 세계 신자들은 신성한 장소로 여행하고 있다.

∎

기원후 3세기 기독교가 확립되고 얼마 지나지 않아 사람들은 예루살렘으로 순례를 떠났고 그다음에는 사도 베드로가 묻혀 있다는 로마로 갔다. 9세기 스페인에는 산티아고 데 콤포스텔라 대성당이 경쟁적으로 설립되었으며, 사도 야고보의 유해가 있다고 주장하는 영리한 마케팅으로 빠르게 인기 장소가 되었다. 야고보는 예루살렘에서 참수형을 당했지만, 콤포스텔라는 야고보의 영혼이 무어인과의 전투에서 스페인 군대를 승리로 이끌었을 뿐 아니라 직접 7만 명의 침입자를 죽였다고 해명했다. 이는 곧 새로운 성지 창업을 위한 표준 마케팅 관행이 되었다.[2] 콤포스텔라는 또 하나의 기민한 마케팅 혁신으로 지배력을 굳혔다. 콤포스텔라로 가는 상세 경로가 적힌 초기 여행 안내서 《성 야고보의 서Liber Sancti Jacobi》는 프랑스의 보르도 지역의 음식과 와인이 훌륭하다며 별 다섯 개를 주었지만 바스크 지역에는 극단적으로 어두운 관점을 취했다. "그들은 손으로 음식을 먹고 개나 돼지처럼 음식 앞에서 침을 흘린다. … 그들의 얼굴은 어둡고, 사악하고, 못생겼다. 그들은 방탕하고, 비뚤어졌고, 위험하고 불충하며, 타락했고 향락을 즐기는 술고래다. … 한 푼만 주어도 기꺼이 살인할 종자들이다. 남자나 여자나 숨기는 편이 좋을 부위를 내놓고 함께 난롯가에서 몸을 녹인다. 그들은 사람이 아니어도 개의치 않고 끊임없이 간음한다."[3]

전통 순례는 점점 인기를 얻고 있다. 메카를 찾는 사람은 연간 수백만 명이며, 몇 년에 한 번씩 신성한 갠지스강에 몸을 씻으러 오는 힌두교 행사 쿰브멜라Kumbh Mela는 최근 약 1억 명이라는 충격적인 숫자가 모인 것으로 추정되며 2월 어느 날 하루에만 약 8천만 명이 참석했다. 하루 만에 모인 사람 수로는 역대 최대로 추산된다. 기독교인의 경우 산티아고로 순례를 떠난 사람은 1985년에 단 2,491명이지만 2010년에는 열 배 이상 증가한 2만 7천 명이었다.

종교 없이 종교적 의식에 목말라하는 또 다른 사례로 비신도 순례자 증가라는 새로운 요소가 등장했다. 역시 콤포스텔라 순례가 시장의 선두주자다. 전에 참석했던 디너파티에서 평생 무신론자였던 인사 하나가 와인 몇 병을 마시더니 파리에서 산티아고까지 도보 여행을 떠나겠다고 엄숙하게 맹세했다. 나는 그때 '술 취한 헛소리'라며 욕을 퍼부었다. 맞는 얘기긴 했지만 좀 둔감한 발언이었고 현상을 이해하는 데는 도움이 되지 않는다. 예전에 내가 곧잘 으르렁거리던 시절 얘기다. 그보다는 부드럽게 감탄스럽다는 듯, '왜'라고 물었어야 했다.

순례의 미학은 언뜻 목적지에 있는 듯 보이지만 사실은 여행에 있다. 순례자는 항상 여행 과정을 즐기며, 신앙과 성배는 대체로 핑계고 세속적인 순례자는 이를 모두 무시한다. 산티아고 순례의 매력 역시 단지 거리에 있을지도 모른다. 파리에서 산티아고까지 도보로 가려면 먼 것은 물론이고 몹시 힘들기 때문이다. 완전히 도보로 순례를 마친 사람은 '라 아우텐티카La Autentica'라는 증명서를 받는다. 진짜임을 증명한다는 뜻이다. 이처럼 거짓된 시대에 이보다 바람직한 것이 있을까! 오래된 벽화 옆에서 찍은 사진보다 보기 좋은 것이 있겠는가?

또한 순례를 통해 본능적 쾌락을 즐기면서도 고상한 목표를 추구한다는 환상을 가지는 멋진 조합이 가능하다. 재미의 여신 캣 우먼에게 예배를 올리려고 여행을 떠난 이집트인들에게는 당연히 여행길에 재미를 즐길 의무가 있었다. 중세 기독교 순례자들도 분명 재미를 즐겼다. 순례자 무리에 여흥을 담당할 음악가가 끼어 있는 경우가 많았고 순례자가 머무른 여관에는 푸짐한 음식과 와인, 매춘부와 악공, 가수, 댄서, 곡예사, 마술사가 있었다. 로마로 가는 주요 경유지 아비뇽에는 바느질을 하고 실을 잣고, 공으로 저글링을 하고 발가락으로 주사위놀이를 할 수 있는 외팔 여성이 있었다. 기념품 가게도 흔했다. 또다시 콤포스텔라는 창의력을 발휘했다. 순례자들은 순례를 마쳤다는 증거로 직접 바다에 가서 성 야고보의 상징인 조가비를 찾아야 했지만, 12세기에는 행상인들이 성당 광장에서 조가비를 팔았고 12세기 말에는 행상인들도 바다에 가기 귀찮아져서 납으로 만든 조개를 판매했다.

■

초서는 1386년 《캔터베리 이야기》에서 서더크에 있는 타바드 여관에 모인 순례자들을 통해 재미를 사랑하는 중세 순례자의 본성을 포착했다. 그들은 성 토머스 아 베킷St. Thomas à Becket을 모신 캔터베리 성지로 여행하는(하지만 도착하지 못하는) 중이었다. 순례자는 29명이고 초서도 따라가기로 결정하여 총 30명이 된다(던바의 이론에 부합하는 3의 배수다). 초서가 개별적으로 묘사하는 순례자는 "하루 온종일" 노래를 부르고 플루트를 연주하는 아들을 둔 기사, 노래하는 수녀, 경건한 격언에 "털 뽑은 암탉만큼도 관심을 두지 않는" 유쾌한 수도사, 노래를 부르며 현악기를 연주하는 수사, 와인과 음식을 사랑하는 시골 신사, 백파이프를 연주하는 천박한 방앗간 주인, "내게 와요, 내 사랑, 이리로 와요"라며 시끄럽게 노래를 부르는 면죄부 판매자, 그리고 당연히 바스 근방에서 온 잘 웃고 농담하고 엉덩이가 큰 부인, 로마와 콤포스텔라는 물론 "예루살렘을 세 번" 다녀온 순례 전문가 등이다. 종교인들에게 진지함이라고는 보이지 않고, "거만하게 의견을 말하고 자기가 얼마나 돈을 벌었는지 계속 떠드는" 부유한 상인과 환전상만 진지해 보인다. 타바드의 여관 주인은 금방 순례자들의 성향을 파악한다.

> 지금껏 이보다 유쾌한 손님들은 보지 못했네
> 이 여관에서 한꺼번에, 지금 내가 맞이한 이들보다.
> 그대를 재밌게 해줄 텐데, 내가 방법을 안다면.[4]

하지만 여관 주인은 곧 재미있는 아이디어를 떠올린다. 그는 캔터베리로 가면서 누가 가장 재미있는 이야기를 하는지 겨루자고 제안했고 이 이야기들이 《캔터베리 이야기》가 되었다.

초서의 순례자들이 여행을 떠나는 목적은 종교와 관련 있겠지만 아무도 왜 순례를 가는지 언급하지 않으며, 특히 신앙이 있는 여덟 명은 더하다. 순례자가 대단히 독실해진 것은 19세기와 20세기에 나타난 현상이고 중세 시대 순례자는 재미, 그것도 주로 성적인 재미를 추구했다. 고고학자들은 영국을 포함한 북부 유럽 곳곳에서 13~16세기 순례자들이 착용했던 대량생산된 싸구려 땜납 배지를 발견했다. 이 배지는 중세판 휴가 티셔츠다. 대부분 노골적으로 야하며 걷거나 날아다니는 음경, 말이나 죽마를 타고 있거나 순례자 지팡이와 묵주를 든 외음부, 결합하기 직전의 음경과 외음부, 즐겁게 음경을 굽고 있는 여성 순례자 등이 조각되어 있다.[5] 다시 그 익살맞은 자주적 성기가 등장했다. 중세 사람들은 가만히 있으면서 점잔 빼는 행위를 거부한다. 바스 여장부도 분명 이런 배지를 하나 갖고 있었을 테고 내 생각에는 죽마를 탄 외음부일 것 같다.

하지만 초서의 말년에 재미있는 순례를 반대하는 목소리가 커졌고 종교개혁 이후 특히 칼뱅주의는 순례를 직접적으로 비난했다. 칼뱅에 따르면 순례는 "인간의 구원에 도움 되지 않는다."[6]

축제나 사육제와 마찬가지로 재미있는 순례가 언제까지나 부정되지는 않았다. 재미 순례는 21세기에 깜짝 복귀했고 그동안 휴가처럼 세속적인 성격이 강해졌다. 타지로 떠나는 순례는 여전히 신성하지만, 예술이 종교를 대체하고 상상이 영혼을 대체했듯 타지가 신성한 이유는 예전과 좀 다르다. 17세기 중반에서 19세기 중반에 이르는 2세기 동안 영국인과 독일인, 스칸디나비아인, 그리고 일부 미국인은 유럽을 동경하여 떠나는 순회 여행(그랜드투어)을 떠났고 매우 뛰어난 창의력을 발휘하여 이 여행을 신성화했다. 여행은 적어도 1년, 보통 몇 년이 걸리기 때문에 부유한 집안 자제들만 감당할 수 있었고, 젊은이들이 바른생활을 유지하도록 가정교사가 따라갔으며 마부, 하인, 여행 장면을 기록하고 예술 작품을 복제할 화가(벌링턴Burlington 백작 3세는 건물과 조각을 그릴 화가와 풍경 화가를 데려갔다) 등으로 구성된 수행단도 함께 갔다. 수행단의 규모는 부에 비례했다. 여행 안내서에는 "휴대 가능한 찻잎 통, 공기주입식 욕조, 조그만 잉크통, 종합 구급상자, 리넨 제품 최소 열두 개 이상"을 챙겨야 하고 옷장에는 "황금색 실로 여민 단추가 달린 낙타지 여름 정장, 벨벳 단추에 벨벳 꽃 장식을 한 겨울 정장, 빨간색과 흰색이 서이고 다이아몬드 단추 장식이 달린 정장 구두, 흰색 실크 스타킹, 스위스산 고급 주름 칼라 최소 네 개, 스페인산 레이스 손수건 몇 장, 코담뱃갑과 이쑤시개 갑"을 챙기는 등 기본적인

여행 필수품을 갖추라고 조언했다.[7]

　순례의 목적은 종교가 아닌 이탈리아 예술이었지만 실컷 먹고 마시기, 노래, 춤, 매춘 등 순례의 재미는 여전했다. 여행길에 있는 파리 사창가에서는 무척 다양한 선택이 가능했다. 나이와 신체 조건, 성격, 피부색, 전문 서비스 등의 정확한 조합을 원한다면 예약이 필요했지만 말이다. 너무 피곤해서 사창가에 방문하기 힘든 사람에게는 객실 청소부라는 대안이 있었다. 남성용 일상 회화집에는 다섯 개 언어로 유용한 표현을 수록했다.

　　"자기, 침대 정리 다 됐어?"
　　"내 스타킹 좀 벗기고 침대를 덥혀줘, 너무 피곤해."
　　"커튼 좀 걷어서 고정시켜줘."
　　"요강은 어디에 있어? 화장실은 어디야?"
　　"초에 불 붙이고 이쪽으로 가까이 와."[8]

　위선적인 북유럽 출신 여행객들은 베네치아의 귀족 여성이 개방적으로 애인을 두고 즐기던 시시스베이cicisbei 유행에 깜짝 놀랐다. 그녀들의 남편 역시 비슷한 짓을 했다. 베네치아는 미국보다 2세기 먼저 스윙잉이 유행했고, 변장을 하고 길거리나 가면무도회에서 춤출 기회가 많은 사육제 주간에 특히 활발했다. 변장은 성적인 모험을 부추긴다. 바이런 경은 무도회에 여동생을 데리고 갔지만 둘 사이를 의심한 이탈리아 애인 마르가리타 코그니가 여동생의 가면을 찢어버리는 바람에 곤란을 겪었다. 바이런 경은 떠나야 할 때라고 생각했지만 수행단에 하인, 권투 스파링 파트너, 여행 가이드, 개인 주치의 등이 있고,

원숭이·공작·새·개 등 움직이는 동물원은 물론 침실과 식당, 서재 공간이 있는 나폴레옹 마차의 확장판을 타고 있었기에 재빨리 떠나기는 쉽지 않았다.

순회 여행의 목적은 피렌체의 영광스러운 르네상스와 로마를 둘러보는 것이었지만 고대 로마는 실망스러웠다. 로마 공회장에는 공예가들의 오두막과 가축우리가 있었고 콜로세움에 세워진 '십자가의 길 Catholic Stations of the Cross' 또한 거지와 동물 분뇨로 가득했다. 회의적 미국인 마크 트웨인 같은 사람들은 인정했지만 예술도 실망스러울 때가 많았다. "최후의 만찬은 옛날 교회 본관의 부속 예배당으로 보이는 조그만 건물의 다 허물어진 벽에 그려져 있었다. 어느 각도로 봐도 낡고 흠집이 있었고 세월의 흔적으로 얼룩지고 변색되었다. 그리고 50년 전에 나폴레옹 군대의 말을 그곳에 몰아넣었을 때 말들이 제자들 다리에 수없이 발길질을 해놓았다."⁹

하지만 명소의 본질적 품질은 중요하지 않다. 사람을 끌어당기는 요소는 성스럽거나 진정성 있는 상징과 이미지다(성 야고보의 뼈가 그렇듯 실제로 존재할 필요조차 없다). 성스러운 장소로 떠나는 순례의식 자체와 조용히 예배를 올리는 수많은 순례자에 합류한다는 사실이 중요하다. 숭배가 성지를 만드는 것이지 그 반대가 아니다. 돈 드릴로는 소설 《하얀 소음》에서 "미국에서 가장 많이 촬영된 헛간" 이야기를 통해 이런 당혹스러운 진실을 드러냈다.¹⁰ 문제의 헛간은 전혀 특별하지 않지만 우연히 많은 사진에 찍히면서 다른 사람들이 차례로 헛간을 찍으러 왔다. 헛간이 유명해지자 곧 수많은 사람이 찾아왔고 특별히 제작된 높은 전망대에서 사진을 찍어댔다. 두 남자는 이 광경을 보기 위해 35킬로미터를 운전해 와서 다른 차 40여 대(관광버스 한 대도 섞여 있다)가

늘어선 새 주차장에 주차한 뒤 오랜 시간 사람들을 관찰한다. 마침내 한 남자가 말한다. "아무도 헛간을 보지 않아." 그는 관광의 특별한 재주 두 개를 막 깨달은 참이었다. 관광은 풍경이 보이지 않게 만들고 관광객의 눈을 멀게 한다.

드릴로는 영민하게도 사진이 현대적 숭배 방식이라는 사실을 발견했다. 사진사는 사진 찍는 행위를 통해, 신성한 장소를 찍어본 사람으로 구성된 가상의 신자 집단에 등록한다. 애초에 성지 자체를 관찰할 필요가 없듯 사람들은 사진을 절대로 다시 보지 않는다. 사진 찍는 행위 자체가 충분히 숭배 행위이기 때문이다.

■

시각은 가장 독립적인 감각이기 때문에 독립성을 중시하는 현대에 가장 중요하게 생각된다. 풍경을 중시하는 19세기에 만들어진 단어 '경관scenic', 특히 '전망view'은 독립성과 우월성에서 오는 쾌락을 더해 주었다. 또 다른 신조어 '그림같이 아름다운picturesque' 역시 이러한 경향을 완벽하게 표현한다. 하지만 현대인은 독립성을 중시할 뿐 아니라 자연을 지배하고 소유하기를 원하며 현대 관광객은 풍경을 집에 가져갈 수 있게 이미지화하고 싶어 한다. 따라서 순회 여행을 떠나는 귀족들은 화가를 데려갔는데 1840년 폭스 탤벗Fox Talbot이 사진을 발명했다. 그가 이탈리아 코모 호수에서 휴가를 보내면서 시각적인 기록이 부족하다고 한탄하던 때 기술적으로는 벌써 가능했었다.

자기표현과 많은 경험을 갈망하는 관광객들은 그 장소에 다녀왔다는 증거이자 소유권을 주장하는 수단으로 사진 속에 자기 모습을 나타내고 싶어 한다. 이는 풍경을 관찰조차 하지 않고 웨딩 사진 부스에서 사용하는 우스꽝스러운 망토와 모자처럼 그저 간단한 배경에 불과하게 만들었다. 풍경은 더욱 훼손되고 전용되었다. 버튼을 누르고 일정한 시간이 지나 작동하는 지연 작동 사진기, 멀찍이 자신의 모습을 찍을 수 있는 셀카봉 등이 적절한 시기에 출현하여 이를 도왔다.

나는 처음에 휴대폰 카메라와 태블릿 카메라를 불필요하고 사치스러운 부가 기능으로 생각했지만 이제는 독립적 통제를 갈망하는 현상에 따른 필연적인 결과로 본다. 카메라는 주변 환경을 사진과 동영상으로 포착하여 즉시 제어하고, 인터넷은 사회적 삶의 배후지와 세상사의 멀찍한 음영을 감독한다. 이 둘이 결합하면 모든 곳을 감시하는 장치가 된다. 사악한 기업이나 독재적인 정부만 감시를 한다고 생각하는 경향이 있지만 이제 모든 사람이 감시한다. 새로운 휴대기기는 손을 전지전능하게 만들어주는 전설의 마법반지처럼 지구상 어디에서든 높은 창문의 독립성을 즐기게 해주는 진정한 리모컨이다. 힘을 쓰는 오른손에 착용하는 반지나 검이 신화 속 보조 도구인 경우가 많듯이, 한손에 편하게 쥘 수 있게 된 스마트폰은 저항할 수 없는 존재가 되었다. 그러니 당연히 사람들은 이 마법 리모콘을 잃으면 안절부절못한다. 높은 창문 애호가로서 관광할 때 나의 약점은 '전망'에 집착하는 것이다. 최근 시칠리아 체팔루로 휴가를 갔을 때 아내와 나는 비행기에서 내내 숙소에 중앙광장과 성당이 보이는 발코니가 있을지 궁금해했다. 지난번 휴가에서 바다 전망일지 아니면 북적이는 시장 전망(세계에서 북적이지 않는 시장이 있을까?)일지 조바심 냈던 때와 마찬가지였다. 영화 〈대부〉처럼 '진짜' 시칠리아 결혼식을 볼 수 있다면 얼마나 좋을까? 그런데 아쉽게도 딸에게 대부 DVD 세트를 빌려오는 것을 깜빡했다.

아내는 숙소 홈페이지에 무척 독특한 전망이 보이는 발코니를 엄청나게 자랑하는 걸 봤다고 했고, 나는 동의했지만 모든 방에 그런 발코니가 있다고 하지는 않았던 점을 지적했다. 알고 보니 우리 방에는 전망은 고사하고 아예 발코니가 없었고 피자와 아이스크림을 사려고 줄을 선 관광객으로 붐비는 중앙광장에서 진짜 결혼식을 할 일은 더욱 없었다. 하지만 이런 장면도 한 손에 아페롤 스프리츠 칵테일을 들고 내려다보니 그런대로 괜찮았다. 제임스 하웰은 1642년 《해외여행을 위한 지침서Instructions for Forraine Travel》에서 관광객의 "침실"은 "평범한 이들의 외침과 언어를 듣고 마을 형편이 어떤지, 세계가 어떤 말을 걸어오는지 느끼려면 거리 쪽을 봐야 한다"[11]고 권고했다. 하지만 아무래도 상관없었다. 우리는 이 정도 걸림돌에는 끄떡없다. 다음 날 마을 뒤에 솟구친 바위 위에서 장관을 볼 수 있는데 왜 발코니 전망 따위를 신경 쓰겠는가?

뾰족한 바위가 가득한 가파르고 거친 산길을 등반하는 데 4유로를 내야 한다는 데 처음 놀랐다. 이 등반은 '능동적으로 형상을 기억'하고 맨발 느낌을 주는 값비싼 워킹화 테라플라나Terra Plana를 갈기갈기 찢어놓았고 우리는 강렬한 시칠리아 햇빛과 그에 못지않게 강력한 곤충 수비대에 노출되었다. 두 번째 놀란 이유는 대부분의 관광객이 갖가지 고충에도 불구하고 이 등반을 결심했기 때문이다. 편평한 카펫 위를 걷기도 힘들어 보일 만큼 뚱뚱한 사람, 지팡이를 짚은 노인, 아기를 안은 여성, 활력이 넘치지만 산만하고 슬리퍼를 신은 젊은 연인 등이 있었다. 올라가는 사람들이 "힘들어" 하고 신음하면, 내려오는 사람들이 "그만한 가치가 충분히 있어요"라며 유쾌하게 외쳤다. '풍경을 볼 가치가 충분히 있다'는 뜻이었지만 사실 보이는 것이라고는 관광객이 기피하는 마을 끝 쪽뿐이었다.

19세기 중반 등장한 증기선과 기차는 새로운 중산층이 순회 여행을 떠나고 귀족의 독점적 지위를 박탈하도록 도와주었다. 1841년 토머스 쿡Thomas Cook은 '인생을 바꾸는 단체 여행'을 기획하겠다는 꿈을 품고 하보로Harborough를 떠나 레스터Leicester의 금주 집회에 참석하는 첫 단체 여행을 조직하여 결정타를 날렸으며 그다음에는 증기선과 기차로 떠나는 순회 여행을 기획했다. 순회 여행은 이제 1년이 아니라 한 달이면 충분했다. 가정을 떠나 진짜를 찾고 싶어 하는 부르주아가 증가하고 부르주아 관광객이 쇄도하면서 이탈리아가 이국적인 목적지로 부상했다. 상실된 진짜를 찾으려면 시간은 점점 거슬러 올라가고 장소는 더 멀어져야 한다. 유럽이 너무 친숙해지자 동양이 진짜를 찾을 장소로 부상했다.

초기 모험 관광객이었던 바이런은 군인들과 산에서 야영을 해가며 알바니아를 거쳐 오스만제국으로 여행했다. 군인들은 모두 전직 도둑으로 독주를 마시고 염소를 굽는 모닥불 주위를 돌면서 춤을 췄으며, 헤로를 사랑했던 레안드레스처럼 헬레스폰토스 해협의 조류를 거슬러 헤엄쳤다. 라블레와 바이런의 팬이며 부르주아를 혐오하고 고대 문물을 사랑했던 초기 섹스 관광객 플로베르는 진정 진실하고 진정 에로틱한 것을 찾아 이집트로 갔다. "아아, 클레오파트라의 미라를 가질 수만 있다면 기꺼이 이 세상 모든 여인을 포기할 텐데!"[12]

하지만 토머스 쿡은 그들의 뒤를 바싹 쫓아 1869년 이집트 단체 여행 상품을 출시했다. 쿡에 의하면 "고대 동양 문물과 파리의 혁신이 독특하게 결합된" 카이로의 셰퍼드 호텔 숙박을 시작으로 여행객을 보트에 태워 나일강을 따라 오늘날 장사꾼들이 미라의 손발을 팔려고 호객 행위를 하는 피라미드로 이동하는 상품이었다. 이집트 기자 지역 지도자와 쿡이 단체 여행 요금을 협의한 결과 관광객은 〈신이여 여왕을 구하소서God Save the Queen〉[13]를 부르는 아랍인 세 명을 양쪽에 한 명씩, 뒤에도 한 명 끼고 피라미드를 오를 수 있었다.

토머스 쿡과 단체 여행객들보다 한발 앞서는 것이 중요하다. 관광 사업은 유행을 타기 때문에 소수의 혁신가가 새로운 발견을 하면 즉시 수많은 사람이 따라 하므로 차별성이 없어지고 혁신가는 더욱 새로운 것을 찾는다. 20세기에는 다시 예술가들이 혁신가 역할을 했고, 미국 화가 제럴드 머피Gerald Murphy가 선도했다. 하얀 피부가 차별성의 표시이고 태양은 무슨 수를 써서라도 피해야 하는 존재일 때 진실한 변신을 완성하려면 농민이나 선원이 입는 싸구려 얇은 옷을 입어야 한다. 패션 감각이 뛰어난 부유층이 여름에 프랑스 라비에라에서 노르망디로 떠날 때 머피 부부는 정확히 반대 방향으로 이동해서 태양빛 아래 해변에 누웠다. 그들은 곧 앙티브곶Cap d'Antibes에 빌라를 구입하여 루돌프 발렌티노, 피카소, 스콧 피츠제럴드와 젤다 피츠제럴드, 헤밍웨이 같은 화려한 손님을 초대하여 완전히 새로운 유행을 창조했다.

이제 정장을 입고 힘들게 관광하는 대신 가벼운 옷을 입고 선탠을 하며 해변에서 휴가를 보내는 것이 남은 20세기 내내 휴식의 본보기였다. 쾌락주의에는 항상 관광이 끼어 있었고 과거 음식, 술, 섹스, 고급 숙박 등은 고단한 여행과 고상한 관광을 보상하는 부차적인 요소였지만 이제 이들은 주된 혹은 유일한 휴가 목적이 되었다. 아무나 이런 휴가를 갈 수 없을 때는 상류층 사이에서 인기를 유지했지만, 1960년대 전세기 개념이 도입되면서 비행기 티켓이 저렴해졌고 1970년대에는 하와이안 셔츠를 입은 사람들이 대거 해변에 도착했다.

올라가는 존재는 모두 내려오고, 살아 있던 생명은 모두 죽으며 유행도 모두 사라진다. 시내 중심가에서 '버티컬 터보 태닝'이 가능한데 황금빛 피부가 차별성의 상징을 유지하기는 쉽지 않다. 수동적 쾌락주의 역시 매력을 잃기 시작했고 패키지 여행으로 떠나는 휴가는 자기표현을 중시하는 개인에게는 지나치게 제약이 많았다.

이제 활동적인 경험이 중시되며 나이 든 사람도 예외는 아니다. 쇠퇴하던 해변 휴양지는 기대치 않았던 부흥을 즐기고 있다. 사후경직 중이던 해변을 험준한 해안가 산책로가 대체하고 있기 때문이다. 산책로가 절벽 꼭대기라면 더 좋다. 아아, 그 전망이란!

하지만 진정으로 진짜를 맛볼 수 있는 모험은 외딴 장소에서 위험한 활동이 따라야 한다. 가능한 한 미친 기술을 많이 섞어 가능한 한 멀리 떨어진 데서 새로운 스포츠를 하는 것이 비결인 듯하다. '훼손되지 않아야' 할 뿐 아니라 '숨겨져' 있고 '비밀'스럽고 '발견되지 않은', '문명이 닿지 않은' 곳이어야 한다. 서핑보드 위에서 꼿꼿한 자세를 유지한 채 돌진하거나 떨어지는 연을 제어하면서 카이트 보딩을 하고, 용암 폭탄을 휙 피하면서 활화산 아래로 화산 썰매를 타고, 로프하강·암벽 타기·급류 카누와 계곡 급류 타기를 결합하여 다양한 재미를 느낄 수 있다. 와디 라하미에서 카이트 보딩하기, 야수르산에서 화산 썰매 타기, 영국 일간지 《가디언》이 "선원들이 대담한 모험 이야기를 주고받는, 변화무쌍한 폭풍우가 채찍질하는 야생 바위가 가득한 곳"[14]이라고 묘사했던 아조레스제도에서 계곡 급류 타기를 지금 당장 예약하라.

모험, 위험, 일탈, 즉흥성, 육체 활동, 진정성을 결합한 경험으로 수제 목걸이나 밀짚모자를 사는 것만큼 쉬운(공급자가 동일한 경우도 많다) 휴가 섹스도 물론 존재한다. 스윙잉과 마찬가지로 섹스 관광을 사랑한다고 말하기는 힘들며, 보수주의자들은 역겹게 타락했다고 거부하고 자유주의자들은 역겹게 착취적이라고 거부한다.

하지만 현지인과 섹스까지 해가며 아무리 현지인처럼 행동하려 해도 관광객은 어쩔 수 없이 가짜에 불과하다. 진짜를 탐색하려는 현대인의 시도 자체가 헛된 이유는 진짜 세계에 진정으로 자기 참여를 한다는 의미의 진정성 프로젝트 자체가 가짜이기 때문이다. 삶이 역할극이 되면서 진정한 자아는 존재하지 않고 자연은 풍경이 되었기 때문에 진짜 세계도 존재하지 않는다. 이를 해결하려면 가짜임을 인정하고(포스트모던적 접근 방식) 더 나아가 조잡함과 복제, 모조품, 가장과 연출 등의 거짓됨을 실제로 즐기는 것이다(포스트모던 이후의 접근 방식).

나는 이를 시칠리아에서 발견했다. 허름한 자전거 좌판에서 야채를 파는 현지인을 본 일본인 단체 관광객들이 멈춰서 사진을 찍고, 이 광경을 본 독일인들이 히죽거리며 일본인들을 찍기 시작할 때였다. 카메라가 있다면 여기에 한 단계를 추가해서 시칠리아인을 찍는 일본인을 찍는 독일인을 찍고 싶었다. 이것이 내 관광객 연구의 돌파구였다. 나는 완전히 새로운 지적·미적 쾌락 영역을 여는, 더욱 일반적이고 역설적인 관광으로 확장한 초월적 관광에 착안했다. 휴가 안내 책자의 환희에 찬 산문, 엘리베이터 음악과 호텔 화장실 미술 등이 그 사례다. 또한 이제 새로운 휴가 복장에 당황하는 대신 슈퍼 히어로나 파인애플 변장과 같은 코스플레이의 일종으로 이해하고 자부심과 기쁨을 느끼며 입을 수 있다.

■

신체 활동과 모험을 즐기는 휴가가 최근에 인기를 얻고 있지만 순례 · 관광 · 해변이라는 세 유형도 여전히 큰 인기를 유지하고 있다. 똑똑한 사업가라면 도보 순례, 가이드가 인솔하는 문화 명소, 극한 스포츠, 선 베드에서 칵테일 마시기 등의 일정을 섞어서 '4중 변화 경험' 상품을 출시해야 한다. 또한 고객이 옵션을 고르고 섞어서 자기표현을 할 수 있도록 '맞춤형' 또는 '주문생산'으로 만들어야 한다. 당연히 숙박 시설은 산속 동굴, 진흙집, 통나무집, 목동의 오두막, 이글루나 유르트 등으로 실감 나야 하고 도보의 유일한 대안은 마을의 인력거나 들판의 소달구지 정도다.

유람선이 점점 인기를 얻는 이유는 4중 경험을 혼합하면서 다른 현대적 요구도 충족했기 때문이다. 2008년 금융 위기 이후 전 세계의 휴가비 지출은 전반적으로 곤두박질쳤지만 유람선 여행에 지출하는 금액은 계속 증가하고 있다.

명백한 원인 중 하나는 물론 가격이다. 유람선 여행 비용은 1970년대의 패키지 휴가와 마찬가지로 상류층의 흔적을 유지하면서도 정규직업이 있는 사람은 누구나 감당할 수 있을 정도의 단계에 있다. 그리고 선박과 서비스가 다양해지면서 유람선 여행은 빙고 게임이나 사교댄스, 나이 든 유행가 가수가 부르는 〈마이 웨이〉 등의 노년 이미지를 털어냈다.

최고급 시장에는 노년층을 끌어당기는 전통적이고 화려한 유람선 여행이 건재하다. 호화로움은 노년의 쾌락이고 파티는 청년의 쾌락이기 때문이지만 이제는 더욱 정교한 최신식의 호화로움을 맛볼 수 있다. 예를 들어 레전트 라인스Regent Lines에서 "역사상 가장 고급스러운 선박"이며 "한 번도 본 적 없을 정도로 화려하다"는 세븐 시즈 익스플로러Seven Seas Explorer가 "진정한 럭셔리는 형태가 없다"는 슬로건을 걸고 출항했다. 해석하려면 유럽 기호 학자를 동원해야 할 것 같은 이 슬로건 아래에는 매력적인 30대 커플이 쿠션에 비스듬히 기대어 샴페인 잔을 들고 있는 사진이 있다. 안내 책자는 "배 구석구석에서 고급스러움과 탁월함을 내뿜는다"며 당신은 "온갖 변덕을 다 돌봐주는 개인 집사와 같은 궁극의 사치를 맛볼 수 있을 것"이라고 말한다. 하지만 사치스러운 도락뿐만 아니라 최고급 문화도 즐길 수 있다. 스미소니언 여행사Smithsonian Journey의 스미소니언 컬렉션인 "다양한 전문가가 주도하는 매력적인 가치 향상 프로그램"은 신비하면서도 확실히 품위가 있다. 하지만 "도서관의 베스트셀러 소설을 읽으면서 전용 휴게실에서 휴식"이나 "쌍방향 평면 TV로 최신 블록버스터 영화를 보려면 커튼을 모두 칠 것" 등을 제안하면서 약간 품격이 떨어졌다.

데이비드 포스터 월러스는 유람선 제니스를 나디르라고 부르며 카리브해 호화 유람선 여행을 하고 나서 훌륭한 에세이를 썼다. 그는 내면에 존재하는 어린아이를 해방시키고 도락에 몸을 맡겨 마음껏 즐기려고 했지만 결과는 심리학자들이 말하는 '쾌락 적응hedonic habituation'일 뿐이었다. 내면의 어린아이는 즉시 쾌락 수준에 적응하여 불평거리를 찾아내기 시작하고 더 많이, 더 좋은 것을 요구하면서 실제로 욕망을 '채울 수 없다'는 사실이 밝혀진다. 그러므로 호화 유람선 여행의 슬로건은 '진정한 럭셔리는 실현 불가능하다'라고 써야 한다. 포스터 월러스는 여행이 끝날 무렵 불만족보다 훨씬 나쁜 무언가에 고통받았다고 토로한다. "대중 시장의 호화 유람선 여행은 뭔가 참기 힘들 정도로 슬프다. 참기 힘들 만큼 슬픈 존재가 대부분 그렇듯 원인을 찾기가 엄청나게 어렵고 복잡해 보이지만 효과는 단순하다. 나디르 선상에서, 특히 유람선이 주는 재미와 안락과 유쾌한 소음이 잦아드는 밤이면 나는 절망을 느꼈다."[15]

　최신 유행을 잘 반영하는 유람선이라면 셀러브리티 크루즈Celebrity Cruises에서 셀러브리티 실루엣, 셀러브리티 센추리, 셀러브리티 리플렉션 등을 보유하고 있다. 호화로운 서비스도 있지만 가벼운 일탈을 즐길 수 있는 '진정성 있고 독특하고 혁신적인' 불타는 신시티Sizzling Sin City 코미디 공연도 제공한다. '유명한 스탠드업 코미디언'과 '현대 희가극을 보여주는 매력적인 댄서'가 함께 출연한다. 급격히 성장하는 젊은이 시장에는 50세 이상 모든 사람에게 공포와 혐오를 불러일으키는 카니발 크루즈Carnival Cruise가 있다. 현재 카니발 인스퍼레이션, 카니발 드림, 카니발 글로리, 카니발 매직과 카니발 트라이엄프 등 23척의 유람선을 보유하고 있으며, '카니발 크루즈에서 파티할 이유는 항상 있다'고 자랑한다. 안내 책자에 "우리는 수영장 파티와 선상 파티를 대단히 중요하게 생각하며, 신나는 분위기를 만드는 데 전력을 다한다"고 구체적으로 밝히고 있다.

　이제 소규모 독립 유람선까지 등장했다. 캘리포니아 인디 록 페스티벌 SS 코첼라Coachella는 바다로 진출해서 록 밴드와 DJ, 파티, 춤, 미술 및 공예 워크숍("패션 액세서리나 독립출판물을 직접 만들어볼 기회"), 칵테일 바 순회("누구나 신나게 즐길 수 있는"), DJ 개인지도("참여자는 공연자 목록에 자기 이름이 들어 있는 SS 코첼라 포스터를 받는다") 프로그램 등을 제공한다. 이 이상 흥미진진하기는 어려워 보이지만 새로 등장한 라이벌 그루브 크루즈Groove Cruise는 '육지인들이 잠이라고 부르는 존재의 필요성을 잊어버리고 계속 움직이게 해줄' 96시간의 광란의 파티를 통해 '코첼라를 완전히 박살내버리겠다'라고 약속한다. 광란의 파티뿐만 아니라 '집단 환락의 종결자, 테마별 변장 행사', 21명 이상의 파티광("처음 해 보는 사람은 아무도 없다")이 "마지막 순간 모든 것이 흐릿해지고 항구 너머로 해가 돋을 때까지 광기로 가득한 95시간 동안 당신이 평생 절대 잊지 못할 기억을 만들어줄 것이다."

모든 연령대에 맞는 쾌락의 공공해역이 존재하는 셈이다. 게으르거나 미쳐야 한다. 하지만 유람선 자체도 중요하다. 이제 초대형 유람선은 웬만한 회사 건물만 한 크기이며 비슷한 점도 많다. 우뚝 솟은 구조물은 항상 안전한 울타리에 둘러싸여 있고 타인의 시선에 갇혀 있지만 높은 천장과 널찍한 로비, 산책로, 흠이나 얼룩을 찾아볼 수 없는 환한 표면을 통해 갇혀 있다는 인상을 피해간다. 누군가와 함께하면서 개인적 자유를 즐기고, 더럽고 위험한 도시에서 오는 외부적 위협과 개인적 퇴보라는 내부적 위협에서 보호받을 수 있다. 하지만 사무실 건물과는 다르게 유람선은 영화배우의 치아처럼 눈부시게 하얗다는 장점이 있다. 늙어간다는 모욕에 밝은 미소로 반항한다.[16]

그리고 유람선은 사무실 건물보다 매력적인 도시 시설을 모아놓는다. 문이 있는 침실, 쇼핑몰, 복합 유흥시설, 바와 레스토랑, 나이트클럽, 카지노, 농구 경기장, 롤러스케이트장, 수영장, 스파와 헬스장뿐만 아니라 유격 훈련장, 인공 암벽, 실내 서핑 등 더욱 실험적인 시설을 추가했다. 로열 캐러비안Royal Caribbean사의 앤텀호(랩소디호의 자매선)는 미니 골프 코스, 스카이다이빙 시설, '공중그네에 대한 마음속 예술 혼을 불러일으키는' 서커스 학교 등을 갖췄다. 그러니 케이크를 먹고 싶기도 하고 간직하고 싶기도 한 현대인의 욕구를 충족시켜준다면 운 좋은 승객은 집에 있으면서도 바다에 있고, 보호받으면서 동시에 모험을 즐길 수 있다.

사무실 건물과 마찬가지로 크기도 중요하다. 앤텀호는 역사상 가장 거대한 흰 돌고래라는 사실을 자랑스러워한다. 최대 규모였던 이전 모델보다 40퍼센트 크고 선미를 세웠을 때 런던의 카나리 워프 타워보다 50퍼센트 크며, 선실은 16개 층에 6,296개 숙소가 있고 71개국에서 온 선원 2,165명이 근무한다. 일반적인 모든 향락을 제공할 뿐 아니라 현대적 일탈 욕구를 채워주는 코미디 클럽, 생태계를 걱정할 수 있도록 1만 2천여 종의 나무와 식물이 있는 공원, 문화적 존엄성에 대한 욕구를 채울 수 있도록 특별 주문된 예술 작품 7천여 점 등을 갖추었다. 많은 객실이 내부 공원을 바라보고 있기 때문에 승객들은 바다를 볼 필요가 없다. 휴양지만 한 배가 무엇 때문에 항해하는 데 신경을 쓰겠는가? 로열 캐러비안은 실제로 앤텀호를 정박시켜놓았을 때 고객 반응이 어떨지 시장 조사를 의뢰했다. 모든 조사에서 정박을 격렬하게 거부하는 결과가 나왔다. 유람선이 인기 있는 근본 이유 역시 무척 간단하고 명백하게 드러났다. 항상 움직이기 때문이다(로열 캐러비안의 경영자는 이 사실을 상징적으로나 문자 그대로 충분히 이해했다. 그래서 항구에서 항구로 가는 수평 항해에 그치지 않고 세 개 층을 수직 이동하는 이동형 술집을 설치해서 이동에 대한 욕구를 채워주었다).

휴가는 가장 쾌락적인 형태의 의식이고 유람선은 가장 쾌락적 형태의 휴가지만 유람선이 매력적인 이유는 여전히 종교에 뿌리를 두고 있다. 순례를 통해 구속받고 부활하며 원정을 통해 신비로운 경험을 한다. 유람선은 순례자처럼 항상 이동하며 그 자체로 재미를 느낄 수 있다. 한 항구에 오래 지체하지 않고 신성한 타지를 향해 끝없이 빛나는 여행을 떠나며, 티끌 하나 없이 하얀 뱃머리로 바다를 가르며 항상 기쁘게 출항한다.

13장
재미와 게임
__동시적 열광, 순수한 마니아

• • •

　　게임과 스포츠는 춤만큼 오래되었고 춤처럼 오
랜 세월 폄하되고 억압받았지만, 1970년대에 부활해서 계속 성장했고
새로운 형태로 다양화되었다. 가끔 보면 록 기타 솔로 연주부터 에일
리언의 공격에서 지구를 구출하는 것까지 모든 환상을 디지털 게임으
로 만들 수 있을 듯하고, 늪지 스노쿨링부터 악어와의 레슬링까지 모
든 육체 활동을 스포츠로 만들 수 있을 것 같다.

　이는 초기 사회로의 또 다른 귀환 사례다. 동굴벽화에는 선사시대
스포츠의 증거로 다양한 잡기 기술을 사용하는 레슬링 선수가 출현하
고 있으며, 고고학자들은 패, 주사위, 판 등 선사시대에 게임을 했다는
증거도 발견했다. 우리 조상들은 날씨가 좋으면 야외에서 레슬링을 하
고 날씨가 나쁘면 동굴로 들어와 주사위 놀이 대회를 했을 것이다. 게
임과 스포츠는 메소포타미아, 이집트, 인도, 중국, 나중에는 그리스와
로마에 이르기까지 초기 문명에서 흔했고, 육상경기, 전투 시합, 체조
와 구기 등을 하기도 했다. 고대 이집트 유적에는 수많은 보드게임과

구기 종목, 구슬치기, 나인핀스 볼링, 육상경기, 사냥, 막대기 싸움, 활쏘기, 달리기, 수영, 투우, 줄다리기, 링 던지기 게임 등 놀랄 만큼 다양한 경기가 등장한다.[1]

그리스인은 특정 종목을 선호했다. 구기 종목은 크게 좋아하지는 않았고, 권투·레슬링·조정·수영·볼링·활쏘기·투창·원반던지기 등을 즐겼다. 로마인은 육상경기를 무기력하다며 선호하지 않았고 격투기를 좋아했다. 권투, 레슬링, 그리고 악명 높은 검투 경기가 기원전 264년에 시작되어 검과 그물, 인간과 야생동물, 그리고 디오클레티아누스 황제의 기발한 제안에 따라 여성과 난쟁이가 죽을 때까지 싸우는 등 수많은 혁신을 거치며 수세기 동안 계속되었다.

모든 게임과 스포츠는 신을 기리거나 신과 운명에 맞서는 종교의식이었다. 하지만 축제나 춤처럼 많은 시간과 에너지를 써가며 부상의 위험을 안고 무언가를 널리 할 수 있으려면 수많은 세속적 요구가 충족되어야 한다. 게임과 스포츠는 실제로 이를 충족했고 계속 충족되고 있다. 게임과 스포츠는 창조 의식이기 때문에 근본적인 삶의 불평등, 친숙한 경계와 한계를 넘으려는 정신과 육체의 충동, 제멋대로 움직이고 싶지만 규칙을 지킬 필요성, 집단이나 기술에 흡수되어 개인적 초월을 달성할 가능성, 그리고 누군가를 죽이지 않고도 개인과 집단의 우월성을 표현할 가능성 등 상반되는 두 힘 사이의 긴장 상태를 인정한다. 하지만 폭력을 줄이기 위해 게임을 한다는 묘책은 가끔 반대 효과를 낸다. 게임이 전쟁을 대체할 수 있다고 처음 설명했던 그리스인들은 1893년에 첫 현대 올림픽을 개최했을 때 스포츠의 성공에 흥분한 나머지 오스만제국에 전쟁을 선포하고 금방 패배했다. 또 다른 증거가 필요한지는 모르겠지만 다시 한번 신이 유쾌한 장난꾸러기라는 사실을 보여주는 사례다.

시대와 문화에 따라 서로 다른 게임과 스포츠가 성행했지만 현재 국제적으로 두드러지게 인기 있는 스포츠는 축구이고 겨우 지난 몇십 년 동안 변함없는 현상임을 생각하면 축구의 초기 역사를 살피는 일도 흥미로울 듯하다. 나는 항상 축구가 19세기 후반 영국에서 발생했다고 안일하게 가정했지만 사실 그 기원은 기원전 1000년까지 거슬러 올라간다. 무엇이 최초인지 밝히기는 불가능하지만 중국에서 공을 찬다는 의미의 '축국蹴鞠'을 약 2천 년 전부터 했고 한나라(기원전 206년~기원후 221년) 때 공식화했다. 축국은 양 끝에 골대가 그려진 경기장에서 깃털이나 털을 채운 가죽 공을 주로 차서 몰고 갔지만, 핸들링과 과격한 태클도 허용되었다. 축국은 명나라(1368~1644년) 초기까지 살아남았다.

중앙아메리카에서도 놀라울 정도로 축구와 닮은 구기가 축국과 거의 동시에 생겼고, 시기적으로 올메크 시대(기원전 1200~기원전 400년)까지 거슬러 올라간다. 마야인(기원전 1000년~기원후 1500년)도 이 경기를 했고 폭타폭pok ta pok이라고 불렀으며, 아즈텍인(1200~1500년)들은 이를 틀라츠틀리tlachtli라고 불렀다. 폭타폭이나 틀라츠틀리는 무척 격렬했고 패자는 목을 자르거나 심장을 도려내기도 했다. 많은 현대 축구 팬이 부진한 선수에게 쓰고 싶어 할 만한 방법이다. 비슷한 경기를 북쪽으로는 애리조나, 서쪽은 멕시코의 태평양 연안, 동쪽은 푸에르토리코, 남쪽은 온두라스에 걸쳐서 수백 년 혹은 수천 년 동안 해온 것으로 보인다. 남미에서도 이 경기를 했다고 추측된다. 축구는 영국보다 남미에서 기원했다고 보는 편이 훨씬 적절해 보인다.

로마가 몰락하던 무렵부터 초기 중세 시대까지 전사 문화가 지배했던 유럽에서는 전투 기술과 관련 없는 스포츠를 가르칠 여유가 없었다. 하지만 고대 켈트족의 구기는 유럽 대륙의 서쪽 변두리에 보존되었다. 아일랜드와 웨일스, 콘월, 브리타니와 노르망디에서 축구와 비슷한 게임을 했고 이 게임이 중세 영국의 축구에 영감을 준 듯하다. 중세 영국판 축구는 돼지 방광으로 공을 차는 난투극이었고, 선수의 수(한 마을의 모든 주민이 다른 마을의 모든 주민과 경기하는 경우가 많았다), 선수의 역할(모두가 공을 따라갔다), 경기 길이(하루 종일 하기도 했다), 선수와 관객의 구분(선수는 빠져나가서 경기를 관람하고 관객이 합류하여 공이나 미운 이웃에 발길질을 했다) 등 규칙이나 제한이 거의 없었다. 이처럼 난폭한 경기는 대부분 커다란 소동을 일으키며 끝났고 축구를 금지하는 칙령이 17세기까지 꾸준히 공포되었지만 별로 효과는 없었다. 하지만 스포츠가 몸을 숭배하는 죄악이라며 비난했던 청교도주의는 좀더 성공적이었다. 군중과 난폭함에 대해 공포심을 키워가던 새로운 부르주아 계급은 더욱 적극적으로 축구를 억압했다. 19세기 중반 민속축구는 자취를 감추었지만 예상 밖의 구세주가 상류층에서 발견됐다. 사립학교에서 학생들의 인격 형성을 위해 축구를 가르친 것이다. 학교에서 가르친 축구는 세계를 한 바퀴 돌아서 찰스 밀러Chalres Miller에 의해 1894년 브라질에 전파되었다. 찰스 밀러는 영국인 아버지와 브라질인 어머니 사이에서 태어나 영국 학교에 다니면서 축구를 했고(전문 축구 클럽 사우스샘프턴Southampton에서 뛰기도 했다) 상파울로에 가죽 공 두 개를 갖고 돌아왔다.

■

20세기 후반에 스포츠가 세계적인 스포츠가 된 이유는 무엇일까? 초기 사회에 비슷한 게임이 세 대륙에서 동시에 눈에 띌 뿐 아니라 문화의 중심에서 수백 년 동안 해왔다는 사실을 감안하면 문화보다는 게임 자체에 주목해야 한다. 공차기는 막대기, 방망이, 라켓이나 곤봉으로 때리기보다 즐거운 행위로 보이고 분명 던지기나 잡기보다는 통쾌하다. 던지기나 잡기를 기반으로 하는 농구나 배구는 19세기 후반에 발명되었고 그 이전의 초기 형태는 아직까지 보이지 않는다. 핸드볼은 오랜 역사를 지니고 있지만 축구만큼 인기를 누린 적은 없다.

발차기는 인간의 방어나 공격에 가장 효과적인 형태이고 철저히 본능적이기 때문에 격렬하고 원시적인 즐거움을 느낄 수 있으며, 발사체를 쏘아 올리는 감각과 차기 직전까지 달려오면서 가속하는 행위가 쾌감을 더욱 높여준다. 내 생각에 아이들은 공을 던지기 전에 찬다는 발상을 먼저 하고, 확실히 어떤 형태든 방망이를 사용하기 전에 차는 행위를 한다. 심지어 67세에도 길가에서 뭔가 보이면 뛰어가서 차고 싶은 강한 욕망이 생긴다.

20세기 시작 무렵, 축구의 세계적인 인기에 힘입어 럭비나 하키, 테니스 등의 스포츠도 융성했고 규칙과 규정, 관리 기구, 어떤 경우에는 프로 선수도 등장하여 공식화되고 조직을 갖추었다. 이는 처음 산업화된 영국에서 먼저 시작되었고, 프랑스, 독일, 스웨덴, 미국 등 경제적으로 성장한 국가에 전파되었다. 현대에 스포츠와 경제성장이 일치하는 현상에서 스포츠가 산업화에 대한 반발이거나 산업화의 산물이라는 상반된 시각이 도출된다. 즉 자율성을 반항적으로 사용하여 놀이의 자유를 누리는 것이거나 음식과 오락으로 사람들을 고분고분하게 만들려는 스펙터클의 사회(프랑스의 마르크스주의 이론자 기 드보르Guy Debord의 대표작 《스펙터클의 사회》를 통해 '모든 일상이 자본주의의 영향을 받고 매체와 상품을 통해 구경의 대상이 되는 사회'를 가리키는 말로 자리 잡았다. - 옮긴이)에 굴복한 결과라는 것이다. 우파는 반항 이론을 선호하고 좌파는 스포츠를 자본주의의 음모라고 비난하면서 활발한 논쟁을 유발했다. 두 시각 모두 진실일 수 있다. 스포츠는 사육제만큼이나 복잡하고 양면적이다.

20세기 중반 스포츠의 성장과 확산은 한계에 달한 듯 보였다. 교회가 스포츠를 좋아한 적은 한 번도 없고 지식인은 교양이 없다는 이유로 무시했다(하지만 투우는 죽음을 연상시키는 섹시한 매력 덕분에 예외였다). 축구는 교양 없는 노동계급의, 테니스와 골프는 교양 없는 부르주아의, 사냥과 항해는 교양 없는 부자의 오락거리였다. 계급 구분은 뒷동네의 돼지 방광부터 회원제 테니스 코트와 골프 코스에서 사용하는 테니스 라켓 및 골프 클럽, 엄청난 비용이 드는 사냥과 요트에 이르기까지 속물적인 배타성과 장비 및 설비 비용을 통해 유지된다. 1960년대의 재미주의는 스포츠가 퇴행적이고 공격적이며 사랑에 도움이 되지 않는다며 완강히 거부했다. 축구와 럭비, 권투와 같은 접촉 스포츠는 폭력적이고 원시적이며 테니스와 골프는 점잔 빼는 교외 사람들이나 즐기는 우스꽝스러운 오락이고, 사냥과 낚시는 포식을 즐기는 상류층의 잔인함을 대변한다. 히피족에게 프로 스포츠 선수는 직업군인 못지않게 이해할 수 없는 역겨운 존재였다.

이 모든 현상은 1970년대에 극적으로 변화했다. 스포츠는 중산층에서 크게 인기를 끌었고 지식인 사이에서도 유행했다. 정치인은 스포츠 행사에 참석하고 역사가와 사회학자는 스포츠를 분석했으며 문학가도 스포츠를 묘사하기 시작했다.[2] 철학가까지 관심을 보여서 1973년 〈스포츠 철학 저널Journal of the Philosophy of Sport〉이 발간되었다. 스포츠가 철학과 상반되어 보일 수도 있지만 저명한 사상가들은 정신적 게임뿐 아니라 육체적 게임도 하는 경우가 많았다. 플라톤은 젊은 시절 상을 타기도 했던 레슬링 선수였다. 소크라테스는 운동신경으로 유명했고 이스미안 경기에 참가했으며, 아리스토텔레스는 "그들은 선천적으로 힘과 속도를 모두 갖췄기 때문에"[3] 5종경기 선수가 되고 싶어 했고, 장폴 사르트르는 권투 선수로 훈련받았다(그리고 권투를 "적대적 상호작용의 2인 실습"[4]이라고 정의했다). 또한 A. J. 에이어는 주정부에 소속된 크리켓 선수였으며, 자크 데리다는 골키퍼였고("터치라인 너머에는 아무것도 존재하지 않는다"),[5] 알베르 카뮈도 알제 레이싱 대학 축구 팀에서 골키퍼로 활동했다(대학 스포츠 잡지에 이렇게 썼다. "내가 인간의 도덕성과 의무에 대해 가장 확실히 아는 것은… 축구에서 배웠다"). 골키퍼는 확실히 철학자에게 가장 완벽한 포지션이다. 팀 내에 있으면서도 벗어나 있고, 다른 유니폼을 입고 다른 규칙을 따르며 경기에 많이 참여하지는 않지만 가끔 공격을 방어해야 한다.

유행에 절대 뒤떨어지지 않는 할리우드는 처음에 스포츠 영화가 전무하다시피 했지만 서부영화처럼 대량으로 찍어내기 시작했다. 사실 스포츠 영화는 희망 없는 약자가 스포츠를 통해 승리하는 영원한 동화를 생산하면서 새로운 서부영화가 되었다. 교회에서도 스포츠 혐오는 홍보 대참사를 불러일으킨다는 사실을 깨닫고 누그러져서 시류에 편승했다. 뉴욕의 세인트 존 더 디바인 대성당은 스포츠 경기 장면이 그려진 스테인드글라스를 주문했고 1976년 기독교 컨트리 가수 바비 베어 Bobby Bare는 〈주여 생명의 골대에 드롭킥을 날려주소서Drop Kick Me, Jesus, Through the Goalposts of Life〉라는 곡으로 크게 히트를 쳤다.

왜 스포츠가 1970년대에 인기를 끌기 시작했을까? 다른 사회 변화 현상과 마찬가지로 수많은 요인이 존재한다. 많은 지식인은 이 현상을 1960년대의 흥겨운 놀이 이후 스펙터클의 사회가 진정 효과를 발휘했기 때문이라고 해석할 것이다. 하지만 집단 재미에 굶주린 사람들이 코미디, 춤, 휴가, 섹스에 다시 흥미를 보였듯 스포츠에도 열광했다. 스포츠는 춤이나 섹스처럼 육체적 동시성을 일으키고 휴가처럼 일상으로부터 탈출하게 도와주며, 코미디처럼 개인표현의 수단이 된다.

축구는 1970년대에 폭력 행위로 얼룩졌고, 1980년대에는 경기장에 관객이 넘치는 바람에 재해가 발생했다. 오래되고 낡은 경기장에 꾸준히 관객이 떨어지면서 더 이상 손쓸 수 없는 쇠퇴기에 접어드는 듯했고 다시 유행하기까지 시간이 걸렸다. 하지만 축구는 부활하여 다른 운동을 제치고 세계적 스포츠로 발돋움했다. 이제 세계 인구의 절반이 넘는 수십억 명이 월드컵 결승을 관람하는 전례 없고 비교 대상도 없는 동시적 대중 참여 현상이 벌어지고 있다. 축구는 그냥 팀 경기가 아니라 가장 역동적이고 복잡한 동시성을 지닌 팀 경기이기 때문이다. 좌절이 섞인 오랜 전희는 드물게 발생하는 골이라는 오르가즘을 강화한다. 동시성은 경기를 하는 동안 전희와 함께 긴장의 균형을 유지하는 상호 연결되고 의존적인 지속적 흐름이다.

축구 경기에서 골키퍼를 제외한 모든 선수는 끊임없이 움직인다. 공격수는 기회를 탐색하고 수비수는 이를 차단하기 위해 계속 위치를 바꾸다가 나폴레옹의 짐 없는 군대가 항상 예상보다 빨리 도착하듯 불시에 방어를 공격으로 전환한다. 전문 선수들은 코치에게 세세한 역할과 전략을 지시받지만 공과 함께 뛰면서 심한 태클에 맞서 임기응변을 할 수 있어야 한다. 경기를 예측하고 동기화하려면 공이 도착할 때 동료 선수가 도착하리라 직감하면서 정확하게 그곳으로 공을 차야 하며, 그 동료 선수는 자기 앞에 공이 나타나리라고 직감하고 그 장소로 뛰어가고 있어야 한다. 재즈밴드의 연주자가 각자 악보를 따르면서도 다른 사람에게 반응하고 또 자극하면서 즉흥연주를 하는 것과 비슷하다. 축구의 경우 다른 곡을 즉흥연주하려는 경쟁 밴드가 있다는 차이가 있지만 말이다. 또한 축구에는 끊임없이 질서와 복잡성, 동시성을 만들어내는 경이롭고 유기적인 생명이 존재하며 인간의 면역 체계와 마찬가지로 새로운 형태의 교활한 공격에 자신을 방어하기 위해 지속적으로 활동을 조정하면서 무척 정교한 네트워크를 이루고 있다.

코미디나 춤과 마찬가지로 축구에서도 타이밍과 속도, 정밀도가 탁월함을 만든다. 공을 재빠르게 차서 결정적인 장소로 패스하거나 공을 받아서 골문 모퉁이로 차 넣는 능숙한 기술과 함께 누구나 할 수 있을 것처럼 자연스러워 보이는 자신감이 중요하다. 탁월함은 항상 쉬워 보여야 한다.

축구의 인기와 뛰어난 활약은 결과물이 원인을 촉진하는 양성 되먹임 고리positive feedback loop를 만들며 함께 성장했다. 이제 그 어느 때보다 전략은 복잡하고 선수는 빠르고 기술적이며 경기를 잘 예측한다. 프랑스 선수 티에리 앙리가 위대함은 속도나 기술이 뛰어나기도 하지만 그보다는 체스 선수처럼 몇 수 앞서서 움직임을 예측하기 때문이라고 한다. 그러므로 수비수가 공격수의 움직임을 예측하는 대신 공을 쳐다보고, 공격수가 팀을 위해 뛰는 대신 눈길을 끌려 하거나 개인 재능을 뽐내는 행위는 크게 죄악시된다. 19세기 후반부터 20세기에 걸친 초기 현대 축구에서 개인의 드리블은 수비수를 제칠 수 있는 가장 효과적인(그리고 가장 흥미진진한) 기술로 높이 평가되었다. 드리블은 여전히 중요하지만 이에 못지않게 중요한 능력은 수비수의 머리 사이나 그 위로 동료 선수에게 날카롭게 패스를 꽂아 넣는 기술이다. 개인의 기술보다 팀워크가 중요해졌다는 시대상의 일면을 엿볼 수 있다.

물론 대부분의 경기가 난잡하거나 어설프고, 최고의 경기도 식견과 영광이 드러나는 순간은 잠시뿐이다. 스포츠는 창조 행위처럼 직관적이다. 갑자기 부분이 합쳐져서 새로운 전체를 형성하는 순간을 창조적 예술가가 목격할 때와 마찬가지로 기적적인 동시성이 일어나는 순간은 선수에게 무척 황홀하게 다가온다. 융통성 없는 지적 속물인 나는 유치하고 상스럽게 축구를 하지는 않지만, 친선경기에 몇 번 참여했을 때 사전 전략은 물론 포지션도 정하지 않고 무작위로 만난 사람들과 팀 속에서 함께 경기하는 방법을 직관적으로 깨달으면서 제법 즐거운 시간을 보냈다.

축구가 매력적인 또 한 가지 이유는 관람객 역시 동시성을 통해 엔도르핀을 분출할 수 있기 때문이다. 완고하게 앞만 보는 수동적이고 조용한 극장 관객과는 정반대로 경기장에 모인 관중은 스스로를 통합체이자 활동적인 존재, 경기에 중요하게 기여하는 세력으로 요란하게 인식한다. 그리고 이들은 양 팀에 한쪽씩 상반된 팬만 존재하는 것이 아니라 다수의 겹치는 집단이 존재하기 때문에 복잡한 특성을 보인다. 가끔씩 참여하는 느슨한 친분 집단, 모든 홈경기에 참석하는 핵심 광팬 등이 있으며 광팬 집단은 상대적으로 차분한 집단과 완전히 미친 집단으로 나뉜다. 그리고 돈이 많이 드는 길고 불편한 여정과 지역 주민의 적대심, 인정사정없이 경찰봉을 휘두르는 경찰관의 통제를 무릅쓰고 먼 지방이나 다른 나라까지 원정 경기를 보러 긴 순례를 떠나는 극단주의자들도 있다. 이처럼 더 크고 힘센 적에게 둘러싸여 공세에 시달리는 작은 집단에 속해 있다는 느낌은 총격 아래 결속한 전우애처럼 엄청나게 강력한 집단 화합을 이룬다.

약자 간의 연대도 존재한다. 대부분의 팀은 우승컵은 물론 그 어떤 명성도 얻지 못하며 많은 팀이 처참하게 하위 리그로 강등될 위험을 안고 있다. 나는 이렇게 늘 부진에 시달리는 팀을 왜 지지하는지 궁금할 때가 많았다. 하지만 이는 승자 독식 문화에서 비롯된 태도다. 지지를 보내는 이유는 부진하기 때문일 것이다. 삶에서 고통받는 약자는 빈부 격차(큰 구단은 우수한 선수를 사들여서 더욱 커진다), 권위자의 부당함(심판은 큰 팀을 편애한다), 탐욕의 유혹(작은 구단이 우수 선수를 현금으로 바꾼다), 운명의 잔인한 변덕(경기 막판에 꺾이면서 들어간 괴상한 골), 우월하다고 믿었던 판단의 오류 가능성(감독의 형편없는 판단), 개인의 이기적인 야망과 자망(선수가 경기장에서 과시 행위를 하거나 더 큰 구단으로 감) 등 자신과 비슷한 약자 구단의 슬픔과 비탄 속에서 결속하면서 위로받는다. 실망과 상실을 통해 결속하여 이 모든 아픔을 무리 속에서 경험하면 구원을 받는 듯한 카타르시스가 느껴지는 모양이다. 함께 축하하면 기쁨이 커지듯이 함께 고생하면 고통이 줄어든다.

아버지는 축구의 야만성에 결코 나를 맡길 생각이 없었기 때문에 나는 홈팀이나 소속 선수에 대해 아무것도 몰랐지만, 팬들의 쓰디쓴 한탄은 평생 기억에 남았다. 거친 중년 남성들이 비탄으로 무너지며 반복하는 문장이 부족의 현명한 격언처럼 내 의식 깊숙이 남아 있다. "점보 크로산Jumbo Crossan을 빼는 게 아니었는데!"

축구 관중은 맹렬한 열정을 보인다. 경기의 리듬에 반응하고, 선수들이 방어에 치중하거나 기운을 잃은 것 같으면 응원하고, 파도가 휘

몰아치는 대양의 보트처럼 앞으로 나아가도록 크게 포효하여 공격수를 격려하며, 대담하고 절묘한 순간에는 뜨거운 함성으로 보답한다. 팀 감독이나 코치는 이런 반응을 중시하고 관중이 너무 차분할 때는 불평한다. 하지만 그런 일은 거의 없다. 선수가 공을 향해 질주하면서 조용히 있기는 거의 불가능하기 때문이다. 나는 딸 덕분에 축구에 발을 들여놓았다. 아스날 팬인 딸은 나를 홈경기에 몇 번 데려갔다. 나는 늘 그렇듯 조용히 거들먹거리며 무심하게 즐길 것이라고 생각했다. 하지만 몰입과 환희를 만끽하면서 오랫동안 "아아아아아 – 아스날"을 외치며 목이 터져라 소리를 질렀다.

전통적인 축구 팬들은 경기의 상업화와 경기 티켓의 엄청난 가격에 개탄하고, 관중이 콘서트 스탠딩석 같은 계단식 관람석에 빽빽하게 서 있던 예전의 진정성을 그리워한다. 하지만 이제 덜 위험한 단체 행동 방법이 개발되었다. 관중은 파도를 타거나 머리 위로 일제히 박수를 치고, 거대한 현수막을 들거나 팀 색에 맞는 커다란 색지를 치켜들고, 글자가 적힌 티셔츠를 입고 줄을 서서 문장을 만들고, 북을 치거나 춤을 추고 구호를 외치며, 재치 있는 가사를 붙여 유행가를 부르는 등의 방법으로 동시성을 창조한다. 축구의 구호는 폭도의 합창곡이다. 내 딸의 꿈은 주제가를 만들어 아스날 팀에게 채택받는 것이다. 아스날이 벨라루스 출신 선수 알렉산더 흘렙Alexander Hleb을 영입하자 딸은 흘렙의 이름을 이용해 비틀스의 〈헬프〉를 각색하겠다며 큰 희망을 품었다. "흘렙… 우리는 누군가가 필요해, 흘렙… 아무나 말고." 하지만 안타깝게도 기량이 뛰어난 흘렙은 곧 바르셀로나로 이적했다.

자기 팀 응원과 반대되는 행위는 상대 팀에 대한 의례적 모욕과 조롱이다. 진정한 모욕은 아니고 싸움놀이와 비슷한 개념으로 볼 수 있다. 소설가 팀 팍스는 이탈리아 축구단 엘라스 베로나를 따라다닌 경험을 통찰력 있고 흥미롭게 소개한 저서 《베로나와 함께한 시즌》[6]에서 베로나 팬들이 끊임없이 상대를 모욕한 일을 기록했다. 팬들은 장거리 버스 기사에게 "당신 딸이 그 짓을 하고 있다"고 놀리며 원정 경기 전에 몸을 풀었다. 하지만 팍스는 이들이 진짜 모욕하는 대상은 신성하고 경건한 척하는 자유주의적 정통성임을 은연중에 드러낸다. 오늘날 옳다고 여겨지는 것에서 신나게 탈출하는 데 재미가 존재하고, 축구 관중이 되면 공개적으로 집단 일탈을 즐길 수 있다. 남쪽에서 온 시골뜨기 나폴리 팀과의 홈경기에서 광적인 베로나 팬 몇 명이 경기 시작 전에 하얀색 수술 마스크 수천 개를 좌석에 놓아두었다. 경기가 시작되자 베로나 팬들은 마스크를 착용하고 1만 명이 함께 노래 부르는 강력한 동시적 일탈을 보여주었다. "냄새 한번 지독해서 개도 도망가네, 나폴리 놈들이 오고 있네." 이후 나폴리에서 치른 2차전에서 나폴리 주민들은 입과 발이 달린 돼지를 그린 현수막으로 베로나 사람들을 맞이했다. 그리고 베로나 팀 색을 입힌 인형을 상부 관중석 난간에 매달고 교수형을 집행했다.

"이 무슨 광기인가!" 팍스는 놀라워했다. "살아 숨 쉬는 공동체의 긴밀한 연대 의식이 얼마나 안정감을 주는지!" 이러한 단체 의식은 그 자체만으로도 목적이 될 수 있다. 팬들은 내부 단결을 찬양하고, 모여서 지지하려던 대상인 구단주와 감독, 선수를 함께 욕한다. 군인이 국가를 위해 혹은 적에 대항해 싸우기보다는 전우를 위해 싸우고 장교를 비난하는 것과 마찬가지다. 팍스는 높은 연봉을 받는 선수들과 비행기로 이동해보기도 하고 대부분 무일푼인 팬들과 버스로 여행도 해본 결과 팬들이 훨씬 재미있게 시즌을 보낸다고 결론지었다.

하지만 가장 독창적인 욕설은 팀을 떠나 경쟁 팀으로 간 선수를 위해 아껴둔다. 한때 아스날에서 뛰었던 애슐리 콜은 주급을 5만 5천 유로를 요구했지만 겨우 5만 유로를 제시받고 분노해서 첼시로 갔다는 소문이 있다. 아스날 팬은 욕설 곡이 담긴 앨범을 제작하여 "애슐리 콜은 더러운 아스홀arsehole"을 구호로 대중매체에 캠페인을 시작했다. 팬들은 등판에 "A.Hole"이 적힌 티셔츠를 입고, 이 셔츠를 입은 콜의 얼굴에 5만 5천 유로짜리 수표를 던지는 사진으로 포스터를 만들어 들고 다녔다. 몇 달 동안 캠페인을 계속하다가 열기가 식을 때쯤 애슐리 콜은 훌륭한 떡밥을 던졌다. 한 타블로이드 신문에서 콜이 '게이 섹스'를 했다고 주장하며 동료 선수가 콜의 항문에 휴대폰을 집어넣는 사진을 게재하자 이를 고소한 것이다. 첼시와 아스날의 경기 날 아스날 팬들은 두 곡의 노래를 불렀다. 하나는 빠른 박자의 랩 곡 〈엉덩이에 전화기를 꽂지 않을래?〉였고, 다른 하나는 〈한 남자와 개가 풀을 베러 갔네〉라는 동요를 개사한 〈한 남자와 전화기가 애슐리와 침대에 갔네〉였다. 특히 커다란 휴대폰 모형을 띄워 관중석에서 신나게 두드리며 노래하던 때가 일품이었다. 폭도들이 공연 예술을 통해 경기장을 거대한 설치미술품으로 만들었다.

물론 경기를 상세하게 분석하여 후한 돈을 받는 축구 해설자들은 이를 모두 무시했다. 훌륭한 모욕은 훌륭한 농담처럼 놀랍고 아주 정확해서 피할 수 없는데도, 존중받기를 원하고 성을 잘 내는 우리 나이 대에는 의례적 모욕을 받아들이지 못한다. 로이 킨Roy Keane이 새로 등장한 중산층 축구 팬을 새우 샌드위치 인간(선수를 응원하고 경기를 이해하기보다는 경기장에서 새우 샌드위치를 먹는 데 더 관심이 있는 사람을 뜻한다. -옮긴이)이라고 불렀던 것처럼 실제로 훌륭한 모욕은 훌륭한 농담인 경우가 많다. 물론 놀이 싸움은 실제 폭력으로 변질될 수 있고 의례적 모욕이 정말로 잔인해질 수도 있다. 경계선은 어디에 있을까? 경계선을 개념으로 정의할 방법은 없고 각 사례는 전체적인 맥락과 분위기의 복잡성을 고려해야 한다. 지당한 비난을 하기는 쉽지만, 태클당한 선수에게 팬이 "그 자식 다리를 찢어버리고 한 방 먹여줘"라고 할 때 완전히 진심은 아니라는 것을 깨닫기는 그리 어렵지 않다.

보통 노동 계층의 팬이 많이 하는 일탈적 욕설은 사육제에서 하위 계층의 일탈적 뒤집기와 비슷하다. 따라서 축구 팬이 깃발과 현수막, 북, 상징물, 우스꽝스러운 의상과 페이스 페인팅 등 1970년대 사육제의 요소를 가져온 것은 놀라운 일이 아니다. 이런 요소가 무척 널리 퍼져 있지만 사실 이를 만든 것은 놀랍게도 1970년대 축구 팬이었다. 스포츠 저술가 알렉스 벨로스에 따르면 이제 국제적으로 수십억 달러 규모의 산업이 된 보급용 유니폼은 원래 축구 팬이었던 브라질의 하급 공무원 제이미 드 카르발류가 아내에게 자기 팀 색으로 옷을 만들어달라고 한 것에서 유래했다고 한다.[7] 페이스 페인팅의 기원은 정확히 밝혀지지는 않았지만 이 역시 남미 축구 팬이 시작했다고 보는 시각이 많고, 인류학자 데즈먼드 모리스는 1970년대 영국인 축구 팬이었다고 주장하며[8] 그 밖에 유럽인이었다고 주장하는 시각도 있다. 확실한 것은 페이스 페인팅 역시 국제적으로 크게 인기를 끌고 있다는 점이고 페인트 제조 및 마케팅 산업이 파생되기도 했다. 페이스 페인팅의 인기에는 변장이나 가면과 마찬가지로 집단에 몰두함으로써 단순한 정체성을 지니고 싶은 욕구와 화려한 망토나 곱슬곱슬한 가발, 박수 치는 손이 달린 모자 등 개인 취향을 가미해서 자기를 표현하려는 욕구 등 복잡하고 모순되는 동기가 존재할 것이다.

관중이 되어 무아지경으로 몰입하는 쾌감은 실황 경기의 핵심 매력이다. 오늘날 디지털 게임은 스포츠 경기장에서 선수권 대회를 개최하여 이런 느낌을 준다. 열광적인 팬들은 경기 해설가에 해당하는 전문 '캐스터'의 중계를 들으면서 거대한 스크린으로 경기를 지켜본다. 이렇게 해서 〈리그 오브 레전드〉 팬들은 칼바람 나락(정의의 전장에 있는 지역)의 다리를 차지하려는 전투를 관람할 수 있다. 트린다미어, 초가스, 그라가스와 마스터 이, 블리츠크랭크, 카직스, 나르와 신짜오 등의 챔피언이 전사들을 통솔하며 각 팀은 구인수의 격노검, 헤르미스의 시미터, 방출의 마법봉, 어둠불꽃 횃불, 라바돈의 죽음모자, 마법의 영약 등의 무기로 무장한다. 당연히 코스프레이가 활발하게 이루어진다. 팬들은 자기 챔피언(사실은 별도의 방음 부스 속에서 게임하는 젊은이 두 팀이다)의 의상을 입고 챔피언이 격노검과 방출의 마법봉으로(사실은 마우스 클릭으로) 적을 사살하면 함성을 지른다.

e스포츠는 축구 경기장에 5만 명까지 관중이 모일 뿐 아니라 별도 TV 채널까지 있는 한국에서 시작된 것으로 보이지만 곧 미국으로 퍼졌고 미국에서 유럽으로 확산되었다. e스포츠는 이미 거대한 산업이 되었다. 영국 곳곳에서 e스포츠 전용 경기장 건설을 계획 중이며 미국에서는 유러피언 e스포츠 리그European Esports League 같은 전문 연맹이 높은 상금을 건 대회를 개최하고 전문 게이머들이 출전하며, 메이저 리그 게이밍Major League Gaming이나 코카콜라, 아메리칸 익스프레스 같은 기업이 후원한다.

이는 끊임없이 성장해온 디지털 게임이 최근에 보여준 행보다. 디지털 게임은 무능한 외톨이 이미지를 벗고 처음에는 다중 사용자가 접속하는 온라인 경기로, 그다음에는 웹 사이트 및 팬클럽과 대회로, 마지막으로 물리적인 경기장과 관중이 있는 e스포츠로 꾸준히 사회화하면서 인기를 얻고 성장해왔다. 이제 게임은 제한적인 환경의 단순함이 주는 안정적인 틀 속에서 집단 참여뿐 아니라 자기표현, 정서적 관계가 필요한 역할극을 가능하게 해준다. 게임에는 확실한 목표와 규칙 결과가 있고, 게임을 하면 의식을 치르듯 반복을 통해 안도감을 느낄 수 있으며 종교와 마찬가지로 명확한 목적의식을 통해 평안을 얻을 수 있다. 신은 게임 디자이너로 돌아왔고 그의 신성한 힘은 알고리즘이다. 이토록 확실하고 변화무쌍한 쾌감이 게임에 수없이 존재하는 것을 보면 젊은이들이 중독되고 심지어 죽을 때까지 게임만 하는 것은 놀라운 일이 아니다. 게임의 캐릭터는 한정을 넘어 거의 고정적이고, 게임의 단계와 행위·점수·득점은 정확하게 계량되어 완벽하게 합리적이고 계산된 세계라는 환상을 준다. 반면 완전히 규칙에 얽매인 세계에도 일탈이 존재하고 완전히 안전한 세계에도 위험이 도사리고 있으며 마법을 쓸 수도 있다.

하지만 기발한 방법으로 현실성을 개선하더라도, 해가 뜰 때까지 은빛 마상 시합장에 있는 제일린 이븐송에게 드락마의 검을 가져간다는 목표가 아무리 중세적이고 이교적이라고 해도 디지털 게임은 진짜가 될 수 없다. 나는 디지털 게임이 전통적인 보드게임을 몰아내리라고 항상 생각했지만 그 반대 상황이 벌어지고 있다. 보드게임은 살아남은 것은 물론이고 사실 인기가 높아졌다. 물리적인 판과 말을 통해 촉감을 느낄 수 있고 테이블을 둘러싼 소규모 인원에서 근접성을 느낄 수 있기 때문인 듯하다.

보드게임 판매는 증가 중이고 보드게임 마니아는 더 체계화된 장소에서 더욱 자주 모인다. 최근에는 토론토에 '뱀과 라테Snakes and Lattes'라는 보드게임 전용 카페가 문을 열었고 뒤이어 영국에도 옥스퍼드의 목마른 미플'Thirsty Meeple', 런던의 '드라프츠Draughts' 등 비슷한 장소가 생겼다.

어느 토요일 오후 해크니에 있는 드라프츠에 간 적이 있다. 날씨가 맑고 화창해서 다들 근처 리젠트 운하에서 산책하고 있을 것 같았지만 카페는 손님으로 가득했고 빈 테이블은커녕 빈자리도 없었다. 사람들은 줄을 섰고 빨간 티셔츠를 입은 젊은 게임 전문가들이 줄 선 사람들에게 조언했다. 나는 카페 뒤쪽에 진열된 다양한 게임을 둘러봤다. 〈스크래블〉, 〈클루도〉, 〈모노폴리〉(집중력에 한계를 느낄 연령대를 위해 〈모노폴리 익스프레스〉도 출시되었다) 등 온갖 고전 게임과 새 게임으로 가득했다. 〈숲속의 피〉, 〈보노보 해변〉, 〈도망 다니는 수녀〉, 〈저주받은 사원 탈출〉, 〈혼돈의 공〉, 〈이봐, 그거 내 물고기야〉, 〈바로 그거야Xe Queo!〉, 〈인간성을 저버린 카드게임("당신과 친구들만큼 비열하고 괴상한")〉 등 흥미로운 제목들도 보였다. 내 옆에 있던 살찐 중년 남성이 감탄하면서 〈생존: 아틀란티스에서 탈출하기〉를 끄집어냈다. 그는 신이 나서 설명했다. 보물 탐험자들이 바다 위에 떠오른 옛 아틀란티스 시를 발견하지만, 다시 가라앉고 있기 때문에 보트를 타고 필사적으로 탈출해야 한다. "멋진 게임이에요!" 그가 가슴에 박스를 끌어안고 미친 듯이 웃으며 소리쳤다. "사람들을 배 밖으로 던져버릴 수 있어요. 엄청나게 재밌어요."

마침내 게임 전문가 한 명에게 시간이 났다. 벤은 보드게임 사업이 실제로 호황을 누리고 있으며 드라프츠는 런던과 브리스틀, 그리고 더블린에도 지점을 열 예정이라고 설명했다. 중산층 영국의 상징이라며 그리도 싫어하던 바로 그 게임을 아일랜드인이 받아들인다고? 아일랜드인이 보드게임을 한다고? 뭔가 중요한 일이 벌어지고 있다. 정말로?

"사회적이기 때문이에요." 벤이 말했다. "허풍이나 사기, 뒤통수치기… 재미있게 남을 속이려면 얼굴을 마주할 필요가 있어요." 그는 내가까이로 몸을 숙이고 비열하게 일그러진 표정으로 말했다. "난 사람들을 배신할 때 눈을 들여다보는 걸 좋아해요."

첨단 기술은 보드게임을 몰아내는 데 실패했을 뿐 아니라 사실 보드게임을 도와주고 있다. 많은 사람이 스마트폰이나 태블릿으로 게임을 하지만 그 후 얼굴을 마주하고 판을 펼쳐서 게임을 하고 싶어 한다.

요즘 보드게임은 예전보다 복잡해졌고 더 많이 협력해야 한다. 유럽의 보드게임은 많은 참가자가 수많은 요소의 균형을 맞추고 복잡하게 상호작용하는 팀 전략 위주인 반면 미국 게임은 주로 영화와 TV 드라마에서 무거운 주제와 이야기를 따오는 경우가 많고 개인의 경쟁과 '운'을 중시하는 경향이 있다. 이 대목에서 벤의 얼굴이 억제할 수 없는 경멸감으로 다시 한번 일그러졌다. 그는 너무 지나치다고 생각하는 듯하다가, 은밀하게 내 귀에 "우린 그걸 미국 쓰레기Ameritrash라고 불러요"라고 속삭이는 더 극단적인 행동을 했다.

가장 인기 있는 유럽 게임은 신석기인들이 농업공동체를 구축하는 〈카탄의 개척자〉와 중세 시대에 도시를 건설하는 〈카르카손〉이다. 또 토속신앙과 중세가 등장했다. 벤은 이제 완전히 장광설을 늘어놓고 있었다. 젊은이가 심드렁하다고 누가 말했는가? 세상은 젊은 마니아들로 가득하다. "이건 음악과 같아요." 그가 소리쳤다. "음은 몇 개 되지 않고, 더 이상 새로운 노래가 나올 수 없을 것 같죠. … 사람들이 실제로 곡을 쓰기 전까지는 말예요. 게임도 마찬가집니다. 게임판과 주사위와 규칙이 몇 가지 있을 뿐이에요. 몇천 년 동안 쭉 그랬어요. 새 게임이 나오리라고는 상상이 안 돼요. 하지만 만들어내고, 또 만들어내고… 계속해서… 사람들은 항상 놀라운 새 게임을 내놔요. 그들은… 그들은…" 벤이 잠시 말을 멈췄고 나는 그가 "진짜예요"라고 말해서 내 이론을 확인시켜주기를 바랐다. 하지만 그는 젊은이 특유의 황홀감을 빛내며 더 나은 말을 했다. "그들은 순수해요."

14장

재미와 종교

__ 재미를 찾는 영적 고취

• • •

       우리는 항상 불가능을 요구한다. 그래서 맨발 신발, 실내 스카이다이빙, 침묵의 디스코, 기독교 갱스터 랩을 만들었다. 그리고 영혼의 굶주림을 해소하기 위해 이제 신앙이 없는 종교를 원한다. 좀 더 정확히 말하면 교리와 신과 엄숙함이 빠진 종교의식, 전통적인 예배가 없는 만남의 장소, 신앙심 없는 신자, 도덕적인 설교를 하지 않는 목사를 원한다. 그리하여 전통적인 일요일 교회 예배를 대신하여 '지역별로 모여서 좋은 이야기를 듣고 노래를 부르며 삶을 찬양하는 신 없는 신자들의 세계적 네트워크'라는 '일요 집회Sunday Assembly'가 등장했다. 일요 집회의 강령은 "잘 살자, 더 자주 돕자, 더 감탄하자"다. '세계적' 영향력을 발휘한다고 하면 과장이겠지만 70개국에서 집회를 여는 등 빠른 성장세를 보이는 것은 사실이다.

    런던 집회는 콘웨이 홀에서 열렸다. "도와드릴까요?"라는 커다란 스티커가 붙은 스웨터를 입고 구원받은 자 특유의 즐거운 표정을 한 자원봉사자들이 도착하는 사람들을 맞이했다. 하지만 이런 착한 척하는 복음 전도의 낌새는 사람들로 북적이는 강당에서 흘러나오는 쿵쿵거리는 록 음악과 신도들의 활기로 어느 정도 상쇄된다. 신도들은 대부분 젊고 모두 중산층이며 백인이 많고 평범한 차림을 하고 있었다. 그런데 내 앞에 앉은 여성의 머리카락은 보라색이고 내 뒤의 흑인 남성 두 명은 뒷벽에 기대어 벽을 뚫고 사라져버릴 것 같다. 이들은 여기서 뭐하는 걸까? 백인 참가자의 아이를 돌보러 왔나? 보통 신도들은 스탠드업 코미디 관객처럼 여성이 남성보다 많다고 하지만 사실 젊은 여성이 더욱 열광적이어서 그렇게 보일 수도 있다. 많은 여성이 행사가 시작하기도 전에 '집합적 열광'을 보이며 벌써 춤을 추기 시작했다.

무대에는 여섯 명으로 구성된 밴드와 열 명쯤 되는 가수가 있었다. 밴드가 〈머스탱 샐리Mustang Sally〉를 연주하기 시작하자 진정한 R&B 느낌을 주는 거친 목소리가 크게 "넌 차를 타고 돌아다니길 원할 뿐이지, 샐리" 하고 노래를 불렀다. 무대 뒤편 거대한 화면에 가라오케처럼 가사가 올라오는데 가수들을 따라 "타, 샐리, 타"를 외치지 않기는 불가능했다. 이미 모든 사람이 일어나서 손뼉을 치고 몸을 흔들고 활짝 웃으며 허공에 주먹질을 하고 있었다.

어느 순간 일요 집회의 리더 샌더슨 존스가 튀어나왔다. 키가 크고 어깨가 넓고, 가운데 가르마를 탄 긴 머리에 얼굴은 수염으로 뒤덮여 전형적인 교주처럼 보였다. 하지만 그는 스탠드업 코미디언처럼 소리를 질렀다. "안녕, 런던." 우레 같은 박수가 이어지고 그가 말을 이었다. "살아 있음을 찬양하고 싶은 분들 있습니까?" 이는 더욱 폭발적인 반응을 이끌어냈다. 그는 유쾌하게 킥킥 웃었다, "이제 시작인데 벌써 목소리가 쉬었어요." 또 킥킥대느라 잠시 멈췄다. "뒤쪽 분들 잘 들려요?" 더 시끄러운 박수가 터졌다. "처음 오신 분이 몇 명이나 되죠?"

3분의 1가량이 손을 들었고, 그들이 드디어 삶의 빛을 본 것을 축하하며 나머지 사람들이 열렬히 환호해주었다.

샌더슨이 불교 명상 센터에서 몸과 영혼이 합일을 이루는 다섯 리듬의 춤Five-Rhythms Ecstatic Dance을 춘 얘기를 하자 스크린에 "삶을 찬양하라!"라는 문구가 깜빡였다. 그의 뒤에 있는 스크린에는 브레이크 댄서가 열심히 등으로 회전했다. "꽤 과격하고 굉장한 춤이었어요. 톰이라는 남자랑 친해졌는데 이런 식으로 기를 조종당해본 적은 없다고 하더군요." 이날 샌더슨은 맨체스터, 노리치, 노팅엄, 암스테르담에 새롭게 문을 연 집회의 리더들을 맞이할 생각에 무척 들떠 있었다. 지역 모임의 놀라운 축복을 느끼게 도와줄 사람들이다.

노팅엄에서 온 고든은 짓궂은 분위기를 풍겼다. "나는 진실이 중요하다고 생각합니다." 그가 시작했다. "그러니 40년 동안 아내 말고는 아무 여자도 없었다고 말하면 믿으셔야 해요." 여성을 중심으로 조용히 인정하는 목소리가 들렸다. "절대 사실입니다. 남자를 언급하지는 않았지만요." 이번에는 폭소가 터졌다. 많은 사람이 박수까지 쳤다. 사람들의 인내력이 감격스러울 지경이었다.

암스테르담에서 온 피파는 괴짜였다. "카드로 커다란 장난감 집을 만들어본 적 있어요?" 많은 사람이 반갑게 끄덕였다. "몇 층이나요?" "2층이요" 누군가 소리를 질렀고 웃음이 터졌다. "방귀를 너무 크게 뀌는 바람에 다른 방에서 사람이 달려온 적은요?" 그녀는 암스테르담에서 할 얘기를 우리에게 들려주었다. "다른 이가 아닌 자기 자신이 되고, 스스로를 자랑스럽게 생각하세요. 미쳐 보이는 행동을 하세요. 사람들 앞에서 우는 것을 편하게 생각하세요. 멋진 사람들과 만나고 함께 일하세요. 국제적인 운동을 시작하세요."

모든 조언이 큰 박수를 받았고 특히 마지막은 더 큰 호응을 얻었다. 그녀는 크게 만족하며 작별을 고했다. 작별인사를 하며 우는 그녀를 아무도 이상하게 생각하지 않았다.

연사들의 차례 사이에 노래가 흘러나왔다. 일요 집회에는 스탠드업 코미디와 댄스 음악(패럴 윌리엄스의 〈해피Happy〉와 다프트 펑크의 〈겟 럭키Get Lucky〉가 가장 인기였다), 감동적인 구호 등이 섞여 있었다. 하지만 샌더슨은 중간에 사색의 시간이라며 고개를 숙이고 경제적 문제와 건강 문제를 엄숙하게 명상하라고 했다. 스크린에 '사색의 시간'이라는 글귀가 나타났다. 사색이 끝난 후에는 양옆에 앉은 이웃과 인사를 하라고 했다. 가톨릭식의 평화로운 악수 대신 손바닥이 얼얼할 정도로 활기차게 하이파이브를 했다. 그 후 헌금 바구니, 아니 가방(건강 식품점 가방)을 돌렸다. 연설과 노래가 뒤따랐다.

끝날 무렵 샌더슨이 돌아와서 우리가 여행 중이라는 사실을 상기시켜주었다. 스크린에는 시골 지역을 지나가는 급행열차가 나타나서 이야기를 적절히 보조해주었다. 이처럼 자아를 찾는 여행이라는 주제는 공동체라는 주제만큼이나 중요해 보였다. 이제 스크린에는 "자신이 아닌 존재가 되려고 애쓰기보다 자신이 누구인지를 더욱 철저하게 인식해야 변화할 수 있다"라는 글귀가 나왔다. 샌더슨은 더욱 신나는 일정을 발표하면서 마무리했다. "경이로운 축제"라는 제목으로 9월에 일요 집회 축제를 열 예정이고, 그때 감탄이 절로 나오는 바비큐 파티, 파티 기획사 모닝 글로리빌Morning Gloryville과 공동으로 '기절초풍할 만큼 재미있는' 일요 집회 파티가 진행된다. 다양한 재미에 대한 인식과 결합이 여기서도 나타난다. 샌더슨이 작별을 고했다. "사람들과 협력하고, 친절하게 대하고, 재미를 즐기세요."

이와 같은 경이롭고 감탄스러운 공연은 정신적 재미의 목표가 집단 의식을 통한 재주술화라는 사실을 보여준다. 즉 의식을 치르면서 통합과 공동체 의식, 소속감, 초월과 경외심을 얻는 것이다. 정신적 재미는 일반적으로 비종교적인 영성을 추구한다. 저 너머에 무언가 더 있을 것 같은 종교적인 의미의 비밀스러운 힘이 가미되지만 경이로움 외에는 어떤 구체성도 띠지 않기 때문에 종교적 의무는 없다. 이는 영성에 대한 갈망을 뜻하며 오늘날 세속적 욕망을 일부 대체하고 있다. 물질을 더 소유해봤자 효과가 없으므로 우리는 이제 형체가 없는 것을 원한다.

그리고 파티 기획사와의 제휴도 중요한 의미를 지닌다. 일요 집회의 진행 방식이 신도석에 얽매인 현대 교회의 예배와 비슷하기 때문에 놓치고 있는 즐거움과 경탄의 요소를 집단 춤이 채워주기 때문이다. 동양에서는 항상 종교적인 춤을 인정했지만 유대교와 기독교, 이슬람교 등 책의 종교는 성경 교리와 성직자의 권위를 중시하면서 춤을 성욕과 불순종, 이단을 부추기는 존재로 의심해왔다. 하지만 세 종교의식 모두에서 춤이 터져 나왔다. 가장 극적이고 꾸준했던 것은 이슬람 수피교 분파인 메블레비 교단의 '탁발승의 회전 무용'이다. 이 종파는 13세기 코냐(현재 터키령 아나톨리아)에서 시인 루미Rumi가 설립했다. 신화에 따르면 루미는 금세공인이 망치를 두드리는 리드미컬한 소리에 따라 몸을 움직이다가 점점 빠르게 회전하며 황홀한 무아지경 상태에 빠지면서 회전 무용을 발견했다. 세마라고 불리는 이 회전 무용이 흥미로운 이유는 예전에는 의식을 치르면서 저도 모르게 춤에 몰입하여 경험했던 초월 감각을 완전히 의도적으로 창출해내려 하기 때문이다. 수피교 전통에서 우주는 본질적으로 통합체지만 개별 존재의 다양성을 통해 경험할 수 있으며 통합체는 신이고 수많은 현상이 모두 신의 표현이다. 따라서 회전 무용은 자아를 단일성에 녹아내려고 시도한다.

■

사람도 그렇듯이 종파 역시 대단한 열정과 춤, 노래로 시작하지만 세월이 지나면 경직되고 고리타분해지고 근엄해지며, 제멋대로 행동하는 것을 탐탁지 않아 하고 의례에서 춤을 없앤다. 20세기에 터키의 케말 아타튀르크 정부가 메블레비 의식을 금지했는데도 700세가 넘은 메블레비가 여전히 회전하고 있는 것은 대단한 성과다. 무엇보다 놀라운 것은 웨스트 런던의 해머스미스에 메블레비 분파가 있어서 신도들이 아직도 세마를 추고 있고 일반인의 참여나 관람도 가끔 허용한다는 사실이다.

당연히 나는 기회를 보아 늙은 몸을 끌고 해머스미스에 찾아갔다. 매월 첫 번째 금요일 저녁 세마 행사를 개최하는 콜렛 하우스는 더 스터디 소사이어티The Study Society(지역의 자선사업을 감독하는 영국 지방자치단체 - 옮긴이)의 본부이며 사무실과 슈퍼마켓, 건설 현장 등으로 정신없는 대로변에는 어울리지 않았다. 고풍스럽고 진지한 19세기 느낌이 나는 크고 어둑한 빅토리아풍 건물이었다. 공연이 아니라 종교의식인 회전 무용을 위해 2층 강당이 치워져 있었다. 구경하는 사람들을 관람객이 아니라 "사랑하는 분"이라 불렀고 이들을 위해 한쪽에 의자를 몇 줄 놓아두었다. 오늘 밤 사랑하는 분들은 대부분 여성이었고 값비싼 옷에 무거운 보석, 화장, 검고 두껍고 긴 머리카락까지 지중해 동부에서 온 것 같은 차림새가 많았다. 짧은 백발에 칙칙한 옷을 입고 화장기 없는 영국 여성과는 눈에 띄게 달랐다. 내가 자리에 앉았을 때 불타는 눈빛의 40대 여성이 내 앞에 앉아 머리끈을 풀고 머리를 흔들었다. 그녀는 양손을 펼쳐서 손가락을 삼단 같은 머리칼에 요염하게 찔러 넣고 더 흔들더니 솜씨 좋게 한 손으로 머리카락을 모아 다시 끈으로 묶었다. 수메르 여신 이난나나 이집트 여신 바스테트의 환생이 틀림없다.

곧 수장이 이끄는 탁발승들이 천천히 들어왔다. 스물 몇 명쯤 되었고 연령대가 다양했으며 반 이상이 여성이었다. 발목까지 오는 검은 망토에 길쭉한 비단 모자를 쓴 탁발승들은 머리를 숙인 채 강당을 천천히 몇 번 돌더니 차례로 바닥에 입을 맞추고 쪼그리고 앉아 망토를 바닥에 끌었다. 한 노인이 일어나서 15분 동안 노래를 불렀다. 확실히 공연이기보다는 의식에 가까운 속도였다.

하지만 마침내 터키 갈대 피리인 네이ney 독주가 흘러나왔다. 컴퓨터로 재생하는데도 이상할 만큼 예스럽고 구슬픈 가락이었다. 그런 다음 드럼 연주가 시작되자 탁발승들은 갑자기 검은 망토를 벗어던지더니 부활을 상징하는 길고 풍성한 흰색 가운을 드러냈다. 오래되고 죽은 자아의 수의였다. 그들은 일어나서 화합의 의미로 손을 가로질러 어깨에 얹고 수장 앞에 줄을 섰다.

탁발승들은 각자 수장의 손에 키스를 하고 팔을 넓게 벌렸다. 지구와 하나가 되면서 동시에 초월한다는 의미로 오른팔은 하늘을 향하고 왼팔은 아래를 가리키고는 폭발적으로 회전하면서 치마를 넓게 펼쳤다. 만물의 조화로운 순환을 의미한다. 하얀 꽃들이 활짝 펴서 봄바람에 맞춰 열정적으로 춤추는 듯했다. 강당은 곧 빙빙 도는 하얀 사람들로 가득 찼고, 어지러워 보였지만 아무도 균형을 잃거나 넘어지지 않았다. 70대 후반으로 보이는 탁발승도 다른 사람들보다 조금 느리긴

했지만 흠 없이 회전했다. 물론 여성들이 더 아름답긴 했지만 60세 이상으로 보이는 남성 하나는 바닥에 닿지 않고 회전하는 듯했다. 그들은 15분 동안 멈추지 않고, 심지어 더욱 빠르게 회전했다. 무표정해서 상태를 읽기는 어려웠지만 초점을 잃은 눈으로 보아 가수 상태에 빠진 듯했다. 탁발승들은 다시 강당 앞쪽에 쪼그리고 앉아 어깨에 두른 검정 망토를 바닥에 끌었다. 한 명이 마지막 기도를 암송했고 마지막에는 모두 고개를 수그리고 오랫동안 소리를 질렀다. 만족스러운 섹스 후의 탄성과 한숨처럼 의기양양하면서도 슬픈 소리였다.

그들의 의식은 기쁨에 겨운 해방, 황홀한 개인의 초월, 마지막으로 집단과 냉철한 현실(검은 망토)로 귀환하는 전형적인 순환이었다. 그들이 일어서서 줄지어 천천히 나가는 동안 진정으로 오래되고 낯선 완전히 다른 강렬한 감각이 일었다. 그런 다음 오래된 계단을 내려갈 때, 대로가 눈앞에 나타날 때도 이상한 느낌이었다. 환한 사무실을 내려다보는 탑 기중기의 빨간 경고등과 도로를 뒤덮는 시끄러운 자동차 소리도 낯설게 느껴졌다.

메블레비와 비슷하게 유대교에는 하시딕 종파가 있다. 동유럽 출신 유대인 삽바타이 세비Sabbatai Sevi가 스스로 메시아라고 주장하면서 17세기에 설립했으며 러시아와 폴란드, 발트 국가 유대인 사이에서 열렬한 반응을 이끌어냈다. 이 메시아에 대한 믿음은 곧 사라졌지만 노래와 춤은 새로운 종파인 하시딕의 의식에 통합되었다. 그중에서도 춤은 신을 향한 마음에 불을 지피는 데 필수였다. 하시딕 교리를 가르치는 교사들은 유대교의 주류로 존경받는 율법학자들과는 다르게 춤 기술에 따라 평가받았다. "그의 발은 네 살 아이처럼 가벼웠다. 이 거룩한 춤을 보기만 해도 사람들은 누구나 신에게 의지했고, 그를 바라본 사람은 눈물을 흘리며 황홀경을 느꼈다. 그는 온 영혼을 동원해 사람들의 심장을 흔들었다."[1]

춤과 성적 쾌락에 연관이 있다던 당국의 의심은 옳았다. 한 교사는 기도 춤과 섹스를 비교하는 구호를 내걸었다. "기도는 성교다." 당연히 하시딕은 곧 랍비 당국과 갈등을 일으켰다. 한 랍비는 하시딕 교도를 다음과 같이 비난했다. "그들은 미친 사람처럼 행동하고, 스스로 상상 속에서 머나먼 세계로 솟구친다고 한다. … 그들에게는 매일이 휴가다. 그들이 기도할 때는 … 벽이 흔들릴 정도로 시끄럽다. … 그리고 바퀴처럼 몸을 뒤집어 머리는 아래에 두고 다리는 위로 치켜든다."[2]

결국 하시딕은 제멋대로 하던 성질을 누그러뜨렸지만 신비주의와 정서적 열정은 유지하여 19세기에 동유럽과 중부 유럽에 퍼졌고 서유럽과 캐나다, 호주, 특히 미국으로도 전파되었다. 브루클린의 하시딕 공동체에는 약 10만 명이 참여한다. 하지만 혁명 운동은 보수주의로 굳어지는 경우가 많다. 하시딕 유대교도들은 가부장적이고 권위적이며 밀접하게 연결된 공동체에서 살아가며, 옷이나 식단 등 모든 일상을 엄격하게 규제한다. 영화 제작자 벤 자이온 호로비츠Ben Zion Horowitz는 하시딕 격언을 인용하여 일반적인 유대교 정통파와 하시딕이 "나무 꼬챙이와 애무만큼이나 다르다. 둘 다 무척 엄격하지만 하시딕교도의 모든 유대적 행위에는 춤과 노래라는 행복이 따른다"[3]고 말했다.

아직 그런 춤을 추는지는 모르겠지만 오늘날 하시딕 사회는 철저하게 비밀스럽기 때문에 하시딕 교도가 재주넘는 모습을 구경할 기회는 거의 없다. 하지만 하시딕은 세계에 클레즈머 댄스 음악이라는 선물을 주었다. 클레즈머 댄스 음악은 하시딕 의식 중에서도 결혼식에 주로 연주되는 활기찬 음악이다. 동유럽 집시의 민속 무용음악에서 이를 각색했고(춤은 빌리에서 영감을 받았다) 클레츠머는 하시딕 교도와 함께 미국으로 건너갔다. 그러나 20세기 중반 젊은 유대인 세대가 지루하고 인습적이라는 이유로 클레츠머 댄스 음악을 거부하면서 명맥이 끊어질 뻔했다. 그 후 1970년대에 진짜에 대한 탐색의 일환으로 유대 음악가들이 클레츠머를 재발견하여 새롭게 선보였다. 클레츠머 음악은 이제 세계적인 음악 장르가 되었고 클레츠머 재즈라는 재즈의 하위 장르로도 인기를 얻고 있다.

클레츠머보다는 이르지만 비슷한 경우로 도취적인 수피 음악이 있다. 수피 음악은 이슬람 세계에 널리 퍼져서 리드미컬하고 애절한 모로코 음악에 영향을 주었고, 이어서 스페인의 집시 댄스 음악인 플라멩코에 큰 영향을 주었다(이 경우 집시 음악이 플라멩코에 영향을 준 것이 아니라 플라멩코가 집시 음악에 영향을 주었다). 클레츠머와 마찬가지로 수피 음악은 최근 새롭게 인기를 끌고 있으며 수피 록과 수피 재즈로 이어진다.

유대교와 이슬람교는 유사점이 많지만, 광적인 근본주의뿐만 아니라 춤과 노래를 통한 축전을 중시하고 적어도 이론적으로는 사랑과 쾌락을 추구하는 종파를 수립했다는 점은 기억할 만하다. 하시딕과 수피 전통을 섞어 하수피 축제를 연다고 생각해보라. 정통 클레츠머 음악과 수피 음악, 재즈 버전, 회전 무용을 하는 탁발승과 재주넘는 하시딕 교도가 모두 공연에 출연한다. 공연 마지막에 신나는 퓨전 장르 하수피 재즈를 연주하면 관객들은 황홀한 하수피 댄스로 반응하여 멋진 즉흥 연주가 이루어질 것이다. 하시딕과 수피교 전통에 관한 토크 쇼도 넣자. 인기 물리학자가 놀이하는 우주에 대해 이야기하고 진중한 지도자

가 우주적 춤의 철학을 이야기하고, 네트워크 이론가가 만물의 상호
연결성을 논의한다면 정말 열광적인 반응을 이끌어낼 영적 축제의 요
소를 모두 갖추게 된다.

∎

 종교개혁 이후 형성된 기독교 종파에 크게 황홀한 특성은 없지만,
청교도 혁명 때 출현한 디거스Diggers와 랜터스Ranters에는 리듬감 있
는 율동과 흔들기, 박수 치기 등 춤에 가까운 동작을 하며 노래를 부르
는 모임이 있었다. 이들 종파에서 침례교와 퀘이커교가 유래하였으며
두 명칭 모두 몸의 움직임과 연관이 있다(침례교는 몸을 물에 담근다는
뜻이고, 퀘이커는 몸이 떨린다는 뜻이다. - 옮긴이). 18세기 중반 퀘이커교
에서 셰이커교가 파생했다. 마더 앤 리Mother Ann Lee는 안식일에 춤
을 춘 죄로 몇 번 투옥된 후 신의 계시를 경험하고 1774년 추종자 여
덟 명과 함께 북미로 가서 셰이커교를 창설했다. 셰이커교는 번영하여
19세기에 뉴잉글랜드를 비롯해 서쪽과 남쪽으로 확장했고, 20여 개
공동체에 약 1,000명의 신도가 있었다. 건축과 농업, 가구 제작 등에
근면성을 보여 경제적 성공을 거두었고 종이로 포장된 씨앗, 옷핀, 탈
장대 등을 상업화했다. 셰이커교도에게 무엇인가를 잘 만드는 것은
'기도 행위'였으며 앤 리는 티셔츠에 새길 만한 격언을 남겼다. "천년
동안 살 것처럼, 그러면서도 내일 죽을 것처럼 일하라."
 셰이커교 공동체의 핵심 이상은 평화주의였고 양성평등과 개인의
자유도 중요했다. 수많은 종파나 사이비 종교 집단과는 달리 그들은
신도를 강제로 끌어들이지 않았다. 21세 이상 성인은 누구나 자유롭게
떠날 수 있었고, 노예제도에 거의 처음으로 반대하기도 했다. 하루 일

과가 끝나면 형제자매들은 각 공동체의 중심인 예배당에 모여서 원로의 의례적 설교를 들었다. "나가라, 늙은이도 젊은이도 남자도 처녀도, 그리고 춤추며 모든 힘을 다해 신을 경배하라." 그러면 신도들은 서클 댄스를 추기 시작했고 이 춤이 끝나면 남성과 여성이 둘로 나뉘어 마주 보고 각자 체계 없이 격정적으로 소리 지르고 돌고 비틀며 춤을 추었다. 드디어 피곤해지면 조용하게 '누가 선물을 받았는지' 보기 위해 기다린다. 선물을 받은 사람은 앞으로 나와 조용히, 격렬하게 15분 가까이 회전한다.

세계와 동떨어진 이상주의적 공동체는 불안정하고 단명하기 마련이지만 하시딕과 마찬가지로 셰이커교는 단체 춤 덕분에 오랫동안 공동체를 유지한 것으로 보인다. 하시딕교도는 종교적인 황홀경 상태에서 자신도 모르는 언어로 얘기하는 방언을 했다. 무아경이 깊어지면 표현 욕구가 생기는데, 기존 언어를 찾지 못하면 알 수 없는 단어와 음절이 쏟아진다. 그런데 셰이커교에서는 남녀가 어울려 춤추는 자연스러운 행위를 용납하지 않았다. 앤 리는 성교가 모든 인간 불행의 근원이라고 주장했고 많은 사람이 이 말에 동의했지만 독신이라는 논리적 결론에 따를 준비가 된 사람은 거의 없었다. 섹스에 집착하는 20세기에 셰이커 공동체가 쇠퇴한 이유는 바로 섹스를 거부했기 때문이었다.

20세기가 시작될 무렵 아프리카계 미국인들이 생동감 넘치는 재미 요소와 함께 음악과 춤을 소생시켰고 종교도 마찬가지였다. 개신교의 오순절 운동은 카리스마 있는 아프리카계 미국인 설교가 윌리엄 J. 시모어가 1906년 로스앤젤레스의 아주사 거리에 교회를 설립하면서 시작되었다. 리드미컬하게 박수 치고 발을 구르면서 노래 부르고 춤을 추며 간증과 방언을 하는 혼란스러운 예배 방식은 아프리카계 미국인

뿐 아니라 연령을 불문하고 라틴계와 백인에게도 크게 인기를 끌었다. 하시딕과 마찬가지로 무언가에 홀려 황홀경에 빠졌고 이 경우에는 성령 덕분이었다. 수피교도는 자아를 신에게 침투시키지만 현대의 초월자의 경우 신이 자아에 침투한다는 중요한 차이가 있다. 신조차 개인의 우월적 지위에 항복하고 말았다.

아주사 거리의 복음주의적 열정에 힘입어 선교사들은 오순절 운동을 확대했다. 미국을 시작으로 세계로 뻗어나갔으며 2년 만에 유럽과 아시아 50개국 이상에 오순절 교회가 세워졌다. 오순절 운동은 20세기 내내 활발했고 특히 제3세계에서 큰 성장세를 보였으며, 재미를 사랑하는 1960년대 분위기에 편승했다. 오순절 운동의 열광적 예배 스타일은 개신교 주류로 퍼졌을 뿐 아니라 은사주의 운동을 통해 가톨릭 교회에 스며들어 정통 가톨릭의 심장부인 아일랜드까지 도달했다.

나는 어린 시절 이런 전개를 어렴풋이 인지했고 나이 들어서는 무시하고 잊어버렸다. 전통적인 가톨릭교를 존경하는 것은 아니었지만 기타나 탬버린을 치는 예배를 경멸하는 태도는 그들과 같았다. 21세기 이후 유럽 대부분의 국가에서 기독교 신자가 줄어들고 있지만 오순절교는 지난 10년간 신도 수가 50퍼센트 증가했고 전 세계 신도는 5억 명으로 추산되는 등 놀라운 성장을 했다. 런던에서만 지난 10년간 무려 오순절 교회 550곳이 문을 열었다.

이러한 성장에는 다양한 설명이 가능하다. 성직자 계층과 전반적인 통치 기구 없이 상향식으로 발전해온 오순절 교회는 권위주의에 대한 현대인의 혐오에 부합한다. 그리고 기독교 교리를 믿기보다 기독교인답게 행동하기를 중시하는 특성은 경험 중시 성향에 부합한다. 태초의 단순함과 순수성으로 돌아가려는 복고주의는 진정성을 중시하는 경향과 맞아떨어졌다. 또한 성령의 세례를 통한 부활을 강조함으로써 갱신에 대한 욕구를 충족시킨다. 신도의 간증은 참여 욕구와 부합하고, 노래와 춤은 당연히 현대의 단체 재미에 부합한다.

오순절 교회와 관련해서 최근에는 힐송 교회가 주목을 받았다. 힐송 교회는 오순절 교회의 분파로 30년 전 호주에서 설립되었고 모교회의 확산에 편승하여 뉴욕, 파리, 런던, 암스테르담, 베를린, 바르셀로나, 코펜하겐, 스톡홀름, 로스앤젤레스와 케이프타운 등 전 세계로 퍼졌다. 도시의 젊은이를 재미로 유인한 덕분이었다. 힐송 예배는 극장과 콘서트홀에서 진행되며 교회라기보다는 나이트클럽에 가깝게 록 밴드와 최신 조명을 동원한다. 밴드는 무척 전문적인 수준이고 히트 앨범을 보유한 밴드도 많다(힐송 분야 앨범은 1,600만 장이 넘게 팔렸다). 심지어 거의 최초로 문신을 한 목사도 있다. 힐송 교회 창시자 브라이언 휴스턴의 아들이자 로스앤젤레스 교회의 목사인 벤 휴스턴은 구릿빛 이두박근에 F-A-I-T-H를 새겼다. 또한 현대인의 취향을 파악하여 대규모 예배의 한계를 보완한 점도 영리하다. 힐송 교회는 '친구들과 함께 시간 보내기'라는 이름으로 열 명에서 스무 명이 정기적으로 모임을 가지며, 이는 로빈 던바가 소규모 집단의 유대에 가장 적합한 수라고 주장했던 규모다(일요 집회에서도 이와 비슷하게 '개인 대 개인' 모임을 만들었다).

나는 '홀리 롤러'라고 하면 황홀하게 아멘과 할렐루야를 드문드문 외치며 시끄럽게 예배하는 사람들 정도로 모호하게 알고 있었고, 전통적이고 주로 고리타분한 노인들이 다니는 멸종 직전 독립교회의 저유물이라고 생각했다. 그러나 사실 이러한 교회들이 모두 한 가지 대규모 운동의 일환으로 멸종과는 거리가 멀고 크게 성장하는 중이며 시골 노인이 아니라 전 세계 가장 세련된 도시 젊은이에게 점점 인기를 끌고 있다는 사실에 놀라움을 금치 못했다. 코미디 클럽이나 문신 가게와 마찬가지로 우리 집 근처 곳곳에 오순절 교회가 있었다.

■

모든 것은 분열되고 미친 듯이 갈라지며 갈라진 가닥은 다시 모이기 마련이며, 종교가 재미있어지는 동안 재미는 점점 종교적으로 변해서 이제 둘을 구분하기는 쉽지 않다. 재미의 종교적 측면은 1960년대 신비주의 영성이 발전한 결과이며 1970년대에 수많은 단체와 조직이 생겼다. 이들은 교회나 사이비 종교와도 거리가 먼 느슨한 조직으로 "가입하지 않고, 가입하더라도 영원하거나 오래가지 않으며 배타적이지 않고, 명확한 신념은 없지만"⁴ 서양 전통 종교를 거부하고 이교와 동양 신화, 신비주의 등을 주술을 통해 결합하려 한다. 이 결합은 다양하고 정확하게 정의하기 어렵지만, 일상에 존재하는 단편적이고 무질서한 현상세계는 보이지 않고 심오한 통일성과 생명력에 속해 있으며 인지 가능한 일부에 불과하다고 공통적으로 인식한다. 영적인 새 시대가 밝아올 때 일반적으로 따라오는 사상이다.

과학 훈련을 받은 합리주의자로서 나는 모호하고 정신 나간 뉴에이지 영성을 엄격하고 단호한 가톨릭 교리 못지않게 평생 혐오했다. 기막힌 아이러니는 향을 피우는 히피들이나 가질 법한 신념을 이제 과학이 선보이고 있다는 점이다. 현대 물리학과 고대 동양 종교가 신비롭고 통합된 힘의 장에서 물질과 현상이 비롯되었다는 인식을 같이하는 것은 분명히 무척 괴상한 의외의 현상이다(통합된 힘이 신이라는 점만 빼면 수피교의 핵심 신념이기도 하다).

주술 문화에서는 전자음악(테크노컬트)에 맞춰 춤을 춤으로써 생명력에 접근한다. 실내에서 환각적인 조명 아래 춤을 추기도 하고, 황량하거나 신성한 의미가 있는 야외라면 더 좋다. 천기 행사가 있거나 계절 변화가 일어나는 시기의 신성한 야외가 가장 이상적이다. 문트라이브가 모하비 사막에서 보름달 모임을 갖는 것을 예로 들 수 있다. 그들은 새벽이 올 때까지 춤추고 "다 같이 포옹하고 어깨를 주무르며, 열광적으로 찬양하고 즉흥적 몸짓으로 창조적 영성을 드러내며, 앉은 채로 떠오르는 태양을 향해 기도를 올리고 절벽 꼭대기에서 소리 질러 기를 뿜는다."[5] 이처럼 가수 상태에 빠지는 춤에서 사이키델릭 트랜스, 또는 사이트랜스라고 불리는 음악 장르가 파생했다. 사이트랜스는 1970년대 인도의 고아 지역에서 유래했고, 차례로 풀온, 다크, 프로그레시브, 수오미, 포레스트, 앰비언트, 모닝, 사이브레이크스 등의 하위 장르를 낳았다.[6]

사이트랜스의 가장 흥미로운 특색은 창시자 고아 길Goa Gil이 설명한 것처럼 개인의 자아가 "21세기에 고대의 부족 의식을 재창조하려고"[7] 시도한다는 점이다. 사이트랜스는 특히 일체감과 고대 의식의 초월성을 추구한다. 집합 의식 컨소시엄Consortium of Collective Consciousness(파티 기획 및 출판 단체로 고아 음악에 영향을 주었다. -옮긴이)은 홈페이지에서 이를 "고대 황홀경의 재발견"이라며 찬양했다. "우리는 몇 시간이고 춤을 추면서 자신과 인류의 카르마와 대면했고, 양파처럼 겹겹이 초월을 경험했으며 결국 춤추던 사람들은 모두 사라지고 춤만 남았다." 이러한 상태는 "인류가 태고로 완전히 귀환"했음을 뜻한다.

영적인 춤은 자연적으로 영적인 섹스로 연결된다. 영적인 섹스 역시 육체 활동을 통해 변성 상태altered state를 달성하고 일상을 초월하며,

우주적이고 신성한 존재의 일부라는 감각과 연결성을 느낀다. 이 분야의 선두주자는 탄트라Tantra다. 탄트라는 현대 유명 인사(록 스타 스팅Sting)의 지지를 받는 한편 남신 시바와 여신 샤크티가 등장하는 고대 힌두교 태생이라는 정통성도 지니고 있으나 교리에 구애받지 않고 실천에 집중한다. 엄숙한 탄트라교 신자는 탄트라에 섹스만 있는 것은 아니라고 불평하지만, 대부분의 사람들은 물질세계에 황홀한 일체감을 더해서 성적인 쾌락을 강화하기를 기대하고 있으며, 지구가 돌기만 하는 것이 아니라 스리섬에 동참하리라는 희망을 가지고 탄트라에 입문했다. 탄트라의 첫 단계는 방의 잡동사니를 치우고 불을 끄고, 부드러운 음악을 틀고 향초를 피워서 신성한 공간을 만드는 것이다. 초 대신에 봄베이 믹스를 준비하면 내 식전주 의식과 동일하니, 봄베이 믹스만 가져오면 탄트라식 식전주 의식이 될지 궁금해졌다. 어쨌든 탄트라식 섹스와 식전주는 모두 기대감에 기반을 두고 있다. 섹스 의식의 다음 단계에는 얍윰 자세(여성이 남성 위에 앉아 서로 마주 보고 결합한 자세로 탄트라의 부모 불상이 취한 자세다. ―옮긴이)로 뒤엉킨 남녀가 오랫동안 시선을 맞추고 호흡을 일치시키면서 신비로운 결합을 시작한다. 동시에 차가운 푸이 퓌메를 한 모금 마시고 간격을 두었다가 함께 호흡하기를 반복하면 이 결합 의식을 쉽게 연장할 수 있으며, 술을 입에 머금고 가능한 한 오래 참으면 만물, 특히 유동체를 공유하는 행위를 상징한다.

또 하나의 성적인 접근 방법인 영적 BDSM은 영적인 섹스와 비슷한 변성 상태를 추구하지만 쾌락보다는 고통을 매개로 한다. 이 수행법에서는 성 앤드류가 순교할 때 묶였다는 X자 모양의 십자가에 서브를 묶어서 과거와의 신성한 연계를 구축한다. 서브의 피부에 갈고리를 박고 높이 매달아서 아메리카 원주민 플레인스족 사이에서 널리 시행되는 종교의식인 태양 춤을 재현하기도 한다. 이러한 연계를 통해 자아를 상실한 상태인 정신적 초월을 달성하며 BDSM에서는 '머릿속 평화 공간Headspace'이라고 부른다.

■

신이교주의 운동neo-pagan movement 역시 일상에서 벗어나 강렬한 정신적 감각을 되찾고 싶어 한다. 이교주의 운동은 1970년대에 영국의 네오 드루이드neo-Druids, 독일과 북유럽의 아사트루Ásatrú, 여신 다이아나를 숭배하는 마녀 페미니스트로 구성된 미국의 다이아닉 위카Dianic Wicca 등 신흥단체의 출현으로 시작되었다. 새로운 이교도 신앙은 극좌와 극우에서 똑같이 편안함을 느끼는 듯하다. 북유럽 이교도는 상당수 우파 민족주의자인 반면 다이아닉 위카는 비계층적 무정부주의를 기본 원칙으로 조직되었고 반자본 활동주의를 추구하는 국제 여신 운동인 '되찾기Reclaiming'로 발전했다.

신이교도는 자기 신앙을 내세우지 않는 경향이 있고 대부분의 국가 인구조사에서 별도로 이교도를 조사하지 않기 때문에 정확히 파악하기는 어렵지만 이교도 수는 증가하고 있는 것으로 보인다. 예를 들어 아사트루의 아이슬란드 분파는 지난 10년간 여섯 배로 성장했고 신자 3천 명 중 절반이 20대이며, 현재 큰 인기를 얻으면서 현 시대 첫 이교도 전용 사원으로 여겨지는 자체 사원을 짓고 있다. 새로 합류한 젊은 신자 한 명은 아스트루의 매력을 이렇게 설명한다. "세계는 대단히 인위적이지만 이곳에서는 진정한 존재, 진짜에 관심을 가져요."[8] 영국의 인구통계는 2001년에야 이교도를 종교 범주에 포함시켰고 2001년 통계와 2011년 통계에서 스스로 이교도로 신고한 숫자는 1만 명 중 7명에서 14.3명으로 두 배 증가했다. 신이교도의 신상 명세 역시 밝히기 어렵지만 일반적으로 북부 국가의 시민이고 백인 중산층에 교육받은 사람들로 추측된다.

내가 뭘 쓰고 있는지 궁금해하는 동료에게 이 현상을 설명하자 반응이 뜻밖이었다. 그녀는 다국적 기업의 임원으로 무자비할 만큼 비판적인 유머를 구사하고 음식과 와인에 전문적인 식견을 지녔다. 함께 식전주를 마시던 중이었고 그녀가 나를 따라 웃으리라고 생각했는데 오히려 한동안 무거운 침묵이 이어졌다. 이교도에 대한 언급 자체가 불쾌해서일까?

마침내 그녀가 조용히 말했다. "전 이교도예요."

더욱 길고 무거운 침묵이 따랐다. 새 정보를 파악하는 데 시간이 걸렸다. 우리는 각자 깊은 생각에 잠겨 도움을 바라듯 비오니에를 한 모금 마셨다.

그녀는 망설이더니 가톨릭 가정에서 성장하면서 어떻게 오컬트 호러 문학과 TV 드라마 〈여전사 제나〉에 애정을 키워왔는지 설명하기 시작했다. 비오니에에 힘을 얻어 그녀는 흐름을 타기 시작했고 테이블에 몸을 기댔다. "여성이 지배권을 쥐는 게 맘에 들었어요. 풍만한 젖가슴을 내놓은 여자가 남자를 채찍질하는… 해방되고, 힘이 솟고, 다른 세상으로 가는 듯한 느낌이었어요. 비밀스러운 힘과 묘약이 죽음보다 나쁜 운명에서 구해주죠." 이제 그녀는 특유의 방식으로 웃을 수 있었다. 처음으로 편안히 등을 대고 꼿꼿이 앉았다가 거의 눕다시피 천천히 왼쪽으로 기대더니 마침내 몸을 흔들었다.

그리고 다시 꼿꼿이 앉아 얘기를 계속했다. "이교에 발을 들였더니… 영국 교도 연합, 교도 모임, 이교도 협의회, 이교도 캠프." 여기서 말을 멈춘 건 의미심장했다.

"아."

"아니, 정말 실망했어요… 멍청하고, 헛되고, 슬프고, 재미라곤 전혀 없었어요. 제가 원한 건 근본적으로 다른 무엇이었거든요. 날것, 초월, 불타오르는 의식, 숲속의 사탄, 뿔과 갈라진 발굽…"

"디오니소스와 마이나데스?"

"하지만 땀투성이에 지저분하고 느끼하고, 섹스에 굶주린 남자들과 벨벳 드레스를 입은 뚱뚱하고 충치에 시달리는 여자들뿐이었어요." 그녀의 목소리는 갑자기 투덜거리는 고음이 되었다. "바포메트, 차 열쇠 당신이 가지고 있기로 했잖아요. 아니, 테일러슨한테 줬어. 전사 여신보다는 여성협회에 가까웠어요." 기억을 떠올리며 얼굴을 찡그렸다. "정말 지긋지긋해져서 다 관두고 너니튼(Nuneaton: 잉글랜드 워릭셔주에 위치한 도시. 마법서나 주문 도구 등을 판매하는 이교도 용품점이 많다. - 옮긴이)에 쇼핑을 하러 갔어요." 이번에는 자지러지게 웃으며 몸을 구부리는 바람에 쓰러질 것 같았지만 그녀는 다시 일어났다. "끔찍한 음악이 나오더군요. 거의 시끄러운 예배소리 같았어요. 리코더 반주에 노래를 하더라고요."

"하지만 좋았었군요?" 틀림없이 블루스나 재즈와 비슷한 음악일 거라고 생각했다. 그러나 또 틀렸다.

"다크 웨이브Dark Wave 장르였어요." 그녀가 밝은 목소리로 말했다. "둠 앰비언트Doom Ambient."

똑바로 앉은 자세기는 했지만 이제 내가 몸을 흔들 차례였다.

"선 오))) (Sunn O))): 미국의 드론 메탈 밴드 – 옮긴이), 일렉트릭 위저

드 같은 밴드들이 하는 음악이에요. 악마 같은 이미지에 굉장히 조롱하는 투죠."

이 신이교도들은 진지하면서도 스스로 터무니없다는 사실을 인지하고 있는 정말로 아이러니한 존재 같았다. 그냥 신이교도가 아니라 포스트모던 이교도인 셈이다.

그녀가 주문한 숯불구이 간과 푸른 야채, 내가 주문한 사슴고기 버거와 수제 감자튀김이 나오면서 기분 좋은 휴식 시간을 보냈다. 우리는 얇은 감자튀김과 두툼한 감자튀김 중 뭐가 나은지 논하면서 비오니에를 한 병 더 시켰다.

"레드 와인을 좋아하실 줄 알았는데." 그녀가 말했다.

"전 이교도는 두툼한 감자튀김을 선호할 줄 알았어요."

우리는 먹으면서 조용히 생각에 잠겼고 나는 문제의 핵심을 조사하고 싶어서 다시 말을 꺼냈다. "그런데 당신은 실제로 뭘 믿는 건가요? 신이나 여신은 아닐 텐데요."

그녀는 잠시 고민했다. "우리가 이해하지 못하는 일들이 있어요. 뭔가 아주, 아주 오래된 거예요. 자연과 연결된 존재죠. 전 핀란드 주술사에게 핀란드 나무 마법을 전수받고 싶어요."

농담이 아닐까 생각했지만 그녀는 진지해 보였다. 항상 무언가가 더 있고 그것은 다른 어딘가에 존재한다. 다른 어딘가의 시공간이 멀리 떨어져 있을수록 무언가는 더 신성하다. 이교의 매력 중 하나는 그들의 믿음이 편리하게 모호하다는 점이다. 의식이 중요하지 교리는 중요하지 않다.

그녀 역시 생각에 잠겨 있었다. "항상 제가 고대 역사에 연결되어 있다고 느꼈어요. 백만 살은 된 것 같은 느낌이 들 때가 많아요."

드디어 뭔가 공유할 것이 생겼다. "저도 그래요. 특히 젊은 여성과 있을 때는요."

이번에는 둘이 함께 몸을 흔들었다.

"아." 그녀는 한숨을 쉬었다. 간과 비오니에를 좀 더 삼키고 말을 이었다. "컴퓨터에 사진을 저장했는데 다 지워졌어요. 뿔이랑 숫양 머리로 치장한 사진요."

이는 중요한 관련성을 암시한다. 그 순간 나는 신이교도 주의는 의식이 전부이고 이 의식은 근본적으로 코스플레이라는 사실을 깨달았다. 즉 망토·가운·모자 등 다양한 극적 의상과 검·도끼·뿔·부적·팔찌·반지 등의 장신구를 통해 더욱 화려한 변장에 집중하는 것이다. 주술사와 여신은 슈퍼히어로 남성과 여성의 화려한 형태다. 나는 이러한 얘기가 모욕이 될까 걱정했지만 그녀는 빠르게 인정했다.

"당연히 역할극이 중요하죠. 가장 좋았던 건 얼룩말 사냥이었어요."

"???"

"바지까지 벗고 온몸을 얼룩말 무늬로 칠해요… 정교한 전문 메이크업이라 두 시간은 걸리죠… 그리고 숲속에서 사냥꾼들에게 쫓기는 거예요. 사냥꾼에게 잡히면 손바닥에 있는 설탕 덩어리를 핥을 수 있어요." 그녀는 테이블 너머로 몸을 구부리고 두 손을 앞발처럼 겹쳐서 온순하게 내려놓고 말을 이었다. "변덕을 부릴 수도 있고요."

"얼룩말이 변덕스럽다는 사실은 어떻게 알았어요?"

그녀는 처음으로 짜증난 기색을 보였다. "얼룩말을 해석한 거죠." 그녀는 물러나서 변덕스럽게 머리를 추켜올렸다.

이 여성은 주중에는 비즈니스 정장을 입고 회사 건물 고층에서 브랜드 강화 전략이 어떻다는 둥 하면서 회의를 한다. 그리고 주말에는 얼룩말 무늬를 칠하고 거의 벗은 몸으로 숲속을 뛰어다닌다. 하지만 이 두 역할은 다른 사람들이 보는 것처럼 그렇게 다르지는 않을지도 모른다. 갑자기 내 경험 부족이 극단적으로 다가왔다. 이 임원 얼룩말은 확실히 인생을 좀 살았다.

"하지만 사냥당하고… 설탕 덩어리를 먹고… 그런 것이 제나 여전사가 남성을 굴복시키고… 남성을 채찍질하는 것과 무슨 연관이 있죠?"

논리적인 얘기를 꺼내자 그녀는 끝없이 몸을 낮추더니 지나칠 정도로 자지러지게 웃었다. 가장 심한 성향의 서브는 무척 성공한 사람이고 BDSM 수행자들은 돔과 서브를 전환하는 경우가 많다던 피터 버치의 말이 생각났다. 이교도는 좌파나 우파가 될 수 있듯 놀이에서도 돔이나 서브 역할을 할 수 있다. 극단으로 탈출한다는 자체가 중요하지 극단의 방향이나 입장은 중요하지 않다.

"얼룩말이 되니 재미있었나요?"

"끝내줬죠."

15장

재미와 정치

__ 즐거운 저항, 시위, 참여

• • •

　　바흐친이 말했던 일탈적 뒤집기와 연관된 사육제적 요소를 오늘날 사육제에서 발견하기는 아주 어렵다. 예를 들어 유럽 최대 규모의 거리 파티라고 광고하는 런던의 노팅힐 사육제[1]는 상업적인 볼거리에 가까워졌다. 사육제에 등장하는 코스튬은 과거든 미래든 현실의 삶과는 관련이 없고 참여하는 단체들은 정부 보조금이나 기업의 후원금으로 자금을 마련한다. 행진하는 길에는 풍선, 깃발, 호루라기 등 쓸모없는 물건을 말도 안 되는 가격에 판매하는 좌판이 들어섰고 가정집에서는 화장실 사용료로 1파운드를 받는다. 나는 작년에 지역주민회관 간판을 발견하고 적어도 여기 화장실은 무료일 것이라고 생각했지만 큰 오산이었다. 주민회관 보조금이 삭감되었다는 이유로 요금은 1.5파운드였다. 나중에 노련한 파티광 친구가 이 돈을 아끼려면 술 대신 보드카 젤리를 머으라고 알려주었디.

　　나는 대부분의 현대 사육제가 관광객을 끌어들여 바가지를 씌우는 공허한 구경거리로 전락했다고 생각한다. 베네치아 사육제는 1980년대에 관광명소의 행사로 부활했고 수익창출에 극적으로 성공했다.

　전통적인 사육제가 제 기능을 못하자 대중적 일탈의 임무를 맡은 것은 작가들이었고 그중에서도 프랑스 작가들이었다. 제라르 드 네르발 Gérard de Nerval은 바닷가재를 줄로 묶어 끌고 다녔고 보들레르는 머리카락을 밝은 초록색으로 염색했으며, 랭보는 길거리에서 머릿니를 가톨릭 신부들에게 집어던졌다. 조리 카를 위스망스Joris Karl Huysmans는 소설에 등장하는 인물이 발바닥에 그리스도 문신을 해서 항상 그 위를 밟고 다닌다고 설정했다. 랭보마저 능가할 만큼 극단적이었던 우루과이 출신의 젊은 프랑스인 이지도르 뒤카스Isidore Ducasse는 로트레아몽 백작이라는 필명으로 〈말도로르의 노래Les Chants de Maldoror〉를 썼다. 〈말도로르의 노래〉는 책 한 권 길이쯤 되는 일종의 산문시로 이야기 구조가 없는 우주적 일탈의 걸작이며 신과 전 인류에게 욕설을 퍼붓는다("어리석고 멍청한 종자들! 단언컨대 네가 한 짓을 후회하리라! 후회할 것이다, 그래, 후회할거야! 나의 시는 공격으로 가득해야 한다, 무슨 수를 쓰더라도, 그 야만스러운 짐승에게, 그리고 창조주, 그 따위 기생충을 만들지 말았어야 할! 내 생이 끝날 때까지 시집은 몇 권이고 쌓이리라").[2] 안타깝게도 뒤카스는 1870년 파리가 점령되었을 때 24세의 나이에 알 수 없는 이유로 너무 일찍 생을 마감했다. 그는 니체의 라이벌이라 할 만큼 광기를 보이며 극단으로 치닫고, 반어적 기법으로 더욱 강렬해지는 복잡한 스타일을 보여준다. 단어는 공격적이지만 어조에서 놀이 싸움이 연상된다.

　19세기 말 보헤미안 성향의 작가와 예술가들이 비공식적으로 카페에 모이는 일이 잦았고, 결국 그중 한 무리가 다다이즘 운동을 시작했다. 1916년 무정부주의자이자 독일 시인 후고 발Hugo Ball과 그의 부인 에미 헤닝스Emmy Hennings는 취리히 뒷골목의 조그만 골방에 카바레 볼테르(Cabaret Voltaire: 젊은 예술가들이 작품을 전시하며 다다이즘을 태동시킨 문화·사교 공간 – 옮긴이)를 설립했다. 이들이 아니었다면 도덕적인 개신교 마을이 되었겠지만 이제 혁명적 작가와 예술가, 실제 혁명가들이 전쟁 난민에 뒤섞여 바글바글했다. 《율리시스》를 쓰며 문학계를 충격에 빠뜨릴 준비를 하고 있던 제임스 조이스James Joyce도 그곳에 있었다. 몇 골목을 건너가면 레닌이 러시아혁명으로 전 세계를 충격에 빠뜨릴 계획을 세우는 중이었다. 카바레 볼테르의 예술가들은 손수 만든 의상과 가면을 착용하고 드럼, 주전자 뚜껑, 프라이팬 등의 타악기 음악에 맞추어 낭독이나 연극을 했다. 독특한 설정으로 관객을 도발하는 것이 일관적인 주제였으니(오래된 술집 위층 허름한 방에 있는 현대 코미디 클럽과 비슷해 보인다), 후고 발이 음성시 〈가지 베리 빔바 *gadji beri bimba*〉를 낭송한 후 격노한 관중이 무대로 쳐들어왔던 때가 가장 성공적인 밤이었다. 시는 이렇게 시작한다.

gadji beri bimba glandrich laula lonni cadori
gadjama gramma berida bimbala glandri
galassassa laulitalomini
gadji beri bin blassa glassala laula lonni
cadorsu sassala bim
gadjama tuffm i zimballa binban gligla
wowolimai bin beri ban[3]

다다이스트는 20세기에는 무의미가 새로운 의미라는 사실을 초기에 인식했고(하지만 무의미에 의미가 있어야 한다는 사실을 이해할 만큼 정교하지는 못했다), 한 달 후 후고 발은 이 새로운 움직임에 다다Dada라는 의미 없는 이름을 붙이자고 제안했다. 1년 후 루마니아 출신 트리스탄 차라가 다다 선언문을 썼다. "나는 선언문을 쓰면서도 아무것도 원하지 않는다, 내가 뭔가 말하긴 하지만, 원칙적으로 선언문에는 반대한다. 원칙도 반대하지만… 상반된 행위를 동시에 할 수 있다는 것을 사람들에게 보여주려고 이 선언문을 쓴다, 신선한 공기를 한입 꿀꺽 삼키면서. 나는 행위에 반대한다. 계속되는 모순에 대해, 확약도 마찬가지, 찬성도 반대도 하지 않으며 설명도 하지 않는다. 상식을 싫어하기 때문이다."[4] 차라가 격렬히 부인하긴 했지만("다다는 아무것도 의미하지 않는다") 다다에게 일관적인 목적이 있다면 현대의 합리적 논리에 저항하고 이를 뒤카스식의 발광으로 대체하는 것이었다(뒤카스와 같은 문학적 재능이 차라에게는 없었지만). "우리는 전율과 각성을 경험했다. 힘에 취한 우리는 안일한 육체에 삼지창을 찌르는 망령이다. 우리는 어지러운 열대식물의 풍요 속에서 저주로 넘치는 개울이며, 송진과 비지는 우리의 땀이고, 우리는 피 흘리며 갈증으로 불타오르며, 우리의 피는 힘이다."

뒤카스와 다다에게 영향을 받은 초현실주의는 자동적인 글쓰기와 무작위 연상을 지지하며 감각을 계속 공격했지만(뒤카스가 남긴 이미지에서 영감을 받았다. "수술대 위의 재봉틀과 우산의 우연한 만남처럼 아름다운")[5] 초현실주의자들은 대부분 엄숙하고 유머가 없었다. 하지만 예측 불허의 인물로 살바도르 달리가 있었으며, 그는 자기 홍보와 돈에 집착하는 자기중심적 쇼맨이었지만 재미를 즐기는 데도 한몫했다. 헬멧이 달린 심해 잠수복을 입고 강의를 한 일화가 가장 유명하지만 사실

크게 잘못될 뻔한 사건이었다. 질식하기 시작한 달리가 필사적으로 팔다리를 휘저었지만 청중들은 연기의 일부인 줄 알고 박수를 쳤다. 그밖에 커다란 개미핥기를 줄에 묶어 산책시킨 일이나 콜리플라워로 가득 채운 롤스로이스를 타고 소르본 대학에 도착해서 "편집광적 · 비판적 방법의 현상학적 측면"을 강의한 일 등이 있다. 달리는 이 강의에서 빵가루를 뿌린 테이블에 팔꿈치를 괴고 설명했다. "내 모든 감정은 팔꿈치를 통해 들어온다."

제2차 세계대전 이후에는 문자주의자Letterist가 다시 순응주의를 공격하기 시작했다. 문자주의 창시자는 또 다른 루마니아인이며 놀랄 만큼 엘비스 프레슬리를 닮은 스무 살의 이지도르 이주Isidore Isou로, 프레슬리와 똑같은 짙은 앞머리를 했고 젖살에는 노골적인 분노가 깃든 비행소년 스타일이었다. 이주 역시 선조들을 경멸했고 트리스탄 차라의 연극 〈도주La Fuit〉를 방해하면서 공식적인 경력을 시작했다. 그는 친구들과 함께 무대에 난입해서 "다다는 죽었다! 문자주의가 그 자리를 차지했다!"고 외쳤다.

문자주의자는 도시를 저항과 갱신의 근원지로 보았고(문자주의 성명은 "신도시 만들기"였다), 그래피티를 선도하여 "일하지 말라", "일시성이여 영원하라", "모든 이는 자기 성당에서 살 것이다" 등의 구호를 내세웠다. 하지만 문자주의자가 가장 유명세를 얻은 사건은 1950년 부활주일에 일어났다. 도미니크회 수사로 변장한 미첼 무르는 노트르담 성당의 신도석에 잠입하여 미사가 시작하려는 찰나 엄숙하게 교단으로 가서 잠시 경건하게 침묵한 뒤, 사제가 쓰는 말투로(무르는 신학대학에 입학했었다) 연설을 시작했다. "가톨릭교회가 침울한 도덕으로 세계를 감염시키고 서양의 썩은 몸뚱이에 진물이 된 것을 고발한다. 진정으로 너희에게 이르노니, 신은 죽었다." 무슨 일이 벌어지고 있는지 알아차리기까지 시간이 걸린 신도들은 정신을 차렸을 때 재미있어하기보다는 무르를 쫓아 성당을 뛰쳐나갔다. 그들은 부두로 도망치는 무르를 재빨리 붙잡았고(당시 무르는 젊고 날씬했지만 수도사 가운은 엄숙한 걸음용이었지 단거리 경주용이 아니었다), 흠씬 두들겨 패고 싶었지만 경찰이 문제였다. 가톨릭 당국에 무르는 골칫거리였다. 상징적으로 호되게 혼내주고 싶었지만 재판이 두려웠기 때문에 정신과 의사를 매수하여 정신병원에 가둬야 한다는 진단을 내리게 했다. 그러나 이 역시 대중의 격렬한 항의를 불러일으켰고 운 좋게도 무르는 결국 석방되었다.

이런 단체가 보통 그렇듯 문자주의자들은 분열되었고(리츠 칼튼에서 열릴 찰리 채플린의 〈라임라이트〉 기자회견 방해 계획에서 의견이 엇갈렸기 때문이었다), 문자주의 일원이었던 기 드보르는 상황주의를 창시했다. 유물론에 격렬하게 반대하고 도시를 옹호한다는 점에서 문자주의와 명확히 구분되지는 않았다. 드보르는 상황주의 선언문이 될 《스펙터클의 사회》를 1960년대에 썼지만 그전에는 사포로 표지를 만든 책과 24분 동안 까만 화면이 나오는 영화 등으로 시작했다. 상황주의는 큰 성공을 거두었고 정기적으로 잡지에 실리는 한편 온 유럽에 관련 단체가 생겨났으며, 1957년에는 이탈리아에 '국제 상황주의'를 설립했다. 그러나 상황주의 역시 매우 정의하기 어렵다. 재미와 마찬가지로 정의되기를 거부하는 것이 상황주의 개념의 일부였기 때문이다. 상황주의는 많은 사상과 태도가 결합하기를 원하면서 단일성을 거부했고 지속적인 재창조를 위해 고정성을 거부했다. 상황주의가 무엇이었든, 방향이나 목적지는 없었지만 흘러가는 대로 내버려두었다. 드보르의 핵심 활동 중 하나였던 표류는 무작위 집단이 무작위로, 무엇이든 '상황'을 탐색하며 도시를 떠도는 것이었다.

재미와 마찬가지로 상황주의가 반대하는 가치를 통해 상황주의를 가장 잘 정의할 수 있다. 개인주의(특히 예술에서), 사상(마르크스주의), 전문주의(학문), 상업화, 스펙터클, 현대 사회의 직업윤리(드보르가 초기에 쓴 슬로건은 문자주의의 "일하지 말라"였다) 등이 그 사례다. 이런 부정적인 성향을 보면 왜 드보르가 구성원 중에서도 특히 성공한 예술가를 쫓아내는 데 그토록 시간과 에너지를 쏟았는지 알 수 있다. 그는 화가인 주세페 갈리지오에게 편지를 썼다. "우리가 신중을 기하는데도 당신의 영광에 따라 혼란이 걷잡을 수 없어졌다." 나중에 드보르는 "국제 상황주의자는 자기 영광과 싸우는 법을 알고 있다"라고 선언했다.[6]

상황주의에는 긍정적인 면도 있었다. 무엇보다 상황주의는 집단 행위(주로 국제 규모로)와 놀이를 지향했고(하위징아의 영향을 받았다), 무료로 주기를 선호하고 특히 모든 문화 산물을 공유하고자 했으며 도시를 업신여기고 멀리하기보다는 가까이에서 참여하고자 했다. 드보르는 모든 것이 연결되어 있다고 믿었고, 계속 변화한다는 근본적 진실을 거부하는 행위는 헛되다고 믿었던 과정철학자였다. 따라서 개인주의와 전문주의를 반대하고 건축, 계획, 미학을 통합하여 놀이하기 좋은 도시를 창조하자는 '단일 도시 생활'을 주창했다. 드보르는 하나라도 바꾸려면 모두 바꾸어야 한다고 생각했다. "모든 것은 연결되어 있기 때문에 바꾸려면 통합된 투쟁이 필요하고 그렇지 않으면 아무것도 하지 못한다."[7] 하나만 바꾸면 모든 것이 바뀐다고도 충분히 주장할 수 있었다. 브라질에 있는 나비가 한번 날갯짓을 하면 텍사스에서 토네이도가 일어난다.

상황주의는 바로 그러한 나비였다. 당시에는 큰 반향이 없었지만 사상은 문화에 주입되었고 모든 영역에서 영향이 나타난다. 1960년대의 히피, 1970년대의 펑크, 1980년대에 새로 등장한 정치적 투쟁, 그 이후 개념적이고 놀이와 참여를 중시하는 예술, 문학의 상호 텍스트성, 음악의 샘플링, 인터넷 해킹 및 불법 복제, 문화 훼방culture jamming, 축제의 부상과 놀이터 도시(상황주의자의 가장 유명한 슬로건은 "거리 아래에는 해변이 있다"였다) 등이 그 사례다. 하지만 가장 중요한 유산은 초현실주의자의 개인주의를 거부하고 예술적·정치적 행위를 합치면서도 교리나 권위를 강요하지 않는 새로운 통합을 추구하면서 문자주의를 거부한 것이다("흩어지면 산다").

상황주의자의 또 다른 주요 특성은 전용détournement이었다. 전용 자체가 운동이라고 정의하기는 어렵지만 전용은 이목을 끄는 행위와 거짓말, 장난을 사회 비판에 활용하는 활동을 의미한다. 드보르는 이런 활동을 별로 하지 않은 듯하지만 유럽 전역의 다른 집단, 특히 미국은 열정적으로 이를 활용했다.

소설가 테리 서던은 유럽과 미국의 주요 가교였다. 그는 1848년부터 1952년까지 파리에 4년간 머물렀고 스코틀랜드 소설가이자 이후 상황주의자가 된 알렉산더 트로치와 가깝게 지냈으며 미국에 돌아온 이후 상황주의자의 전용이 드러나는 소설을 썼다(하지만 의도하지는 않았을 것이다).《매직 크리스천Magic Christian》의 가이 그랜드는 아주 부유한 자본가로 부를 이용해서 점점 정교한 계책을 구사하며 시스템을 혼란에 빠뜨리려고 한다. 소설의 구성 치고는 터무니없이 제한적이지만 당시 주류 풍자 작품과는 다르게《매직 크리스천》은 매우 날카롭고

신선하며, 절묘하고 괴팍한 서던의 스타일 덕분에 무표정한 개그를 글로 옮겨놓은 것처럼 일단 재미있다.[8]

장난꾸러기 그랜드는 사람들에게 주차권을 먹으면 6천 달러를 주겠다고 하며 얌전하게 시작하지만, 곧 어마어마한 계획에 착수한다. 그는 잘나가는 화장품 회사 베니티 코스메틱을 인수하여 다우니라는 새 샴푸를 출시하고, 여성이 왕좌를 쟁취하고 걸출한 남성들을 유혹하도록 "평범한 아름다움 정도만" 갖게 해주는(절대, 절대 과소평가해서는 안 되지만) "클레오파트라의 비밀"이라고 광고한다. 그러나 사실 그랜드가 출시한 다우니 샴푸는 머리카락을 철조망처럼 뻣뻣하게 만든다. 한편 뉴욕 매디슨가의 광고 대행사를 인수하여 피그미족을 사장으로 앉히고 "사무실에서 다람쥐처럼 종종걸음을 치고 모국어로 쇳소리를 내며 수다를 떨라"고 가르친다. 또 그랜드는 무척 비싼 고급 식당에 저녁을 먹으러 가서 음식이 나오자 황홀감에 몸을 비틀더니 허겁지겁 손으로 음식을 상반신에 뿌리고 테이블을 뒤엎고는 주방으로 달려가서 "셰프에게 찬사를!" 하며 있는 힘을 다해 소리 지른다.

서던은 1950년대에도 화장품과 광고, 고급 식당을 현대적 허세로 정의하는 뛰어난 선견지명을 보였고, 최고급 여객선을 시대의 핵심 상징으로 정의하는 더욱 훌륭한 식견을 보였다. 그랜드의 가장 사치스러운 성취이자 최종 걸작은 여객선이었다. 그는 여객선을 구입하여 무척 호화롭게 단장하고 '매직 크리스천'으로 개명한 다음, 부유한 엘리트가 간절히 참여하고 싶어 할 처녀항해 신청서는 신중하게 선별할 예정이라고 발표한다. 그러나 유명한 이탈리아 사교계 명사가 지원서를 제출하자 그랜드는 뭉툭한 연필로 마구 휘갈긴다. "장난하나?! 이탈리아 병신은 사절이야!"

그랜드는 매직 크리스천호의 선장으로 '권위적이면서도 유쾌하고 온화한' 백발 배우를 임명했고, 선장은 승객들을 환영하고 안심시키려고 객실 스크린에 나타난다. 하지만 바다로 가자 이상한 일이 일어나기 시작한다. 이른 시간에 승객 몇 명이 스크린을 보고 있으니 불길한 물체가 선장 뒤로 기어오르면서 머리를 때리고 타륜을 잡았지만 다음 날 아침 선장이 평소와 다름없이 유쾌한 모습으로 나타났고 사람들은 승객들의 말을 무시했다. 또한 아스피린과 멀미약을 얻으려고 온 여성들에게 의사는 '무척 괴상해 보인다'며 검사 결과 '잠복 찰과상'이 있다고 진단했다. 여성들은 30센티미터 너비에 두께가 수 센티미터나 되는 두꺼운 옷을 입고 떼기가 거의 불가능한 날개를 붙여야 했다. 오후의 다과 춤 시간에는 수염이 있는 거대한 여성이 벌거벗고 행패를 부렸고 강제로 끌려 나갔다. 그런가 하면 "부자에게 죽음을", "정신 건강을 돕자 차파퀴딕에서 임질을 몰아내자"라고 조잡하게 휘갈긴 괴상한 포스터가 나타났다. 비상훈련 호출이 있었고, 구명조끼가 거대하게 부풀어서 승객들은 넓은 홀에서 데굴데굴 구르거나 복도를 가득 채웠다. 당연히 그랜드도 승객이었고 몹시 불평하며 '도대체 무슨 개떡 같은 일이 벌어지고 있는지' 알아야겠다며 갑판에서 폭행을 주도했다.

서던의 소설에 선견지명이 있었거나 영향력이 있었거나, 아니면 둘 다였을 것이다. 1960년대는 미국 장난주의pranksterism의 황금시대가 되었기 때문이다. 1964년 소설가 켄 키지는 사실상 장난을 전업으로 삼았다. 그는 메리 프랭크스터즈Merry Pranksters를 창설하여 스쿨버스에 소용돌이 모양의 밝은 색을 칠하고 버스 뒤에는 "주의: 괴상한 길", 앞쪽의 행선지 지시판에는 "더 멀리"라고 쓴 뒤 거리에서 타고 다녔다. 〈에드 샌더스의 엿 먹어: 예술과 폴 크라스너의 현실주의자에 대한 잡지Ed Sanders's Fuck You: A Magazine of the Arts and Paul Krassner's Realist〉와 같은 지하 잡지들도 생겨났다. 테리 서던, 켄 키지, 레니 브루스, 커트 보니것 등이 이 잡지에 기고했으며, 빨간색과 하얀색, 파란색이 섞인 포스터에 투쟁의지를 담아 간단해 보이지만 복잡한 메시지를 품고 있는 마법 단어 두 개를 씀으로써 가장 큰 성과를 올렸다. "빌어먹을 공산주의."[9]

∎

1967년 크라스너는 애비 호프먼과 함께 이피Yippie로 불리는 유명한 반체제 활동주의자 단체 청년 국제당Youth International Party을 창설했다. 이피는 아마 처음으로 재미와 정치적 행위를 분명하게 연결한 단체이며 크라스너는 "혁명은 좀 더 재미있는 놀이일 뿐이다"[10]라고 주장했다. 호프먼은 20년 후 자신의 오랜 불온한 경력을 돌아보며 "정말 재미있었기 때문에 했다"[11]고 말했다. 뉴욕 상수도에 LSD를 떨어뜨린 척하고 공공 섹스 여관을 조직하고, 펜타곤을 공중부양시키려 하는가 하면 닉슨 대통령의 영부인 팻 닉슨의 저녁 식사 자리에 흰쥐를 풀어놓고, 돼지를 대통령에 출마시키는 것 등이 그 재미있는 짓의 일부였다(이피 당원 스튜 앨버트는 체포되면서 경찰에게 말했다. "안됐지만 돼지가 당신을 밀고했어.")[12] 이피 당원들은 베트남전쟁 반대 집회를 홍보하기 위해 발가벗고 성교하고 싶어서 못 견디게 만드는 약물을 발명했고 기자회견 도중 실수로 두 명의 '기자', 실제로는 이피 당원에게 흘려서 그 효과를 시연하게 했다. 하지만 가장 위대한 성과로 인정받은 것은 뉴욕 증권 거래소 발코니에 올라가 달러 지폐를 바닥에 마구 뿌려서 거래소를 멈추게 만든 사건이다.[13] 《매직 크리스천》에 등장하는 기행과 비슷한데(그랜드는 100달러 지폐 1만 장을 거름과 피가 든 통에 넣어 시카고 도심에 뿌렸지만), 호프먼은 테리 서던과 절친한 사이였기 때문에 놀랍지도 않다.

상황주의자와 이피 당원이 가장 영광을 누린 해는 파리에서 5월 혁명이 일어난 1968년이었다. 상황주의자는 "합리적으로 행동하되, 불가능을 요구하라" 같은 그래피티를 했고 시카고의 민주당 전당대회에는 이피의 돼지가 후보자로 지명되었다. 폭동을 선동한 혐의로 체포된 호프먼과 당원들은 법정에 법복을 입고 나타났고, 지적을 받고 법복을 벗자 시카고 경찰 제복이 드러났다. 재판 내내 호프먼은 줄리어스 호프먼 판사를 '줄리 아저씨'라고 불렀고 자기 성을 퍽Fuck으로 바꿔서 줄리 아저씨가 자기를 퍽 호프먼이라고 부르게 하려다 결국 법정 모독죄로 8개월의 실형을 선고받았다.[14]

1960년대의 시위는 확실히 재미는 있었지만, 혁명이 일어나지 않으리라는 사실이 확실해지자 마침내 흐지부지되었다(드보르와 호프먼은 둘 다 결국 자살했다). 일탈의 횃불은 다시 예술가에게 넘어갔고 1970년대의 펑크 밴드가 이를 받았다. 랭보와 로트레아몽 백작이 대중문화를 향해 으르렁거리고 소리 지른 지 정확히 100년 만이었다. 하지만 이 펑크 반란 역시 흐지부지되었고, 1980년대는 자본주의가 그 어느 때보다 힘을 얻고 자유 시장이라는 새 우상이 생기면서 조직적인 체제 전복 활동이 가장 부진한 시절이었다. 시위는 계속되었지만 약하고 비효과적이었으며 운동가들은 지진부진한 모임, 행진, 플래카드, 트럭 뒤에서 확성기로 소리치는 알 수 없는 구호와 욕설 등으로 지루해졌다. 이것들은 모두 효과가 없을 뿐만 아니라 역효과가 날 수도 있었다. 모욕을 당하면 동정받기 마련이므로 소리 높여 모욕하는 행위는 대상을 훼손하기보다는 대상에 힘을 실어주고 소리치는 사람은 항상 호감을 잃는다. 공격적이고 독선적인 과격주의자가 이끄는 세상에 누가 살고 싶겠는가?

많은 사람은 철학자 허버트 마르쿠제가 1960년대 후반의 격변기에 대해 말했던 것을 기억한다. "우리의 목표, 우리의 가치, 우리의 도덕성은 이미 우리 행동에 드러나야 한다."[15] 시위 자체의 성격이 사회가 원하는 본보기여야 한다는 원형 개념이다. 1960년대 이후 모두가 재미를 원한다. 재미는 어디로 갔는가? 그리고 모두가 자기표현을 원한다. 자기만의 것을 할 기회는 어디로 갔는가? 시위대 스스로 진짜가 되고 싶어 하고 재미를 원해야 재미로부터 힘을 받을 수 있고 공격과 공격에 대항하는 공격의 악순환을 끊을 수 있다. 과격주의를 억압하기는 쉽지만 재미를 공격하기는 어렵다.

변화의 첫 조짐은 1987년 샌프란시스코에서 출판된 인터뷰 모음집 《프랭크스!Pranks!》였다. 프랭크스는 효과적인 시위를 위해 창의적이면서도 점잖은 정치적 장난을 지지했고 '바비 해방 전선The Barbie Liberation Front' 같은 문화 방해 단체의 교재가 되었다. 바비 해방 전선은 1993년 바비 인형과 미군 병사 인형을 사서 서로 목소리를 바꾼 뒤 다시 선반에 갖다두었다. 고객들이 구입한 바비 인형은 "죽은 자는 말이 없다"를 호령했고 군인 인형은 "함께 쇼핑하고 싶어"를 달콤하게 속삭였다. 해방전선의 설립자 마이크 보난노는 나중에 앤디 비크바움과 컴퓨터 전문가 잭 엑슬리와 함께 예스맨Yes Men을 결성하여 그럴듯한 주소명으로 진짜처럼 보이지만 미묘하게 다른 풍자 웹 사이트를 제작했다. 예스맨은 "허세와 위선" 등의 슬로건을 내건 조지 W. 부시의 선거 운동 사이트로 시작해서, 인도 보팔 지역에서 유독물질로 수천 명을 사망하게 만든 유니언카바이드사를 사들인 다우 케미컬로 옮겨갔다. 가짜 웹 사이트에서는 다우가 유니언카바이드를 매각하고 매각대금을 보팔 지역 보상에 사용하겠다고 약속했다. BBC는 이 사이트가 진짜라고 믿고 '다우 대변인' 주드 피니스테라, 실제로는 앤디 비크바움과 인터뷰했다. 이 거짓말은 회사가 미처 해명하기도 전에 다우 주가에서 20억 달러를 휩쓸어갔다.

■

영국에서 재미있는 공공 시위는 1995년에 시작되었다. 다다와 상황주의자에 영감을 받은 운동가 존 조던은 정치에 예술적 일탈을 가져오기 위해 도로건설 반대 시위 단체를 설립했다. "어떻게 하면 예술의 가상공간과 시학, 정치의 변화를 연결할 공간을 만들 수 있을지 항상 궁금했다."[16] 조던은 도로 반대 시위를 '거리 되찾기Reclaim the Streets' 운동으로 발전시켰다. 시위자들은 휴대용 음향 장치의 EDM 음악에 맞춰 춤을 추며 붐비는 도로와 교차로를 차단했고 도로를 파헤쳐서 묘목을 심기도 했다('전위적 정원사'의 게릴라성 정원 가꾸기). 나오미 클라인은 1996년 런던의 41번 고속도로에서 있었던 거리 되찾기 시위를 이렇게 묘사했다. "정교한 사육제 의상을 입은 두 사람이 10미터 공중 위에 거대한 후프 치마를 덮은 공사용 비계 발판에 앉아 있었다. 대기하던 경찰은 그 치마 밑에서 게릴라 정원사들이 휴대용 압축 공기식 드릴로 고속도로에 구멍을 뚫고 아스팔트에 묘목을 심고 있다는 사실을 눈치채지 못했다. 상황주의 극성 팬인 시위 대원들이 주장을 관철시켰다. '아스팔트 아래에는… 숲이 있다.' 1968년 파리의 상황주의 슬로건을 인용한 문장이었다. '자갈길 아래에는… 해변이 있다.'"[17]

이 운동은 당시 영국의 도로 건설을 줄이면서 성공을 거두었고 재미 있는 시위의 모범 사례로 더욱 성공했다. "사육제와 저항, 재미와 정 치를 멋지게 충돌시키는 것은 무척 효과적인 방법이고 누구나 할 수 있을 만큼 상대적으로 쉽다. 당신도 할 수 있다."[18] 이렇게 '예술주의 운동가artivist'들이 '시위 축제protestival'을 개최하고 참여하는 현상이 나타났다. 세계 곳곳에서 거리 되찾기 RTS 단체가 생겼고 '반자본주 의 사육제Carnival Against Capitalism', '부시를 지지하는 억만장자 Billionaires for Bush', '빌리 목사와 쇼핑을 중단시키는 교회Reverend Billy and the Church of Stop Shopping', '독창적인 시대착오회The Society for Creative Anachronism', '은밀한 광대반란군The Clandestine Insurgent Rebel Clown Army' 등이 뒤이어 생겨났다.

다양한 단체만큼이나 작전도 다양했고 새로운 교란 기술(뉴욕의 로어 이스트 사이드 연합Lower East Side Collective은 공동 정원 경매에서 귀뚜라 미 1만 마리를 풀었고, 사람들이 의자 위로 올라가 비명을 지르는 진풍경을 연 출하며 행사를 중단시켰다)과 대치 기술이 등장했다. 털로 된 먼지떨이 로 경찰관 간질이기, 풍선이나 물총으로 공격하기, 1930년대 스타일 의 라인댄스를 춰서 경찰관 당황시키기, 휴대용 음향 장치의 볼륨을 최대화해서 〈스타워즈〉 삽입곡 〈데스 스타〉 틀기 등이 있었다. '부시 를 지지하는 억만장자'는 턱시도와 야회복을 입고 샴페인 병을 든 채 경찰관에게 시위를 억압한 상이라며 가짜 달러 뭉치를 건넸다. '뉴욕 의 야바스타(Ya Basta: 스페인어로 '이제 그만'이라는 뜻이다. - 옮긴이)In New York the Ya Basta!'는 정교한 보호 패드와 방독면, 헬멧, 흰 화학 방호복 등 의도적으로 우스꽝스러운 차림을 했다. '독창적인 시대착오 회'는 퀘백시에서 있었던 미주 자유무역 지역Free Trade Area of the

Americas 반대 시위에서 거대한 중세 공성병기를 설치하여 경찰 저지선에 테디 베어 인형을 투척했다. '은밀한 광대 반란군'은 2005년 에든버러에서 열린 G8 정상회담 반대 시위에서 자기들끼리 싸워서 경찰을 혼란스럽게 만들었다. 2011년 월가 시위에서 한 단체는 좀비 회사원으로 분장하고 피투성이 입에서 달러를 토하면서 비틀거리는 기발한 광경을 연출했다.

작전은 계속 바뀌어야 한다. 운동가 스스로 적극 참여하게 만들고, 일반적인 상황에 대처하는 법을 이미 학습한 당국을 당황시키기 위해서다. 오늘날 오트포르!Otpor!(세르보크로아티아어로 '저항'이라는 뜻이다)의 리더 스르자 포포비치 같은 운동가들은 일반적인 점거나 농성을 비효과적으로 본다. 포포비치는 비폭력 행동 전략 응용센터Centre for Applied Non-Violent Action and Strategies를 창립했고 《혁명의 청사진: 라이스 푸딩, 레고 인형 등 비폭력 기술을 사용하여 사회에 충격을 주고 독재자를 끌어내리는가, 아니면 단순히 세계를 바꾸는가Blueprint for Revolution: How to Use Rice Pudding, Lego Men and Other Non-Violent Techniques to Galvanise Communities, Overthrow Dictators or Simply Change the World》(국내에서 《독재자를 무너뜨리는 법》으로 번역되었다. - 옮긴이)을 썼다. 포포비치에 따르면 "점거는 위험이 높고 분열을 초래하는 전략이다. 모든 사람을 한자리에 모아서 경찰과 싸우게 만드는 한편 우리 편으로 끌어들여야 할 가게 주인 같은 사람들을 화나게 만든다." 이는 지나치게 예상하기 쉬운 행위이고, 당국은 시위대가 지루해져서 가버릴 때까지 기다리기만 하면 된다. "사회운동은 위험이 낮아야 하고 포괄적인 분산 전략을 펼쳐야 한다." 포포비치가 말하는 '웃음행동주의Laughtivism'에서 유머가 중요한 역할을 한다. "칠레의 독재자

피노체트에 대항하기 위해 사람들은 평소의 절반 속도로 운전했다. 불법도 아니고 위험스럽지도 않으며 무척 재미있고, 경찰이 아무것도 할 수 없다. 깔끔하게 일하고 모든 사람에게 메시지를 전하는 것이 중요하다." 이는 위험을 최소화하면서 권위를 훼손하는 저항 방법이며 일탈이 정치 전략에 나타난 사례다. 포포비치의 모국 세르비아에서는 독재자 밀로셰비치를 끌어내리기 위해 오트포르!는 밀로셰비치의 얼굴을 그린 드럼통을 길거리에 두고 그 옆에 막대기를 두어 행인이 그의 얼굴을 후려치게 만들었다. 개인적으로 위험 부담 없이, 그리고 재미있게 독재자를 몰아내고 싶다면 포포비치가 있다.

포포비치도 분명 지지했을 기상천외한 전술은 게릴라 뜨개질이다. '혁명적 뜨개질 공동체Revolutionary Knitting Circle'가 2001년 캘거리에서 처음 게릴라 뜨개질을 시작했고 이후 '바이러스성 뜨개질 프로젝트Viral Knitting Project'의 주도 아래 뉴욕의 '활동주의 뜨개질 극단 Activist Knitting Troupe', 런던의 '코마무리Cast Off' 및 기타 유럽과 북미 지역 단체가 뒤를 이었다. '코마무리'는 런던 지하철에서 뜨개질을 했고 더욱 급진적 단체들이 길거리 시위에 참여했다. 그 와중에 '거미줄 짜기Weaving the Web' 단원들은 2001년 퀘벡시의 아수라장 속에서 조용히 앉아 뜨개질을 했다.

종이 반죽으로 만든 인형을 사용한 시위는 무척 성공적이었고 당국을 대단히 격노하게 만들었다. 시위를 보도한 많은 매체는 경찰들이 머리끝까지 화가 나서 온 힘과 시간을 쏟아 이 인형을 찢었다고 전했다. 예를 들어 2003년 마이애미에서 있었던 미주 자유무역지대 정상회담에 반대하는 시위에서 경찰들은 처음에 인형을 버리라고 지시하다가 "약 30분 동안 질서정연하게 인형을 공격하고 파괴했다. 발포하고, 차고, 찢었다. 한 경찰관은 거대한 인형을 경찰차에 집어넣고 인형 머리가 툭 튀어나온 채로 달리다가 온 간판과 도로 표지판을 부수었다."[19] 시위 전문가이자 인류학자인 데이비드 그래버는 이 목격담을 인용하는 한편 자신도 그 광경을 목격하고 이 현상에 대해 심사숙고했다. "거대한 종이 인형은 아이디어, 종이, 철망 등 가장 일회적인 소재를 동상 비슷한 것으로 만드는데 실제로 동상이긴 하지만 아주 우스꽝스럽다. 거대한 인형은 기념비라는 개념을 조롱하고 비접근성, 근엄함, 특히 정부기관이 자기 원칙과 역사를 영원한 진리로 만들려는 시도(그 자체가 좀 우습다) 등 기념비가 상징하는 모든 것을 조롱한다."[20] 권위자가 거대한 인형을 싫어하는 이유는 중세 사육제의 거인과 마찬가지로 위엄이라는 개념 자체를 우스꽝스럽게 만들고 공공의 통제를 근본적으로 거부하기 때문일 것이다.

오늘날 시위에서 가장 꾸준히 나타나는 것은 드럼이다. 시위 단체에는 적어도 한 명 이상 드러머가 있고 시애틀의 '지옥의 소음단Infernal Noise Brigade', 토론토의 '게릴라 리듬 부대Guerilla Rhythm Squad', 뉴욕의 '굶주린 행군 밴드Hungry March Band', 프랑스의 '음악 전선 특공대Front Musical d'Intervention' 런던의 '저항의 리듬을 연주하는 삼바 밴드Rhythms of Resistance Samba Band', 에든버러의 G8 정상회담에서 '완전 고용을 위한 사육제'의 흥을 돋웠던 "'분홍빛과 은빛의 삼바 밴드 Pink and Silver Samba Band' 등 완전한 드럼 밴드를 보유한 단체도 많다. 홈페이지에 따르면 '지옥의 소음단'은 "행군하는 드럼 오케스트라이며 정치와 문화 반란을 통해 활성화되는 길거리 공연 팀이다. 우리는 전략적인 리듬 기동부대로 군악대장, 위생병, 작전고문, 라이플총을 돌리는 고적대, 깃발부대, 타악기 주자 등으로 구성되어 있다. …

지옥의 소음단은 드럼을 통해 무의식적으로 시간을 혼란스럽게 반복되는 박자로 분할하고 직선적인 순서를 교란한다."[21] 집단의 열광을 이끌어내는 드럼 연주는 집단 시위에도 영감을 주는 듯하다. 프랑스혁명이 드럼 연주로 시작되었다는 설도 있다. 1789년 5월 한 젊은 여성이 드럼을 가지고 파리의 중앙시장으로 가서 시장 여성들이 베르사유로 행진하도록 이끌었고, 결국 궁전을 점령하여 왕이 도시로 돌아오게 만들었다고 한다. 많은 역사학자가 바스티유 습격보다 중요하다고 보는 사건이다.

운동가들은 의상과 인형, 장비, 현수막을 만들고 전술을 협의하며 결속하는 데서 주로 쾌락을 느꼈다. 데이비드 그래버는 "주요 시위에 동원된 신입 회원에게 무엇이 가장 신선하고 즐거웠냐고 물어보면 유연 단체와 봉쇄 조직, 특별 기동대, 활동 협의체, 네트워크 구조 등의 조직이나 공식적인 지도 조직 없이 수천 명의 사람이 행동을 협의하는 기적과도 같은 의사결정 과정에 대해 길게 묘사하는 경우가 많다"[22]고 했다.

이뿐만 아니라 그래버는 길고 두서없는 모임 자체가 웃음을 불러오고 시위의 목적 자체만큼 재미있다는 사실을 잘 인식하고 있으며, 세세한 일화를 즐겁게 소개한다. 그는 자신의 저서 《직접 행동 연대: 민족지학》[23]에서 시위 계획을 합의하는 이질적 무리와 개인을 일기 식으로 묘사했다. 뉴욕의 리틀 이탈리아 지역에 있는 제과점 테이블에는 펠트펜으로 냅킨에 그린 퀘벡시 지도가 놓여 있고 행동가와 경찰을 의미하는 소금 통과 설탕 통도 있다. 캐나다의 운동가 재기 싱Jaggi Singh이 그래버와 야바스타! 회원들에게 퀘벡시의 옛 전투를 재현할 계획을 설명하는 중이다. "1759년에 영국인들이 처음 시를 점령했을 때 전투가 벌어졌어요. 영국인들은 프랑스 수비대가 오래된 요새 근처의 절벽을 기어오르는 광경을 보고 놀랐죠. 내 생각은 이래요. 야바스타! 제복을 입고 바로 그 절벽을 기어오르는데, 아니지, 잠깐만요, 들어보세요! 이게 중요해요. 보호대랑 화학 방호복 대신 퀘벡 노르딕 하키 팀 유니폼을 입으세요.” 그래버는 나중에 퀘벡시에서 ‘마법 활동주의 Magical Activism’를 신봉하는 마녀 활동가 스타호크와도 대화를 나누었다. 마법 활동주의는 “영적인 경험을 위해 의식을 개조할 수단으로 마법을 사용하고”, “어떻게 하면 약점을 힘의 원천으로 만들 수 있는지 보여주고 털실처럼 사소한 물건도 짰을 때는 마법 주문 같은 힘을 발휘해서 군대 조직까지 저지할 수 있다는 사실을 알려줄” 실제 계획을 갖고 있는 단체였다. 버몬트의 ‘이교도 클러스터Pagan Cluster’ 회원에게 “볼리비아의 코차밤바 성명에 기반하여, 인간의 기본권인 물을 이용할 권리에 대한 시위 계획”을 듣기도 했다. “사람으로 살아 있는 강을 만들어서 도시 곳곳에 흐르게 함으로써 가능한 한 최대 규모의 혼란을 일으킨다.”

■

새로운 무정부주의에서는 스스로를 조롱하는 매력적인 특성을 보이며, 많은 시위 단체에서 이를 지지하고 일부러 시위 내용에 포함하기도 한다. ‘성 전환자 연대Tranny Barigade’에서는 “우리는 동성애자다! 우린 귀여워! 더구나 반전주의자야!”라고 외쳤고 글라메리칸Glamericans(Glamorous Americans의 합성어로 독특한 복장으로 반전운동을 한다. – 옮긴이)은 이런 현수막을 걸었다. “자기야, 전쟁은 너무 구려.”

이는 무정부주의자에 대한 고정관념과 거리가 멀다. 무정부주의자는 예전에는 검은 망토를 입고 사악하게 웃으며 폭발 직전의 폭탄을 던지는 모습이었고, 오늘날에는 마찬가지로 검은 옷을 입었지만 회사 창문을 쇠지레와 군홧발로 박살내면서 사악한 웃음은 검은 모자와 두건으로 감춘다. 초기의 고정관념은 조지프 콘래드의 소설 《비밀요원 The Secret Agent》에 등장하는 무자비한 무정부주의자에서 시작되어 지속되었다. 《비밀요원》은 테러리즘을 다룬 첫 소설로 칭송받지만 내가 보기에는 모든 면에서 받아들이기 어려운 콘래드의 졸작이다. 하지만 초기 무정부주의자가 실제로 왕 두 명(이탈리아와 그리스)과 대통령 두 명(프랑스와 미국), 총리 세 명(스페인, 러시아, 그리고 또 스페인)을 살해했다는 점은 인정해야 한다. 그 이후 검은 두건을 쓴 다양한 인물들은 수없이 창문을 부수었다. 하지만 무정부주의를 무책임과 무기력, 폭력과 파괴와 동일시한 것은 나의 게으른 판단이었다.

사실 무정부주의는 폭력만큼이나 재미와도 공통점이 많다. 권력과 권력자에 대한 회의적인 태도는 유머와 비슷하고 일반적으로 자기애와 연결되며, 초기 무정부주의자 옘마 골드만이 "춤출 수 없다면 그것은 내 혁명이 아니다"라고 언급했듯 춤과도 연관이 있다. 인용하기 적합할 정도로 골드만이 간결한 어록을 남기지 못한 것은 안타깝지만, 금욕적인 동료가 춤추는 것을 비난하자 골드만은 호기롭게 재미를 방어했다. "나는 무정부주의나 해방, 관습과 편견으로부터의 자유 등 아름다운 이상을 나타내는 대의명분을 위해 삶과 즐거움을 거부해야 한다고는 생각하지 않는다. 우리의 명분이 나에게 수녀가 되라고 하거나 우리의 운동이 수도원 생활이 되어서는 안 된다."[24] 데이비드 그래버도 무정부주의에 대해 비슷한 발언을 한다. "무정부주의는 이념이나 역사에 대한 이론이 아니다. 그보다는 영감을 주는 창조적인 놀이를 지향하는 경향이 있다."[25] 무정부주의가 사회와 정치 분야에서 중요한 요소가 되었듯이 쾌락주의도 현대 개인의 삶에 중요한 요소가 되었지만, 사상가들은 재미와 마찬가지로 무정부주의를 진지하게 고려할 가치가 없다며 거부하는 경향을 보인다.

무지한 자들을 약속의 땅으로 이끌어줄 지적 엘리트를 신봉한다는 점에서 무정부주의는 사상가들의 생각만큼 사상에 대치되지는 않지만, 이론보다는 현실에 더 흥미를 둔 탓에 학계에서 거부된 면이 없지 않다. 비슷한 맥락에서 무정부주의는 계층(꼭대기에 보스가 있고 맨 아래층으로 내려오기까지 많은 단계의 권력이 존재하는 하향식 구조)을 거부하지만 조직을 거부하지는 않는다. 권위주의(권위자가 스스로 다른 이에게 지시하고 이에 저항하는 사람은 강제할 권리나 의무가 있다고 믿는 것)를 거부하지만 권위를 거부하지는 않으며 개인주의(개인의 이해만 우선시하는)를 거부하지만 개성을 거부하지는 않는다. 또한 자주성(자기 삶을 통제할 것을 지향하지만 무한한 선택만 지지하고 책임을 거부한다는 의미는 아니다)을 옹호하지만 자유를 신봉하지는 않는다.

무정부주의의 역사는 19세기에 용어를 만든 프루동에서 시작하여 프루동의 사상을 발전시킨 바쿠닌Bakunin과 크로폿킨Kropotkin으로 이어졌으며 다시 20세기에 엠마 골드만과 머레이 북친Murray Bookchin 같은 무정부주의자에게 이어졌다. 하지만 이러한 작가들이 평등주의 부족 공동체와 중국 소작농, 유럽 소작농, 17세기 영국의 비국교도, 스위스의 시계 제작자, 미국의 퀘이커, 1871년 파리 코뮌, 1936년 스페인 내전, 1994년 멕시코 사파타주의자 폭동, 그리고 오늘날 시위 단체 사이에서 벌어지고 있으며 인간의 역사만큼이나 오랫동안 존재했던 현상에 이름을 붙이고 묘사했을 뿐이라고 주장하는 무정부주의자도 많다. 이 현상은 지도자와 계층, 강압적 권위자를 거부하고 자발적 단체와 자주적 조직, 협동, 상호 협력과 의사결정 합의를 지지하는 '특정한 저항 상식'[26]을 일컫는다. 그것은 논쟁에서 이기려 하거나 다른 사람의 마음을 바꾸려고 하지도 않고, 단지 모든 구성원이 지지하거나 아니면 적어도 용납할 수 있는 행동 방침에 도달하기를 추구할 뿐이다.

이런 사고방식에 따르면 오늘날 수많은 집단이 무의식적으로 무정부주의 원칙을 추구한다. 지도자 없는 도시 부족이나 도시에서 흔히 발견할 수 있는 유동적 유연 단체 등을 예로 들 수 있다. 나는 결혼 역시 두 명으로 구성된 무정부주의 집단이라고 생각한다. 각 파트너가 상대의 믿음과 습관을 공유하지 않고, 때로는 아주 싫어하면서도 계속 함께한다. 상대를 비난하거나 바꾸려고 시도하지 않고 무엇보다 경멸하는 티를 내지 않는 것이 비결이다.

이러한 무정부주의는 강제가 없다는 측면에서 오늘날 자유에 대한 사상과 정확히 일치한다. 나는 몇 년에 걸쳐 내가 무엇을 가장 싫어하는지 깨달았다. 누군가 나에게 무엇을 하라고 말할 때, 특히 도덕군자 같은 말투로 말할 때, 그것도 위협적으로 말할 때 혐오감을 느낀다. 나는 세상에서 약자를 괴롭히는 것도 무척 증오한다. 오늘날 학교를 비롯한 여러 기관에서 이를 걱정하는 것을 보면(집단적 신조로 뭉친 독선적이고 거만한 압제가 단순한 개인의 폭력보다 훨씬 위험하다) 다른 많은 이들도 나와 같은 생각을 하는 듯하다.

새 무정부주의는 오늘날 재미, 자기표현, 집단 참여, 뭔가 가치 있고 도덕적인 존재를 잃어버렸고 과거로 돌아감으로써 이를 회복해야 한다는 진짜 추구 등의 욕구와도 잘 어울린다. 하지만 기술을 혐오하거나 극단적인 경우에는 모든 현대 문명이 끔찍한 실수이며 석기시대로 돌아가서 다시 시작하는 것만이 유일한 해결책이라는 주장에 그래버는 '원시주의primitivism'라는 이름을 붙이고(구석기 라이프스타일의 유행은 가벼운 원시주의로 볼 수 있다) 대단히 비판적인 태도를 취했다. 이런 주장과 반대 극단에 있는, 모든 사회조직이 권력에 의해 돌이킬 수 없이 부패했다고 거부하는 포스트모던 지식인의 가식적이고 반계몽주의적인 허무주의 주장도 그래버는 똑같이 경멸한다. 되돌아갈 수도 없고 포기할 수도 없다. 어렵고 절망적이고, 피곤하고, 불확실하고, 터무니없더라도 앞으로 나가려는 시도만 있을 뿐이다.

무정부주의자도 과학자도 인식하지 못하는 것 같지만, 새 무정부주의는 현대 과학의 전개에도 부합한다. 발생에 대한 새로운 과학 패러다임에서 물질 세계의 질서와 조직과 복잡성은 단순한 구성요소가 만들어내는 혼돈 속에서 지도자나 지도 원칙 없이 상향식으로 전개된 것으로 본다. 이는 사상이나 지도자 없는 상향식 사회조직에 대한 무정부주의자의 신념과 유사하다. 생물학에서 강인함과 무자비함이 생존에 가장 중요하다는 신다위니즘 위주의 신념은 협력과 상호 의존성이 훨씬 효과적이라는 이론으로 무게중심을 옮겼다. 신경과학에서는 통합된 자아는 존재하지 않으며 뇌라는 단위 전용으로 하향 구조를 통제하는 최고 우두머리도 없다는 가설이 있다. 이러한 시각에 따르면 뇌는 엄격한 계층이 아니라 유연 단체의 탄력적인 무정부 연방 속에서 상향식으로 구성된다. 또한 맞물려 있는 네트워크가 어떻게 체계와 조직을 갖추는지 설명하는 새로운 학설인 네트워크 이론은 유연 단체의 네트워크에 대한 무정부주의자의 신념과 유사하다.

종교와의 연관은 가장 이상하다. 오순절 종파와 신이교도주의는 교리보다 의식을 선호하고, 무정부주의자는 사상보다 실천을 선호한다. 정치 분야에서 지방자치에 대한 목소리가 높아지는 현상은 지역 공동체 연방에 대한 무정부주의 신념에 부합한다. 그리고 환경에 따라 유연하게 변하는 임시 조직을 강조했던 무정부주의는 물질세계나 사회에 확실성이나 최종성은 존재하지 않으며 모든 것은 유동적이고 변한다는 20세기 과정 철학의 완벽한 사례다. 집단 협력을 완벽하게 지원하는 인터넷과 휴대폰 등의 기술 발전조차 무정부주의와 부합한다.

이런 현상은 무정부주의를 훨씬 받아들이기 쉽게 만든다. 무정부주의는 자본주의나 사회주의보다 훨씬 진정성 있고, 민주주의보다 대의성이 있으며 종교보다 도덕적이다. 우월성을 부추기지만 않는다면 도덕적이라는 느낌은 항상 좋다. 하지만 문제는 더 큰 범위와 거시적 수준에서 무정부주의가 어떻게 작동할지 예측하기 어렵다는 점이다. 앞에서 열거한 모든 사례가 소규모 지역 단체이기 때문이다. 많은 무정부주의자는 우리가 오랫동안 민족국가로 살아오면서 공동체와 지역 연방이라는 무정부주의적 대안을 상상하지 못하게 되었다고 주장한다. 국가는 스스로 자연적이고 영원하며 유일하게 실현 가능한 정치조직인 양 내세운다. 경제조직으로서 자본주의의 행태와 비슷하다. 하지만 자본주의가 필연적이지도 영원하지도 않다는 사실을 많은 사람이 발견했는데, 왜 민족국가는 영원하리라 생각해야 하는가?

상향식 발전을 받아들이기에는 나 자신이 이론에서조차 지나치게 통제에 집착하는 하향식 사고를 하는지도 모른다. 하지만 네트워크를 연구하면서 특정한 접점은 태생적으로 중심지가 되거나 네트워크 활동을 지배하려는 성향이 있다는 사실을 배웠다(평등주의를 표방하며 모두에게 무료로 인터넷이 개방되었지만 점차 소수의 대기업에게 지배당하는 것

과 마찬가지다). 개인의 수준에서는 항상 다른 사람을 지배하려는 욕망
이 존재할 것이다. 우리는 항상 괴롭힘에 시달린다. 그러므로 계층 발
전을 피하기는 어렵다(그리고 기존 계층구조를 분해하기는 더욱 어렵다).
가장 성공적인 시스템은 하향식 통제 수단과 상향식 자발성이 생산적
인 긴장을 팽팽하게 유지하면서 결합된 시스템이라는 것도 네트워크
이론의 또 다른 교훈이다. 상향 활동에서 에너지와 창의성을 이끌어내
고 대중교통 등을 하향식으로 통제하는 현대 도시가 좋은 사례다. 이
둘을 결합한 사례는 자동차에 저항하여 공공재를 요구한 '거리 되찾기
운동'의 성공이다. 시 당국은 보행자 친화적인 거리를 만들었고 보행
자와 차량 사이의 장벽을 많이 제거했다.

　순전히 무정부주의 원칙으로만 조직된 사회는 완전히 재미에만 전
념하는 개인의 삶과 마찬가지로 재앙이고, 재미가 사회를 보완했듯 무
정부주의도 정치를 보완해야 제대로 작동할 것이다. 무정부주의와 재
미를 결합하면 틀림없이 해방감을 느낄 수 있고, 성공 사례는 미국 네
바다주 블랙록 사막에서 일주일 동안 벌어지는 버닝맨 페스티벌이다.
블랙록 사막은 도시에서 일곱 시간 떨어진 완벽한 타지이기 때문에 축
제에 참여하려면 황무지로 고된 순례를 떠나야 하고 도착하면 장난기
와 예술성, 재미, 성적인 요소와 영적인 요소를 통합하여 즐길 수 있
다. 현대 재미의 모든 범위를 제공하는 듯한 이 축제는 매년 성장하는
중이며(약 15제곱킬로미터 규모의 장소에 7만 명이 넘게 모인다) 세계 곳곳
(남아프리카, 호주, 이스라엘, 스페인과 웨일스)에 분파를 만들었다.

■

　버닝맨 페스티벌은 정치적으로 자본주의와 상업을 거부한다. 아무

것도 사고팔거나 광고하거나 후원할 수 없고 선물만 가능하다. 모든 참여자는 필요한 물건을 직접 가져와야 하기 때문에 수렵·채집인이나 현대 무정부주의자들처럼 철저한 평등주의 원칙 아래 단결한다. 돈을 받는 공연자도 돈을 내는 관객도 없다. 모두가 자유롭게 참여한다.

영적인 재미로는 요니 마사지, 아시탕가 요가, 샤머니즘, 이교도주의, 탄트라, 세속 사원에서 나온 폐품으로 지은 파티광을 위한 명상 장소 등이 있다. 예술이 세계를 재주술화하려고 하듯 영성은 세계를 재신성화하려고 한다. 누군가 쓰레기를 예술이라고 말하고 다른 사람들이 동의하면 예술이 되듯이 쓰레기라고 하더라도 축성을 받고 사람들이 존경을 표하며 머리를 숙이면 신성해질 수 있다.

예술적인 재미에는 놀이와 게임을 할 수 있는 거대 예술 시설물(하얌 태양사원Hayam Sun Temple, 우주적 찬양Cosmic Praise, 불카니아의 길 잃은 유목민Lost Nomads of Vulcania, 덧없는 나무와 무한한 젖먹이와 장난감의 흔적Tree of Impermanence and Infinite Infant and the Trail of Toys 등)이나 북극곰·오리·유니콘·달팽이 따위로 변신하는 돌연변이 자동차(돌연변이 자동차가 되려면 장식 수준이 아니라 변신을 해야 한다. 즉 일반 차량은 인정되지 않는다) 등이 있다. 물론 갖가지 정교한 의상과 보디페인팅을 활용하여 개인도 예술 작품으로 변신한다(남녀 모두를 대상으로 튀튀스커트 화요일Tutu Tuesday과 망사스타킹 금요일 행사를 진행한다). 셔츠만 입은 '셔츠덜렁이' 남성들이나 전라로 요가를 하는 '요가 토끼' 여성 등 거의 또는 아예 옷을 입지 않는 경우도 많다.

참여형 성적 재미로는 만지는 동물원, 뒤엉켜 누워 있기, 엉덩이 때리기 수업, 포르노 인형극, 알몸 거품 파티, 단체 자위, 섹스와 불 먹는 묘기, 24시간 냉난방되는 정신적 스윙어의 난교 돔("둘이나 그 이상의 사람들이 즐길 수 있는 섹스에 긍정적인 합의 공간") 등이 있다. 하지만 난교 돔은 이름과는 다르게 스윙어 클럽과 마찬가지로 자유 입장이 아니라 엄격하게 입장을 제한하고 행위 규칙을 부여한다.

이 축제가 독특한 이유는 재미의 무상함, 사실 만물의 무상함을 찬양하기 때문이다. 축제 마지막 날에 각종 예술 설치물과 쓰레기 사원, 거대한 버닝맨 형상을 불태우고 타지 않는 것은 모두 제거한다. 만물의 이전이자 이후였던, 《아라비안나이트》부터 〈매드 맥스〉까지 결합한 화려한 사막의 도시는 잠깐 나타났다가 '흔적을 남기지 않는다'는 자신의 좌우명에 따라 희미한 신기루처럼 사라진다.

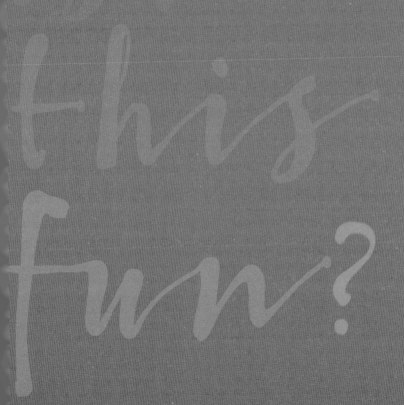

제4부
재미의 평가

16장

포스트모던 이후의 세계는
전근대 이전의 세계와 통한다

· · ·

많은 이들은 재미를 추구하는 현상이 경박하고 자아도취적이며 수동적이고 방종한 문화타락의 증거이고, 빈곤층의 폭음과 부유층의 호화유람선 등에서 이러한 증거들을 찾을 수 있다고 주장한다. 하지만 이 어디에도 해당하지 않는 재미도 많다. 재미활동은 수동적이지 않고 적극적이며 쾌락만큼이나 경험을 추구하고, 학습과 노력을 필요로 하는 경우도 많다. 대부분의 재미는 자아도취와는 거리가 멀고 개인주의를 거부하면서 집단 소속감을 추구한다. 경박하다는 혐의를 살펴보면, 대부분의 재미가 실제로 놀이긴 하지만 오늘날 많은 철학자와 신학자까지 이 놀이를 아주 진지하게 받아들이고 있으며 심지어 필수적인 존재로 생각한다. 재미는 교육, 예술, 종교적 복음주의, 정치 시위를 위한 진지한 노력의 필수 요소가 되어가고 있다.

재미를 단순한 쾌락주의로 무시하기보다는 현대의 시대적 실패에 대한 대응으로 해석하는 편이 바람직하다. 포스트모던 시대에 강조되었던 가치와 그 가치에 부응한 삶은 어딘가 잘못되었고, 우리는 지금까지 거짓 신에게 이끌려 잘못된 길로 왔으며 무언가 중요한 것을 잃어버렸다는 모호하면서도 강렬한 느낌이 대두되었다. 그것이 무엇인지는 확실하지 않고 어떻게 다시 찾을 수 있을지는 더 불확실하지만 분명히 인생은 짧고, 진정한 메시아를 기다리는 동안 거짓 신을 피하려면 재미있는 집단 의식을 통해 거짓 신의 권위를 거부해야 한다.

무언가 실패하고 잃어버렸다는 느낌은 기존 체제에 대한 부정적 태도를 야기했으며 이런 현상은 서로 중복되고 연결되어 있다. 서양 문화가 궁극적이고 우월한 문명 형태라는 생각을 거부하거나 서양의 전통적인 단일 조직(국가, 기존 종교와 정당)을 불신하고, 사회적으로 심화되는 불평등을 혐오하고, 중앙 통제와 계층적 권력 구조를 꺼리고, 모든 이념과 신조를 불신하며 스스로 중요하다고 내세우는 모든 존재를 회의하는 성향이 강해졌다. 의미를 얻을 수 있는 새로운 원천 및 놀이와 일탈, 초월, 소속, 일체감, 재주술화와 진정성을 얻을 수 있는 재미를 탐색하게 된 것은 긍정적이다.

이는 오늘날 대부분의 재미가 초기 신념과 관습을 재현했다고 볼 수 있는 근거다. 축제는 초기 사회의 제전 형태로의 귀환이고(또한 수동적 관람보다 적극적 참여를 선호하는 경향을 보여준다), 광란의 파티는 고대 의식에서 무아지경이 될 때까지 추던 춤, 세속적 영성은 초기 집단의 황홀감과 일체감, 집단 섹스와 성적 유동성은 초기 사회의 개방성, 휴가는 순례(휴가를 받아 순례를 떠나는 경우도 많다), 사육제(카니발)적 시위는 뒤집기 의식의 일탈, DJ와 코미디언은 주술사와 사기꾼, 놀이와 게임은 신화와 소크라테스 이전의 철학 정신, 도시 부족은 수렵·채집 사회의 평등주의로의 귀환이다.

먼 과거로의 귀환이 재미에만 국한된 현상은 아니다. 현대 물리학은 고대에 그랬듯 우주를 힘의 유동체로 본다. 철학은 불교가 그랬듯 의식과 자아를 분리된 독립체가 아니라 서로 반응하며 형성되는 과정이자 서로 닮은 유동체로 이해한다. 신경과학은 정신이 분리되어 있거나, 완전히 체화되지 않고 환경과 세계의 일부로 존재한다는 분산된 인지 이론을 내놓았다. 고대의 확장된 자아 관점과 아주 비슷한 개념이다.[1]

T. S. 엘리엇이 예측했듯 앞으로 나아가는 것에는 귀환이 포함된다는 사실을 보여주는 증거가 어디에나 있다.

> 우리는 결코 탐험을 멈추지 않으리라
> 모든 탐험이 끝나면
> 우리가 시작했던 곳에 도착할 것이다
> 그때 그곳을 처음으로 알게 되리라.[2]

우리는 바로 이러한 여행과 인식을 경험하고 있는 중이다. 포스트모던을 지나면 전근대 이전으로 돌아간다.

이는 진짜를 갈망하면서 무엇이든 오래되어 보이면 진짜라고 생각하는 이유이기도 하다. 하지만 진짜를 되찾으려면 그 개념이 존재하고 이슈가 되기 전으로 돌아가서 그 대상을 파괴해야 하는데 이는 불가능하다. 용어의 존재 자체가 용어가 가리키는 대상을 더 이상 얻을 수 없음을 뜻한다. 원시로 돌아가고 무의식 속에서 일체감을 얻을 방법은 없다. 자의식이 분리되고 분열되도록 앞으로 나아가는 수밖에 없다. 진짜는 없고 가짜의 형태와 수준만 존재할 뿐이다. 그러므로 무의미는 새로운 의미가 되고 철저한 가짜는 진짜가 될 수 있다.

이는 완전히 현대적일 뿐만 아니라 누군가는 현대의 시대적 병폐라고 할 법한, 모순을 통한 해결 방법이다. 진지하면서도 장난스럽게 모순 속에서 살아가는 고대의 능력을 되찾는 것이기도 하다. 모순은 아이의 놀이 철학을 어른에게 적용한 것이고 완전히 진지한 존재의 진지함을 거부한다. 오히려 전통적인 진지함을 새로운 형태로 대체한다. 모순은 자의식의 분리를 더 이상 소외가 아닌 쾌락과 기쁨으로 만들 방법이다. 모순은 밋밋한 삶에 활력을 불어넣고 분리를 유쾌하게, 자의식을 빛나게 만든다.

모순적 해결 방법은 현대 작가와 사상가 들이 발견했지만 불온한 코미디가 인기를 끈 데서 알 수 있듯 오랫동안 일반적인 관행이었다. 팀 팍스의 말처럼 이제 축구 관중까지 모순적이다. "몇 년 동안 나는 축구 관중에게 뭔가 현대의 전형적인 요소가 있다는 생각을 해왔다. 관중들은 진정 극성스럽다. … 하지만 동시에 모순적이고 우스꽝스럽기까지 하다. 축구 팬의 모든 몸짓에 자조적인 기운이 서려 있다. 우리는 스스로를 완전히 진지하게 받아들이지 못한다. 아니 이 무아지경과 모순이 섞인 강렬한 감정에 전소되지 않는 선에서 탐닉하는 것 자체가 진지한 일인지도 모른다. 에에엘라스Haaayllas라는 구호가 끝나면 모두 자축하며 손뼉을 쳤고 많은 사람이 웃음을 터뜨렸다. 힘내라 엘라스! 다들 자기가 우습다는 사실을 알고 있다."[3]

이는 신이교도의 태도와 비슷하다. 그들은 고대 의상과 의식을 정확하게 재현하려고 갖은 애를 쓰지만 그 과정에서 굉장히 모순을 느낀다. 코스플레이를 하는 사람들도 비슷한 노력을 하지만 스스로 우스꽝스러운 공상가로 보인다는 사실을 잘 알고 있다(이선 와터스는 자기 도시 부족의 야간 코스플레이 파티가 다른 부족의 행사보다 '훨씬 모순적'이라며 뽐냈다). 많은 여행객도 '미지의' 장소로 떠난다는 패키지 여행 상품에

내재된 부조리를 이해하고 있으며, 철저히 진지하게 세계를 바꾸겠다고 꿈꾸는 수많은 무정부주의자들은 합의 과정이 터무니없다는 사실을 이해한다. 또한 불확실성과 자의식 강화의 결과로 온갖 역할극이 점점 흔해지고 있다. 이제 우리는 모두 행위예술가이고 쇼를 즐기는 편이 현명하다. 톡 쏘는 맛이 살짝 들어간 재미가 이 시대의 새로운 진지함일 것이다.

■

완전히 진지한 목적과 부조리에 대한 예리한 인식이 혼합된 진지한 재미를 잘 보여주는 사례는 작품만큼이나 여성 복장으로도 유명한 예술가 그레이슨 페리Grayson Perry와 장난꾸러기 건축가 찰스 홀랜드 Charles Holland가 만든 세속적 교회·사원이다. 러시아정교회와 힌두교 사원의 특색을 고루 갖춘 이 건물은 가상의 평범한 여성 줄리 메이 코프Julie May Cope를 기념하여 세워졌다. 그녀의 두 번째 남편 롭이 "전지한 이교도 여신" 줄리를 기리며 세운 "스투어강의 타지마할"이라고 한다. 페리는 그녀를 "화끈한 영혼을 가진 쇼핑몰의 마돈나…"라고 묘사했다. 건물 외관에는 동양의 다산의 여신과 비슷한 나체 형상이 타일에 그려져 있고 내부에는 임신한 줄리의 도자기상, 첫 번째 남편 데이브의 여자 친구 팸의 빗(줄리가 데이브와 헤어지게 된 계기이며 데이브의 코티나 승용차에서 발견했다), 줄리의 생애를 기록한 테피스트리 등이 전시되어 있다. 천장에 샹들리에처럼 매달려 있는 것은 줄리가 이른 나이에 사망한 원인이 된 스쿠터다. 줄리는 급하게 피자를 배달하려던 배달원의 스쿠터에 치여서 사망했다.

이 건물의 내외부 장식은 모두 세심하게 수작업으로 완성되었고, 그중에서도 1,925개의 타일에 일일이 손으로 줄리의 유두를 붙이는 작업이 가장 까다로웠다. 찰스 홀랜드는 "이 작품은 순수한 동화가 아니고 현실적이고 물질적인 발상이 뒤섞여서 환상과 대치하기 때문에 우리는 그 점을 우려했다"[4]고 했다. 그러나 이 건물은 거주할 수도 있고, 줄리가 휴가를 사랑했듯 휴가객들이 임대할 수 있다. 페리는 사람들이 이 건물에 영적으로도 관심을 가져서, 그녀가 태어난 캔베이 아일랜드부터 마지막에 묻힌 랩니스까지 에식스에서의 생애를 더듬을 수 있는 세속적 순례의 성지가 되기를 희망했다. 이는 줄리 여신의 사원을 순례하는 참신한 모순 의식이 될 수 있을 것이다.

이 사원 프로젝트는 모순의 새로운 형태일지도 모른다. 오히려 기존의 모순 형태를 성숙시킨 것에 가깝다. 포스트모던 시대의 모순은 엘리트주의에 젖어 있고 자아도취적이며 과시적이고, 세상만사를 게임으로 생각하면서 다 안다는 듯이 멀찍이 떨어져서 똑똑한 자신에게 도취된다. 하지만 포스트모던 이후의 모순은 평등주의를 지향하며 솔직하고 배려한다. 무엇보다 중요한 것은 분리되고 싶어 하지 않고 참여를 원한다는 점이다. 우월한 관찰자가 아니라 집단에 속하기를 바란다. 페리는 다큐멘터리에서 현실의 줄리 여섯 명에게 사원을 보여주었고 그들이 감동해서 눈물을 흘리자 그도 진심으로 감동했다.[5]

재미를 조사하면서 알게 된 가장 중요한 사실은 많은 개인주의자의 저항에도 불구하고 온갖 집단 행위가 증가하고 있다는 점이다. 전형적인 집단 모임에 해당하는 디너파티에서 아내와 나는 흥미로운 변종 모임에 초대받았다("끝내주게 재미있어"). 손님 하나가 의문의 살해를 당하고, 나머지 손님은 살인자가 누구인지 밝혀야 하는 미스터리 디너파티였다.[6] 물론 모두 변장을 하고 있다. 나는 여기 가는 것은 너무 위험한 짓이라고 말했다.

"왜?"

"내가 정말 누군가 죽일지도 모르니까." 나는 이 극성 팬에게 말했다. "그게 당신일 수도 있지."

다른 부부는 자기들이 가꾸는 주말 농장 옆에 우리 부부도 하나 임대하라며 우리를 괴롭혔다. 그 농장에서 많은 부부가 주말에 만나 대화하고 수제 맥주를 마시고, 진짜 유기농 채소를 가꾼다. 우리는 마지못해 질질 끌려가서 농장을 구경했고 나는 상으로 온 등을 거대한 곤충에게 물렸으며, 구멍이 숭숭 난 거대한 이파리가 들쑥날쑥 가득 들어 있는 봉투를 받았다.

정말 고독하고 접촉을 싫어하고, 집단 참여를 거부하는 사람은 젊은 독신자가 아니라 핵가족 위주의 전통적이고 '단단히 결속된' 공동체의 나이 든 사람들이라는 생각이 들었다. 아내와 나는 최근 둘 다 충격적인 경험을 했다. 동네 서점을 관리하는 열혈 청년은 내가 시를 읽는 것을 발견하고 시 읽는 모임에 초대하기 시작했고(교회 예배만큼이나 지루할 것 같은 의식이었다), 아내의 머리를 손질하는 열혈 미용사는 자기 결혼식에 아내를 초대했다(아내가 지루해하고 낭비라고 생각하는 의식이다). 우리는 아직 헤어나려고 애쓰는 중이었지만 한 열혈 이웃이 전화를 하더니 동네 회관을 빌려 '홀리' 파티를 할 예정이니까 꼭 오라고 했다. 음료를 가지고 가서 록 밴드의 음악에 맞춰 춤을 추는 파티였다. 계속 이런 식이면 이사를 가야 할 판이었다.

나는 집에 숨어서 토요 신문을 펼쳤고 〈뭐라도 하라Do Something〉는 새 월간 증보판을 발견했다. 주로 집단으로 하는 재미 활동을 찾는 특집으로 직접 치약 만들기, 대나무로 자전거 제작하기 등이 실려 있었다. 이메일을 확인하다가 '게으름뱅이 아카데미Idler Academy'에서 온 메일을 발견했다. 아무것도 하지 않는 즐거움을 홍보하는 런던 단체지만 이제 스코틀랜드 컨트리 댄스 강좌와 우쿨렐레 연주, 책 제작, 스팽글 작업, 모자이크 타일 제작, 박제술, 캘리그래피, 코바늘 뜨개질, 진과 뜨개질(진 칵테일을 마시면서 모자 뜨는 법을 배운다), 자수와 아플리케("하트 모양 아플리케 바늘꽂이를 만드는 법을 배우세요. 빈티지 원단과 리버티 원단으로 직접 만들고 집으로 가져갈 수도 있는 바늘꽂이와 진 칵테일 가격이 포함되어 있습니다") 강좌를 광고하고 있었다.

새로운 재미 활동의 동기는 대부분 진지하다. 재미는 점차 집단의 연대와 결속을 위한 핵심 요소로 인식되고 있기 때문이다. 재미가 보수적인 우파(오순절 복음주의)와 급진 좌파(무정부주의 시위) 모두에서 활용되는 것은 우연이 아니며, 이들 집단은 종교와 정치 분야에서 가장 역동적인 사례다. 또한 새로운 재미는 대부분 그 자체가 진지한 동기이고 재주술화를 통해 영적 안정감을 얻으려는 탐색 과정이다. 아내는 런던 조이 클럽London Joy Club이라는 새 단체에서 메일을 받아 전달해주었다. 항상 뭐든 열심히 연구하는 그녀는 답장을 보냈고 답변을 받았다. "와우! 어떻게 하면 더 풍부하고 즐거운 삶을 살 수 있을지 함께 탐구하고 즐기고 싶으시다니 정말 기뻐요! 우리와 함께 당신은 몸과 하나가 되고 기쁨을 느끼고, 그 기쁨이 영원히 머무르도록 여러 가지를 배울 겁니다. 당장 즐겁게 사는 데 필요한 도구와 기술을 알려줄 전문가를 소개해드립니다. 쾌락, 마음 챙김, 욕망, 가치, 여성의 힘, 즉흥연극, 춤, 웃음, 요가, 일상에서 아름다움 발견하기 등이죠. 만나기 전에 당신을 알고 싶으니 간단히 '안녕'하고 인사를 남겨주세요. 한 가득 포옹을 보내며, 린."

재미, 몸, 도구, 즉흥연극, 춤, 웃음 등 핵심 단어에 주목하자. 또한 새로운 재주술화의 영성을 표현하는 환희와 경탄으로 가득한 언어와 들뜬 말투는 정확히 일요 집회를 연상시킨다. 이제 만화책에 슈퍼히어로인 센사 운다(Sensa Wunda: Sense of Wonder의 축약어로 경이로움을 의미한다. – 옮긴이)가 등장할 때가 왔다. 센사 운다는 평소에는 칙칙한 옷을 입은 성실한 젊은 여성이지만 수동적이고 무신경하고, 불평이 많고 우울한 사람을 발견하면 주문을 외운다. "가이아 여신이여, 경이로움을 주소서." 그러면 전 세계에서 자라는 초록 식물로 만든 옷을 입은 센사 운다의 진정한 자아인 대지의 여신이 나타나고, 지구와 우주의 무수한 연결 고리를 빛내며 짜증내는 불평가를 경이로움에 숨이 턱 막히게 만든다.

센사 운다는 나와 함께 산책을 하다가 동네의 오순절 교회들, 매주 교회나 스탠드업 코미디 클럽에서 모이는 세속적 합창단, 병을 만들거나 병에 그림을 그리는 '재미있는 미술' 모임, 가능한 강당이면 어디든 활용하여 온갖 춤을 추는 야간 댄스 모임, 다양한 신체 단련 및 스포츠 활동, 그보다 다양한 영적 수행과 치료 수행, 고대 무술 단련(한 교회는 중국 푸젠성 태극권 강좌에 초대한다는 현수막을 이제 막 내걸었다), 동네 서점의 문학의 밤(수동적인 관람 행사로 들리겠지만 이 행사의 실제 목적은 작가들의 이야기를 듣는 것이 아니라 질의응답 시간에 개인들이 열정적으로 발언하는 데 있다) 따위를 발견할 것이다. 철저히 혼자 하는 행위였던 독서마저 서점과 카페, 개인의 집에서 모여 함께 책을 읽는 단체 활동이 되었다.

대중교통으로 조금만 이동하면 놀라울 만큼 다채로운 단체를 접할 수 있다. 어떤 단체는 새로운 활동을 하고(도시에서 식량 찾기, 정크아트

재료를 찾아 쓰레기통 뒤지기) 어떤 단체는 한참 유행이 지난 줄 알았던 옛 활동을 부흥시키고(여성을 위한 바느질과 뜨개질, 남성을 위한 도구 수리), 어떤 단체는 친숙한 활동을 낯선 장소나 의외의 시간에 한다(성인을 위한 도시 숨바꼭질, 겨울 캠프, 자정 등산, 런던 타워브리지 꼭대기에 새로 생긴 유리 바닥에서 빈야사 요가). 친숙한 활동들을 새롭게 조합한 단체도 있다(피구 디스코, 공중 곡예 피트니스, 롤러스케이트를 착용하고 축구, 빙판에서 카트 경주, 스키를 착용하고 패러글라이딩, 삿대질과 조정을 혼합한 서서 보드 타기, 트램펄린 경기와 외줄 타기를 혼합한 슬랙라이닝). 그중에 체스권투는 가장 괴상하다. 정신과 육체의 상징적 화합, 즉 지적인 권모술수와 폭력을 혼합하여 참가자들은 체스판 위에서 정교한 전술을 펼치다가 권투 장갑을 끼고 상대를 마구 두들겨 팬다.

활달한 재미 부족이 모일 시간이다. 버려진 채석장이나 폐비행장에서 열리는 젊은 댄스 부족의 테크니발, 즉 테크노 축제부터 내셔널 헤리티지에서 지정한 명승지의 미술회관에서 열리는 노년층의 문학축제에 이르기까지 축제는 호장근(마디풀과의 다년초로 생장이 빠르고 기반을 파고들어 건물을 붕괴하는 위험한 식물로 간주된다. – 옮긴이)처럼 빠르게 확산되고 있다. 몇십 년 전만 해도 회복할 수 없는 쇠퇴의 길을 걷는 것 같던, 부유한 사람들이 허둥지둥 버리고 달아났던 부패와 범죄의 도심지는 점점 축제 장소로 탈바꿈하여 여름에는 도시 해변이 되고 겨울에는 스케이트장이 된다. 예전에는 일요일이면 사람들은 집에 머무르고 도심지는 황량해졌지만 이제 일요일은 단체 활동의 날이다. 주요 지역에서는 교통을 통제하고 농산물 시장, 공예품 장터, 길거리 음식, 행진, 거리 공연과 음악을 즐긴다.

한때 위협이고 두려움의 대상이었던 도시 군중은 이제 가장 자유분방하고 일시적인 이방인이자 편안한 존재가 되었다. 독특한 축제도 확산되었지만 다른 사람을 구경하고 내 모습을 드러낼 수 있는 공공장소도 꾸준히 늘었다. 쇼핑몰은 칸막이를 최소화하고 함께 먹는 공간을 만들었고 보도와 광장에는 야외 테이블이 넘쳐나며 커피숍도 꾸준히 증가하고 있다(음악 산업과 마찬가지로 진짜를 추구하는 인디 카페가 대기업 체인과 경쟁한다). 나는 예전에 이런 현상을 자기애적인 관심 추구의 증거로 생각했지만 새로운 형태의 연대감과 소속감, 낯선 사람으로 이루어진 역설적이고 새로운 형태의 공동체로 해석할 수도 있다. 다른 사람을 신비롭고 심오한 힘과 열정으로 가득하며 각자 뭔지 모를 긴급한 일을 하는 존재로 바라보면 알 수 없는 성취감이 느껴진다. 바다를 바라보는 것과 비슷하다.

많은 사람은 가볍게 집단에 참여하거나 거리를 돌아다니고 카페에 앉기만 해도 의미 있는 공동체가 이루어진다는 생각을 터무니없다며 묵살할 것이다. 서로 만나지 않고 만나기를 원하지도 않으며 대화하지 않고 눈조차 마주치지 않는, 한번 잠시 마주칠 뿐이고 다시 만나기를 원하지도 않는 사람들 사이에 무슨 관계가 있단 말인가? 하지만 그들은 가까이 있다는 사실 자체만으로도 이미 관계를 즐겼다. 서로 지루한 역할을 하고 진부한 대화를 주고받았을 것이 분명한 의사소통은 잠들지 않는 바다가 아니라 사회에 존재하는 가짜이고, 이런 의사소통의 부재 자체가 쾌락이다.

이와 같은 새로운 연결 방식은 의미 있는 관계에 필요하다는 밀접하고 단단하고 장기적인 유대와는 분명 거리가 멀다. 하지만 전통적인 공동체의 죽음을 한탄해봤자 소용없는 일이다. 그 공동체는 미화된 기억보다 훨씬 못했을 것이고 아예 없었을 수도 있다. 이상적인 사회가 항상 과거에 존재한다는 사실은 중요한 의미를 지닌다. 목가적인 조화에 대한 로마인의 향수처럼, 그 이전에는 에덴동산에 대한 유대인의 향수처럼 과거에도 그것은 과거에 존재했다. 문상객들의 주장처럼 그렇게 훌륭한 공동체가 옛날에 실재했더라도 기적처럼 부활할 가능성은 없다. 현대 삶의 분열과 유동성 확대는 필연적인 전개였으며 가속화할 것으로 보인다. 획일적인 구조는 한때 새롭게 등장했고 안정적으로 보이고 싶어 하지만 절대로 그런 적이 없다. 공동체는 물론 모든 것이 변한다. 새 비공식 집단이 다양성 위주로 구성원을 뽑는 것은 분열과 유동성을 즐기기 위해서다. 이런 방식이 오히려 인간의 본성에 더 부합할 수도 있다. 인간의 생체에는 획일성도 안정성도 존재하지 않으며 성정체성을 포함해서 개인의 정체성은 점점 불확실해지고 있다. 모순이 자의식을 쾌락으로 만들 듯 변장이나 역할극을 통해 분열성이나 유동성을 놀이로 만들 수도 있다.

따라서 오늘날 도시에는 규칙이나 구속하는 의무, 강요된 정체성이 존재하지 않으며 겹치는 단체가 형성되거나 해산되고 구성원이 자유의지로 참여했다가 떠난다. 모든 집단이 도시의 나머지 부분에 끼워지고 연결되는 공동체다. 공동체community와 공동생활체commune 사이에는 중요한 차이점이 있다. 공동생활체는 다른 집단에서 분리되어 고립되기를 원하고 신조와 규칙, 주도권 문제를 일으키며 험악하게 분해되는 경향이 있다. 이런 집단이 오랫동안 번영한 사례는 거의 없다. 하지만 유동적·유기적이고 구조와 규칙이 없는 새로운 공동체는 이러한 갈등을 피해 간다.

물론 한계도 존재한다. 이런 삶이 가능한 계층은 특정 수준 이상의 부유층이고 아마 아이가 없는 동안일 것이다. 아이들은 20년 동안 지켜보면서 완전히 안전해지고 제대로 자립할 때까지 애정과 지원과 지도를 아끼지 않을 헌신적인 보호자를 필요로 한다. 오늘날 권리를 호전적으로 요구하는 경우는 많지만 불행히도 가장 절대적인 권한을 가진 사람들은 뭔가를 요구하기 가장 힘든 사람들이기도 하다.

아이는 항상 재미보다 중요하다. 하지만 재미는 무력하지만은 않다. 그리고 재미에 대해 생각하면 중요한 문제가 수없이 떠오른다. 이는 놀라운 일이 아니다. 한 가지를 조사하려 들면 조사관을 포함한 모든 것에 빛이 밝혀진다. 조사관은 생각보다 훨씬 많은 일이 벌어지고 있다는 사실을 깨닫는다. 예상보다 복잡하고 서로 연결되어 있으며 변하기 쉽고, 자기 생각은 나태한 추측이자 편견에 불과했으며 객관적이라고 생각했던 이른바 신념이라는 존재는 대부분 사회의 유행과 개인의 기질에서 비롯되었다는 사실을 알게 된다. 재미에 대한 나의 혐오가 지적 속물근성에서 비롯되었다는 의혹은 확실해졌다. 이 시점에서 내가 바뀔 가능성은 낮지만, 서양 문명의 종착점이라고 믿었던 개인주의가 일시적인 일탈에 불과했다는 사실은 이해한다.

■

나는 재미주의자로 거듭나지는 않았다. 보름달 모임에서 새벽이 올 때까지 무아지경으로 춤을 추거나 '좋은 경험 축제'에서 도끼 던지기를 배우거나, 광대 옷을 입고 자본주의 반대 시위에 참가하지는 않을 것이다. 옆에 있으면 재미있는 남자와는 거리가 멀지만, 이제 재미를 경멸하기보다는 이해할 수 있다. 중요하고 놀라운 변화다. 몇 년 전에 누군가 나에게 파티광, 스윙어, 게이머와 무정부주의자에 공감하리라고 했다면 이중 탈장이 될 때까지 웃었을 것이다.

나는 올해 세계 누드 자전거 대회에서 코미디와 성, 놀이, 일탈, 신이교도적 영성(육체를 찬양한다는 측면에서), 재미있는 정치 시위(자동차에 반대한다는 점에서)를 관찰하기 위해 창문에서 내려왔다. 하지만 6월 날씨는 이런 마음을 가시게 할 정도로 최악이었다. 흐리고 쌀쌀하고 변덕스럽게 이슬비를 뿌렸으며, 녹초가 된 하늘은 이렇게 말하는 듯했다. "기운이 나면 행진에 비를 뿌리겠지만 너한테는 오줌 눌 가치도 없어."

장소와 타이밍도 문제였다. 전체 흐름 속에서 가능한 한 많은 사람을 관찰하는 것이 중요했다.

북부 런던에서 내려오는 세 가지 경로가 피카딜리 광장에서 만날 예정이었지만 특별한 신호가 보이지 않았다. 운 나쁘게 자전거들을 놓쳤거나 경로가 변경된 모양이었다. 하지만 갑자기 날카로운 호각소리가 들리더니 세상에, 그들이 왔다. 자전거 바퀴 위에 앉은 벌거벗은 살덩어리가 피카딜리로 쏟아졌다. 관광객과 쇼핑객이 괴상한 광경에 깜짝 놀라 얼어붙었다. 온갖 두발 자전거와 외바퀴 자전거, 세발자전거, 2인용 자전거, 3인용 자전거, 4인용 자전거, 인력거 등 페달로 작동하는 모든 운송기관이 지나가고 있었다. 대회 규칙대로 남성은 대부분 알몸인 반면, 여성은 몇 명을 제외하면 거의 상의만 벗었다. 모든 범위를 아우르는 크기, 색, 모양, 나이, 상태의 몸이 있었다. 새우 모양 음경과 해파리처럼 창백한 젖가슴, 고래지방 뱃살, 산에 부식된 암초 같은 엉덩이, 갈매기 깃털처럼 하얗고 길고 윌리엄 버로스의 말처럼 "조그만 붉은 바다 독사가 필사적으로 오물에서 헤엄치듯이" 끊어진 혈관을 닮아 제멋대로 뻗친 머리카락 등 모든 결함과 과잉과 부족이 존재했다. 피부에도 온갖 장식을 했다. 랩으로 싸거나 문신을 하고, 반짝이를 뿌리거나 상징과 슬로건을 칠하고 염색하고 발랐으며("기름은 끝났어", "차가 없으면 속 편해", "가스는 줄이고 엉덩이를 더") 스카프 · 목도리 · 쇠사슬 목걸이 · 성기 자물쇠 등 모든 개폐형 장신구와 형광 가발 · 토끼 귀 · 중산모 · 주교 모자 · 왕관 · 로마 투구 · 선원모 · 잎으로 만든 디오니소스 왕관 · 뭉크의 '비명'에 나오는 고무 가면 등 갖가지 쓸 것들이 위풍당당하게 드러났다.

소란이 일어났다. 사고다! 한 여성이 외바퀴 자전거에서 떨어졌지만 다치지 않고 웃으며 다시 올라탔고, 한바탕 박수를 받으며 의기양양하게 팔을 올렸다. 정신없는 테크노를 쿵쾅거리는 휴대용 음향 장치도 신나게 몸을 흔드는 라이더와 함께 자전거를 타고 지나갔다. 램프가 달린 광부 헬멧 외에는 아무것도 입지 않은 남성이 갑자기 페달을 밟고 서서 갈레온선의 선수상이라도 되는 듯 조그만 성기를 과시했다. 검은 비닐로 만든 '핀란드의 톰' 경찰 모자를 쓰고 등에는 검은 페인트로 "POLICE"라고 쓴 벌거벗은 유쾌한 여성이 인도로 다가와서 사람들이 들고 있는 휴대폰 카메라를 향해 액체를 뿌렸다. 멋진 행동이었다. 우리는 보는 데 만족해야 했다. 그녀는 전화기도 카메라도 없는 내 얼굴에도 액체를 뿌렸지만, 그래도 괜찮았다.

누드 자전거 대회는 시대에 걸맞은 진지한 재미 의식이며 목적에 대항하는 놀이, 오만에 대항하는 모순, 차에 대항하는 도시, 완벽한 모델에 대항하는 보통 몸, 가위와 면도기와 왁스에 대항하는 음모의 반격을 상징한다. 오랜 가식이 마침내 끝났고 모든 임금님은 벌거벗었을 뿐 아니라 거대한 뱃살에 조그만 고추를 달고 있다는 것을 모두가 깨달았음을 상징하기도 한다.

이는 신, 또는 디오니소스가 보는 인간의 모습일 것이다. 인간은 결국 흩어지게 될 냉혹한 바다로 끝없는 삶의 강을 이루며 흘러가는 우스꽝스럽고 연약하고 늙고 모자란 흐름이다. 하지만 이 저주받은 육체는 얼마나 태평하고, 변덕스럽고 즐거운가! 그들의 반항에 마침내 흥미를 느꼈다는 듯 태양이 갑자기 나타나서 광장과 에로스 상을 환하게 비췄다. 자전거를 탄 사람들은 거칠게 함성을 지르며 누그러진 하늘에게 경례했다. 이 강은 흔적도 없이 사라지겠지만 흘러가는 길에 자기만의 멋진 음악과 놀이, 광채, 춤과 음악을 만들 수 있다.

감사의 글

　중요한 의견을 수없이 말해준 제니퍼 크리스티, 케리 샤프, 프랭크 카니, 조 로버츠밀러, 그리고 아내 마티나에게 감사를 전한다. 꼼꼼하고 주의 깊게 편집해준 조 휫퍼드와 상세하고 체계적인 목록을 작성해준 마리 로리머에게도 감사의 말을 전하고 싶다.

　또한 내게 순수하게 자신의 시간을 할애해 준 열정적인 이들도 빼놓을 수 없다. 특히 댄 골드, 제이미 커닝엄, 피터 버치, 매드 월드의 질, 드라프츠의 벤, 그리고 〈리그 오브 레전드〉의 럭스, 밤비와 사냥꾼, 좀비 공주를 비롯한 여러 코스플레이어에게 고맙다고 전하고 싶다.

1장 재미있지 않아?

1 *Evening Standard*, 10.10.2014.
2 Aris Roussinous, *Rebels: my life behind enemy lines with Warlords, Fanatics and Not-So-Friendly Fire*, Cornerstone, 2014.

2장 재미와 의식

1 *Daily Telegraph*, 23.12.2004.
2 아일랜드에서는 각 영혼을 위해 따로 교회에 찾아가 기도를 올려야 하기 때문에 교회에 도착하면 엄숙한 표정을 한 사람들이 분명 떠나는 듯하다가 갑자기 다시 들어오는 모습이 자주 보인다. 물론 아무도 이를 이상하게 생각하지 않는다.
3 프랑스인들은 '합리주의 축제'를 만들었지만 이 현대 의식은 고대 의식을 샅샅이 조사하여 반영했다. 합리주의 여신은 양치기 옷을 입고 꽃을 단 전차를 탔으며 깃발에는 주술적 힘을 홍보하는 데 즐겨 사용되는 사원과 오벨리스크, 피라미드 및 프리메이슨 상징이 그려져 있다(같은 이유로 오렌지당에서도 이런 이미지를 상당 부분 차용했다).
이와 비슷하게 소련 당국은 사상 교육이 시간 낭비임을 깨닫고 공산주의에 적합한 새 의식을 만들 위원회를 구성했다. 가장 볼만한 것은 '문화 궁전'에서 개최되는 '노동계급 입문 의식'이었다. 선임 노동자와 공산당 고위 관리가 연단 위에 있고 연단 뒤에는 커다란 적기가 휘날리며, 연단 아래에는 하위 노동자 관객과 입문 노동자의 친척, 친구들이 있다. 나팔소리가 울리면 모두 일어선다. 샹들리에가 갑자기 빛나고 오케스트라가 연주를 시작하며, 극적인 북소리가 둥둥 울리면서 새로운 노동자의 가입을 공표한다. 전날 밤 길거리 행진을 했던 입문 노동자들은 용광로에서 불을 붙인 횃불을 든 의장대에 둘러싸여 있다. 노동자들은 차례로 횃불을 마주하고 노동 서약을 낭송한다. "우리는 항상 프롤레타리아 전통을 따를 것을 맹세한다. 우리는 선조의 유산을 넘겨받아 영예롭게 앞으로 나아갈 것을 맹세한다." 확실히 서양의 맥없는 취임식은 상대되지 않는다.

4 "The Context, Performance and Meaning of Ritual: The British Monarchy and the Invention of Tradition", by David Cannadine, in *The Invention of Tradition*, Ed. Eric Hobsbawm and Terence Ranger, Cambridge University Press, 1983.

5 "The Highland Tradition of Scotland", by Hugh Trevor-Roper(in *The Invention of Tradition*). "이를 통해 킬트는 영국의 퀘이커교도 경영주가 처음 디자인하고 입었던 순수한 현대 의상이라는 결론을 내릴 수 있다. 그는 하일랜드 출신 사람들이 전통적 생활방식을 버리고 쉽게 변화를 받아들여서 황야를 벗어나 공장으로 오게 하려고 킬트를 선물했다."

3장 재미와 초월

1 수메르의 이난나, 고대 셈족의 아슈라, 이집트의 이시스, 그리스의 아르테미스·분만의 여신·데메테르·수확의 여신, 로마의 키벨레·대모신 등을 예로 들 수 있다.

2 *The God of Ecstasy: Sex Roles and the Madness of Dionysus*, St Martin's Press, 1988. 고고학자 아서 에반스Arthur Evans는 유럽과 아프리카, 인도 문화권에서 디오니소스 신이 어떻게 불리는지 정의했다. "박커스, 판, 엘레우테루스, 미노타우로스, 사바지오스, 이누우스, 파우누스, 프리아포스, 리베르, 아몬, 오시리스, 시바, 케르눈노스"

3 Emile Durkheim, *The Elementary Forms of Religious Life*, Free Press, 1915.

4 Aniruddh Patel, *Music, Language and the Brain*, Oxford University Press, 2008.

5 Merlin Donald, *Origins of the Modern Mind*, Harvard University Press, 1991.

6 Nick Ortner, *The Tapping Solution*, Hay House, 2013. 이 책에서는 EFT 치료법이 불안과 스트레스, 통증을 완화할 뿐 아니라 다이어트나 재산 증식을 비롯해 수많은 효과가 있다고 주장한다. 또한 경혈, 경락 에너지, 봉한관 Bonghan Channel 등이 두드리기와 관련 있다고 주장함으로써 유연하게 고대 동양 의학과 연계시킨다. 해마다 '세계 두드리기 대회'도 개최하며 참여자가 50만 명 이상이라고 주최 측에서 주장한다.

7 James Wood, *The Fun Stuff*, Jonathan Cape, 2013.

8 Aniruddh Patel and John Iversen, "A non-human animal can drum a

steady beat on a musical instrument", Proceedings of the 9th International Conference on Music Perception and Cognition, Ed. M. Baroni, A. R. Addressi, Bologna, 2006.

9 연구 결과는 2014년 2월 'American Association for the Advancement of Science' 회의에 발표되었다.

10 Layne Redmond, *DRUM! Magazine*, December 2000.

11 출애굽기 15:20.

12 Steven Strogatz, *Sync: The Emerging Science of Spontaneous Order*, Hyperion, 2003.

13 Nick Stewart, Oxford Brookes University website, www.brookes.ac.uk

14 William McNeill, *Keeping Together in Time: Dance and Drill in Human History*, Harvard University Press, 1995.

15 Thaddeus Russel, *A Renegade History of the United States*, Free Press, 2010.

16 Mircea Eliade, *Shamanism: Archaic Techniques of Ecstasy*, Routledge and Kegan Paul, 1964.

17 I. M. Lewis, *Ecstatic Religion*, 3rd edition, Routledge, 2003.

18 Johan Huizinga, *Homo Ludens*, Roy, 1950.

19 Mac Linscott Ricketts, "The Shaman and the Trickster", in *Mythical Trickster Figures*, Ed. William J. Hynes and William G. Doty, University of Alabama Press, 1993.

20 Lewis Hyde, *Trickster Makes This World*, Canongate, 2008. 방대한 사기꾼 우화를 훌륭하게 분석한 책이다.

21 Robin Dunbar, *How Many Friends Does One Person Need?*, Faber, 2010.

22 위의 책.

23 Robin Dunbar, *Human Evolution*, Penguin, 2014.

24 옥스퍼드 대학에서 연구와 강의를 하는 젊은 여성에게 들은 얘기다. 그녀는 학교 친구가 신부 들러리를 서달라기에 아무 생각 없이 허락했다가 태닝을 해야한다는 말에 충격을 받았다. 그녀가 거부하자 친구들은 자꾸 불평하면 '5단계 자메이카인'으로 해주겠다고 으름장을 놓았다. 그녀는 하마터면 시커멓게 태운 얼굴로 말라르메 강의를 할 뻔했다.

25 Don DeLillo, *Underworld*, Scribner, 1997.

26 Jon Henley, "The Rise and Rise of the Tattoo", *Guardian*, 20.07.2010.

4장 재미와 집단

1 좀 더 최근 사례는 2009년 개봉한 〈행오버The Hangover〉다. 세 친구로 브래들리 쿠퍼(리더), 자흐 갈리피아나키스(주술사), 에드 헬름스(별 특징 없는 세 번째 친구)가 등장한다.

2 Ethan Watters, *Urban Tribes: Are Friends the New Family?*, Bloomsbury, 2004.

3 구석기시대의 사회생활을 복원하기는 분명 어렵지만, 아직까지 수렵 · 채집 생활을 하는 집단을 연구한 사람들은 공통점을 인정한다. 여러 분야의 연구원이 모여 다양한 지역의 사례를 분석한 논문에서 다음과 같은 결론을 내렸다. "기록에 남아 있는 떠돌이 수렵 부족의 가장 중요한 특색은 정치적 평등주의다. 사회적 계층구조가 존재하지 않으며 협의와 합의를 통해 의사결정을 한다. 리더가 있더라도 다른 구성원과 지위가 크게 차이 나지 않는다. 교대로 역할을 맡으며 정기적으로 의식을 치른다. 사람들은 자기가 원하는 대로 행동하며 지배하거나 지시하는 사람도 없다. … 정치적 평등주의는 수렵 부족에게 단단히 뿌리내리고 있다." D. Shultznier, T. Stevens, M. Stevens, B. A. Stuart, R. J. Hannagan, G. Saltini-Semerari, "The Causes and scope of political egalitarianism during the Last Clacial: a multi-disciplinary perspective", *Biology and Philosophy 25*, Springer, 2010.

4 위의 글.

5 고전시대부터 오늘날에 이르기까지 서양의 친구 관계가 어떻게 발전해왔는지 알고 싶다면 다음 책을 참고하기 바란다. *Friendship: a History*, Ed. Barbara Caine, Equinox, 2009.

6 이 주장의 근거는 복잡성 이론학자 스콧 페이지Scott Page가 *The Difference: How the Power of Diversity Creates Better Groups, Firms and Societies*, Princeton University Press, 2007에 제시했다. 페이지는 평균 개인 오류에서 예측 다양성을 뺀 값이 집단 오류라는 '다양성 예측 정리'를 내세웠다. 이때 '예측 다양성'은 개인의 예측 범위를 의미한다.

7 이 주장의 근거는 다음 책에서 확인할 수 있다. Richard Crisp, *The Social Brain*, Robinson, 2015.

8 Robin Dunbar, *How Many Friends Does One Person Need?*, Faber, 2010.

9 14장과 15장에서 종교적 · 정치적 유연 단체를 상세하게 다룬다.

10 Robin Dunbar, 앞의 책, 2010.

11 Robin Dunbar, *Human Evolution*, Pelican, 2014.

12 뉴질랜드처럼 작은 국가의 럭비 팀 올 블랙스All Blacks가 어떻게 수십 년 동안 대를 이어가며 세계 럭비 대회를 휩쓸 수 있었는지 많은 사람이 궁금하게 생각해왔다. 한 가지 가설은 올 블랙스는 철저하게 평등주의를 지키고 어떤 형태의 이기주의도 배척하며, 아무리 재능 있는 선수라고 하더라도 팀보다 자기를 우

선시하면 받아들이지 않는다는 것이다. 그들의 철학은 간단하게 요약된다. "건방 떠는 놈 사절."

13 Marks S. Granovetter, "The Strength of Weak Ties", *American Journal of Sociology 78*, 1973.

14 핀이라는 소년과 마법을 쓰는 강아지 제이크가 '우 랜드'에서 모험을 펼치는 TV 만화영화 시리즈 〈어드벤처 타임Adventure Time〉에 나오는 캐릭터다.

15 Seth Grahame-Smith and Jane Austen, *Pride and Prejudice and Zombies: The Classic Regency Romance now with Ultraviolent Zombie Mayhem*, Quirk Classics, 2009. 이 소설의 도입부는 다음과 같이 시작한다. "뇌를 잠식당한 좀비라면 더 많은 뇌를 원한다는 사실은 누구나 인정하는 진리다."

16 2014년 1월 6일 채널4에서 방영되었다.

5장 재미와 권태, 불안, 진짜

1 Søren Kierkegaard, *Either/Or: A Fragment of Life*, Penguin, 2004.

2 Charles Baudelaire, *Au Lecteur*, translated by Michael Foley.

3 J. G. Ballard, *Extreme Metaphors: Interviews with J. G. Ballard 1967-2008*, Fourth Estate, 2012.

4 많은 사람이 이 주장에 의문을 제기하겠지만 Natsal(National Survey of Sexual Attitudes and Lifestyles)에 따르면 지난 수십 년간 성교 횟수가 지속적으로 감소하고 있다며 이 주장을 뒷받침한다. 2014년 9월 28일 자 《옵서버 Observer》 기사가 이를 확인시켜준다. "영국은 성욕을 잃어가고 있다. 본지가 조사 끝에 내리는 충격적인 결론이다. … 영국의 성인이 섹스하는 횟수는 한 달에 4회에 불과하다. … 지난번 설문조사 결과는 월 7회였다." 이 설문조사에 따르면 성생활에 만족하는 비율은 2008년 응답자의 76퍼센트였으나 2014년 63퍼센트로 감소했다.

5 Guy Debord, *The Society of Spectacle*, Zone Books, 1994.

6 Jean-Paul Sartre, *Existenialism is a Humanism*, Methuen, 1948.

7 Larry Siedentop, *Inventing the Individual: The Origins of Western Lieralism*, Allen Lane, 2014. 종교적·물질적·사회적 요소를 잘 정리한 책이다. Charles Taylor, *Sources of the Self*, Cambridge University Press, 1989. 지적·문학적 요소를 잘 정리한 책이다.

8 "*Dockery and Son*", *Collected Poems*, Faber, 1988.

9 "*Aubade*", *Collected Poems*.

10 Jean-Paul Sartre, *Being and Nothingness: An Essay on Phenomenological*

Ontology, Routledge, 2003.

11 특히 연예인들 사이에서 태반 먹기가 유행하는 듯하다. 톰 크루즈는 아내의 출산이 임박했을 때 〈지큐GQ〉와의 인터뷰에서 "출산 즉시 탯줄과 태반을 먹을 생각이다"라고 했다. 비위가 약한 사람들을 위해서 조금 덜 구석기적이지만 먹을 만하게 만들 수도 있다. TV 연예인 킴 카다시안은 자신의 홈페이지에 이렇게 적었다. "전 동결건조해서 알약으로 만들어 먹어요. 스테이크처럼 구워 먹는 게 아니라(그렇게 먹는 사람들도 있음)." 영국에서는 Placenta Plus라는 회사에서 태반 알약을 구입할 수 있다.

12 *Evening Standard*, 08.01.2015.

13 가장 극단적인 책은 찰스 포스터Charles Foster가 쓴 *Being a Beast*(Profile, 2016)다. 변호사 출신의 저자는 야생성을 되찾기를 간절히 원했지만 아프리카 사막에서 울트라 마라톤을 뛰는 것으로도 만족하지 못하고, 자연 탐험을 위해 메서드 연기를 했다. 사슴, 여우, 오소리처럼 생활했으며 네 발로 기어 다니거나 벌레를 먹고, 숲속 오소리 굴에서 잠을 잤다. 그는 오소리 굴에서 "꿈틀거리며 조금이라도 더 진짜가 되려고 노력했다."

14 평론가 데이비드 실스David Shields는 주목받는 격정적인 비판서 *Reality Hunger*에서 이런 시각을 표현했다. 그는 날것 그대로의, 왜곡되지 않은 진짜 경험이 녹아 있는 글에 목말라했고 곧 노르웨이 작가 칼 오베 크나우스고르 Karl Ove Knausgard가 이런 갈증을 채워주었다. 크나우스고르는 장대한 베스트셀러 *My Struggle*에서 자신의 삶을 놀라울 정도로 정직하고 대단히 상세하게 기술했다. 그는 실제 인물의 이름마저 바꾸지 않았다.

15 Charles Taylor, *The Ethics of Authenticity*, Harvard University Press, 1991. 테일러는 *Sources of the Self and A Secular Age*에서도 이 주제를 상세하게 다루었다.

16 하이데거와 사르트르 다음으로는 아도르노Adorno의 *The Jargon of Authenticity* 가 있으며, 최근에는 미국 철학자 마셜 버먼Marshall Berman의 *The Politics of Authenticity*, 찰스 귀농Charles Guignon의 *On Being Authentic*, 이스라엘 철학자 제이컵 골롬Jacob Golomb의 *In Search of Authenticity*, 평론가 라이오넬 트릴링Lionel Trilling의 *Sincerity and Authenticity* 등에서 이러한 주제를 다루고 있다. 오토바이 수리점을 운영하는 철학자 매슈 크로퍼드Matthew Crawford는 *The Case for Working with Your Hands*에서 실제에 대한 문학적 갈망을 표현했으며 그다음에 쓴 책 *The World Beyond Your Head*에서도 같은 욕망을 드러냈다. "이 책의 철학적 과제는 실제를 되찾는 것이다."

17 'Dead Writers Fragrance Line'도 있다. 헨리 8세나 마리 앙투아네트Marie Antoinette 같은 유명한 인물들에게서 영감을 받아 향을 표현했다.

6장 재미와 놀이

1 Philip Wheelwright, *Heraclitus*, Atheneum, 1964.
2 Herbert Giles, *Chuang Tzu: Musings of a Chinese Mystic*, London, 1920.
3 Swami Prabhavananda and Christopher Isherwood, *The Bhgavad Gita*, Los Angeles, 1944.
4 Friedrich Schiller, *Letters On the Aesthetic Education of Man*, Clarendon Press, 1967.
5 Friedrich Nietzsche, *Beyond Good and Evil*, Oxford, 2008.
6 Friedrich Nietzsche, *Human, All Too Human*, Penguin, 1994.
7 Johan Huizinga, *Homo Ludens: A Study of the Play Element in Culture*, Roy, 1950.
8 위의 책.
9 Jugen Moltmann, *Theology of Play*와 David L. Miller, *God and Games: Towards a Theology of Play*, World Publishing Company, 1970.
10 V. Barabanov, V. Gulimova, R. Berdiev, S. Savelier, "Object Play in Thick-toed Geckos During a Space Experiment", *Journal of Ethology*, May 2015.
11 Robert Fagen, *Animal Play Behaviour*, Oxford University Press, 1981.
12 Sergio Pellis, Andrew Iwaniuk and John Nelson(Monash University), "Do big-brained animals play more? Comparative analyses of play and relative brain size in mammals", *Journal of Comparative Psychology 115*, 2001.
13 *Basic Writings of Nietzsche*, Modern Library, 2000.
14 Brian Sutton-Smith, *The Ambiguity of Play*, Harvard University Press, 2001.
15 David Graeber, "What's The Point If We Can't Have Fun?", *The Baffler*, February 2014.
16 위의 글.
17 *Daily Telegragh*, 17.07.2012. 나는 《모래의 성》이라는 작품으로 터너상을 노려볼까 생각 중이다. 커다란 미술관 바닥을 모래밭으로 만들어서 들통과 삽을 잔뜩 놔두고 미술 애호가들에게 원래 성을 무너뜨리고 새 성을 지으라고 할 것이다. 이 작품은 인간이 불굴의 정신으로 덧없음과 위태로움을 극복함을 상징한다.
18 예를 들어 레고 아키텍처 시리즈는 '레고 블록을 통해 과거, 현재, 미래의 건축을 기념하는 것이 목표'이며 배아칸, 부르즈칼리파, 타지마할, 시드니 오페라하우스, 빅벤, 피사의 사탑 세트 등이 들어 있다.
19 Zoe Williams, "Meet the couples who click together like Lego", *Guardian*, 12.12.2015.

7장 재미와 일탈

1 *The Selected Letters of Gustave Flaubert*, Hamish Hamilton, 1954.

2 Louis E. Backman, *Religious Dances in the Christian Church and in Popular Medicine*, Allen and Unwin, 1952.

3 위의 책.

4 Horace, *The Satires of Horace and Perseus*, Penguin, 1973.

5 회사에서 농신제를 개최하면 재미있지 않을까. 크리스마스가 지나고 회사 간부들이 식당 종업원들과 역할을 바꾼다. 종업원들은 간부들에게 엄숙하게 기업 강령과 목표, 시너지, 창조적 사고 따위에 대해 설교하다가 CEO에게 눈을 흘긴다. CEO는 머리를 숙이고 커피 잔이 달그락거리지 않도록 조심해서 카트를 밀고 가지만 영 서툴다. 양복을 입은 종업원들은 아트리움으로 이동하고, 그곳에서 굽실거리며 포도주와 카나페를 권하는 간부들에게 전혀 관심을 보이지 않고 눈도 마주치지 않는다. 회사 농신제는 틀림없이 크리스마스가 끝난 뒤 찾아오는 우울증을 날려줄 테고 사람들은 즐겁게 '요 사투르날리아!'를 외치며 사무실로 서둘러 돌아올 것이다.

6 *The Complete Tacitus Collection*, Karpathos, 2015.

7 Mikhail Bakhtin, *Rabelais and His World*, Massachusetts Institute of Technology, 1968.

8 위의 책.

9 *Gargantua and Pantagruel*, Penguin, 1955. 코헨J. M. Cohen이 멋지게 번역했다. 무료로 다운로드할 수 있는 토머스 어쿼트Thomas Urquhart 번역본은 조악하다.

10 Johan Huizinga, *Homo Ludens: A Study of the Play Element in Culture*, Roy, 1950.

11 Milan Kundera, *The Art of the Novel*, Faber, 1988.

12 Mikhail Bakhtin, 앞의 책, 1968.

13 위의 책에서 인용.

14 똥을 뜻하는 'shite'은 아일랜드어에서 아주 중요한 단어이므로, 라블레가 똥을 아일랜드와 연결시킨 것은 아주 적절했다. 배에 탄 사람 하나가 재미삼아 대포를 발사하자 겁쟁이 파뉘르주는 갑판 아래에서 웅크리고 있다가 똥을 눈다. 파뉘르주는 셔츠에 묻은 것이 똥이 아니라고 우기며 말한다. "전혀 아니야. 이게 똥, 대변, 찌꺼기, 오물, 분변, 배설물이라고 했나? 이건 아일랜드에서 건너온 샤프란이야, 내 생각엔 그래. 하하, 아일랜드산 샤프란이라고."

15 Renee Descartes, "Discourse on Method of Rightly Conducting the Reason and Seeking Truth in the Field of Science", *Philosophical Essays*, Bobbs-Merrill, 1964.

16 로런스 스턴과 윌리엄 블레이크는 이런 유행에서 눈에 띌 정도로 예외였다. 둘 다 풍자를 노골적으로 멀리했다. 스턴은 "스위프트는 라블레와 적당한 거리를 유지했다. 나는 스위프트와 적당한 거리를 유지하고 있다"고 했다. 윌리엄 블레이크는 이런 시를 썼다. "비웃자, 마음껏 비웃자, 볼테르를, 루소를./ 비웃어라, 비웃어, 모든 것은 헛되나니." 스턴이 가장 좋아한 작가는 라블레였고 *Tristram Shandy*에서 음탕함과 엉뚱함을 폭발적으로 쏟아내며 18세기의 답답한 양복 조끼를 벗어던졌다. 블레이크의 작품은 웃음과 환희를 불러내는 주문으로 가득하다. "흘러넘침은 아름다움이다." 그리고 나는 블레이크의 격언 "지나침으로 이어진 길은 지혜의 궁전으로 인도한다"를 전에는 항상 싫어했었지만, 이제 개인이 자기탐닉에 빠지도록 선동하기보다는 삶의 과잉을 받아들인다는 뜻으로 해석한다.

17 *Carnival*(Scolar Press, 1980)에서 역사가 에마뉘엘 르 로이 라뒤리Emmanuel Le Roy Ladurie는 1580년 남부 프랑스 마을 로망스에서 부르주아가 무척 잔혹하게 사육제를 억압했던 사례를 자세히 소개한다. 부르주아들은 판사를 앞세워 직공과 농장 일꾼들이 조직한 사육제의 리더 '베어 킹(프랑스판 엉터리 왕)'을 살해하고 사육제를 조직하는 데 참여한 사람들을 감옥에 가두었다. 그런 다음 판사는 마을을 봉쇄하고 불법 평의회를 설치하여 죄수들에게 고문을 하거나 교수형을 선고했다. 라뒤리는 베어 킹 사육제에 참여한 사람이 약 600명인 반면 판사 앙투안 게린Antoine Guerin이 처벌한 사람은 60명에 불과하다고 추정했다. 하지만 부르주아 계급은 신앙심을 내세우며 잔혹한 처사로 위세를 떨쳤다. 게린은 자신들의 행위가 신의 지시와 인도를 받았다고 반복해서 강조했다.

18 Friedrich Nietzsche, *The Birth of Tragedy*, Dover, 2012.

19 Friedrich Nietzsche, *Thus Spoke Zarathustra*, Penguin, 1969.

20 *Selected Letters of Friedrich Nietzsche*, Hackett, 1997.

21 Friedrich Nietzsche, 앞의 책, 2012.

22 I. M. Lewis, *Ecstatic Religion*, 3rd edition, Routledge, 2003.

8장 재미와 쾌락주의

1 Epicurus, *The Art of Happiness*, Penguin, 2012.

2 위의 책.

3 위의 책.

4 위의 책.

5 위의 책.

6 John Stuart Mill, *Utilitarianism*, Start Publishing, 2012.

7 위의 책.

8 위의 책.

9 그중 하나는 미국인 철학 교수 프레드 펠드먼Fred Feldman이 쓴 *Pleasure and the Good Life: Concerning the Nature, Varieties, and Plausibility of Hedonism*, Oxford University Press, 2004이다. 쾌락주의를 '변호'하려고 '시도'해야 하고 너그럽게 해석할 필요가 있다고 생각했던 부분은 주목할 만하다. 도입부의 첫 두 문장은 다음과 같다. "이 책의 주요 목적은 쾌락주의를 변호하여 좋은 삶을 탐구하는 실질적 이론임을 밝히는 것이다. 쾌락주의를 신중하고 너그럽게 해석했을 때 특정 형태의 쾌락주의는 타당하고 옹호할 가치가 있음을 알리고자 한다."

10 Eric Klinenberg, *Going Solo: The Extraordinary Rise and Surprising Appeal of Living Alone*, Penguin, 2012.

11 *The Selected Letters of Gustave Flaubert*, Hamish Hamilton, 1954.

12 Friedrich Nietzsche, *Human, All Too Human*, Penguin, 1994.

13 위의 책.

14 Friedrich Nietzsche, *Will to Power*, Vintage, 1967.

15 Friedrich Nietzsche, *Thus Spoke Zarathustra*, Penguin, 1969.

16 위의 책.

17 위의 책.

18 Friedrich Nietzsche, *The Birth of Tragedy*, Dover, 2012.

19 Milan Kundera, *The Unbearable Lightness of Being*, Harper and Row, 1984.

20 Lesley Chamberlain, *Nietzsche in Turin*, Picador, 1996.

21 나도 20대 초반에 몇 년 동안 그런 환상을 품었다. 마음에 드는 직업은 등대지기밖에 없으리라고 생각했지만, 아일랜드 등대 위원회Commission for Irish Lights에서는 등대가 자동화되었기 때문에 자리가 없다고 했었다.

22 Eric Klinenberg, *Going Solo: The Extraordinary Rise and Surprising Appeal of Living Alone*에서 인용.

23 Jean Jacques Rousseau, *Emile, or On Education*, Penguin, 1991.

24 Charles Taylor, *The Ethics of Authenticity*, Harvard University Press, 1992. "사람들은 홀로 사색하여 상당한 수준까지 자기 견해와 관점, 입장을 발전시키는 것이 당연하다고 생각한다. 하지만 정체성 정의와 같은 중요한 문제에는 그런 방식이 적용되지 않는다. 항상 대화를 나누면서 자기 정체성을 정의하고, 때로는 소중한 사람들이 내게 원하는 모습과 고통스럽게 대치하면서 정체성을 수립해간다. 그리고 우리가 후자를 넘어(예를 들어 부모님) 훌쩍 자랐을 때 그들이 사라지고 없더라도 우리가 살아 있는 한 그들과의 대화는 이어진다."

25 Larry Siedentop, *Inventing the Individual: The Origins of Western Liberalism*, Allen Lane, 2014에서 전체 발전사를 소개하고, 저자는 다음과 같이 훌륭하게

요약했다. "세속주의는 기독교가 세계에 준 선물이다."

26 이 유행이 어떻게 전개되었는지 추적해보면 재미있을 듯하다. 내 생각에는 1960년대 〈Ocean's Eleven〉, 〈The Magnificent Seven〉, 〈The Dirty Dozen and The Wild Bunch〉 같은 영화에서 시작되었고 두 명의 친구가 나오는 버디 무비는 〈Butch Cassidy and the Sundance Kid〉(1969)가 시초로 보인다. 제임스 본드 영화가 계속 성공하는 것은 예외 사례다.

27 에피쿠로스가 항상 옳았던 것은 아니었다. 태양의 직경이 60센티미터라던 그의 추정은 살짝 빗나갔다.

28 라블레 역시 재미를 사랑하는 개인으로 구성된 공동체를 생각했다. 《가르강튀아와 팡타그뤼엘》에는 어디에서도 찾기 힘든 독특한 공동체 텔렘 수도원을 건설하려는 가르강튀아의 유쾌한 계획이 등장한다. 일단 텔렘 수도원에는 성벽이 없고 세계를 향해 활짝 열려 있다. 벽은 시기와 악의, 음모를 부추기기 때문이다. 입회할 때 성별에는 제한이 없지만 여성은 '상냥한 성품'을, 남성도 '유쾌한 천성'을 지녀야 하며 모두 '지혜롭고 차분해야' 한다. 누구나 지원할 수 있지만 은행가, 변호사, 판사는 예외다. 종교 시설과는 다르게 이 수도원에서는 종신 서서를 하지 않는다. "남성과 여성 모두 한번 들어오면 지시나 방해 없이 언제든 원할 때 떠날 수 있음을 공언하노라." '순결, 가난, 순종' 서약도 없으며 '법, 규정이나 규칙'조차 없고 '자유 의지와 쾌락'만 기준으로 생활한다. 심지어 시간의 횡포조차 거부한다. "이 세상의 종교 기관에서 만사가 시간에 의해 갇히고 제한되고 통제되므로 여기서는 시계를 모두 없앨 것이며, 모든 일은 흘러가는 대로 두어야 한다."

이 새로운 수도원에는 수영장, 테니스장과 구기장, 승마장, 산책할 수 있는 과수원과 정원, '깔끔한 미로' 등의 시설이 있다. 정신적 쾌락을 위해 본관에는 '그리스어, 라틴어, 히브리어, 프랑스어, 이탈리아어, 스페인어 등의 책이 언어별로 층층이 분류된 훌륭하고 방대한 도서관'이 있다. 또한 널찍하고 잘 꾸며진 방이 9,332개 있고, 모든 방은 공동 활동을 할 수 있는 커다란 중앙 홀 및 옥상 테라스로 연결된다. 이곳에서 인간의 허영심은 용인되는 정도가 아니라 마음껏 누릴 수 있다. "각 화장실에는 아름다운 황금빛 테두리를 진주로 장식한 수정거울이 있으며, 전신을 제대로 비춰볼 수 있을 만큼 충분히 크다." 그냥 거울이 아니라 전신 거울을 공급하는 데서 라블레가 얼마나 인간의 본성을 잘 이해하는지를 여실히 알 수 있다. 라블레의 수도원은 오늘날 도시 독신자들이 꿈꾸는 복합 주거시설과 비슷해 보인다.

9장 재미와 춤

1 Jane Goodall, *My Friends, the Wild Chimpanzees*, Washington, 1967.
2 Aniruddh Patel, *Music, Language and the Brain*, Oxford University Press, 2008.
3 Oliver Sacks, *Musicophilia*, Knopf, 2011.
4 Merlin Donald, *Origins of the Modern Mind*, Harvard University Press, 1991.
5 모든 사람이 〈봄의 제전〉을 올려야 하므로 나는 4월 마지막 일요일에 커플들을 위한 새로운 의식을 만들었다. 사냥꾼 남성은 슈퍼마켓에서 사슴고기를 사냥하고 다산의 여신 여성들은 원예용품점에서 화초를 구해 와서 뒤뜰에 있는 대지의 여신과 엄숙하게 재결합하는 것이다. 여성들은 스트라빈스키의 거친 음악에 맞추어 빌리 춤을 추고, 남성에게 다가가기 전에 첫 바비큐에 신성한 불을 붙인다. 마지막으로 각자 쿠나와라 시라즈를 한 잔씩 마시고, 레이지보이 리클라이너 위에서 섹스를 한다. 이때 여성이 상위에서 머리를 흔들며 이난나 여신을 찬양하는 고대 수메르 찬송가를 부른다. "나의 음문, 뿔, 천상의 배는 젊은 달처럼 욕망으로 가득하네."
6 E. L. Blackman, *Religious Dances in the Christian Church and in Popular Medicine*, London, 1952에서 인용.
7 위의 책에서 인용.
8 엘리자베스 웨이랜드 바버Elizabeth Wayland Barber는 *The Dancing Goddesses: Folklore, Archaeology, and the Origins of European Dance*, Norton, 2013에서 빌리 전통에 대해 상세하게 설명할 뿐 아니라 고대의 춤 몇 가지를 재구성했다.
9 Maurice Louis, *Le Folklore et La Danse*, Maisonneuve et Larose, 1963.
10 *The Times*, summer 1816.
11 Sheryl Garratt, *Adventures in Wonderland: A Decade of Club Culture*, Headline, 1998에서 인용.
12 위의 책.
13 Graham St John, *Technomad: Global Raving Countercultures*, Equinox, 2009에서 인용.
14 *Adventures in Wonderland: A Decade of Club Culture*에서 인용.
15 'Shut Up and Dance'라는 멋진 이름의 영국 듀오는 '£10 to get in'이라는 음반과 리믹스 음반 '£20 to get in'에서 표절 열풍을 풍자했다.
16 David Foster Wallace and Mark Costello, *Signifying Rappers*, Ecco Press, 1990.
17 미국 밴드 10,000 Maniacs의 In My Tribe를 이 시대의 주제가로 삼아야 한다. 10,000 Maniacs는 내가 무척 좋아하는 밴드명이다(사실 '두둑거리는 연골

'Throbbing Gristle' 다음이다). 아내도 이 밴드를 무척 좋아하고, 나는 친척들에게 전화가 걸려오면 사과하면서 "미안하지만 아내는 지금 거실에서 미치광이 1만 명의 공연을 보고 있어"라고 대답하곤 했다.

18 Sally Sommer, 'C'mon to my House: Underground-House Dancing', *Dance Research Journal 33*, 2001.
19 Graham St John, 앞의 책, 2009.

10장 재미와 익살

1   Ben Jonson, "Volpone: or the Fox", *Five Plays*, Oxford University Press, 1981.
2   Andrew McConnell Scott, *The Pantomime Life of Joseph Grimaldi: laughter, madness and the story of Britain's greatest comedian*, Canongate, 2009에서 인용.
3   *Basic Writings of Nietzsche*, Modern Library, 2000.
4   Oliver Double, *Getting the Joke: the inner workings of stand-up comedy*, Methuen, 2005에서 인용.
5   Zadie Smith, *Changing My Mind*, Penguin, 2009.
6   Richard Pryor, *Live in Concert*.
7   *Guardian*, 30.11.2014에서 인용.
8   Harry Thompson, *Peter Cook: a Biography*, Hodder & Stoughton, 1997.
9   영국 코미디언 스튜어트 리Stewart Lee는 스탠드업 코미디에 대한 저서 *How I Escaped My Certain Fate: the Life and Deaths of a Standp-up Comic*, Faber, 2010에서 100명에서 200명을 이상적인 관객 수로 보았고 가장 좋아하는 공연장 두 곳의 좌석 수가 150석이라고 밝혔다. 이 책에는 공연 내용에 대한 기록도 들어 있으며 어느 공연이 성공했고 실패했었는지 흥미로운 분석을 곁들였다.
10 John Berryman, *The Dream Songs*, Farrar, Strauss and Giroux, 2014.

11장 재미와 성性

1   긴팔원숭이나 펭귄 등 몇 가지 동물종이 평생 일부일처를 따른다고 생각되었으나 이는 일시적이거나 사회적인 현상일 뿐이라는 사실이 밝혀졌다. 우아한 백조도 난잡한 짓을 하고 다닌다.
2   Jules Howard, *Sex on Earth*, Bloomsbury, 2014에서 동물들의 일부일처에 대

해 상세하게 설명한다.

3 보노보 원숭이의 섹스는 재미만이 목적이라기보다, 재미를 통해 집단 내부나 집단 간 폭력 충돌을 피하거나 해결하려는 심각한 사회적 목적을 지닌다. 영장류 동물학자 프란츠 드 월Franz de Waal이 이를 깔끔하게 요약했다. "침팬지가 성적인 문제를 힘으로 해결하는 반면, 보노보는 권력 문제를 섹스로 해결한다." 보노보 원숭이가 상대를 실수로 나뭇가지에서 떨어트린다든지 해서 화나게 했을 경우, 싸움을 피하기 위해 상대에게 섹스를 제안한다. 보노보 무리가 숲에서 만났을 때는 싸우기보다는 섹스하기 시작한다. 보노보 원숭이야말로 오랜 히피 격언 "싸우지 말고 사랑합시다Make Love Not War"를 제대로 실천하는 셈이다.

4 Christopher Ryan and Cacilda Jetha, *Sex at Dawn*, Harper Perennial, 2012 참고.

5 *The Poems of Caullus*, Peter Whigham 번역, Penguin, 1966. 오비디우스의 *Metamorphoses*에서 티레시아스는 신에 의해 7년 동안 여성으로 변신했었기 때문에 남성과 여성 모두의 입장에서 섹스 경험이 있다. 제우스가 어느 쪽이 더 좋았느냐고 질문하자 티레시아스는 여성 쪽이었다고 대답했고, 제우스의 아내 헤라는 여성의 비밀을 누설한 벌로 즉시 그를 장님으로 만들었다.
그리스 시인 헤론다스는 구두장이 케르돈이 만든 가죽 딜도를 중산층 여성들이 남편보다 좋아해서 서로 돌려가며 사용한 이야기를 기록했다. 코리토라는 여성이 메트로라는 여성에게 이 물건에 대한 열렬한 찬사를 들려준다.

> 훌륭한 솜씨야! 이 얼마나 훌륭한 솜씨인가! 자기는 말하겠지
> 케르돈이 아니라 아테나의 작품이야, 보면 알아
> 난 - 그가 두 개를 가져왔을 때, 메트로 -
> 그걸 보고 눈이 번쩍 뜨였어.
> 남자들은 아무리 고추를 세워봤자 그렇게 -
> 그저 여기 이렇게 - 꼿꼿해. 그뿐 아니라, 단잠처럼 부드러워, 그리고 감싼
>   것은 양털 같아, 가죽이 아니라. 찾아볼 순 있겠지,
> 하지만 이렇게 여자에게 다정한 구두장이는 없어.

메트로는 코리토에게 왜 딜도 두 개를 모두 가져오지 않았냐고 묻는다. 코리토는 케르돈에게 하나를 얻는 것도 힘들었다고 대답한다("그에게 키스하고, 대머리를 쓰다듬고, 달콤한 술을 잔뜩 부어주고 집적거렸어. 몸만 빼고 다 줬어"). 메트로는 케르돈이 원한다면 몸도 허락했어야 한다고 말한다.
기원전 4세기의 도자기에도 딜도가 보인다. 고고학자들은 구석기시대 유물에서 딜도처럼 보이는 수많은 '남근 형상물'을 발견했지만, 분명히 보이는 귀두 모양에도 불구하고 여성의 형상이라거나 의식을 준비할 때 쓰는 지휘봉, 심지어 화살과 창을 펼 때 쓰는 교정기라고 주장했다. 이는 성경의 노골적인 〈아가

The Song of Songs〉가 자기 백성에게 보내는 야훼의 신성한 사랑의 표현이라는 해석과 버금갈 정도로 공신력 있다. 남근 두 개가 120도로 펼쳐지는 더블 딜도도 있다. 두 명이 사용하기에 완벽하다. 코리토와 메트로가 봤다면 분명 케르돈에게 이대로 만들어달라고 주문했을 것이다.

6 Gauter Le Leu, *Fabliaux: Ribald Tales from the old French*, New York, 1965.

7 위의 책.

8 위의 책.

9 Rabelais, *Gargantua and Pantagruel*, Penguin, 1955.

10 Geoffrey Chaucer, *The Canterbury Tales*, David Wright 번역, Oxford University Press, 1985. 대부분의 초서 번역본이 운이 맞는 단어를 찾기 위해 도치와 군더더기를 잔뜩 사용하여 투박한 대구를 이루고 있다. 데이비드 라이트 David Wright는 시인으로 강렬하고 자유로운 운문을 구사한다.

11 다른 유사점도 있다. 두 작가 모두 박학다식했고 다양한 학문을 포용했으며 (초서는 천문학에 정통해서 아들에게 천문 관측 장치 아스트롤라베를 만들어 주었고 *A Treatise on the Astrolabe*를 썼다), 둘 다 여러 곳을 여행했고 이탈리아에 간 적이 있다. 둘 다 힘들고 위험한 환경에서 산전수전을 겪었으며 라블레는 교회로부터, 초서는 의회로부터 공개적으로 지탄받았다. 권력기관을 화나게 했을 때 둘 다 신중하게 행동했으며 라블레는 북동부 프랑스로, 초서는 켄트 지방으로 자진해서 망명했다. 초서의 직업은 언뜻 위험해보이지는 않는다. 그는 런던 부두를 나가는 양모 제품의 관세를 징수했었는데 오늘날 기준으로 생각하면 그리 까다롭지 않은 일자리로 보이겠지만, 14세기에 양모 제품은 국가 전체 소득에서 3분의 1을 차지했기 때문에 초서가 규제해야 하는 양모업자들은 엄청난 소득을 벌어들이고 소득의 상당 부분을 왕을 비롯한 권력자에게 뇌물로 쓰는 사람들이었다.

12 종교재판은 가톨릭교회 내 기관으로 존속하다가 1904년 '검사 성성Supreme Sacred Congregation of the Holy Office'으로 개칭했다. 창의적인 브랜드 쇄신의 초기 사례로 볼 수 있다.

13 Christopher Ryan and Cacilda Jetha, 앞의 책, 2012.

14 그 결과, 좋은 집안에서 자랐다고 생각했던 여성이 성적인 욕구를 드러내면 남성들은 충격을 받거나 혐오감을 느끼는 경우가 많았다. 가장 널리 알려진 사례는 평론가 존 러스킨John Ruskin이 결혼식 날 밤 신부 에피Effie가 그의 앞에서 옷을 벗자 경악하여 도망친 사건이다. 시간이 흘러도 러스킨은 이 혐오감을 극복하지 못했고 결국 에피는 성관계 부재를 이유로 이혼할 수 있었다. 물론 나이 든 여성이 성적 욕구를 드러낸 결과는 더욱 충격적이다. 조지 엘리엇George Eliot은 60세 때 스무 살 어린 팬과 결혼하여 베네치아로 신혼여행을 가서 호텔에 투숙했고, 새신랑은 호텔 방에서 대운하로 뛰어내렸다. 왜 이런 일이 벌어졌는지 정확하게 밝혀지지는 않았지만 영혼의 반려자를 기대하며 결혼한 남성

이 아내의 성적인 요구에 겁을 먹고 관계를 맺느니 차라리 익사하는 쪽을 선택했다는 것이 의아하게 느껴진다.

15 Rachel Maines, *The Technology of Orgasm: Hysteria, the Vibrator and Women's Sexual Satisfaction*, Johns Hopkins University Press, 1999.

16 자유로운 사랑을 옹호한 용감한 사람들도 있었다. 이 중 한 명이며 *The Adult: A Journal for the Advancement of Freedom in Sexual Relationship*의 편집자이자 발행인은 실제로 존 베드콕John Badcock이라고 불렸다.

17 Philip Larkin, *Collected Poems*, Faber, 1988.

18 Erica Jong, *Fear of Flying*, Martin Secker and Warburg, 1974.

19 John Updike, *Picked up Pieces*, Random House, 1975.

20 John Updike, *Self-Consciousness*, André Deutsch, 1989.

21 Adam Begley, *Updike*, Harper Prennial, 2014.

22 외딴 곳에 있는 스윙어 목장은 미스테리 살인자 찾기 파티 장소로 아주 좋을 듯하다. 목장은 크리스마스를 맞아 잔뜩 붐비지만 폭설로 고립되고, 한 여성이 '결박의 방'에서 갈고리에 매달린 채 발견된다. 처음에는 수치심에 의한 자살이라고 생각되었지만 그녀가 스윙잉을 무척 즐겼다고 많은 사람이 증언하자 자신도 스윙어인 한 형사가 살인을 의심하기 시작한다. 소설 제목은 《흔들리는 시체*The Swinging Corps*》다.

23 Antoinett Kelly, "Swingers Groups in Ireland Are Growing at a Massive Rate", www.irishcentral.com/news 14.09.2010.

24 William Jankowiak and Laura Mixon, "I have his heart, swinging is just sex: the ritualisation of sex and the rejuvenation of the love bond in an American exchange community", *Intimacies*, Columbia University Press, 2008.

25 Katherine Frank, *Plays Well In Groups: A Journey Through the World of Group Sex*, Rowman and Littlefield, 2013.

26 Robin Baker and Mark Bellis, *Human Sperm Competition: Copulation, Masturbation and Infidelity*, Springer, 1994.

27 Carin Bondar, *The Nature of Sex: the ins and outs of mating in the animal kingdom*, Weidenfeld and Nicolson, 2015 참고.

28 *Dogging Tales*, Channel 4, broadcast 04.04.2013.

29 William Blake, "The Crystal Cabinet", *The Complete Poems*, Penguin, 2004.

30 YouGov survey August 2015.

31 핼러윈과 마찬가지로 서커스도 1970년대에 공포와 연관되면서 부활했다. 그 이전에는 배트맨의 적 조커가 있었지만 스티븐 킹의 소설 *It*으로 사악한 광대가 본격적으로 유행하기 시작했고 〈S.I.C.K. Serial Insane Clown Killer〉, 〈The Clown at Midnight〉, 〈Sloppy the Psychotic〉, 〈Bong: Killer Clown〉 등

의 영화가 뒤를 이었다. 이들 영화의 팬이라면 모든 방과 홀이 불길한 광대 테마로 꾸며져 있는 'Nevada Creepy Clown Motel'에도 묵고 싶어 할 듯하다.

12장 재미와 휴가

1 영국은 중국인 관광객을 이용한 돈벌이에 재빠르지 못했지만 2013년 영국 항공이 히스로 공항에서 중국의 중심 도시 청두를 잇는 직항 노선을 개설했다. 이를 홍보하기 위해 청두에 있는 쇼핑몰에서 50명이 판다 옷을 입고 '중국 판다 플래시몹 댄스'를 공연하는 한편 영국의 주요 업적을 알려주기 위해 케임브리지 공작과 공작 부인, 셜록 홈즈, 데이비드 베컴과 해리포터로 분장하기도 했다. 또한 19세기에 많은 중국인을 기독교로 개종시킨 선교사 제임스 테일러 허드슨James Taylor Hudson의 고향인 요크셔주 반즐리시는 중국판 베들레헴으로 홍보하여 한몫 챙기고 싶어 했지만 중국인들에게 별로 깊은 인상을 남기지 못했다. 중국인들은 태국을 선호했다. 아침에는 불교 사원, 점심에는 놀이공원, 밤에는 여장 남자 등 영성과 오락, 섹스의 멋진 조합이 가능했을 뿐 아니라 반즐리보다 훨씬 따뜻했기 때문이다.

2 프랑스의 부르고뉴 지방의 베즐레 대성당은 순례 장소로 인기가 있었지만 프로방스 지방의 생 막시망 라 생트 보메 수도원Monastery of St. Maximin La Sainte Baume에서 마리아 막달레나의 유해를 모시고 있다고 주장하면서 명맥이 끊겼다. 라 생트 보메 수도원은 고대 석관에서 발산되는 '우아한 향'으로 미루어 진정 신성한 인물의 유해가 그 안에 들어 있는 것이 분명하다고 주장했다.

3 Maxine Fiefer, *Tourism in History: from Imperial Rome to the Present*, Stein and Day, 1986에서 인용.

4 Geoffrey Chaucer, *The Canterbury Tales*, David Wright 번역, Oxford University Press, 1985.

5 Kim M. Phillips and Barry Reay, *Sex Before Sexuality: A Premodern History*, Polity, 2013에서 더 많은 배지를 확인할 수 있다.

6 Victor Turner, *Process, Performance and Pilgrimage*, Concept, 1979.

7 Maxine Feifer, *Tourism in History, from Imperial Rome to the Present*, Stein and Day, 1986.

8 *The Gentleman's Pocket Companion for Travelling into Foreign Parts*, London, 1722.

9 Mark Twain, *The Innocents Abroad*, Harper and Row, 1966.

10 Don DeLillo, *White Noise*, Viking Penguin, 1984.

11 James Howell, *Instructions for Forraine Travel*, Humphrey Mosley, 1642.

12 플로베르는 동료 작가 막심 뒤 캉Maxime Du Camp과 여행하면서 젊은 남성이 공개적으로 원숭이와 항문 성교를 하고 다른 원숭이가 당나귀의 성기를 문지르고, 마라부트(멍청한 성자)가 과로로 사망할 때까지 이슬람교도 여성의 손으로 종교적 수음을 하는 모습을 ("아침부터 밤까지 끊임없이 이어졌다") 재미있게 감상했다. 뒤 캉은 유적 뒤에서 관광 안내원에게 서비스를 받고 무척 좋았다고 공개적으로 밝혔으며 플로베르는 목욕하면서 젊고 매력적인 안마사를 '꼬챙이로 꿰려고' 기대하고 있었지만 그날 젊은 청년은 휴가라는 사실을 알고 실망했고, 못생긴 50대 남성 수행원에게 애무받는 것으로 타협해야 했다. "교육적인 목적으로 여행을 하고 있고 정부에서 사명을 받은 만큼 마음껏 이런 형태로 분출하는 것이 우리의 의무라고 생각했다." 물론 이성과의 섹스도 있다. 플로베르는 나일강에서 에스나까지 여행하면서 유명한 매춘부 쿠추크 하넴 Kuchuk Hanem의 집을 방문한다. 플로베르와 쿠추크, 쿠추크의 악사들이 함께 라키 몇 잔을 마신 다음 악사들은 눈을 가리고 음악을 연주하기 시작했다. 플로베르에 따르면 쿠추크는 음악에 맞춰 "잔혹"하고 "고대 그리스 화병"에 그려진 것 같은 고대식 춤을 춘다. 쿠추크의 동료 사피아 주가이라Safia Zugairah가 도착한다. "사피아 주가이라와 한판－침대에 얼룩을 남겼다. 야하게 몸을 놀리는, 몹시 천박하고 풍만한 여자다. 하지만 쿠추크와의 두 번째 결합에 비할 바는 아니었다. 이빨 사이로 닿는 목걸이의 감각. 나를 빨아들일 때 그녀의 그곳은 벨벳을 말아놓은 것 같았다. 호랑이가 된 기분이었다." 플로베르는 쿠추크에게 하룻밤 같이 있자고 설득한다. '한 판' 하고 나서 그녀는 코를 골았고 플로베르는 심심풀이로 벽에 있는 빈대를 잡았다. 그에게 창녀의 매력은 빈대의 냄새와 백단향이 어우러진 체취였다.

13 *Yankee Doodle Dandy*도 가능하지 않을까.

14 *Guardian*, 10.01.2015.

15 David Foster Wallace, *A Supposedly Fun Thing I'll Never Do Again*, Little Brown, 1997.

16 많은 사람이 유람선이 상징하는 영원한 삶의 느낌을 좋아하는 듯하다. 런던 크루즈 쇼London Cruise Show에서 백발이 성성한 사람들이 유람선을 예약하려고 여기저기 줄을 섰지만 유서 쓰기 행사Write a Will Stand에서는 20미터 근방에 한 명도 보이지 않았다.

13장 재미와 게임

1 Kendall Blanchard, *The Anthropology of Sport*, Greenwood, 1995.
2 1968년 프레더릭 엑슬리Frederick Exley가 뉴욕 자이언츠 팀에 대한 집착을 표현한 '허구적 회고록*A Fan's Note*'으로 이를 시작했고 1969년에는 존슨B. S. Johnson이 축구 경기 리포터를 주인공으로 소설 *The Unfortunates*를 썼다. 1970년대에 존 업다이크는 소설에서 평범한 주인공 해리 옹스트롬Harry Angstrom을 전직 농구 선수로 설정했고, 골프에 빠져서(이 교외 스포츠는 딱히 경쟁적으로 다뤄지진 않았다) 여러 소설에 등장시켰으며 소설 외에도 골프 관련 책을 다수 썼다. 데이비드 포스터 월러스David Foster Wallace는 테니스에 빠져서 가장 유명한 작품 *Infinite Jest*에서 테니스 학교를 주요 배경으로 삼았고 테니스 관련 에세이도 몇 편 썼다. 저명한 소설가가 쓴 스포츠 관련 책은 그 밖에도 버나드 맬러머드Bernard Malamud의 야구 소설 *The Natural*, 돈 드릴로의 미국 축구 소설 *Endzone*, 아스날에 대한 집착을 쓴 닉 혼비Nick Hornby의 회고록 *Fever Pitch*, 이탈리아 축구팀을 따라다닌 경험을 쓴 팀 팍스Tim Parks의 *A Season with Verona* 등이 있다.
3 Aristotle, *On Rhetoric*, Oxford, 2007.
4 Jean-Paul Sartre, *Critique of Dialectical Reason*, Verso, 2006.
5 Jacques Derrida, *Society Matters*, Autumn-Winter, 1998.
6 Tim Parks, *A Season with Verona*, Vintage, 2012.
7 Alex Bellos, *Futebol: Soccer, The Brazilian Way*, Bloomsbury, 2002.
8 Desmond Morris, *The Soccer Tribe*, Jonathan Cape, 1981.

14장 재미와 종교

1 William McNeill, *Keeping Together in Time: Dance and Drill in Human History*, Harvard University Press, 1995에서 인용.
2 *A Brief Introduction to Hasidism*, Public Broadcasting Service Website, www. pbs.org에서 인용.
3 위의 웹사이트.
4 Christopher Partridge, *The Re-Enchantment of the West: Alternative Spiritualities, Sacralization and Popular Culture and Occulture*, T & T Clark International, 2004.
5 Linda Woodhead, "The World's Parliament of Religions and the Rise of Alternative Spirituality", *Reinventing Christianity*, Ashgate, 2001.

6 듣자 하니, 사이브레이크스psybreaks 장르는 누 스쿨 브레이크스nu skool breaks 와 헷갈리기 쉽지만 누 스쿨 장르가 베이스를 거칠게 왜곡하고 글리치 기법을 자주 사용하는 반면 사이브레이크스는 아르페지오로 된 신시사이저를 많이 사용하는 경향이 있다. 사실 무슨 얘기인지 모르겠지만 그럴듯하게 들리는 게 맘에 든다.

7 Graham St John, *Technomad: Global Raving Countercultures*, Equinox, 2009에서 인용.

8 *Guardian*, 07.02.2015에서 인용.

15장 재미와 정치

1 이 사육제 역시 핼러윈처럼 유럽으로 역수입되었다. 프랑스 농장주들과 함께 트리니다드로 건너갔고 원주민이 이어받아 자기 주인을 조롱하는 다양한 뒤집기 기술을 적용했다. 원주민 남성이 프릴이 달린 옷을 입고 가슴과 엉덩이를 과장한 프랑스 숙녀로 변장하거나 선원으로 변장하여 해군 관계자를 조롱하고, 유럽식으로 차려입은 피에로가 저명한 고위 관리와 구경꾼을 모욕한다. 단체로 노예 분장을 하고 스스로를 조롱하기도 한다. 더 시커멓게 보이도록 검댕과 당밀을 칠하고 샅바를 입은 채 사슬에 매달려 감독관에게 끌려가는 것이다. 감독관은 노예를 밀쳐서 넘어뜨리거나 커다란 몽둥이로 때리며 욕설을 한다. 이 중에 몇몇 캐릭터는 1960년대와 1970년대 런던에서 공연하기도 했지만 2000년대가 되면서 사라졌다.

2 Comte de Lautréamont, *Maldoror*, Apollo, 1973.

3 "Poem of the Week", *Guardian*, 31.08.2009.

4 Tristan Tzara, "The Dada Manigest", *The Dada Reader: a Critical Anthology*, Dawn Ades Ed., Tate Publishing, 2006.

5 Comte de Lautréamont, *Maldoror and Poems*, Penguin, 1978.

6 McKenzie Wark, *The Beach Beneath the Street: The Everyday Life and Glorious Times of the Situationist International*, Verso, 2015에서 인용.

7 위의 책에서 인용.

8 배우 피터 셀러스Peter Sellers는 《매직 크리스천》에 심취해서 100권을 구입하여 스탠리 큐브릭Stanley Kubrick을 포함해 만나는 사람마다 나눠주었다. 그 후 큐브릭 감독은 테리 서던Terry Southern에게 〈닥터 스트레인지러브〉의 극본을 의뢰했다. 셀러스는 결국 영화 〈매직 크리스찬〉에 링고 스타Ringo Starr와 함께 출연했지만 아아, 정말 통탄스러울 정도로 최악이었다. 캐릭터와 연기보다는 산문으로 표현할 때 탁월함이 돋보이는 작품을 영화화한 또 하나의 오판

이었다(*The Great Gatsby*도 같은 실수로 몇번이나 고통받았다).

9 완전히 새로운 현상으로 보이지만 이 역시 옛것의 귀환이다. 문학적인 장난은 라블레 전문이었다. 그는 *Almanac for 1532*와 *Pantagrueline Prognostification* 등 점성술을 패러디한 책을 두 권 썼고 "장님들은 올해 눈이 잘 보이지 않을 것이다", "현명한 사람이라면 겨울에 털외투를 팔아서 장작을 사지 않을 것이다"라고 예측했다. 그는 마지막까지 엄숙한 문장으로 유서에 장난을 쳤다. "가진 것 하나 없다. 무척 신세를 많이 졌다. 유산은 모두 가난한 이에게 줄 것."

10 Benjamin Shepard, *Play, Creativity and Social Movements*, Routledge, 2011에서 인용.

11 Abbie Hoffman, *The Best of Abbie Hoffman*, Four Walls and Eight Windows, 1989.

12 Benjamin Shepard, 앞의 책, 2011에서 인용.

13 이피 정신을 이어받은 페미니스트는 Women's International Terrorist Conspiracy from Hell(WITCH)로, 미인대회 훼방 전문이었지만 매디슨 스퀘어 가든의 브라이들 페어에서 했던 사육제적 시위로 제일 유명하다. 마녀들은 이혼식unwedding ceremony을 올리면서 "우리는 소원해진 가족 제도를 박살낼 것을 약속한다. 복종하지 않을 것을 맹세한다"고 서약하고 군중 속으로 흰쥐를 풀어놓으며 결별을 축하했다. 미래의 신부들이 비명을 지르며 의자 위로 올라가리라 기대했었지만 그녀들은 쥐를 구하느라 바빴다. 보수적인 종교 관계자들은 WITCH의 난폭한 행동을 실제 악마 숭배의 증거로 해석하여 크게 반발했다. 시카고 대학의 사회학부에서 일하던 가톨릭 신부 앤드류 그릴리 Andrew Greeley는 엄숙한 경고문을 발표했다. "WITCH는 주술에 대한 관심이 부활했음을 보여주는 한 가지 징후에 불과하다. 무척 요란한 징후긴 하지만."

14 테리 서던은 시카고 소동 때 애비 호프먼과 같이 있었다고 변호사 측에서 증언했다. 그 후 서던은 호프먼의 사망 기사에서(*Now Dig This*, Methuen, 2002에서 발췌) 광분한 경찰에게 몽둥이찜질을 당할 뻔했던 프랑스 작가 장 주네Jean Genet를 구한 '애비'를 자신이 칭찬해준 일화를 소개했다.

> 내가 말했다. "애비, 잘했어. 그 프랑스 촌뜨기 시인 때문에 애썼구만."
> 애비는 별일 아니라는 듯 웃어넘기려 했다.
> "어이, 그 자식 '바가지' 못 봤어?" 주네의 대머리를 말하는 거였다.
> "그런 바가지를 쓰고 있으면 저 자식들이 후려치는 몽둥이에 배겨내질 못해." 특유의 멋진 미소가 비쳤다.
> "나?" 그는 풍성한 파마 머리를 만지며 말했다. "난 보호대가 있잖아. 문제 없어."

15 Benjamin Shepard, 앞의 책, 2011에서 인용.

16 위의 책.

17 Naomi Klein, *No Logo*, Flamingo, 2000.

18 Notes from Nowhere, *We are Everywhere: The Irresistible Rise of Global Anti-Capitalism*, Verso, 2003.

19 David Graeber, *Possibilities: Essays on Hierarchy, Rabellion, and Desire*, AK Press, 2007에서 인용.

20 위의 책.

21 www.infernalnoise.org

22 David Graeber, 앞의 책, 2007.

23 David Graeber, *Direct Action: An Ethnography*, AK Press, 2009.

24 Liz Highleyman, 'Emma Goldman', *The Encyclopedia of Social Movement*, ME Sharpe, 2004.

25 David Graeber, 앞의 책, 2009.

26 위의 책.

16장 포스트모던 이후의 세계는 전근대 이전의 세계와 통한다

1 이 이론은 '외형주의' 또는 '확장된 마음 이론'으로 알려져 있으며 철학자 마크 롤랜즈Mark Rowlands가 *Externalism*, Routledge, 2003에서 상세하게 소개했다. 정신에 대한 현대 이론을 더욱 상세하게 알고 싶다면 같은 작가가 쓴 *The New Science of the Mind: From extended mind to embodied phenomenology*, MIT Press, 2010을 참고하기 바란다.

2 T. S. Eliot, "Four Quarters", *Collected Poems 1909-1962*, Faber, 1963.

3 Tim Parks, *A Season with Verona*, Vintage, 2012.

4 *Observer*, 10.05.2015에서 인용.

5 "Grayson Perry's Dream House", Channel 4, first broadcast on 17.05.2015.

6 이러한 형태의 역할극은 무척 인기를 끌어서 하룻밤이 아니라 주로 호텔에서 개최하는 주말 행사로 확대되었다.

지은이 · 옮긴이 소개

지은이 마이클 폴리Michael Foley

북아일랜드 데리에서 태어나 지금은 런던에서 살고 있다. 웨스트민스터 대학에서 23년간 정보기술(IT)을 가르쳤으며, 글쓰기에 헌신하고 싶어 은퇴를 선택한 특이한 경력의 작가다. 소설 4권, 시선집 5권, 프랑스 번역시선집 1권을 출판했으며, 은퇴 후에 저술한 첫 논픽션 《행복할 권리*The Age of Absurdity*》는 영국 아마존 베스트셀러에 오르며 한국을 포함해 7개국에 번역되었다. 이후 저술한 세 권의 논픽션 중 최근작이 바로 《본격 재미 탐구 *Isn't This Fun?*》다. 마이클은 남들이 추구하는 재미가 정말 '재미있는' 것인지 오랫동안 의심하다가 아예 질문을 바꿔 생각하기 시작했다. 대체 재미란 무엇인가?

옮긴이 김잔디

책과 무관한 기업에서 7년간 일하다가, 평생을 책과 씨름하면서도 놀이하듯 즐겁게 살고 싶어 번역가의 길을 선택했다. 정확하면서도 따뜻한 여운이 남는 번역을 목표로 삼고 있다. 서울시립대학교를 졸업하고 글밥아카데미를 수료한 후 바른번역 소속 번역가로 활동 중이다. 옮긴 책으로는 《열정 절벽》, 《모네가 사랑한 정원》, 《소로의 야생화 일기》, 《목소리를 높여봐!》 등이 있다.